M&C
媒介与文明译丛
Media and Civilization

丛书主编　唐海江

媒介考古学
方法、路径与意涵

Media Archaeology:
Approaches, Applications, and Implications

[美]埃尔基·胡塔莫　[芬兰]尤西·帕里卡　编
唐海江　主译

復旦大學出版社

总序

百余年前,被誉为"舆论界之骄子"的梁启超,面对由新报和新知涌入而引发的中国思想和社会变局,发出了"中国千年未遇之剧变"的感叹。相较之下,百余年后的今天,数字技术带来的社会变革给国人生活方式和思维方式带来的冲击,与梁启超时代相比又岂能同日而语?追问当下,目前公众、政府和科学工作者热议的人工智能和5G技术,以及可以想见的日新月异的技术迭代,又会将我们及我们的后代抛到何种境遇?于是,一系列新名词、新概念蜂拥而来:后真相、后人类、后人文……我们似乎比以往都更加直面人类文明史上最古老而又反复回响的命题:我们是谁?

面对这一疑虑,"媒介与文明"译丛正式与大家见面了。关于媒介研究的译著,在中文世界目前已是不少,一方面与上述媒介技术的快速发展有关,另一方面也与近年来学术界"媒介转向"的潮流相呼应。但遗憾的是,有关历史和文明维度的媒介研究的译著却屈指可数,且不少译著以既定学科视野对作品加以分类,这不仅严重限制了媒介研究本应有的阐释力,也极大削弱了对当下世界变化的纵深理解和想象力,难免给人"只在此山中,云深不知处"的感觉。本译丛旨在打破当下有关媒介研究的知识际遇,提供历史与当下、中国与西方的跨时空对话,以一种独特的方式回应现实。借此,读者可以从媒介的视野重新打量人类文明和历史,并对人类文明的演变形成新知识、新判断和新洞见。

在此,有必要对译丛主题稍作解释。何谓"媒介"?这是国内媒介学者经常会遇到的一个问题。这反映出中国缺乏媒介研究的学术传统,"媒介"给人以游埌无根之感,同时也因近年来西方研究中的媒介概念纷至沓来，"变体"多多，有点让人无所适从。实际上，媒介概念在西方世界也非历史悠长。直到19世纪后期随着新技术的推动，"媒介"才从艺术概念体系中脱颖而出，成为新的常规的词汇。此后，随着媒介研究的扩展，其概念也在不断演化和发展。在此过程中，人们用媒介概念重新打量过往的历史（包括媒介概念缺席的历史），孕育和催生出诸多优秀成果，甚至形塑了各具特色、风格迥异的话语体系或者"学派"，为国人提供了诸多可供借鉴的思想资源。

鉴于此，本译丛对于"媒介"的使用和理解并非拘泥于某种既定的、单一的意义，而毋宁将其作为一种视野，一种总体的研究取向，一种方法论的实施，以此解析人类文明的过往、当下和未来。也就是说，媒介在此不仅仅是作为既有学科门类所关注的具体对象，而是试图跨过学科壁垒，探讨媒介和技术如何形塑和改变知识与信息、时间与空间、主体与身体、战争与死亡、感知与审美等人类文明史上的核心主题和操作实践。

基于以上考虑，本译丛初步定位为：

一、题材偏向历史和文明的纵深维度；
二、以媒介为视野，不拘泥于媒介的单一定义；
三、研究具有范例性和前沿性价值。

编译就是一种对话，既是中西对话，可以从媒介视野生发有关中国的问题域，同时也是历史与当下的对话。正如本译丛所呈现的，倘若诸如主体性、时间性、空间性、审美体验、知识变革等议题，借助历史的追问和梳理，可以为数字化、智能化时代的人类命运和中国文明的走向提供某种智识和启迪，那么，译丛的目的也就达到了。

补充一句，译丛并不主张以规模、阵势取胜，而是希望精挑细译一些有价值、有代表性的研究成果，成熟一部，推出一部。由于编者视野有限，希望各方专家推荐优秀作品，以充实这一译丛。

最后，译丛的推出要感谢华中科技大学新闻与信息传播学院各位领导和老师的支持，也要感谢复旦大学出版社领导和各位工作人员对这一"偏冷"题材的厚爱。同时，尤其要感谢丛书的译者。在当今的学术市场上，译书是件费力不讨好的事，但是大家因为对于新知的兴趣走到了一起。嘤嘤其鸣，以求友声，也期待更多的同道投入到这一领域。

是为序。

唐海江

2018.12

中译本序

本书初版于2011年，其目的是阐明媒介考古学这样一种新兴的研究形式。媒介考古学在20世纪90年代崭露头角，其先驱是弗里德里希·基特勒（他并未系统地使用过"媒介考古学"这个术语）、西格弗里德·齐林斯基、埃尔基·胡塔莫和托马斯·埃尔塞瑟等学者。他们的工作由沃尔夫冈·恩斯特、尤西·帕里卡、朱莉亚娜·布鲁诺和其他一些学者承继，并且其中很多人还为此书作出了贡献。然而，若在时间的长河中进一步追溯媒介考古学的元素，我们便会回到米歇尔·福柯、恩斯特·罗伯特·库尔提乌斯、阿比·瓦尔堡以及瓦尔特·本雅明等学者所作的开创性贡献。换句话说，媒介考古学的史前史早在"媒介考古学"这个术语被确定之前就已开始。人们可以说，媒介考古学有着多重历史，可以在当前的媒介文化语境下重获生机。

"媒介考古学"这个词语最近越来越多地出现在学术出版物中，但对其使用的方式却不尽相同。可以说，这里有多种媒介考古学，而不限于某种统一的方法。如此，有时令人困惑，媒介考古学的方法是什么？这也是我们为何坚持媒介考古学是多元的原因。本书旨在让学者们就媒介考古学为何及其未来等展开对话。它在试图让人们了解目前所取得的成就同时，为未来的应用敞开大门。本书达到了这一目标。它在国际上被广泛引用，并在许多学术机构被用作教科书。谈到学术建制，我们要补充一点，那就是媒介考古学并不局限于媒介研究。相反，它是艺术史、电影研究、建筑、科技史和当代文化理论中许多主题和思想的桥梁。媒介考古学贯穿于各个学科之间。

我们衷心希望此书的中文版能找到许多热情的中国读者，他们能够采用书中的思想并将其推广。令我们特别好奇的是，媒介考古学将如何推动中国的文化形式与中国历史的对话，以帮助人们更好地理解中国的媒介环境。中国科学技术创新的历史可以追溯至数千年前。李约瑟和他的专家团队写下了著名的系列巨著《中国的科学与文明》（Science and Civilization in China），人们应该把这些成就与中国当下的媒介世界重建联系。我们渴望看到，未来来自中国的媒介考古学家能揭示中国的媒介文化及其发展。

本书想要通过方法论上的指导和启示为媒介考古学研究奠定基础。其旨意并非给媒介考古学的意涵及其应用盖棺定论，而是为创新、补充和拓展新的视野提供空间。我们深深感到，为了实现其目标，媒介考古学应在全球范围内实施。我们需要认识到，媒介发明通常具有跨国影响这一特性：设备、理念、使用甚至虚拟媒介技术的梦想，都跨越了不同的文化领域，在此过程中交融。这就是为何我们强调媒介考古学应该研究任何媒介环境，而不仅仅是西方的媒介环境，并以一种比传统的假设更丰富、更复杂的方式重写那些传统的历史。这种假设以线性的方式推进，以达到数字化的完美境地为终点。媒介考古学并不将任何特定的地理区域凌驾于他者之上，而是试图挑战那些已成建制的历史，如殖民地历史等。媒介考古学声称自己是多极化的，承认有许多创新的中心。对于新的知识、观念和视野的产生，这些中心之间的对话尤为必要。

媒介考古学有望成为一种开放的方法，以比较不同文化背景下的研究成果，并将过去与现在连在一起。在此领域，还有许多有趣而未知的任务等待学者们完成，包括研究不同地理区域和全球视野、新的方法论、案例研究以及概念创新等。此书作为一般意义而言的媒介考古学，旨在充当时光机的作用，在历史的多个时刻停驻，并激发人们意识到这些时刻之间的相互联系。作为一种时光机，媒介考古学从人们的遗忘中挽回那些多样而另类的往昔，并让它们再次紧密相关，从而促进人们以全新的方式来思考媒介。

埃尔基·胡塔莫　尤西·帕里卡
2018年12月　洛杉矶-南安普顿

目　录

致谢 / 1
作者简介 / 1

导言　媒介考古学的考古 / 1

第一部分　想象的引擎

拆除神话引擎：作为主题研究的媒介考古学 / 25
虚拟媒介的考古学 / 47
回溯影响机器之起源 / 69
弗洛伊德与技术媒介：魔法石板的不朽魔力 / 94

第二部分　面对/互动媒介

Baby Talkie，家庭媒介与日本现代化 / 120
观察者困境：触摸，还是不触摸 / 145
游戏玩家的责任：完全成为端口 / 160
持续的短暂性——未来只是记忆 / 179

第三部分　模拟和数字之间

消失的点与破折号——人如何保存记忆 / 204
媒介考古学：方法与机器 VS 媒介历史与叙事 / 231
图绘噪音：关于不规则性、拦截和干扰的技术与策略 / 248

我们的情感对象：面向对象如何让计算机成为一种媒介 / 269

数字媒介考古学：解读计算进程 / 292

后记：媒介考古学与昨日重现 / 315

索引 / 326

译后记 / 341

致 谢

本卷的准备时间比预期的要长,因此首先我们要感谢所有作者的耐心等待。我们特别高兴和自豪的是,维维安·索布切克同意写一篇给人启发且鼓舞人心的后记。我们还要感谢图尔库大学的坦贾·西弗森在该项目的早期阶段提供的想法。我们同样感激埃尔基的几位助理教授玛格丽特·摩尔斯和道格·卡恩对这个项目的支持和建议。加州大学出版社的编辑玛丽·弗朗西斯一直致力于实现这个项目。此外,感谢凯特·沃恩和整个制作团队的辛勤工作以及伊丽莎白·马格努斯在手稿的润色上提供的莫大帮助。

若要让埃尔基列出所有不仅对这本书作出贡献、还对其媒介考古学思想发展有所助益(以另一种方式作出了贡献)的人员名单,则数量太大,以至于无法在此一一罗列。但是,我们仍要特别感谢接下来这些人的鼓励和友谊(排名无先后):Paul DeMarinis, Bernie Lubell, Ken Feingold, Michael Naimark, Perry Hoberman, Toshio Iwai, Tomoe Moriyama, Perttu Rastas, Päivi Talasmaa, Margaret Morse, Vivian Sobchack, Doug Kahn, Victoria Vesna, Simon Penny, Soeren Pold, Oliver Grau, Jeffrey Shaw, Gloria Cheng, Tom Gunning, Rebecca Cummins, Hannu Salmi, Hannu Riikonen, Tapio Onnela, Päivi Kosonen, Heidi Pfäfi, Markku 和 Ippu Kosonen。尤其感谢 Machiko Kusahara。

尤西感谢特别支持这个长期项目的所有院系:图尔库大学文化历史系,柏林洪堡大学媒体研究系和安格斯鲁斯金大学英语、传播、电影和媒体系。至于其他人,感谢(排名无先后)

Wolfgang Ernst，Matthew Fuller，Sakari Ollitervo，Hannu Salmi，Robin Boast，Joss Hands，Simon Payne，Katy Price，Pasi Väliaho，Teemu Taira，Olli Pyyhtinen，Juri Nummelin，Charlie Gere，Joss Hands，Kaisa Kontturi，Julio D'Escrivan，Floris Paalman，Ned Brooks，Garnet Hertz，Ilona Hongisto 和 Matleena Kalajoki。尤其（一如既往地）感谢 Milla Tiainen。

除了书中的两篇文章，其他所有文章都是专门为此书而写并且是首次面世。托马斯·埃尔塞瑟和温迪·秦书写章节的早期版本已发表在杂志《银幕》(Screen)上，以及《批判研究》(Critical Inquiry)上。能够得到允许重印这些出版物中的文本，对此我们十分感激。

作者简介

埃里克·克塔滕贝格(Eric Kluitenberg)是一位独立的理论家、作家和组织者,致力于文化、媒体和技术领域。他是阿姆斯特丹文化与政治中心百利会场(De Balie)的传媒总监。著有《虚拟媒介之书》(2006)等。

杰弗里·斯科斯(Jeffrey Sconce)是西北大学屏幕文化项目的副教授,著有《幽灵媒体:从电报到电视的电子在场》一书。他在媒介和文化史方向卓有著述。他即将出版的书探讨了电子媒体与妄想之间的历史关系。

托马斯·埃尔塞瑟(Thomas Elsaesser)是国际电影历史学家、电影理论家、荷兰阿姆斯特丹大学电影电视系教授,著有《当代美国电影研究》(2002)、《当今好莱坞:历史、性别与民族》(2009)、《电影理论:感知的介绍》(2010)等。

草原真知子(Machiko Kusahara)是早稻田大学文化构想学部教授,主要研究方向为媒介文化、科技、艺术与社会互动理论。

旺达·施特劳芬(Wanda Strauven)是德国学者,任职于法兰克福大学,主要研究方向为电影及影视媒介。

克劳斯·皮亚斯(Claus Pias)是德国媒介理论家、媒介历史学家,任职于德国吕讷堡大学数字媒介文化与美学研究所,主要研究方向为媒介历史及媒介认识论。

温迪·秦(Wendy Hui Kyong Chun)是布朗大学现代文化与媒介学院教授,具有系统设计工程学和英语文学的跨学科背景。

保罗·迪马里尼斯(Paul DeMarinis)是美国视觉和声音

艺术家,擅长电子音乐作曲,20世纪70年代以来,一直积极从事数字声音创作,声音艺术早期创新者之一。

沃尔夫冈·恩斯特(Wolfgang Ernst)是柏林洪堡大学音乐学与媒体研究所媒体技术系主任。他的著作包括 *M. edium F. oucault*(2000),*Das Rumoren der Archive*(2002),*Im Namen von Geschichte*(2003)和 *Das Gesetz des Gedächtnisses*(2007)。恩斯特教授目前的研究重点是基于时间和以时间为关键点的媒介以及技术数学的"声音"维度。

凯西·阿尔特(Casey Alt)是一位艺术家,他的作品探讨了界面/接口(interface)是如何作为权力和文化的媒介的。虽然其主要研究领域为计算媒介问题和其发展过程,但他的作品通常涉及多种媒介,包括软件、设计、安装和性能。他目前居住在纽约,是杜克大学艺术实践、艺术史和视觉研究中心的客座助理教授,同时也是哥伦比亚大学建筑、规划和保护研究生院的建筑学兼职助理教授。

诺厄·沃德里普-弗鲁因(Noah Wardrip-Fruin)的工作是国际性的。作为一名数字媒体创作、评论家和技术研究人员,他对虚构和可玩性特别感兴趣。他著有 *Expressive Processing: Digital Fictions, Computer Games, and Software Studies*(2009),还编辑了麻省理工学院出版社出版的四本书,包括 *Second Person: Role-Playing and Story in Games and Playable Media*(2007,与Pat Harrigan合作),*The New Media Reader*(2003,与Nick Montfort合作)等。他是加州大学圣克鲁兹分校计算机科学系表情智能工作室的副教授。

维维安·索布切克(Vivian Sobchack)是美国电影和媒体理论家和文化评论家,退休以前是加州大学洛杉矶分校戏剧、电影和电视学院的副院长,是第一位当选电影和媒体研究学会主席的女性,并且是美国电影学院的董事会成员。她的著作包括 *Screening Space: The American Science Fiction Film*,*The Address of the Eye: A Phenomenology of Film Experience* 和 *Carnal Thoughts: Embodiment and Moving Image Culture*,并且她还主编了两本人类学著作 *Meta-Morphing: Visual Transformation and the Culture of Quick-Change* 和 *The Persistence of History: Cinema, Television, and the Modern Event*。她的研究兴趣是兼收并蓄的:美国电影类型、哲学和电影理论、历史和感知现象学以及史学和文化研究。

导言　媒介考古学的考古

埃尔基·胡塔莫　尤西·帕里卡

"新媒介"(一般来说,它是互联网、数字电视、交互式多媒体、虚拟现实、移动通信和视频游戏等现象的松散集合)的出现,对考察晚期现代性媒介文化的许多学者已经构成挑战。他们的研究议题多样,从网络分析到软件研究;从网络经济新帝国的图绘到作为"观看(或听觉、阅读和触摸)方式"的新媒介分析。在指明社交网络、互动游戏及数据挖掘的"新颖之处",以及夯实新媒介"哲学"和新媒介"语言"的基础等方面,学者们已作出了诸多努力。一些学者主要关注新媒介的社会或心理层面,另一些则聚焦经济和意识形态方面,或寻找各种媒介形态背后的技术决定性因素。

尽管有着不同的研究方法,这些新媒介研究却表现出了对于历史的同样漠视。当代媒介文化带来的挑战是复杂的,但历史一直被认为对解决此等问题无所裨益。新媒介被视作一个无所不包和"永恒"的领地,可以达致内部自洽。然而,变动的迹象已越来越频繁地出现。近年来,一大批探讨媒介古今联系的研究和丛书纷纷面世[1]。这种以历史为导向的媒介研究必将大受欢迎。然而,人们不可避免地注意到,对于(媒介研究的)方法和路径的定义和讨论,学界往往无人问津。人们之所以探讨历史,或者因为历史事实本身的激动人心;或者因为这些事实能够揭示媒介文化的大致状况。但这些"事实"的性质常常被当作既成之事,它们与观察者及其所处时代及意识形态上的关系,也仅被当作假定对象而弃之不论。

本书旨在通过引入一种或一系列密切相关的方法,试图改变这一境况,这种方法被称为"媒介考古学"(media archaeology)。虽然媒介考古学这一术语并未被指定为一门学科(没有专门的学术机构、期刊或会议),但其名号已越来越多地出现在各类研究、大学课程以及演讲之中[2]。存有高度分歧的教学大纲和阅读清单业已表明,媒介考古学在术语和原则上尚未达成一般性共识。然而,这一术语已为研究的历史性调整带来诸多启迪,并开始推动学者界定其规则,反思其理论和哲学上的意涵。本书是有关媒介考古学的首部论文集,它收录了一系列在美发表的媒介考古学研究论文,其目的是推动媒介考古学自我认同和自我界定的进程。

本书不会为新学科确定某种"正确"的规则、方法指南,或为其划定一个固定的边界。它并非要为媒介考古学确立某种"正统性",而是希望为不同的声音提供一个开放的论坛,引发人们对这一新兴领域的相关问题及其前景的"多元化"探讨。可以说,把已经出版的文字汇编起来将有助于这一目的的实现[3]。在这本文集中,编者另辟蹊径,既从经验丰富的学者那里,也从崭露头角的学者那里征集新的稿件。编者要求学者们展望未来,而非一味回顾过去,要求他们反思对媒介考古学的独特见解。作为本书的基础,此篇导言将对已有研究展开回顾,尝试性地勾勒"媒介考古学的考古"。当然,仅仅关注那些明确宣称"媒介考古学"的研究可能过于狭隘[4]。承认那些自身未被定义为"媒介考古学",但共享着相同兴趣和目标的研究,在此也非常重要。

对于许多媒介考古学家而言,米歇尔·福柯(Michel Foucault)的作品具有重要而深远的影响。然后,还有一些其他的理论和学术成果也为媒介考古学埋下了伏笔。这些理论家和历史学家们,如瓦尔特·本雅明(Walter Benjamin)、希格弗莱德·吉迪恩(Siegfried Giedion)、恩斯特·罗伯特·库尔提乌斯(Ernst Robert Curtius)、道尔夫·斯滕贝尔格(Dolf Sternberger)、阿比·瓦尔堡(Aby Warburg)和马歇尔·麦克卢汉(Marshall McLuhan)等,在某些意义上都堪称"媒介考古学家"的先驱。最近,有关新历史主义的争论也成为媒介考古学家们的研究主题和论域。可以说,媒介考古学本质上是新历史主义,但这种说法又过于笼统[5]。一大批思想已为媒介考古学提供了灵感。文化唯物主义、话语分析、非线性时间概念、性别理论、后殖民研究、视觉和媒介人类学以及新游牧主义哲学等多样化的理论均属这一混合体。

那么,是什么将不同的媒介考古学家的方法和研究兴趣融合在一起,使此术语合法化?对于媒介文化和历史"标准化"叙述的不满,可能是最为明显的共同动力。媒介考古学家们认识到,目前受到广泛认可的当代媒介文化和媒介历史,往往只是选取其中一部分进行叙述,而这一部分不尽然是正确和相关的。出于疏忽或意识形态上的偏见,还有许多内容被遗落。对于媒介评论家吉尔特·洛文克(Geert Lovink)而言,按本性,媒介考古学是一种与以往研究格格不入的"学科","一种与以往研究格格不入的'全新'的诠释,而非仅仅对技术古往今来历程的讲述"[6]。同样,媒介考古学家通过指出历史中迄今未被注意的连续和断裂，挑战了现代媒介文化和理论对历史研究的漠视态度。结果，媒介研究的范围被推回数个世纪之前，并扩展至西方世界以外[7]。基于相关研究，媒介考古学家构建出了关于媒介被压制、被忽视和被遗忘的另类历史。这种历史观并不像目的论所论及的那样，认为当下的媒介—文化条件已经达到所谓的"完美"状态。发明中的死胡同、失败品以及那些从未变为物质产品的发明，对于媒介考古学而言，也有重要的故事亟待讲述。

媒介考古学不应与考古学混淆成同一个"学科"[8]。当媒介考古学家声称他们正在"挖掘"媒介文化现象时，我们应当以独特的方式来理解"挖掘"一词的意义。例如，工业考古学通过全方位研究废弃工厂、寄宿公寓和垃圾堆，揭示了有关人们的习惯、生活方式、经济和社会分层以及致命性疾病等方面的线索。媒介考古学搜索文本、视觉和听觉档案以及文物收藏，强调文化在话语和物质层面的证据。它在各个学科之间移动自如，没有一个置身其间的永久家园。这种"游牧主义"并非一种阻碍，实际上它可以与媒介考古学的目标和研究方法相匹配，使其漫游在人文科学和社会科学的诸多景观之中，偶尔也跳入艺术领域。媒介考古学可能——也许应该——发展成为一种"四处游荡的学科"[9]，米克·巴尔（Mieke Bal）谈到这一问题时，如此建议。

媒介"考古"维度的发现

贾可·佩罗特（Jacques Perriault）可能是第一位提出媒介考古学方法并以此命名的学者，其观点体现在他的《影子和声音的记忆：视听考古学》（*Mémoires de l'ombre et du son：Une archéologie de l'audio-visuel*，1981）一书中。正如书名所示，他的"视听考古学"完全被历史中的视觉和听觉媒介所占据。佩罗特分析了"使用功能"与"社会再现"[10]之间的关系，讨论了过去的技术和现代形式之间的种种关联，并强调，他并不希望人们将他的研究视为因对当代媒介实践产生恐惧而"逸入历史"（escape into history）的结果[11]。佩罗特并不认为自己是一名职业历史学家，这可能有助于他掌握中立而灵活的研究方法。

在佩罗特之前，"考古学"一词曾出现在 C. W. 西拉姆（C. W. Ceram）的《电影考古学》（*Archaeology of the Cinema*，1965）的标题中。西拉姆是一位知名的考古学推广者，真名为库尔特·威廉·马雷克（Kurt Wilhelm Marek，1915—1972）。他将考古学观念应用于电影史前史的研究之中，但这种观念与传统实证主义历史学家的目标并无二致。对于电影发展，西拉姆提出了一个严格意义上为线性的且具有目的论色彩的论述。但在 1897 年，他却中断了这一论述。这一年,据他说,"见证了电影 *产业* 的诞生。"[12] 西拉姆专注于电影发明家们和电影摄影发展的技术步骤,而那些未能完全适合这一主题的所有事物均被排除在外,无论其多么有价值。英国学者奥利夫·库克(Olive Cook)所选的一些插图(大多来自约翰·巴恩斯和威廉的伟大收藏)则讲述了一个完全不同的故事,它指出了西拉姆所忽略的现象和潜在的联系[13]。这一令人关注的断裂,体现了动态影像历史中两种不同观念之间的张力。

"考古学"这个词后来出现在罗宏·马诺立(Laurent Mannoni)的《光影的伟大艺术:电影考古学》[14](*Le grand art de la lumière et de l'ombre: Archéologie du cinéma*,1994)的标题中。其研究重心的改变非常明显。在参考了大量档案资料的基础上(这证明"考古学"一词的合理性),马诺立在书中不再力图提供一种封闭的历史论述,这一论述由一组相互关联且不可避免地走向电影的因果链条构成。相反,这本厚达五百页的书由一连串细致的案例分析组成,内容涉及动态影像文化的不同方面,时间跨越数个世纪。尽管马诺立非常强调技术,他同时还讨论了技术的应用及其话语表现。一种叙述得以逐渐展开,但并不假装其如何完备,也并不隐藏其中的问题。不过,尽管马诺立的论述贴近资料来源,避免理论性的推测,该书还是提供了诸多新的洞见,这为进一步解读媒介考古学开辟了道路[15]。

然而,这些开创性作品仅仅是通往媒介考古学的可能道路之一。19 世纪以来,现代媒介技术蜂拥而至,在大众社会中的声望日益提升,因此,对其性质和影响的分析尤为必要。现代社会的紧迫感往往引导早期学者集中研究具有政治和社会含义的现代问题,而为"媒介的考古"问题留下的空间却日趋减少。西奥多·W. 阿多诺(Theodor W. Adorno)和马克斯·霍克海默(Max Horkheimer)在《启蒙辩证法》(*Dialectic of Enlightenment*,1944)与理查·霍加特(Richard Hoggart)在《识字的用途》(*Uses of Literacy*,1957)等作品中对大众媒介的批判很好地说明了这一点[16]。当这些作者转向媒介早期的历史时,往往忙于重构媒介技术及其产业发展史,并且,就像摄影和电影一样,他们会为这些媒介作为新的艺术形式的潜力争论不休。在这里,发明家和实业家发挥了突出的作用。媒介结构通常是线性的,不同的媒介形式一般会被分开来进行单独讨论。

马歇尔·麦克卢汉为媒介研究引入了新的方法、新的组合和新的主题。他早期的著作《机器新娘》(*The Mechanical Bride*,1951)发展了对大众传媒的批判。他偶尔将历史与神话相提并论,在精英文化与大众文化间轻松且轻率(如某些人以为的)地转换。在《古登堡星汉璀璨》(*The Gutenberg Galaxy*,1962)中,当麦克卢汉在追溯古代口头传播、谷登堡的印刷革命和借助电视再现的新口头传播之间的动态关系时,他是在一种更为严谨的意义上去拥抱媒介历史的[17]。与所谓的中立的、线性的叙述相反,麦克卢汉那种怪诞的话语作为一种基本元素在此得以浮现。麦克卢汉话语的物质性及其过程性在他与平面设计师昆汀·菲奥雷(Quentin Fiore)合著的图书(《媒介即按摩》《地球村——战争与和平》《逆风》)中得到进一步强调。这些著作是麦克卢汉《理解媒介:论人的延伸》(*Understanding Media*:*The Extensions of Man*,1964)这一具有国际性成就作品的延续。

麦克卢汉对媒介考古学家的影响无疑是多方面的。其中,最重要的是他对各种媒介之间时间上的连接、转化和融合的强调,这启发杰伊·戴维·博尔特(Jay David Bolter)和理查德·格鲁辛(Richard Grusin)去发展他们的"再媒介化"(remediation)概念,并用该理论研究早期媒介形式的特征是如何纳入数字化媒介中的[18]。博尔特和格鲁辛的尝试虽未被纳入"媒介考古学"范畴,但媒介考古学家也擅长发掘看似难以相容的现象之间的相似之处,从这一点而言,这两位学者的研究与媒介考古学可谓异曲同工。麦克卢汉对"媒介"和"媒体"意义的理解非常宽泛,并挑战了诸如物质和思想观念的二分法。他把新媒介当作"人的延伸"和社会变革的动力,这一观点通过弗里德里希·基特勒(Friedrich Kittler)的作品,影响了媒介考古学的德国"媒介物质主义学派"。最后,同样重要的是,麦克卢汉不愿遵循正规的"方法"和固定的概念体系,以及他对自身话语的自反性运用,似乎对那些具有"无政府主义思想"的媒介考古学家颇有吸引力,他们因此决心要让自己的方法摆脱制度—理论的教条和积习[19]。

无名的历史、拱廊和无墙博物馆

早期的媒介研究关心技术对人类文明的影响,其代表是刘易斯·芒福德(Lewis Mumford)的经典著作《技术与文明》[20](*Technics and Civilization*,1934)。希格弗莱德·吉迪恩在《机械化的决定作用》(*Mechanization Takes Command*,1948)中,详细介绍了机械化的形式和影响。其所涉范围广泛,从捕捉人类运动的图形表现技术,到诸如浴缸等日常家居用品,吉迪恩笔下的历史很少涉及某个单一的装置,他更关注装置之间的相互联系[21]。机械化被视为一种去个人化的力量,渗入西方社会日常生活的细枝末节。吉迪恩主要关注物质文化,"这些工具模铸(molded)了我们当今的生活"[22]。他提出"无名的历史"的概念,旨在寻求思想史和实证主义的某种综合。其中,每个细节都"直接与其所处时代的总体指导思想联系。但同时,对此细节,也必须追溯它产生的具体原因"[23]。

其实,在更早时期,德国文化批评家瓦尔特·本雅明就已揭示了一种无名的历史。但他涉及的文化话语层面已大大超出吉迪恩的物质主义研究视野。可以说,本雅明是除福柯之外在文化分析的媒介考古模式方面最为杰出的先驱,他的研究对文化研究有着重要影响[24]。特别是他未完成的著作《拱廊计划》(Passagen-Werk),便是媒介考古学家所关注的各种议题的个案研究[25]。本雅明以巴黎为中心,依赖大量的线索,包括文字、插图、城市环境、建筑、全景和立体的公共景观以及代表时代象征的物体,重新构建了19世纪的文化。这种方法明显是开放、多变和分层的,它不仅涉及政治、经济因素,还将集体心理因素也考虑在内。除了物质形式,本雅明的作品还"照亮"了消费主义和早期现代性的"梦幻世界"。

因投身于抵抗"思想史"(德语 Geistesgeschichte)的浪潮,本雅明拒绝将其收集的大量数据进行分类,这种分类是在任何单一的符号均被当作时代特征的观念下进行的。也正因这种坚持,《拱廊计划》始终处于未完成的状态。本雅明给读者留下的是由大量笔记、图像和思想组成的资料库,而非某种空洞的预言。他在时间、空间、自然和作为一种感觉领域的新兴现代性等方面进行了深入思考。在其早期著作中发展出的寓言的概念和方法涉及另一种看待时间性(temporality)的方式,即并不把时间看作有机的接替,而是通过破败和腐朽的形象(figures)来抓住时间的本质。在其他的作品中,本雅明对身心的变化和"废墟"的兴趣显而易见,这些作品因论及感知模式的历史性变化而闻名于世。

道尔夫·斯滕贝尔格的《全景,或十九世纪的景象》(Panorama of the Nineteenth Century)最初于1938年在德国出版。在这本书中,斯滕贝尔格已预见了一些对媒介考古学而言至关重要的问题。初看此书,它与《拱廊计划》有着相似之处,因为它也是从大量线索中描绘出了一幅时代画像[26]。对作为19世纪文化视觉表现形式的全景,本雅明和斯滕贝尔格都充满兴趣,但在许多重要方面,二者的研究方法迥然不同。对于本雅明来说,全景仅仅是他试图获取更大主题的表现之一;而对于斯滕贝尔格来说,全景是他时代画像的一种组织化隐喻(the organizing metaphor)和解开秘密的钥匙所在。借用书中的副标题,"19世纪的人如何看待自己及其所处世界,以及如何亲历历史"。在书中,斯滕贝尔格对于实际概况的着墨较少,而对蒸汽动力、铁路旅行、西方人的东方观念、进化论和家庭照明等诸多具体文化现象的描述相对较多。虽然这种整体化的思维明显来源于思想史的意识形态,但可能也与福柯的"知识型"(epistemes)研究方式有着某些相似之处。

在20世纪头二十年,艺术史开始提出在文本传统中对艺术再语境化的方法,并将其范围扩展至传统中那些被忽视的视觉材料上。霍斯特·布雷德坎普(Horst Bredekamp)建议对"被忽视的传统"加以重估,并将德国出现的"图像学"(Bildwissenschaft)理论与20世纪早期运用于技术和媒介(研究)的先锋方法联系起来。根据布雷德坎普的观点,大约在1900年至1933年间,德语世界出现了一种新的"图像科学"。与之相伴的是,人们对不同影像风格之连续性的激进思潮,这些影像包括从广告、摄影、到电影、政治图像等多种形式[27]。艺术史学家阿比·瓦尔堡和受其影响的学者们,如作为图像史学家而闻名的欧文·潘诺夫斯基(Ervin Panofsky)和恩斯特·汉斯·贡布里希(E. H. Gombrich),他们痴迷于不断涌现的视觉图形及其语境化问题,而非将流行艺术从艺术史中排除出去。瓦尔堡在他未完成的《记忆女神的图集》(Mnemosyne Atlas,在某种程度上类似于本雅明的《拱廊计划》)中,提出以一种非线性方式去理解图像的暂时复现以及图像间存在的联系,并通过指出那些改变和跨越我们现今称之为媒介平台的主题,提出了"媒介间性"这一问题[28]。进一步而言,该项目还提到有关图像动力学的新观点,指出,对于媒介考古学的任务而言,图像和主题本身能以一种同构的方式发挥"时光机"(time-machines)的功能[29]。

另一项非正统的作品——安德烈·马尔罗(André Malraux)于1947年出版的《无墙博物馆》(Musée imaginaire,英文 Museum without Walls),也预料到了媒介考古学的某些关注之处[30]。马尔罗讨论了机械复制,特别是摄影,在总体上如何改变人们理解图像和视觉文化的方式(并未提及本雅明1936年的《机械复制时代的艺术作品》)。此外,他还证实了(工业)复制品将历史转化为档案资料上的空前有效,他向观察者们发出了挑战,要求他们在视觉传统与主题之间建立联系。直至那时,这二者都被认为是毫不相干的。

影响:知识考古学与新历史主义

米歇尔·福柯的研究对媒介考古学产生了强烈冲击。对他的"知识考古学"(archaeology of knowledge)的考古或将令人受益匪浅,但无法在媒介考古学中获得发展[31]。当人们尝试对媒介考古学进行分类时,通常形成一种二元划分,一方是以社会性和文化性为导向的英美研究,另一方是以技术—硬件为导向的德国学者。后者从弗里德里希·基特勒对福柯、信息理论、媒介历史以及麦克卢汉对媒介作为讯息的强调等思想的综合中受到启发[32]。德国传统一直强调技术作为一种"原初动力"(primum mobile)的角色,这导致了人们对其思想的技术决定论的指责。而英美学者则通常认为,技术是从它被引入的既存语境中获得意义的。

　　上述分类的差异可以看作是人们对于福柯理论进行不同解读的结果。在英美传统中，福柯被定义为一名强调话语作用的思想家，在于其强调话语的作用。他认为话语是场域，在此场域中，知识与文化和社会力量紧紧联系在一起，物体、事件和制度都受其话语构型（discursive formation）制约，"硬"技术的影响力则被认为次于那些区分并调解其用途的非物质力量。在德国媒介考古学的各种变体中，我们发现了与英美传统十分不同的福柯读本，这些读本受到基特勒《话语网络，1800/1900》（Aufschreibesysteme 1800/1900，1985）的强烈影响。在此书中，基特勒开创性地论述了技术媒介对 19 世纪文学和写作实践的影响[33]。紧随其后，《留声机、电影、打字机》（Grammophon Film Typewriter，1986）出版，它与《话语网络》一书的基本前提相同，但它更直接地专注于技术媒介[34]。

　　基特勒认为，有必要将福柯有关文字和图书馆之宰制性意义这一研究重心，转向更具媒介特征的方式来理解文化。对于基特勒而言，问题在于，"话语分析忽视了这样一个事实，即现实条件并非简单的方法论举证，在任何情况下，它都是一种技术—历史事件"[35]。为了理解从打字机、电影院到数字网络和编码范例等媒介技术，人们必须将技术特有的物质材料属性考虑在内——像沃尔夫冈·恩斯特（Wolfgang Ernst）这样的基特勒追随者，已经在他们的著作中采纳了这一观点[36]。很可能是在此意义上，迈克尔·威泽尔（Michael Wetzel）在他的《媒介考古学初探》（Preliminary Consideration for an Archaeology of the Media）一文中，意图将福柯与基特勒结合起来。该文发表在其 1989 年出版的作品集中，该书标题已出现了"媒介考古学"一词[37]。

　　但是，基特勒从未声称他仅仅关注技术或技术设备。在其早期研究中，他已强调了机构在技术媒介网络中的节点作用。虽然基特勒往往被看作是决心引导媒介理论脱离意义和诠释的德国人文学者代表，但他从未忽视技术之于权力的意涵。正如 Grey Room 杂志最近一期的编辑所解释的那样，在德国的媒介理论中有一个"标签"，即强调"媒介在知识生产和加工中的认识论效果"和"权力结构的媒介维度"[38]。为防止他人将二元论模型简单套用于自己的工作及其知识分子立场上，基特勒否认与媒介考古学概念有任何联系[39]。在最近越来越多的著作中，基特勒通过音乐和数学展开对整个西方文化史的开掘，这又回到了一种更具海德格尔式启发的状态[40]。

　　不论是否承认，英美的媒介考古学家已经受到 20 世纪 80 年代兴起的新历史主义思潮的冲击。这种现象首先出现在文学领域，并迅速扩展至其他领域，其中包括历史领域。在历史领域，它激起了一场名为新文化史的运动[41]。在其他线索中,尽管福柯的思想并未获得一致认同,新历史主义还是受到了福柯思想的影响[42]。H. 阿兰穆·威瑟(H. Aram Veeser)对新历史主义思想的"核心假设"作了恰当概括:(1)每一表达行为都被嵌入物质实践网络之中;(2)每一个批判、反对和揭开面具的行为,都不得不挥舞它将要反对的工具,所以免不了同流合污;(3)流通过程中,文学和非文学的"文本"实际上不可分割;(4)无论什么话语,不管它出现于想象中还是文献里,都不可能表达永恒不变的真理或亘古不变的人性;(5)最后,……足以对文化作出描述的批评方法和语言,也参与它们所描述的经济活动之中[43]。

新历史主义被应用于历史研究中,提出了一种自反性的和话语导向的(discourse-oriented)研究方法,这种方法经常被用于相邻学科,包括克利福德·格尔茨(Clifford Geertz)的象征人类学和文化研究中那些相对游离的领域[44]。一种双向聚焦的方法发展了起来:一方面,历史学家应沉浸于过去,以类似同时代人的眼光观察过去;另一方面,他们应经常保持一种意识,即他们在当下所有的观察点均受到身处其中的所有意识形态的暗示[45]。研究进程在历史事实与观察者的主观性之间不断转换,在此过程中,历史事实本身被编入意义丛之中。由此,历史解释不仅遵循动态原则,还被建构为一个动态领域,这一领域由动态而非静态的诸多决定性因素构成。

在这种思维方式影响下而发展起来的媒介考古研究,对于物质材料和技术的评估主要通过其话语表现(discursive manifestations)来展开。朱莉亚娜·布鲁诺(Giuliana Bruno)的《情感地图集:艺术、建筑和电影之旅》(*Atlas of Emotion*:*Journeys in Art*,*Architecture*,*and Film*,2002),以一种非线性方式创建了一个跨越历史的"旅行"网络(被视为一个地点或一幅地图),该网络由"情感/电子运动"(e-motions)(和疾病)所触发[46]。观察和感知的主题成为该书构建高度异质材料的组织性实体。尽管该书被定义为"文化史",但有时也被当作小说或日记之类的作品[47]。另一方面,有个例子是杰弗里·斯科斯(Jeffrey Sconce)的《幽灵媒体:从电报到电视的电子在场》(*Haunted Media*:*Electronic Presence from Telegraphy to Television*,2000),尽管该书并非以主体为中心,但它探寻了电信和广播媒介语境中的超自然话语[48]。虽然斯科斯将他的作品定义为"电子在场的文化史"(a cultural history of electronic presence),但他对变化的社会结构的电子在场给予的关注,以及对诸如"伴随着新媒介的出现,相似的故事披着新的外衣再次登场"等语句中体现出的连续性和断裂性的分析,显然又是媒介考古学的[49]。

(几乎)反对一切

西格弗里德·齐林斯基(Siegfried Zielinski)的媒介考古学是一种抗争性实践,它不仅反抗他所察觉的正在渐趋一致的主流媒介文化,还反抗媒介考古学本身,或者说,它反抗的是现代媒介研究中所存在的同化和固化状况。将媒介考古学作为一种"方法"固定在学术教材中,这对齐林斯基而言无疑是可怕之事。齐林斯基也用诸如"类考古学"(anarchaeology)及"变体学"(variantology)等其他名称来称呼他的"活动"(Tätigkeit),以此表达对永恒的分类和教义的不安。对于齐林斯基来说,媒介考古学"以务实的态度挖掘历史幽深之处,这可能有助于我们走向未来"[51]。这一表述也揭示了齐林斯基思想中的浪漫主义和乌托邦底色。这一思想并非没有矛盾,但其成效又如何?

齐林斯基的早期著作尚未被确认为"媒介考古学的"。他的《录像机的历史》(*Zur Geschichte des Videorecorders*,1986)一书涉及技术、制度、经济以及社会文化等问题,是对这一主题深入而细致的开掘[52]。该书还包括一个特别的部分——一篇有关视觉性的论文《图像领域中的录像机》(Aspects of the Video Recorder in Pictures)。该文指出了媒介考古学的兴趣所在。他的下一部关键著作初版于1989年,被译为《视听:电影、电视交互的历史》(后文简称《视听》,*Audiovisions: Cinema and Television as Entr'actes in History*),齐林斯基将这本书定义为"视听史提纲"(Entwurf zu Geschichte der Audiovision)或是"媒介之整体历史"(*integrierte Mediengeschichte*)的一个贡献[53]。通过借鉴大量异质性的物质资料,该书向读者揭示了20世纪不同视听媒介之间的界限是如何逐步消失的[54]。

受基特勒研究的启发,关于媒介考古学的讨论在20世纪80年代后期的德国开始露头,但齐林斯基显然不是其中的一分子。齐林斯基的影响与基特勒迥然不同[55]。虽然《视听》背后的理论建构较为隐晦(齐林斯基自己也承认),但他提出,"技术—文化—主题"是三位一体的,并承认其中的每一元素都与最近影响他的知识传统有着联系,包括以雷蒙·威廉斯(Raymond Williams)为代表的英国文化研究;使用特定系统方法的德国技术史学(京特·罗泊尔,Günter Ropohl);让-路易·鲍德利(Jean-Louis Baudry)、让-路易·科莫利(Jean-Louis Comolli)和克里斯蒂安·麦茨(Christian Metz)强调电影装置的超心理学电影理论[56](the metapsychological cinema theories)。齐林斯基声明,他不想"与那些特别突出媒介进程中技术—结构的其他模式去竞争(例如,弗里德里希·基特勒及其学生)",他将自己的模式视为"一种补充"[57]。

齐林斯基从《视听》走向媒介考古学的这一发展道路似乎是合乎逻辑的[58]。他的研究方案已将其带到"电影和电视历史的终结之处"。在那里,满眼只是单调和毫无节制的工业剥削,这与阿多诺和霍克海默的立场惊人地一致。"新媒介"无法提供慰藉,因为它们只能补救和延续霸权形式。齐林斯基开始转向两个看似殊途,实则同归的方向,试图打破现代媒介文化中的"精神病态"(psychopathia medialis):方向的一端是激进的当代艺术家,他们拥有打破文化工业中罪恶目的的潜力;另一端是历史中的神秘财富,它们是文化重建的关键所在。作为科隆艺术与媒介学院的创始理事和后来的校长,齐林斯基的这一身份影响了他的学术立场,也让他有机会在媒介研究与实验媒介的实践之间建立诸多联系[59]。

齐林斯基的下一本著作被译为《媒介考古学:探索视听技术的深层时间》(Deep Time of the Media: Toward an Archaeology of Hearing and Seeing by Technical Means,最早出版于 2002 年)。该书专注于媒介的"深层时间",提出了一系列研究成果,这些研究专注于一些人物的作品,并以"赞美和表彰,而非批评的精神"[60]展开书写,而在此之前,甚少有人将这些人物与媒介文化联系起来。他在书中列举了许多天才人物,如恩培多克勒(Empedocles)、阿塔纳斯·珂雪(Athanasius Kircher)、切萨雷·龙勃罗梭(Cesare Lombroso)。他们出于爱和灵感而工作,克服了现实世界的种种困难和逆境[61]。至少在齐林斯基看来,这些天才人物与另一类文化英雄有诸多接近之处,即从事媒介工作的当代艺术家,如瓦莉·艾克斯波特(Valie Export)、大卫·拉克尔(David Larcher)、白南准(Nam June Paik)、斯蒂娜和伍迪·瓦苏尔卡(Steina and Woody Vasulka)以及彼得·魏博尔(Peter Weibel)等[62]。从思想观念上看,齐林斯基看起来在向托马斯·卡莱尔(Thomas Carlyle)的经典浪漫作品《论历史上的英雄、英雄崇拜和英雄业绩》(On Heroes and Hero Worship and the Heroic in History,1841)致敬。他悲怆地一头扎进他的英雄世界,对那些批评的、怀疑的以及理论性观点毫不理会[63]。

齐林斯基对媒介开放性的理解是非传统的(也许是无意中想起了麦克卢汉的变形虫定义),他对知识的欲望也如同无底洞一般[64]。他近期着手进行的名为"变体学"的项目,是一个基于国际研习会的系列选集,看来已经把他"反对一切"的要求提升到一个新高度。"变体学"的关键词通过对拉丁动词"变"(variare)的翻译获得了很好的表达:"去区分,去偏离,去改变,去转换,去更改。"[65]"变体学"带有媒介考古学的烙印,也如媒介考古学一般倾向于展开"局部性"探索,拒绝将其发展为包罗万象的解释,如同那位具有历史倾向的视觉理论家乔纳森·克拉里(Jonathan Crary)所做的一样[66]。齐林斯基对开放、好奇和学科之间"交流"的呼吁无疑是值得称道的,但他对系统化和理论化的明显抗拒,又往往冒着原子论的风险。

新电影史、媒介考古以及数字化的挑战

"新电影史"可以说是一个与媒介考古学并行的事业,它们都起源于20世纪80年代,且都在继续演变[67]。尽管前者的概貌尚不清晰,但许多实践者通过引入被广泛拓展的文化、社会和经济语境,试图探寻有关电影特性的新见解。这一语境化过程建基于多种多样的一手物质资料之上,强调了电影的跨媒介关系。在某种意义上,齐林斯基的《视听》也指向这一方向。但是,该作品聚焦于技术、文化形式和观看主题之间的相互作用,而对电影或电视节目内容毫不在意,这使其超越了大多数电影史学家的眼界。在齐林斯基的研究中,语境和技术装置处于中心位置。

在一篇题为《作为媒介考古学的新电影史》(The New Film History as Media Archaeology)的文章中,托马斯·埃尔塞瑟充分表达了对语境化和媒介间性的研究意愿:

> 自无声电影后,声音几乎不再缺位。在此情况下,为何留声机的历史没有被划为另一分支?既然我们现在把电影理解成多媒介环境的一部分,那么电话是否为必不可少的技术?同样的问题,无线电波,电磁领域,航空的历史呢?难道我们不需要将巴贝奇(Babbage)的差速引擎,与他朋友亨利·福克斯-塔尔博特(Henry Fox-Talbot)的卡罗式(calotypes)照相法,或路易·达盖尔(Louis Daguerre)的感光铜版等同视之吗?这些问题本身显示了我们对于电影的观念——甚至对电影的定义——已经发生改变。即便没有呼吁将数字化视为一种技术,数字化仍然是一种强有力的"视角修正",这一点是毫无疑问的。因此,在对过往历史回头重写时,数字化也可算得上是一种推动力。[68]

在埃尔塞瑟看来,直到1917年,新电影史的目标之一仍是探索电影体验的独特之处[69]。汤姆·冈宁(Tom Gunning)关于电影吸引力的著作,查尔斯·马瑟(Charles Musser)关于银幕实践历史的研究工作,安德烈·戈德罗(André Gaudreault)对早期光学媒介的探索,都是典型例子[70]。冈宁也发表了许多成果,这些成果将早期电影与其他媒介、技术现象(如幽灵摄影①和x射线)以及新兴

---

① 幽灵摄影(ghost photography),或称"灵魂摄影",是指使用电子或技术媒介来弥合生者与故人之间的鸿沟的一种媒介活动,可理解为利用摄影术拍出亡者灵魂的样貌,留给在世者缅怀故人。——译者注

的现代机构（如世界博览会）联系起来。同样地，在《橱窗购物》（*Window Shopping*，1993）中，安妮·弗莱伯格（Anne Friedberg）将电影的起源追溯至 19 世纪新兴的大众文化和消费文化的形式和机制，开创了一种令媒介—考古学颇感兴趣的方法[71]。在《虚拟之窗》（*The Virtual Window*，2006）中，她将这种分析推回数百年之前，从而与电影研究的典范进一步疏离开来。

对于埃尔塞瑟来说，其中的一个挑战是重新评价各种媒介技术之间的联系和鸿沟。数字化的冲击迫使电影重新思考其文化地位和发展历史。将数字化视为一种断裂，这为认识媒介历史提供了一种思维方法，即将其看作一种不断接受审视的非连续性事业。列夫·曼诺维奇（Lev Manovich）的《新媒体语言》（*The Language of New Media*，2001）建立在电影研究和电影理论的基础上，是有关新媒介理论的一种历史性调整版本。该书宣称，对新媒介的考察应"置于现代视觉史和媒介文化的范围之中"[72]。以数字表现、模块化、自动化、变异性和转码为基础，曼诺维奇指出了早期前卫动画电影实践与新兴数字文化之间的连续性。除了电影史和电影理论外，他还借鉴了*图像学*的传统思想，其中包括欧文·潘诺夫斯基的著作。对新媒介的关注改变了电影的历史意义和历史语境，将它从叙事性电影转变为一种更加灵活的形式，在此形式中，电影能够互动，可以操作，并具有数字表象和传输的能力。以电影研究为背景的媒介历史和媒介理论研究，对媒介考古学的持续更新提出了挑战，亦即如何避免将所有其他媒介都归结为移动图像历史的脚注。一种替代选择是最近大量涌入的以考古学为导向的作品，这些作品专注于文化和历史的听觉维度[73]。

媒介考古学、艺术和日常生活

媒介考古学或许尚未成为一门学科；它可能会在大学机构边缘徘徊，吸引那些原本致力于已成建制学科的职业学者们；它还处在自我发现的过程中，有时可能会忘记，甚至忽视对自我的定义。但是，媒介考古学如今已不仅仅是福柯或基特勒著作的一个注脚了。人们不应忘记伯恩哈德·西格特（Bernhard Siegert）对邮政系统的研究，沃尔夫冈·恩斯特关于技术媒介和档案的考古学研究，克劳斯·皮亚斯对计算机历史上系列游戏的研究，或尤西·帕里卡对计算机病毒和"昆虫媒介"的考古学研究……更不用说那些可以被视为"媒介考古"的学术著作了——尽管他们从不如此认为[74]。强调这种异质性，与其说是为了有意使现存的媒介考古学理论和实践体系变得多样化，不如说是为了鼓励不同话语和学科之间的"交流"。

尽管如此，至少在局部和策略的意义上，我们仍需对方法进行界定，甚至将其提炼为所谓的"方法论"。埃尔基·胡塔莫对媒介考古学的变体（variant of media archaeology）研究就是这样的一种尝试。胡塔莫致力于将"主题"（topos）概念应用于媒介文化领域。该概念由德国文学学者恩斯特·罗伯特·库尔提乌斯在其经典作品《欧洲文学与拉丁中世纪》（*Europäische Literatur und Lateinisches Mittelalter*，1948）中提出[75]。主题的方法避开了一些"新事物"——它们通常是媒介文化话语的焦点，既重要又颇受欢迎；相反，它强调陈词滥调、老生常谈以及一些"令人厌烦的事物"（借用《连线》（*WIRED*）杂志上的术语）。确定媒介文化依赖于已知事物的方式，如同确定其如何体现和促进前所未有的事物一样重要。事实上，这两个方面是相互联系的，新事物可能被那些存在数百年之久的规则"修饰"，而旧事物也可能为文化的创新和重新定位提供"模板"。

胡塔莫的方法不仅能识别主题，追踪其发展轨迹，探索其再现情境，它还试图阐释主题如何不断被文化代理人所唤醒——从发言人、销售代理、政治家到作家、记者、展览策展人，以及最重要的人员，媒介艺术家。文化代理人将这些主题用于各种目的，从商业推销和意识形态说服，到对媒介文化和历史的美学思考。这使得胡塔莫的方法更具文化批判性[76]。虽然文化代理人自身并不总是承认这一点，但媒介—考古维度已构成当代思维模式的基本要素，并不断受到媒介与传播的冲击。通过展示媒介的过去在当下重现的方式，以及媒介的过去如何引导人们当下的态度，主题方法有助于发现新奇事物、激励创新和探寻媒介—文化的断裂。

正如胡塔莫在1996年发表的文章《画廊中的时光机：媒介艺术的考古学方法》（Time Machines in the Gallery: An Archeological Approach in Media Art）中指出的，越来越多的艺术家意识到了媒介考古学，他们从媒介考古学的发现中获得启发，并在此领域贡献他们自己的创作和发现[77]。这推动了研究和艺术创造之间的并置和联系[78]。像保罗·迪马里尼斯（Paul DeMarinis）和岩井俊雄（Toshio Iwai）这样的艺术家，利用了其在媒介—考古领域中的探索来构造另类的、假想的媒介历史。而其他人，比如佐伊·贝洛夫（Zoe Beloff）、海蒂·库米（Heidi Kumao）、丽贝卡·康明斯（Rebecca Cummins）和艾伦·茨威格（Ellen Zweig），都已经想象到历史中技术的心理和/或性别意涵，并通过再创作使其可视化。还有一些学者重现"过时"媒介的奇特版本，释放它们未被发掘的潜力。根·雅各布斯（Ken Jacobs）、伯尼·卢贝尔（Bernie Lubell）和格布哈尔德·森穆勒（Gebhard Sengmüller）就是其中的典型。

岩井、迪马里尼斯和朱利安·玛丽（Julien Maire）也受到媒介考古的启发，创作出了令人惊讶的高科技作品，例如，岩井的《电子浮游生物》（*Electropl-*

ankton，任天堂制作的游戏）和《掌上音乐》（*Tenori-On*，与雅马哈共同开发）、迪马里尼斯的《雨舞》（*Rain Dance*）和《火鸟》（*Firebirds*）以及朱利安的《半人》（*Demi-Pas*，一个 21 世纪版的魔术灯展）。乍看之下，这些作品未必展现了媒介考古学带来的灵感，但它们却创造了一种为众多媒介考古学家所认可的周期性运动。这里没有隔阂，相反，这里存在持续不断的交流和时光中的来回巡游。过去被带至当下，当下又被带回过去；过去与现在相互知会、相互阐释和发问，指向那可能是、也可能不是的未来。

注释

1. See the Selected Bibliography at the end of this volume.

2. For example, by Trebor Scholz, Department of Media Study, SUNY at Buffalo; Alex Galloway and Ben Kafka, Department of Media, Culture, and Communication, New York University; Dr. Darren Wershler-Henry, Department of Communication Studies, Wilfrid Laurier University; Wendy Chun, Committee on Science and Technology Studies, Brown University; Erkki Huhtamo, Department of Design|Media Arts, University of California, Los Angeles.

3. One should acknowledge the impact of the Web site "Early Visual Media Archeology," maintained by the collector and early media enthusiast Thomas Weynants (www.visual-media.be, accessed March 15, 2009).

4. Jeffrey T. Schnapp uses the word *anthropology* in his explorations of the cultural manifestations of speed, although his nonlinear and nondeterministic approach has parallels with those of the media archaeologists (true, transportation is a more important concern for him than the virtual motions in media). See his "Crash (Speed as Engine of Individuation)," *Modernism/Modernity* 6, no. 1(1999): 1–49. Schnapp's long-term book project bears the working title "Quickening: On the Cultural History and Anthropology of Speed." Other prominent works that don't use the concept of media archaeology but have similarities with it (associated with women's studies) are Terry Castle, *The Female Thermometer*: 18th Century Culture and the Invention of the Uncanny (New York: Oxford University Press, 1995), Rachel P. Maines, *The Technology of Orgasm*: "Hysteria," the Vibrator, and Women's Sexual Satisfaction (Baltimore: Johns Hopkins University Press, 1999), and Lynn Spigel, *Make Room for TV* (Chicago and London: The University of Chicago Press, 1992).

5. In *Window Shopping*, which has affinities with media-archaeological approaches although it is situated within the paradigm of cinema studies, Anne Friedberg claims: "Because this book crosses disciplinary boundaries (architecture, literature, film, consumer culture) and because I insist that the film text be read in the architectural context of its reception rather than as an autonomous aesthetic product, my method may be labeled new historicist." Anne Friedberg, *Window Shopping*: Cinema and the Postmodern (Berkeley: University of California Press, 1993), 6.

6. Geert Lovink, My First Recession: Critical Internet Cultures in Transition (Rotterdam: Nai Publishers, 2004), 11.

7. Timon Screech's remarkable The Lens within the Heart: The Western Scientific Gaze and Popular Imagery in Later Edo Japan (1996; repr., Honolulu: University of Hawai'i Press, 2002) can be considered a media-archaeological work, although Screech does not use the word. The Japanese media

scholar Machiko Kusahara has contributed to media archaeology with several articles.

8. See Jaroslav Malina and *Zdeněk Vašíček*, Archaeology Yesterday and Today: The Development of Archaeology in the Sciences and Humanities, ed. and trans. Marek Zvelebil (Cambridge: Cambridge University Press, 1990). About the relationship between archaeology and the new cultural history, see Ian Morris, *Archaeology as Cultural History: Words and Things in Iron Age Greece* (Malden, MA: Blackwell, 2000), ch. 1.

9. Mieke Bal, Travelling Concepts in the Humanities (Toronto: University of Toronto Press, 2002).

10. Jacques Perriault, Mémoires de l'ombre et du son: Une archéologie de l'audio-visuel (Paris: Flammarion, 1981), 13. Perriault's book cannot be recommended any longer, except for its historiographical interest, because it is dotted with mistakes, and many of his interpretations have been proven wrong.

11. Ibid., 18.

12. C. W. Ceram, Archaeology of the Cinema, trans. Richard Winston (New York: Harcourt, Brace and World, [1965]), 9. The contradiction between the text and the visuals was pointed out by Erkki Huhtamo, "From Kaleidoscomaniac to Cybernerd: Notes toward an Archaeology of the Media," in Electronic Culture: Technology and Visual Representation, ed. Timothy Druckrey (New York: Aperture, 1996), 296–303, 425–27, and later discussed by Stephen Herbert in his introduction to *A History of Pre-cinema*, ed. Stephen Herbert (London: Routledge, 2000), 1: xxv-xxvi.

13. Olive Cook herself had already published a book on much the same developments, Movement in Two Dimensions (London: Hutchinson, 1963). It presented a much broader vision, deviating from the linear cause-and-effect chains proposed by Ceram to consider discursive factors as well.

14. Laurent Mannoni, Le grand art de la lumière et de l'ombre: Archéologie du cinéma (Paris: Nathan, 1994), translated into English as The Great Art of Light and Shadow: Archaeology of the Cinema, ed. and trans. Richard Crangle (Exeter: University of Exeter Press, 2000).

15. In the catalogue of an exhibition he curated about "archaeology of cinema," Mannoni emphasized that "the long history is complex, full of surprises, mysteries, and extraordinary findings." Trois siècles de cinéma de la lanterne magique au Cinématographe (Paris: Éditions de la Réunion des musées nationaux, 1995), 13. The title was provocative because the exhibition was supposed to celebrate the one-hundredth anniversary of the cinema. In the preface, Dominique Paini used the term *anthropological perspective*, emphasizing that the exhibition dealt not only with technology but also with beliefs associated with it (11).

16. Theodor W. Adorno and Max Horkheimer, Dialectic of Enlightenment, *trans. John Cumming* (1944; repr., London: Verso, 1979), 120–67 ("The Culture Industry: Enlightenment as Mass Deception"); Richard Hoggart, Uses of Literacy (London: Chatto and Windus, 1957). While Adorno and Horkheimer saw the "cultural industry" as monolithic, anonymous, and alienating, Hoggart emphasized that working-class culture was also able to read products of the industrial popular media culture against the grain.

17. Marshall McLuhan, The Gutenberg Galaxy: The Making of Typographic Man (Toronto: University of Toronto Press, 1962), and Counterblast (New York: Harcourt, Brace and World, 1969); Marshall McLuhan and Quentin Fiore, The Medium Is the Massage: An Inventory of Effects (New York: Bantam Books, 1967).

18. Jay David Bolter and Richard Grusin, Remediation: Understanding New Media (Cambridge, MA: MIT Press, 1999). The title refers to McLuhan's Understanding Media: The Extensions of Man (1964; repr., Cambridge, MA: MIT Press, 1994).

19. In The Virtual McLuhan (Montreal: McGill-Queen's University Press, 2001), Donald F. Theall defined McLuhan as a "Menippean satirist" rather than as a media theorist.

20. Lewis Mumford, Technics and Civilization (New York: Harcourt Brace, 1934).

21. Such an approach was not entirely unique. New ideas about the "evolution of technology" were emerging on a broad front, from Samuel Butler's fiction writings to Lieutenant-General A. Lane Fox Pitt-Rivers's collections of tools, and on to arguments about the systemic relations between technological artifacts. After the Second World War, the French philosopher Gilbert Simondon continued the individuation of technological objects and ideas of material history from a depersonalized (or "preindividual") point of view. Gilbert Simondon, Du mode d'existence des objets techniques (Paris: Aubier-Flammarion, 1992).

22. Siegfried Giedion, Mechanization Takes Command: A Contribution to Anonymous History (1948; repr., New York: W. W. Norton, 1969), 2.

23. Ibid., 4.

24. The influence of both can be clearly seen in Jonathan Crary's Techniques of the Observer: On Vision and Modernity in the Nineteenth Century (Cambridge, MA: MIT Press, 1990), another book that has affinities with media-archaeological interests.

25. Walter Benjamin, The Arcades Project, trans. Howard Eiland and Kevin McLaughlin (Cambridge, MA: Belknap Press, 2002). See also Susan Buck-Morss's creative reconstruction, The Dialectics of Seeing: Walter Benjamin and the Arcades Project (Cambridge, MA: MIT Press, 1991). An excellent introduction to Benjamin's complex thinking is Norbert Bolz and Willem van Reijen, *Walter Benjamin*, trans. Laimdota Mazzarins (Atlantic Highlands, NJ: Humanities Press, 1996).

26. Dolf Sternberger, Panorama of the Nineteenth Century: How Nineteenth Century Man Saw Himself and His World and How He Experienced History, *trans. Joachim Neugroschel* (New York: Urizen Books, 1977), originally published as Panorama oder Ansichten vom 19 Jahrhundert (1938). The work was a strong influence on the cultural historian Wolfgang Schivelbusch, whose work also has affinities with media-archaeological approaches.

27. Horst Bredekamp, "A Neglected Tradition? Art History as Bildwissenschaft," Critical Inquiry 29 (Spring 2003): 418–28.

28. About this project, see Philippe-Alain Michaud, Aby Warburg and the Image in Motion, trans. Sophie Hawkes (New York: Zone Books, 2004), 244, 251–53.

29. Pasi Väliaho, The Moving Image: Gesture and Logos circa 1900 (Turku: University of Turku Publications, 2007), 215–17.

30. "Museum without Walls" now forms the first section of Malraux's The Voices of Silence, trans. Stuart Gilbert (1953; repr., Princeton: Princeton University Press, 1978).

31. For both a good introduction and a penetrating critique, see Hubert L. Dreyfus and Paul Rabinow, Michel Foucault: Beyond Structuralism and Hermeneutics, 2nd ed. (Chicago: University of Chicago Press, 1983), chs. 2 and 4. Foucault presented the principles of his archaeological approach in two books, The Order of Things: An Archaeology of the Human Sciences, *trans. A. M. Sheridan Smith* (New York: Pantheon Books, 1970), originally published as Les mots et les choses: Une archéologie des sciences humaines (1966), and *The Archaeology of Knowledge*, trans. A. M. Sheridan Smith (London: Routledge, 2002), originally published as L'archéologie du savoir (1969).

32. Kittler's debt to McLuhan is clear. See Wendy Hui Kyong Chun, "Introduction: Did Somebody Say New Media?" in New Media, Old Media: A History and Theory Reader, ed. Wendy Hui Kyong Chun and Thomas Keenan (New York: Routledge, 2006), 4.

33. Friedrich Kittler, Aufschreibesysteme 1800/1900 (Munich: Wilhelm Fink, 1985), translated by Michael Metteer as Discourse Networks 1800/1900 (Palo Alto: Stanford University Press, 1990).

34. Friedrich Kittler, Grammophon Film Typewriter (Berlin: Brinkmann and Bose, 1986), translated by Geoffrey Winthrop-Young and Michael Wutz as Gramophone, Film, Typewriter (Stanford: Stanford University Press, 1999).

35. Kittler, Gramophone, Film, Typewriter, 229.

36. Drawing on Foucault and Kittler, Wolfgang Ernst has suggested that media should be primarily researched as nonsignifying channels. The fact of mediation should be considered before any idea of hermeneutic meaning. The phenomenological content of communication is too often mistaken for the essence of media. For Ernst, media archaeology focuses on the agency of the machine, the ways in which technical media themselves contract time and space. See Wolfgang Ernst, "Let There Be Irony: Cultural History and Media Archaeology in Parallel Lines," Art History 28 (November 2005): 582–603.

37. Michael Wetzel, "Von der Einbildungskraft zur Nachri chtentechnik: Vorueberlegungen zu einer Archäologie der Medien," in Mediendämmerung: Zur Archäologie der Medien, ed. Peter Klier and Jean-Luc Evard (Berlin: Edition Tiamat, 1989), 16–17.

38. Eva Horn, "Editor's Introduction: There Are No Media," Grey Room 29 (Fall 2007): 10.

39. John Armitage, "From Discourse Networks to Cultural Mathematics: An Interview with Friedrich A. Kittler," Theory, Culture and Society 23, nos. 7–8 (2006): 32–33.

40. Friedrich Kittler, Musik und Mathematik, 2 vols. (Munich: Wilhelm Fink, 2006).

41. See Lynn Hunt, ed., The New Cultural History (Berkeley: University of California Press, 1989).

42. See Patricia O'Brien, "Michel Foucault's History of Culture," in Hunt, New Cultural History, 25–46; Keith Windschuttle, "The Discourses of Michel Foucault: Poststructuralism and Antihumanism," in *The Killing of History*: How Literary Critics and Social Theorists Are Murdering Our Past (San Francisco: Encounter Books, 2000), 131–71.

43. H. Aram Veeser, introduction to The New Historicism, ed. H. Aram Veeser (New York: Routledge, 1989), xi.

44. See Brook Thomas, The New Historicism and Other Old-Fashioned Topics (Princeton: Princeton University Press, 1991). See also the traditionalist criticism by Windschuttle, Killing of History.

45. Already in the 1970s Hayden White had pointed out that there are various ways of writing history and that the historical discourse itself can be analyzed as an epistemological mode of knowledge production. See his Metahistory: The Historical Imagination in Nineteenth-Century Europe (Baltimore: Johns Hopkins University Press, 1973).

46. Giuliana Bruno, Atlas of Emotion: Journeys in Art, Architecture, and Film (New York: Verso, 2002). Avital Ronell's The Telephone Book: Technology, Schizophrenia, Electric Speech (Lincoln: University of Nebraska Press, 1989) let the subjectivity of the implied author and the resulting highly idiosyncratic discourse dominate to such an extent that it was at times difficult to assess the actual historical subject matter through this "screen."

47. Bruno, Atlas of Emotion, 2.

48. Jeffrey Sconce, *Haunted Media*: Electronic Presence from Telegraphy to Television (Durham: Duke University Press, 2000).

49. Ibid., 8.

50. Zielinski was invited to contribute to the present volume, but he refused to write before a publishing contract would have been signed. The need to prepare the manuscript to earn a contract led to a chicken-and-egg problem and made Zielinski's participation impossible.

51. Siegfried Zielinski, "Media Archaeology," CTheory, no. ga111 (July 11,1996), www.ctheory. net/articles. apsx? id = 42.

52. Zur Geschichte des Videorecorders (Berlin: Wissenschaftsverlag Volker Spiess, 1985) was Zielinski's PhD dissertation.

53. Siegfried Zielinski, Audiovisions: Cinema and Television as Entr'actes in History, trans. Gloria Custance (Amsterdam: Amsterdam University Press, 1999), originally published as Audio visionen: Kino und Fernsehen als Zwischenspiele in der Gechichte (1989). Zwichenspielalso translates as "interlude." Does Zielinski mean that both cinema and television are just interludes in a much larger

history? If so, this would be a very media-archaeological attitude. The choice of entr'actemay have been meant to resonate with Clair's and Picabia's Dadaistic film Entr'Acte (1924).

54. In retrospect Audiovisions is structurally a relatively conventional work of linear media history. However, its illustrations point toward more open possibilities (somewhat in the manner of Ceram's Archaeology of the Cinema).

55. The term media archaeology seems to have entered Zielinski's own discourse around 1993 – 94. In 1994 he defined the "archaeology (of the media, or of audiovisions)" as "a method of disassembling largely linear and chronologically constructed histories by researching resistive local discursivities and expressive practices as well as technically-based world pictures and picture worlds" (trans. Erkki Huhtamo). The densely formulated original says, "Archäologie (der Medien, der Audiovision) wäre in diesem Sinne die Methode, in der weitgehend linear und chrono-logisch konstruierten Geschichte die widerständigen lokalen Diskursivitäten und Ausdruckspraxen des Wissens und des Konzeptionierens technisch basierter Weltbilder und Bilderwelten herauszuarbeiten." Siegfried Zielinski, "Medienarchäologie: In der Suchbewegung nach der unterschiedlichen Ordnungen des Visionierens," *EIKON*: Internationale Zeitschrif für Photographie und Medienkunst 9(1994): 32.

56. Zielinski, Audiovisions, 21.

57. Ibid., 21.

58. The term media archaeology was mentioned in *Audiovisions*, when Zielinski called for "future research" on auditory media (35).

59. His more recent affiliation with the University of Arts, Berlin, is at the Institute for Time Based Media, where his chair has a focus on archaeology and variantology of media.

60. Siegfried Zielinski, Deep Time of the Media: Toward an Archaeology of Hearing and Seeing by Technical Means, trans. Gloria Custance (Cambridge, MA: MIT Press, 2006),34. The original used the words archaeology of the media in its title: Archäologie der Medien: Zur Tiefenzeit des technischen Hörens und Sehens (Reinbek bei Hamburg: Rowohlt, 2002).

61. The focus on personalities was even clearer in the German original, where the chapters had such names as "Empedocles Chapter," "Kircher Chapter," and "Lombroso Chapter."

62. Audiovisions, 22. Compared with the German edition, published a decade earlier, the list has changed. Bill Viola has fallen out of favor (perhaps having become too much part of the art establishment?), and Export, Larcher, and the Vasulk as have been added.

63. Zielinski shows relatively little interest in engaging in explicit dialogues with other contemporary media scholars, relying mostly on his own encounters with the primary source material. For example, *Thomas* L. Hankins and Robert J. Silverman's Instruments and the Imagination (Princeton: Princeton University Press, 1995) has not been referred to, although it contains an important chapter on Kircher (ch. 2). Pressed at the discussion following his presentation at the Imaginary Media conference in Amsterdam (2004) to define his method, Zielinski characterized it as "Kircherian," referring to the seventeenth-century Jesuit polymath he deals with in Deep Time.

64. Zielinski, Deep Time, 33.

65. Siegfried Zielinski and Silvia M. Wagnermaier, "Depth of Subject and Diversity of Method: An Introduction to Variantology," in Variantology 1: On Deep Time Relations of Arts, Sciences and Technologies, ed. Siegfried Zielinski and Silvia Wagnermaier (Cologne: König, 2007),9. Four volumes have been published so far, the others being Variantology 2 (2007), Variantology 3 (2008) and Variantology 4(2010). Five workshops have been organized so far.

66. Crary, Techniques of the Observer; Jonathan Crary, Suspensions of Perception: Attention, *Spectacle, and Modern Culture* (Cambridge, MA: MIT Press, 1999). Crary's interests come close to those of media archaeologists; see in particular his "Géricault, the Panorama, and Sites of Reality in the Early Nineteenth Century," *Grey Room* 9 (Fall 2002): 5 – 25.

67. The first recorded use of the term *the new film history* is said to be Thomas Elsaesser, "The New Film History," *Sight and Sound* 55 (Autumn 1986): 246-51. See James Chapman, Mark Glancy, and Sue Harper, introduction to *The New Film History: Sources, Methods, Approaches*, ed. James Chapman, Mark Glancy, and Sue Harper (Houndsmills, Basingstoke: Palgrave Macmillan, 2007), 5.

68. Thomas Elsaesser, "The New Film History as Media Archaeology," *Cinémas* 14, nos. 2-3 (2004): 86. The theoretical impulse behind Elsaesser's version of media archaeology stems from Foucault's genealogical writings, especially from his essay "Nietzsche, Genealogy, History." Michel Foucault, "Nietzsche, Genealogy, History," in *Language, Counter-memory, Practice: Selected Essays and Interviews*, ed. D. F. Bouchard (Ithaca: Cornell University Press, 1977), 146-47. A genealogical perspective considers the perceiving and sensing body as a surface of inscription, opened up to cultural forces like media technologies. Even though Foucault did not directly refer to technology as such as a cultural force, his emphasis on the body as a historical, discontinuous force field can be related to the idea that our ways of perceiving the world are historically determined: "History becomes 'effective' to the degree that it introduces discontinuity into our very being—as it divides our emotions, dramatizes our instincts, multiplies our body and sets it against itself" (154).

69. Elsaesser, "New Film History" [2004].

70. See Tom Gunning, "An Aesthetic of Astonishment: Early Cinema and the (in)Credulous Spectator," *Art and Text* 34(1989): 31-45. See also, e. g., Wanda Strauven, ed., *The Cinema of Attractions Reloaded* (Amsterdam: Amsterdam University Press, 2006) and Thomas Elsaesser and Adam Barker, eds., *Early Cinema: Space, Frame, Narrative* (London: British Film Institute, 1990).

71. Anne Friedberg, *Window Shopping: Cinema and the Postmodern* (Berkeley: University of California Press, 1993), and *The Virtual Window: From Alberti to Microsoft* (Cambridge, MA: MIT Press, 2006).

72. Lev Manovich, *The Language of New Media* (Cambridge, MA: MIT Press, 2001), 8. Despite the popularity of Manovich's book, other kinds of archaeologies of computing and software have been presented. On another kind of a media archaeology of software that takes theoretical elements from Deleuze and Guattari, see Jussi Parikka, *Digital Contagions: A Media Archaeology of Computer Viruses* (New York: Peter Lang, 2007). Of interest as a media archaeology of computing is Werner Künzel and Peter Bexte, *Allwissen und Absturz: Der Ursprung des Computers* (Frankfurt: Insel, 1993).

73. See, for example, Jonathan Sterne, *The Audible Past: Cultural Origins of Sound Reproduction* (Durham: Duke University Press, 2003); Emily Thompson, *The Soundscape of Modernity: Architectural Acoustics and the Culture of Listening in America, 1900-1933* (Cambridge, MA: MIT Press, 2004).

74. Bernhard Siegert, *Relays: Literature as an Epoch of the Postal System*, trans. Kevin Repp (Stanford: Stanford University Press, 1999); Wolfgang Ernst, *Das Gesetz des Gedächtnisses: Medien und Archive am Ende (des 20. Jahrhunderts)* (Berlin: Kulturverlag Kadmos, 2007); Christoph Holtorfand Claus Pias, eds., *Escape! Computerspiele als Kulturtechnik* (Cologne: Böhlau, 2007); Parikka, *Digital Contagions*, and *Insect Media: An Archaeology of Animals and Technology* (University of Minnesota Press, 2010). Prominent examples of media-archaeologically leaning works that don't call themselves such are Ellen Lupton, *Mechanical Brides: Women and Machines from Home to Office* (New York: Cooper-Hewitt National Museum of Design; Washington, DC: Smithsonian Institution; Princeton: Princeton Architectural Press, 1993); Lisa Cartwright, *Screening the Body: Tracing Medicine's Visual Culture* (Minneapolis: University of Minnesota Press, 1995); Lisa Gitelman, *Scripts, Grooves, and Writing Machines: Representing Technology in the Edison Era* (Stanford: Stanford University Press, 1999), and Always Already New: Media, History, and the Data of Culture (Cambridge, MA: MIT Press, 2006).

75. See Huhtamo's chapter in this book.

76. Although the words *media archaeology* were not explicitly mentioned, the Spectres: When Fashion Turns Back exhibition organized by the Victoria and Albert Museum in 2005 promised to show "the hidden, yet haunting, connections between recent fashion and its past," setting out "to reveal the shadows and experiences that form a 'fashion memory' in contemporary dress." The entire exhibition design had been inspired by "obsolete" media like peep shows, kaleidoscopes, and the phantasmagoria. Some actual traces of the past such as magic lantern slides were also exhibited as props. "Guide to Exhibition, 24 February-8 May 2005," booklet, Victoria and Albert Museum. See also the exhibition catalogue, Judith Clark, Spectres: When Fashion Turns Back (London: V&A Publications, 2004). For another example of a media-archaeological approach to exhibition design, see the works of the Dutch artist and designer Tjebbe van Tijen at http://imaginarymuseum.org.

77. Erkki Huhtamo, "Time Machines in the Gallery: An Archeological Approach in Media Art," in Immersed in Technology: Art and Virtual Environments, ed. Mary Anne Moser (Cambridge, MA: MIT Press, 1996), 232-68. See also his "Twin-Touch-Test-Redux: Media Archaeological Approach to Art, Interactivity, and Tactility," in MediaArtHistories, ed. Oliver Grau (Cambridge, MA: MIT Press, 2007), 71-101.

78. It is perhaps appropriate that media archaeologists themselves have sought alternative ways of demonstrating their findings. Huhtamo, for example, created Ride of Your Life, a "meta-ride" through the history of the ride film using a hydraulic flight-simulator platform (ZKM, 1998), and a stage performance titled Musings *on Hands* with media artists Golan Levin and Zachary Lieberman (Ars Electronica, 2006). The latter dealt with the topos of "the hand of God."

第一部分

想象的引擎

"媒介"不仅与现代性的既有制度有关,也体现在精神病患者的叙述和宗教的幻想中,体现在关于精神和身体的理论以及与技术现代性相关的、其他反复出现的问题上。但"虚拟媒介"(imaginary media)这一术语不仅意味着将人类的想象力视作一种奇异交流方式的发生场所,也意味着媒介这一观念在心灵理论和大脑理论中的延伸。从这个意义上看,媒介是操控人类及其文化的策略和技术的宝库。这一部分内容表明,媒介考古学不仅建立在福柯的方法论基础上,它还从精神分析和其他20世纪早期的文化理论中获得启发,包括德国图像学和文学的主题理论。

埃尔基·胡塔莫的文章对主题进行了理论——历史层面的语境化研究。主题是胡塔莫从文学研究者恩斯特·罗伯特·库尔提乌斯的理论中吸收的概念,这一概念目前已变成一种工具,用以解释媒介文化中那些陈词滥调和老生常谈为何总是反复出现。胡塔莫将这一观念应用于各种媒介形式之中,从"窥视媒体"(peep media)、移动全景到移动媒介。在文章中,胡塔莫从理论角度阐释了他的方法,讨论了它的渊源,并论证了这一方法何以能够应用于媒介文化的方方面面。对于胡塔莫来说,他的主要任务在于"识别主题,分析其轨迹与转换形式,并进一步解释制约它们在时空中'变幻'的文化'逻辑'"。主题是穿越各种文化传统,用以调解题目、形式和幻想的一种话语"引擎"。可以预料的是,它们已成为文化产业手中的工具。

埃里克·克塔滕贝格则讨论了"虚拟媒介"这一观念的概念化方法。他从福柯的视域(Foucauldean)出发,重组了西格弗里德·齐林斯基有关"变体学"和"媒介的类考古学"的概念。通过一系列案例,克塔滕贝格向人们展示了虚拟媒介是如何被构想出来,又是如何被语境化并提高当代媒介的生产效率的。依据齐林斯基的理论,克塔滕贝格认为挖掘过去的媒介文化不仅对媒介文化自身十分重要,对于开创一个创新型的关键性未来也同样重要。在这里可以看到众多媒介考古学著作的一个共同特征:档案资料的发现和历史叙述的重建,都与新兴媒介的实践紧紧联系在一起。

杰弗里·斯科斯和托马斯·埃尔塞瑟所作章节将精神分析的主题置于媒介考古学的详细阐述中。精神(psyche)和心灵(mind)的理论成为媒介考古学挖掘的场所,在此,斯科斯和埃尔塞瑟都试图寻找理解现代媒介文化的新方式。斯科斯专注于"影响机器"(the influencing machine),这是精神分析学家维克托·托斯克(Victor Tausk)在20世纪30年代提出的概念。斯科斯并不认为它是一种精神分裂的妄想,而是将其视为与心灵控制有内在联系的广播媒介的一种投射。他讨论的"妄想"与任何具体技术都毫无关系;相反,正是这些妄想证明了"19世纪末形成的一种本土权力理论"(a vernacular theory of power)。

埃尔塞瑟在其所作章节中分析了西格蒙德·弗洛伊德(Sigmund Freud)的著作,从媒介考古学层面对记忆的概念化问题提出了诸多洞见。他指出,弗洛伊德对精神的分析——不仅是理解感知的方式,也是理解存储和处理等问题的方式——本身就可被视为一种媒介理论。精神本身就是一种媒介机器。埃尔塞瑟对弗洛伊德经典文章《神秘书写板札记》(Notes on the Mystic Writing Pad)所展开的媒介考古学的解读,为我们在新兴媒介文化背景下理解早期精神分析理论开辟了另一条道路。这表明,弗洛伊德也可应用于数字时代影像的媒介考古学研究。埃尔塞瑟认为,"将弗洛伊德看成辅助记忆和技术媒介的理论家,而作为媒介理论家,就使这一视角从电影转到了更为一般意义上的技术媒介层面"。

拆除神话引擎：作为主题研究的媒介考古学

埃尔基·胡塔莫

媒介小人儿：他们来自何方？

前段时间，我在翻阅航空公司杂志时，注意到了一则广告。它和最近举办的都灵冬奥会有关，是三星手机的广告[1]。广告背景是下班后空无一人、光线昏暗的办公室，前景是一场特殊的迷你奥运会正在桌子上举行。在冰霜覆盖的笔记本电脑与咖啡杯之间，小人儿运动员们都全力以赴：有花样滑冰运动员、滑雪运动员、冰球和冰壶选手。中间是一座白雪皑皑的山脉，一部三星手机扣在山顶。这座雪山一直蔓延到手机屏幕里的虚拟空间，在那里可以看到建在山坡上的起飞坡道，一名滑雪运动员从坡道半空冲下，并从屏幕里跃出。

我立即联想到曾多次遇到过这样的微型人。例如，1959年的某期《纽约客》(*New Yorker*)刊登的一幅漫画中，一台大型计算机主机旁的清洁女工正在拖地[2]，她转过头来看到，一个微型男人正提着手提箱从大型计算机的侧门走出，呆板地举起帽子向她打招呼。我也想到了《小电脑人》(*Little Computer People*)，它是Commodore 64 电脑（康懋达公司于1982年①推出的8位家用电脑）的一款游戏。在这款游戏的促销活动中，美国动视有限公司（Activision）佯称他们找到了住在计算机里的小人儿（little people）。这个产品的理念是说服其一人住在"磁带上的房间"（House-on-a-Cassette）里，"磁带上的房间"是一个应用程序，在这里可以观察人们的日常行为，还能互动交流。在那一时期，小人儿住在收音机、电视机里的想法非常流行，该项目想必也受其影响[3]。再往前追溯可以发现，

---

① 此处英文版原文是"1987年"，应为1982年。康懋达公司（Commodore）于1982年推出的Commodore 64 成为吉尼斯世界纪录上销量最高的单一电脑型号。——译者注

小人儿在留声机和唱片机广告文本中也经常出现[4]。无独有偶，在法国媒介艺术家皮耶里克·索朗(Pierrick Sorin)早期的魔术电影和喜剧视频装置中，也发现了小人儿的踪迹。我们甚至可以穿越时光隧道，进入精灵、侏儒和小人儿的王国[6]。

"小人儿"是一个主题，它是一种经典的模式，在文本中以不同面貌、出于多种目的反复出现。这样的主题伴随并影响了媒介文化的发展。文化的渴望被嵌入主题并得到表达。作为传统记忆库里的外壳或容器，主题塑造了文化对象的意义。高科技可以通过对主题传统中"神话引擎"(fairy engines)的运用，以其他形式表现出来。主题传统的"神话引擎"可以将文化伪装成自然，把闻所未闻的事物转换为熟悉的事物。正如彼得·柏克(Peter Burke)所述："传统的表象会掩盖创新。"[7] 主题作为一种多样化的意义处理器，不仅能表达信仰，还能服务于修辞及说服的目的，这一点在广告领域已被证实。新产品被模式化地包装推广，旨在让观者眼前一亮，尽管它们是由从文化档案中提取的材料组合而成。因此，柏克的格言也可以反过来：创新的表象会掩盖传统，而表面的断裂将隐藏其内在连续性。

识别主题，分析其轨迹和转换形式，并进一步解释制约它们在时空中"变幻"的文化逻辑，此乃媒介考古学期望实现的目标之一[8]。在本章，我将为这种研究方法确立理论和历史基础。我已从战略意义上在诸多研究中运用这一思路[9]。在我看来，媒介考古学意味着一种重要的实践，它能发现媒介文化的证据，在媒介的过去和现在中寻找被忽略、被歪曲和/或被压抑的线索，并试图让它们彼此对话[10]。媒介考古学旨在重新发现媒介文化现象及相关议程中的遗迹，阐明其背后的意识形态机制。同时，媒介考古学也强调历史叙事的多样性，并凸显其被建构、被意识形态决定的本质。

本章伊始，我将在恩斯特·罗伯特·库尔提乌斯的著作中讨论 主题研究(Toposforschung)的起源并分析其影响，包括荣格(Carl Gustav Jung)的原型(archetype)理论，以及阿比·瓦尔堡在视觉文化研究中使用的肖像学方法[11]。然后，我将讨论库尔提乌斯的思想和媒介文化研究的相关性，并根据主题概念的最新应用进行适当修正。我还会进一步举例阐释主题在媒介文化中的作用，最后讨论本章中所描述的研究方法可能存在的优点与不足。

库尔提乌斯和主题研究

文学传统的连续性——对于事物复杂状态的简化表达。

——恩斯特·罗伯特·库尔提乌斯

主题研究由德国文学家恩斯特·罗伯特·库尔提乌斯（1886—1956）于20世纪30年代开创[12]。他的巨著《欧洲文学与拉丁中世纪》问世后（1948年出版，1953年英译本出版），这一方法才广为人知。在英译本序言中，库尔提乌斯承认他写作此书"不仅仅出于纯粹的学术兴趣，更出于对保存西方文化的关注"[13]。库尔提乌斯是一位受过传统教育的人文主义者，也是法国现代文学和文化的专家。他总结道，在20世纪30年代的欧洲，极权主义和民族主义的出现是一场灾难，迫使学者们必须表明立场。尽管学术生涯被纳粹政权严重阻碍，但他找到了解决之道：将自己沉浸于中世纪文学传统的研究中。通过展示古典时期文化遗产的元素如何在中世纪保存并绵延至现代早期，库尔提乌斯捍卫了西方传统的连续性和普遍性，后者曾被新的黑暗时代所威胁。

为了梳理数年来档案研究中积累的大量材料，库尔提乌斯从语言学中得到启发，发明了一种新方法，主题（topos，复数 topoi）成为新方法的核心所在。其灵感源自古典时代的修辞学理论，但他以一种特殊的方式运用了该概念。早期的权威学者之一昆体良（Quintilian）曾在他的《雄辩术原理》（*Institutio Oratoria*，约公元95年）中解释：在修辞学中，主题是"思想脉络的宝库"（Argumentorum sedes 5. 10. 20），是运用于演讲创作中系统分类的模式。库尔提乌斯将其称为智力主题（intellectual themes），智力主题能让演讲者随心所欲地发挥和修改。在古代，由于寡头政治取代了更为民主的政治形式，曾在希腊城邦和罗马共和国中极为重要的修辞学，失去了在公共事务中的重要性，尽管此时修辞学依旧被用于教育的课程，并渗透到文学体裁之中。主题成为"陈词滥调，（可以）被用于文学的任何形式，并蔓延至文学论述和塑造的所有生活领域"[14]。

在古代，人们区分了特定类型的主题（topoi idioi）和能以任何类型出现的主题[15]（topoi koinoi，拉丁文是 loci communi）。库尔提乌斯对后者更感兴趣，但是其目光并非仅仅局限于古典修辞学及其演变。他认为，新主题是在古代晚期产生的，并不一定源于修辞学。主题也许作为诗歌的隐喻开启其生命历程，直到后期才被纳入修辞系统。库尔提乌斯称它们为"历史的主题"。在《欧洲文学与拉丁中世纪》中，库尔提乌斯专注于主题的阐释、转化和更新。在他所持续关注的文学传统中，诸如"*世界如书*""*世界剧场*""*理想风景*""*缪斯女神*""*颠倒的世界*""*灵魂之眼*"，以及"*夜色渐浓，只得到此*"等大量主题游弋其间[16]。

主题可能会被误解为事实的陈述。例如，中世纪文学中，人们大量谈论欧洲北部生长的橄榄树，或在欧洲生活的狮子。在库尔提乌斯看来，"所有这些异域的植物和动物……均来自欧洲南部，但其源头并非花园和动物园，而是古代诗歌和修辞"[17]。一个看似无关痛痒的模式，如"我亲眼看到它"，也可以被证明是一个主题。在 16 世纪访问意大利的外国人写的游记中,它被反复使用[18]。虽然他们毫无疑问游览过所描写的地方,但他们的"第一手概述"采用了某种典型,这些典型取自旅行指南、描述,也可能来自口口相传的民间传说。旅行者并非依赖自身感受,而是从权威那里挪用观点和判断。在 17 世纪到 19 世纪期间,"伟大旅程"(the Grand Tour)的理念将这一做法固定为一种僵化的修辞体系。数以千计的年轻贵族为获得更为完善的教育,按照既定路线游历欧洲,并向家中邮寄几乎一样的信件。实际上,说出他们真正看到和感受到的东西,比确认他们用了何种主题传统要难得多[19]。

对库尔提乌斯作品的批评

尽管库尔提乌斯的作品影响深远,但也因若干原因遭到批评[20]。他对主题的观点被认为过于模糊和笼统,因为他的主题同时涵盖文体模式和与内容相关的模式[21]。据伯索尔德·埃姆里希(Berthold Emrich)所言,在古代,主题总是指涉文体,从不指涉内容[22]。库尔提乌斯其实知道他应用主题概念的方式并非正统,甚至暗示自己的书又可名为《新修辞》[23](*Nova Rhetorica*),尽管书写修辞学的历史并非其目的[24]。他希望提出一种关于"欧洲文学和西方心理学史内在联系的全新理解"[25]。库尔提乌斯的研究旨趣受到了亨利·柏格森(Henri Bergson)进化观点的启发。该观点认为,进化是一种通向意识、充满"生命冲动"(élan vital)、发挥着柏格森所提出的"虚构功能"(fonction fabulatrice,虚构功能强调虚构之物是由人类的想象力促生的,后者是生命的基本组成部分)的浩大工程[26]。库尔提乌斯指出,"柏格森一再坚持认为,我们的思维倾向于将创造性的新事物化约为现成和既成的事物",这为他关注"现成的事物"提供了一个哲学上的佐证[27]。

库尔提乌斯也经常提到卡尔·古斯塔夫·荣格及其原型理论[28]。荣格把原型理论理解为是对"柏拉图 *理式*的诠释"①,它是一种共同的原始意象,存在于集体无意识之中,并在梦境和幻象中表现出来,在神话、小说和诗歌中也有所显现[29]。作为一种"精神结构状态",原型不会改变,但当它们"参与具体的外部世界"时就会将自己"包装"起来。正如荣格的门徒约兰德·雅各比

---

① 柏拉图的"理式说"(the Platonic eidos)是其观点的理论基石。柏拉图在《理想国》中指出,艺术模仿现实,现实模仿理式;它们必须依存于理式,不能独立存在。柏拉图理式的这种中介性内涵给了荣格启示。荣格认为,在人类的精神中有着基本的无意识倾向,这一无意识特征作为一种预先形成的先天因素,且作为一种机能倾向显现出来。荣格把这种先天形成的结构因素称为原型。——译者注

(Jolande Jacobi)所阐释的，原型的"'基本模式'是不变的，但其表现形式却在不断变化"[30]。原型可以被隐喻地描述为"渠道、倾向、生命之水深入的河床"[31]。有时候，库尔提乌斯无法确定他所研究的主题是受到历史力量的控制，还是应被解释为永恒的原型。库尔提乌斯从地理和时间上不同的文化中都发现了"年迈的孩子"，因此他得出结论：这一定是"荣格所谓的集体无意识①意象"[32]。

同样的情况也适用于"返老还童的老妪"主题。库尔提乌斯在克劳狄安(Claudian)和波伊提乌(Boethius)等古代作家的作品中发现了这一主题，并且在1500年后的巴尔扎克(Balzac)的著作中也有它的踪迹。"返老还童的老妪"这一主题的再现，"说明它已根植于人们的灵魂深处"[33]。库尔提乌斯在此陷入了本体论上的困境。在他写作其皇皇巨著《欧洲文学与拉丁中世纪》时，荣格的深度心理学是一种新鲜且有吸引力的理论，对民俗和神话研究产生了巨大影响。自《欧洲文学与拉丁中世纪》发表以后，荣格的深度心理学基本上就失宠了，尤其是在文化研究领域。虽然认知科学的兴起重新唤起了学者对无意识和共有的认知模式的兴趣，但对那些以历史为导向的研究几乎没什么影响。对媒介考古学来说，主题概念要想持续奏效，必须建立在一种假设之上，即主题的起源和表现均被文化力量所创造和制约。

另一经常被批评的问题是，库尔提乌斯将主题研究限于文学传统，所有主题研究被限于文学殿堂之内。库尔提乌斯曾短暂承认可能存在音乐主题，但他对视觉艺术却展开了一次臭名昭著的攻击，声称文学是"思想的媒介，艺术则不然"，"图片与书籍相比，更易于理解"[34]。他对视觉艺术展开突然的攻击令人十分费解。更令人费解的是，《欧洲文学与拉丁中世纪》的写作是为了致敬和缅怀其私交，视觉文化领域的著名学者阿比·瓦尔堡(1866—1929)。1938年，他将自己的作品与传统文本相比较，认为自己的作品是"没有名字的艺术史"，他还重述了艺术史学家海因里希·沃尔夫林②(Helinrich Wölfflin)的著名模式，并出人意料地未注明该模式的出处[35]。库尔提乌斯写道："主题是没有个性特征的，它作为文学的怀思流入作者的笔中。它就像雕刻的母题③(motif)一样无处不在，

---

① "集体无意识"是指由遗传保留的无数同类型经验在心里最深层积淀的人类普遍性精神，荣格在《论分析心理学与诗的关系》(1922年)一文中提出。——译者注
② 海因里希·沃尔夫林(Heinrich Wölfflin, 1864—1945)，美术史学家。他的研究特色是把文化史、心理学和形式分析统一于一个编史体系中，因此不去过多地研究艺术家，而是着眼于艺术品本身，力图创建一部"无名美术史"，把风格变化的解释和说明作为美术史的首要任务。——译者注
③ 母题是较小的、具体的主题单位，是不可再分的组成部分，有学者将其译作"情节单元"。——译者注

遍布时空。和艺术家自传相比,(主题研究)像一个'没有名字的艺术史',它可以发展成非个人风格的任何形式。通过这些非个人风格元素,我们就能触及比个人创作发明更加深刻的历史生活层面。"[36] 沃尔夫林旨在发展一种科学且具有形式主义的关于风格的历史。这与库尔提乌斯对主题*内容*的兴趣指向迥然不同。但他们都坚信,不论是视觉的还是文字的艺术作品,其灵感更多地源于早期作品中选出的那些模型,而不是对现实的直接观察。但正因为 E. H. 贡布里希所说的"限制"因素,沃尔夫林"从未细想过历史变革的根本原因"[37]。库尔提乌斯也是如此。与二者相反,瓦尔堡驳斥了将艺术史视为和社会、经济和其他背景因素分离的独立领域的观点,他致力于把艺术史转变成一门"文化科学"(德语 Kulturwissenschaft,文化学),并呼吁采用一种跨学科的方法,正如他所说的:"可以自由研究,没有约束。"[38] 理查德·伍德菲尔德(Richard Woodfield)认为,对于瓦尔堡来说,"对图像的研究只是达到目的的一种方法:在具体历史情景下……对紧张局势的理解"[39]。为了达成该目标,就有必要参照包括哲学、宗教、科学、神话、诗歌和文学等在内的诸多知识领域[40]。

1929 年瓦尔堡去世后,他的思想被欧文·潘诺夫斯基、弗兰斯·扎克斯尔(Fritz Saxl)等学者发展为"图像学"(iconography)和"图标学"①(iconology)两种方法[41]。二者的基本思路是将视觉艺术与文化传统联系起来。前者不仅在后者中得以显现,而且在后者中获得了充分理解。这导致我们需要在不同文本情境下探索图像学框架和模式的变迁[42]。瓦尔堡自己创造出了"激情程式"(pathosformel)的概念,它可以被视为库尔提乌斯历史主题概念的前身[43]。最初,他将这一概念用来说明"那些曾被认为是纯粹观察法领军人物的*15 世纪*(欧洲文艺复兴初期)的艺术家们如何频繁地诉诸借鉴来的程式"[44]。在被基督教教义压抑的古代异教那里,激情程式打开了视觉元素和主题的表达渠道。瓦尔堡深知大量的主题在文学文本和视觉艺术作品中*都*有表现,追踪它们的共存和交互关系是打破学科界限的合理方式。

主题研究的拓展领域

弗朗西斯·哈斯克尔(Francis Haskell)认为,库尔提乌斯对视觉艺术的严苛反应可能是因为学者越来越频繁地使用视觉材料。库尔提乌斯或许认为,文

---

① "图像学"和"图标学",这两个概念经常被混淆。潘诺夫斯基在 1955 年将"图像学"定义为对视觉艺术物体的研究,把"图标学"定义为尝试分析这种物体的背后含义和文化生成背景的研究。——译者注

本的权威性遭到威胁,必须坚决捍卫[45]。在某种程度上说,瓦尔堡的收山之作《记忆女神图集》,便是对这一视觉趋势的终极表达。他试图仅仅依靠精心选择和组合的图片复制品来创作一部"没有文本的艺术史"[46]。安德烈·马尔罗的《无墙博物馆》也是对此问题的一种回应。该书出版于1947年,几乎与库尔提乌斯的巨著《欧洲文学与拉丁中世纪》同时面世[47]。马尔罗讨论了机械复制如何改变我们对视觉文化的认知。摄影复制品的获取前所未有地便利,为我们在视觉传统之间建立联系带来了挑战。在此之前,这些视觉传统往往被认为毫不相关,甚或根本不存在。马尔罗告诫人们,"要用迄今未被观察到的调节手段,去探测某些持续存在的生命形式,这种生命形式如同过去的幽灵一样不时出现"[48],这一告诫使人想起了库尔提乌斯。几乎和《欧洲文学和拉丁中世纪》一样,《无墙博物馆》可以被视作媒介考古学的奠基之作。

尽管库尔提乌斯声称他正在进行的实践可称之为"语言显微镜"(philological microscopy),但这一方法的应用极其广泛。他将其比作航拍,首先,能帮助考古学发现从地面难以观测到的土地结构,在发现后,必须放大照片以检查细节。库尔提乌斯将其研究方法提炼成一个准则:"没有普遍主义的专业化是盲目的,没有专业化的普遍主义是空洞的。"[49]依其理解,普遍主义只适用于文学传统,这一传统在其看来是一个独立领域[50]。虽然他仔细地描绘了特定主题如何在作家之间传承,但并没有察觉到其意义的本质性变化,而只注意到它们风格上的变化[51]。尽管库尔提乌斯偶尔在一定语境下讲出如"在弥赛亚信仰和天启论盛行的时期,日薄西山的象征人物,好似饱饮鲜血的影子一样,又重获了生机"[52]等语句,但他并没有通过将主题与文学传统之外的因素联系起来而使其真正获得解释。

如果库尔提乌斯试图将主题解释为在特定时空中其被激发的特征,那他可能会得出如此结论,即主题的出现不仅标志着文化的连续性,也标志着文化的断裂和非连续性。这一点被随后的主题研究者所强调。对恩斯特·乌利希·格罗塞(Ernst Ulrich Grosse)而言,研究特定主题在使用方式上的差别比研究其相同之处来得更为有趣,因为这种差别有可能会展示主题的变化及其历史转折点。在格罗塞看来,主题的出现可能受制于多种因素:即时环境和创作者意图;文学体裁的演变以及心理史[53]。当一个主题出现,它应当被视为许多参照物和决定性因素所编织的复杂网络中的某个节点。无论多么困难,多么难以捉摸,主题研究都沉浸在文化语境的议题之中。

语言学家莱奥·施皮策(Leo Spitzer)在评论《欧洲文学和拉丁中世纪》时不无讽刺地总结道:"库尔提乌斯将自己沉浸在逝去的18世纪墓地中,借此寻求某种解脱。"[54] 若果真如此,就毫无理由在这个问题上浪费时间了。但是在今天,不仅许多古老的主题依然充满生机,而且新的主题还在迅速涌现。尽管德国学者对于主题研究尚未形成一种统一的方法论,甚至对主题一词也缺乏一致的定义,但他们已发现了主题的相关性[55]。特奥多尔·菲韦格(Theodor Viehweg)的文章《论题学与法学》(Topik und Jurisprudenz, 1953)引起了有关法律主题的热烈讨论,并成为德国法律修辞学的基石[56];德国的社会学家和政治学家对一些社会性主题进行了讨论,这些社会性主题涉及工人阶级文化中那些被教师及商人群体所运用的准则[57]。然而,时至今日,有关媒介文化的主题在总体上仍然处于被冷落的境地。

尽管一些语言学家、中世纪主义者和其他"卫道者"对主题研究仍持保留态度,但主题研究如今已成为理解媒介文化的一个有力工具。不过,对库尔提乌斯的盲目崇拜可能会适得其反。以下关于媒介文化的主题讨论,是在与库尔提乌斯观点 *相偏离* 的基础上形成的六个假设:

(1) 主题是由特定历史环境下工作的文化中介所创建、传播和修改的;它们并非一成不变的原型或超越文化 *之外* 的原始一意象。

(2) 主题不限于文学传统,它包括视觉主题在内的许多种类;主题还能以设计的形式表现出来,比如机械装置或用户界面。

(3) 主题经历了一些转型,这些转型影响了它们的形式和思想;主题可以从一种媒介(载体)转移到另一种媒介。

(4) 不仅应在某个主题传统 *内部* 展开分析,还应通过主题与其出现的文化背景之间的关系进行 *外部* 分析。

(5) 并非所有的主题都源于古代;有一些主题直到最近才出现,也许只有很短的时间跨度。

(6) 主题应作为文化连续和断裂的征兆而被研究。

主题在媒介文化中扮演的角色

现在,我们可以辨别主题在媒介文化中所扮演的角色。虽然主题在实践中往往相互联系,彼此重叠,但从中至少可以提炼出三种角色:(1) 主题是与其他文化传统的连接器件;(2) 主题是对媒介文化形式、主题和幻想的评论和阐述;(3) 主题是旅游文化的一种工具,是文化工业中的话语准则。下文将对以上每种情进行单独讨论,并举例加以说明。

连接其他文化传统

不论"媒介文化"在当代世界中多么占据主导地位,它都不能构筑一个包罗万象的领域。尽管媒介理论家们声称存在着总体化的研究议题,但是媒介文化并不能发展为生活方式的总和,也无法涵盖一切。它与其他文化形式共存,甚至可能嵌入其他文化形态之中(媒介文化与"其他文化形态"之间的界限难以划清,无法清晰定义)。因此,人们可能会期望,来自其他领域的主题(包括古代主题)能够在媒介文化背景下得以重现。事实上,这种情况比比皆是,就如下面的例子所示。

我们首先回顾一下在本章开头提到的"小人儿"。这个主题曾在一次表现中与另一个主题联系了起来。20世纪早期,维克多公司(Victor Talking Machine Company)的一则广告展示了从留声机喇叭里跑出来一列小人演奏家,广告语是:"他们是怎么进去的?"[58] 如果从神话领域寻找答案,那是因为留声机的喇叭在此已成为古老主题"聚宝盆"(cornucopia)的一种表现形式,或是暗示喇叭所具有的丰饶意味。虽然留声机设计喇叭来放大声音最初是出于声学原因,但广告文案设计者在想象中显然考虑到了它的形状,并将其与古老的神话联系起来。因此,工程师的努力被赋予了另一层意义,这一意义将现代技术与更长的时间视角结合在一起。

另一例子是神秘的"上帝之手"干涉人类的生活(通常从云端或从幕布后面伸出来)。这一主题经常出现在文学和图像学传统中——有可能是惩罚或保护,或许也会带来破坏,为世上的"神圣君主制"辩护,抑或是在墙上写下预言(如弥尼,弥尼,提客勒,乌法珥新!①)。至20世纪,这只"来自远方"的无形之手已被运用于世俗目的,比如,赋予消费品一种超凡脱俗的光环,从T型福特牌汽车(T-Model Ford)到凯瑞姆·瑞席(Karim Rashid)的德沃真空吸尘器(KONE vacuum cleaner for Dirt Devil),这样的例子比比皆是。"上帝之手"也出现在《X-Devian:人类系统新技术》(*X-Devian: The New Technologies to the People System*, 2006)的平面设计中,这是西班牙软件艺术家丹尼尔·加西亚·安杜哈尔(Daniel García Andújar)所创作的部分虚构的操作系统和艺术作品。值得注意的是,在虚假竞选海报中,拿着DVD的手是从下方出现,而

---

① "弥尼,弥尼,提客勒,乌法珥新!"(Mene, mene, tekel, upharsin!)出自《但以理书》,意思是:上帝已经数算你王国的余日,要你的王国就此完结。——译者注

不是从上方。

安杜哈尔在开放源码运动①的背景下对主题的讽刺再次表明了神秘之手应用重点的变化：神秘的手现在属于自居为（技术之）神的人类。这一转变在其他方面反映了互动媒介的发展[60]。埃米尔·科尔（Émile Cohl）和其他先驱在早期动画片中使用的"无形的"手（通过特写镜头框将身体的其余部位切除）也见证了这一点。与此类似，在罗伯托·罗西里尼（Roberto Rossellini）的经典电影《秘密炸弹》(The Machine That Kills Bad People, 1948)中，这只上空之手作为开头场景也是一个例证，只不过这一例证并不那么鲜明[61]。人们也能看到同一主题出现在类似《模拟人生》(The Sims)等流行的"上帝之眼"视频游戏中。根据马特·沃尔夫（Matt Wolf）的说法，这个游戏的概念是"玩家作为上帝、将军或巫师，漂浮在世界之中，完全控制着城市、军队和追随者"[62]。这可能与"无形之手"的早期字面意义不符（形而上学的手现在已经物化为玩家自己的手，这只手用于互动，并与他自己的意愿协调一致），但仍然可以借此说明：在根深蒂固的主题传统中，连续和断裂同时存在。

可以认为，在互联网时代，从古代传统到现代媒介文化的主题流动可能会变得更加汹涌，而不是枯竭。这得益于快速增长的数字在线数据库和越来越强大的搜索引擎，使得对世界各地的文化传统的获取变得前所未有地便捷。后现代主义对翻找档案的偏好也是一个助力因素[63]。互联网可被视为一个巨大的主题发射器（也许也可以作为主题生成器）。马尔罗和瓦尔堡对此可能已有察觉，但这种多媒体主题传统大幅扩张的可能性却摆脱了库尔提乌斯那种较为局限和学院式的视野了。

对媒介文化形式、主题和幻想的评论

媒介文化除了重现其他传统中的主题，还会产生自己的主题（尽管它们有时可能被证明只是古老主题的乔装）。首先举个例子，让我们回忆一下19世纪漫画中经常出现的一个图像母题：摄影师是一个独眼怪物。摄影师用来"隐藏"拍摄的头罩是怪物的身体，镜头则是它的单只"圆环"眼。这一主题可以被认为是关于半机械人（cyborg，生物与技术的杂交）话语的早期表现。另一案例中，四处漫游的新怪物被确定为一种新物种——"照相机兽"（Elephans Photographicus），因而与查尔斯·达尔文的《物种起源》(Origin of Species, 1859)面世

---

① 开放源码指程序员通过自愿写作和交换编程代码贡献给开源社区的软件发布模式。——译者注

所引发的关于进化的讨论有关[64]。也许有人会说,直到20世纪晚期,半机械人才成为重要的物质工业力量和占主导地位的文化意象,但媒介考古学证明,它的进入绝非突然的断裂。

19世纪还出现了展示女性模仿技术的插画和照片,例如,戴着相机帽,穿着被照片覆盖的衣服,或缀满照明灯的外套。这种"技术穿戴"(dressing up in technology)是另一种主题,既表现为想象的投影,也表现了工作生活的全新现实。女性电话交换机操作员整天以耳机为"装扮",实际上可以说她们已经成为某种半机械人[65]。日本具体派(Gutai)艺术家田中敦子(Atsuko Tanaka)在20世纪50年代创作的著名作品《电子连衣裙》(*Electric Dress*),是上述发展的有趣表现。田中是否意识到她在研究中早就用到了"技术穿戴"的主题传统,我们无从得知,但这种可能性并不大[66]。对此,我们还可以参考近年来智能纤维面料和网络时尚的公开示范。

另一个例子出现在19世纪,这一主题可被称为"你背后发生了什么?"[67]最典型的表现是,当一个女孩的母亲正忙于玩西洋镜时,一名男子(通常是一名军官)正在亲吻这个无人看管的女孩。这个主题从一个设备跳到另一个设备(西洋镜、魔术灯、望远镜、万花筒、银版相机①等),解释了彼得·柏克为何呼吁要"专注于将某一给定模式或刻板印象从一个对象转移至另一对象"[68]。到了20世纪中期,偷吻女孩的男人已经从一个寻求恋爱邂逅的鲁莽军官,转变为一个挨家挨户售卖立体照片的推销员,彼时毫无戒心的丈夫正在察看推销员给的样品[69]。

在1800年左右出现的同一主题的变体中,通过西洋镜偷窥的人被替代成了扒手,而扒手实际上是一名税务官员,他用从人们手中偷来的钱资助政府的战争。同时,像广播电视这样的媒介,仍被政府以及电视福音传道者②等团体以相同的方式多次运用。百年后,类似的主题再次出现在另一个偷窥装置——早期电影放映机(mutoscope)中,但在这里,其政治意味已被同性恋取代了。在1910年的一幅法国漫画中,一名男子正窥视电影放映机,却遭受了好色之徒的触摸,男性身体的位置暗示了肛交[70]。同一主题的变体再次出现在皮耶里克·索朗的系列视频装置中。其相似之处不禁令人产生疑惑:索朗是已经知道了这一主题,还是不由自主地迸发出这一想法[71]。

---

① 银版相机(Daguerreotype camera)是法国巴黎一家著名歌剧院的首席布景画家达盖尔于1839年发明的,其原理是利用水银蒸汽对曝光的银盐涂面进行显影作用。——译者注
② 福音传道人经常出现在电视台上,宣传宗教和呼吁资金支持。——译者注

受媒介景观启发的主题可能只是典型的隐喻,但它们的重现可能指向更加广泛的关注点和文化模式。虽然"你的背后发生了什么"的主题通常出现在喜剧集中,常常被当作笑话来解读,但它也可被视为对过度使用媒介之风险的反复警告。这一主题似乎意味着,过度沉浸于媒介之中,可能会扰乱一个人的社会关系以及与其身处的直接环境之间的关系。因此,它作为一种话语上的缓冲器,缓和话语与新媒介和媒介环境接触所造成的冲击。这一主题在后来的讨论中很常见,包括对电视观看行为和视频游戏的讨论,尽管它也可以用其他隐喻表达出来。

幻影、万花筒、溶解画面、西洋镜、动感全景,以及许多其他媒介文化现象都展示了各种各样的主题[72]。事实上,库尔提乌斯在其著作中也采用了类似的主题:"直到古代晚期,颜色才被人们再次需要,紧接着追求的就是万紫千红的色彩"[73],"全新的修辞格五花八门,层出不穷——华丽的修辞段落让人目不暇接"[74]。许多"媒介文化"主题在它们最初指向的事物消失很久之后,还一直反复出现。"移动全景"(Moving panorama)最初指的是 19 世纪流行的奇观[75],后来发展成为一个主题,体现的则是知觉经验、内心愿景("死亡之时,生命就像一幅移动的全景图在心灵的眼睛前掠过")、宗教启示(上帝将他的计划显现为天空中的移动全景)、天体力学等诸多意旨。在《埃尔维斯寻找神》(*Elvis' Search for God*, 1998)中,杰斯·斯蒂恩斯(Jess Stearns)还描述埃尔维斯"当镀金岁月的移动全景瞬间掠过时,体会到了一阵情感激荡"[76]。尽管如库尔提乌斯所说,"主题可以在任何语境中运用",但其表现形式仍然受到具体语境性质的影响[77]。

有关媒介的想法也可能在物质化为人工制品之前,就以"虚拟媒介"的形式贯穿于文化之中。"从远处看"就是这样一个主题。在关于魔镜的话语中和关于电传照相机(telectroscope)的技术文化幻想中,我们已经邂逅了"从远处看"的主题[78]。另外,正如杰弗里·巴奇(Geoffrey Batchen)所说的那样,人们对摄影的欲望似乎在 18 世纪晚期突然出现,此前几乎没有与此相关的幻想[79]。然而,一旦摄影取得突破,话语的闸门就打开了,摄影的欲望就会转化为一种密集的主题活动[80]。

推广新产品

得益于我们能更为便捷地获取文化档案(仅通过上网这样最简单的形式),主题不断被电影、视频游戏、音乐视频的创作者和宣传人员以及媒体艺术家等高科技的推动者重新激活并焕发生机[81]。人们在面对主题的作用时,很少系统地思考它。事实上,在当代广告和其他流行事物的表现形式中,似乎总会出现主题,那么就需要媒介考古学家去指出这些主题是什么,并将其与历史中的主题重新联系起来。回顾克洛德·列维-斯特劳斯(Claude Lévi-Strauss)关于神话在文化中的作用方式的著名表述,人们很容易提出,主题在某种程度上要充分考虑那些并未被完全认可的文化中介[82]。这样的结论是诱人的,但应该加以抵制,因为它非常容易导致不必要且总体化的假设,这些假设关涉集体无意识、智力或认识论。

在促销策略中使用主题,不仅可以利用它们的吸引力价值,还能够利用它们的"非吸引力"价值。顺着吸引力文化长久以来的传统,主题被用于吸引人们的注意力[83]。它们提供了一个引人注目的景象或文本公式,来引起观察者的兴趣。在商业媒介文化中,主题的角色非常重要:它们被用来赋予某一产品或某一景观特定的历史或文化剩余价值,这些价值是被观察者所认可的。显然,主题可以通过其隐形的、不起眼和平庸的特性来产生影响。在此情况下,它提供了一种内容模型,这个模型自诩是前所未有的,与过去割裂开来。

无论何种情况,主题都会向广告商提供几经验证的模式,这些模式通过嵌入客户已知的模型以引入新的消费产品(不管他们是否意识到这一点)。在这里似乎出现了一个悖论:最新的产品被装在最古老的包装中。我可以想到的最明显的例子是屏幕技术的营销策略。无论产品多么具有"革命性",广告都会向我们一再展示人类或物体从各个方向穿过屏幕的画面。这种广告的显在特征当然是根据流行和风格趋势不断更新的,但在表象之下,我们发现了一种与幻觉表现历史相关的古老主题。千百年来,人物形象在绘画作品中穿梭徘徊,并且他们仍然在今天的等离子平板屏幕上表演着种种特技。

"穿越屏幕"主题的重现可能是为了化解消费者对新事物的抵制,尽管在欣然接纳高科技的后现代文化中,我们可能仍需激起消费者对模仿、怀旧以及文化碎片的热爱。这些问题也出现在工业设计领域,专注于寻找未来风格和复古风格之间的适当比例(复古—未来风格是一种选择)。早期的电视机通常被封闭在木制橱柜中,使它们看起来像一件传统家具,而乔纳森·伊夫(Jonathan Ive)的原始 iMac 电脑(1999)则通过丙烯酸塑料外壳展示其"内部器官"。苹果公司的广告试图最大程度利用这一形式,从侧面而非正面来展示电脑,几乎一直如此。这场运动打破了"穿越屏幕"的传统,但它可能重新激活了小人儿的主题,至少在一些消费者心中如此:iMac 电脑的内部制作看起来像是一个微型世界,很可能有小电脑人居住于此。

小人儿的例子表明，文化主体不会沉浸于像这样的文化工业所提供的表象之中。用户发展并传播他们自己的信仰，甚至在行动中测试它们，他们把食物推到电视机内的洞里，在电视机后面想要去窥视小人儿们离开其工作场所，甚至试图敲碎屏幕把它释放出来[84]。如今，与媒介相关的信仰仍要借助口语传播（至少是通过手机），但是它们也越来越多地通过主页、博客以及Facebook、Myspace和YouTube等社交网站。主题传统正在进行病毒式传播，被工业玩家蓄意利用，也被用户自己创造和修改。了解古老的主题传统如何被传媒业吸收和利用，同时研究它们如何在网络社区中被讨论和转化，已成为媒介考古学日益重要的研究课题[85]。

和小人儿捉迷藏

为什么要探寻媒介考古学？为什么要花时间追踪主题这一难以捉摸的路径？答案不再与库尔提乌斯完成艰巨任务的动机相同，或至少不完全相同。虽然说人们关于世界和人类历史的一般知识已经退化为电视问答节目中的剪辑片段，使得它们与真正有意义的语境完全脱节，但有一些发展正在对抗这一趋势。档案的数字化正在迅速发展，越来越多的档案可以在线访问，某些情况下还能免费下载。谷歌图书（Google Books）仅仅是其中一个例子，它正使数以万计的书籍、杂志和其他文档可以在互联网上获取。基于内容的搜索，研究人员可以从这些文档中查找特定信息，其中许多信息已被完全忘却。这些信息实际上从未列在书籍索引或图书馆目录中。这对媒介考古学家来说是一个前所未有的契机。

互联网还提供了一个集体协作的平台，这一点也利于媒介考古学的研究。由布鲁斯·斯特林（Bruce Sterling）于1995年发起的"死亡媒体项目"①（The Dead Media Project），在其运作的多年间，出版了项目成员撰写的关于早期媒介形式的大量工作笔记[86]。此外，涉猎广泛的"早期视觉媒体"（Early Visual Media）网站是托马斯·威南特（Thomas Weynants）的个人作品，其网站的定位是"早期复古视觉媒介考古学的历史窗口"[87]。还有一个名为"按钮的历史"（The History of the Button）的博客，关注的是"按钮"这一人们在日常使用而又难以觉察的普通界面，研究其复杂且有趣的发展历史[88]。通过邀请网络用户贡献他

---

① 死亡媒体项目最初由科幻作家布鲁斯·斯特林在1995年提出，斯特林的原始编辑动机是为互联网、CD-ROM和VR等通信技术提供更广泛的历史视角体系。——译者注

们的发现，博客能够发掘出许多被遗忘的媒介用途和资料来源，这些信息是一个学者所难以收集完成的。当然，这样的网站只提供原始材料，媒介考古学家的任务是从中得出结论。

尽管后现代主义者热衷于存储和存档，但想要有选择地改写历史，甚至抹杀历史的趋势依然存在。高新技术产业及其市场营销机构，还有娱乐业，一直在进行这一可疑的活动。公司发展历史只对讲述己方立场的故事感兴趣，不仅片面狭隘，而且旨在尽可能光鲜正面地呈现公司形象及其利益。每种新形式高科技的出现都意味着旧科技一夜之间过时，后者只能面临被扔掉或收进狂热收藏家的地下室的命运——尽管它们仍然功能齐全。广告里充斥着像"独一无二的突破""史无前例的成就""前所未见"等口号，这样的口号也可以被视为一种主题。不幸的是，有些顾客只从表面来评估它们的信息，却未能侦测到其华丽外表下的主题传统。

因此，相较于为学者们提供知识的消遣，挖掘媒介文化中的主题是一项更为重要的任务。如果我们接受这一观点，即媒介文化不仅关于客观事实，还囊括那些表现、表达、延伸和质疑其基本假设的话语，那么主题研究就可以发展为一种文化批判的工具。媒介考古学可以帮助我们理解与传统相反的、真正新潮的和进步的事物，而不是把研究目标定位于将"创新性事物变成既存的、已经实现的事物"（回顾一下库尔提乌斯对柏格森的批评）。为了实现这一目标，利用媒介考古学视域下的"主题过滤器"来筛选文化材料，或许有所帮助，也许可以获得意料不到的结果。

尽管主题研究的前景很有吸引力——它看起来似乎能解释"几乎万事万物"，但我们应当避免将其变成对某种幻影的追求。也许我们可以把一切都可以理解为符号，但我们应尽力避免将所有内容都解释为主题，也应当避免将主题视为一种整体存在。这些"小人儿"即使作为话语对象被清晰勾画，也不是真正的小人儿。它们和研究人员玩*捉迷藏*的地方，存在无数个被其他文化实体掩盖的藏身之处；有时这些实体与研究对象似乎融合在一起。最为恰当的一种看法是，将主题看作是一种持续的文化传统的暂时表现，它由无数线索与其他文化现象联系在一起，这些文化现象不仅来自过去的现实环境，还来自主题曾出现过的文化环境。在媒介考古学更为宽广的研究框架下，清楚地理解这一有趣的互联网络才是主题研究面临的真正挑战。

注释

The section epigraph within the chapter is from Ernst Robert Curtius, *European Literature and the Latin Middle Ages*, trans. Willard R. Trask (1953; repr., London: Routledge and Kegan Paul, 1979), viii.

1. The ad "Samsung Torino," 2005, created by Fido Film, Sweden.

2. By Chas. Addams, reprinted in Les Brown and Sema Marks, *Electric Media* (New York: Harcourt Brace Jovanovich, 1974), 100.

3. The Web site "I Used to Believe: The Childhood Beliefs Site" contains numerous testimonies from private people; see www.iusedtobelieve.com/, accessed January 24, 2009. Compare this with reminiscences about radio listening from the 1930s in Ray Barfield's *Listening to Radio, 1920–1950* (Westport, CT: Praeger, 1996), 16–17.

4. "Will you open your door to all the music of all the world?" brochure advertising the Victrola XVI, 1907–21, and "How did they all get in there?" ad for the Victor VI, both reprinted in Arnold Schwartzman, *Phono-Graphics: The Visual Paraphernalia of the Talking Machine* (San Francisco: Chronicle Books, 1993), 48, 38.

5. For example, in his three "optical theatres," titled *Quelques inventions remarquables* (2003). See *Vom Funken zum Pixel: Kunst + Neue Medien* (Berlin: Berliner Festspiele/Nicolai, 2007), 168–71; for other works, see Pierre Giquel, *Pierrick Sorin* (Paris: Hazan, 2000).

6. Arthur Conan Doyle believed in fairies and was an ardent supporter of the authenticity of the so-called Cottingley fairies, photographs taken by two Yorkshire schoolgirls supposedly showing them communicating with fairies in the family garden. The fairies were later revealed as cutout figures on paper derived from the Victorian girls' culture of collecting and creating scraps. See Susan Schmit, "Conan Doyle: A Study in Black and White," in *The Perfect Medium: Photography and the Occult*, ed. Jean-Loup Champion (New Haven: Yale University Press, 2005), 93–94. Photography, a product of advances in chemistry and optics, was often associated with esoteric beliefs. Modern-day folklore was created around it.

7. Peter Burke, *Varieties of Cultural History* (Ithaca: Cornell University Press, 1997), 189.

8. I am aware of the existence of other concepts such as the meme, postulated as the culturally transmitted counterpart of the gene by Richard Dawkins in his *The Selfish Gene* (Oxford: Oxford University Press, 1976). I find the notion of the meme rather limited and problematic and too reliant on the discussion and theory formation around natural selection; I prefer the topos concept, which emerged from the context of both cultural praxis and analysis.

9. See Erkki Huhtamo, "Elements of Screenology: Toward an Archaeology of the Screen," *Iconics: International Studies of the Modern Image* 7 (2004): 31–82, "The Pleasures of the Peephole: An Archaeological Exploration of Peep Media," in *Book of Imaginary Media: Excavating the Dream of the Ultimate Communication Medium*, ed. Eric Kluitenberg (Rotterdam: NAi Publishers, 2006), 74–155, and "Cyborg Is a Topos," in *Synthetic Times: Media Art China 2008*, ed. Fan Di'An and Zhang Ga (Beijing: National Art Museum of China; Cambridge, MA: MIT Press, 2008), 52–71.

10. An early formulation was Erkki Huhtamo, "From Kaleidoscomaniac to Cybernerd: Toward an Archeology of the Media," in *Electronic Culture: Technology and Visual Representation*, ed. Timothy Druckrey (New York: Aperture, 1996), 296–303, 425–27.

11. Some early commentators suggested translating *Toposforschung* as *topology*, but I have chosen to use *topos study* to avoid confusion with the many other uses of the word *topology*.

12. Curtius's most important work from that period is "Zur literarästhetik des Mittelalters II," *Zeitschrif für romanische Philologie* 58(1938): 129–232.

13. Curtius, *European Literature*, viii. 14. Ibid., 70.

15. See "Topos," in the 1911 *Encyclopedia Brittanica*, http://encyclopedia.jrank.org/articles/pages/5856/Topos.html.

16. They also fall victim to deliberate parodies, as when Don Quixote explains the similarity between a play and the life of man for Sancho Panza, who replies: "A splendid comparison, though not so new that I have not heard it many a time before" (Curtius, *European Literature*, 141).

17. Ibid., 184.

18. I encountered it when I was researching French sixteenth-century travels to Italy in Rome in 1983–84. It could be compared to one Curtius discusses, "I bring things never said before" (Curtius, *European Literature*, 85–86). Writing about travelers to Italy, Peter Burke emphasizes "the rhetorical aspect of their descriptions [in their travel journals and diaries], notably the importance of commonplaces and schemata." See his "The Discreet Charm of Milan: English Travellers in the Seventeenth Century," in *Varieties of Cultural History*, 94.

19. There is much literature on the Grand Tour, but its topoi have not been analyzed. A standard work is Christopher Hibbert, *The Grand Tour* (New York: G. P. Putnam's Sons, 1969). Hibbert writes briefly about the role of guidebooks (16) and the rules that governed travel (19–21).

20. One devastating critique is Peter Jehn's "Ernst Robert Curtius: Toposforschung also Restauration," in *Toposforschung: Eine Dokumentation*, ed. Peter Jehn (Frankfurt: Athenäum, 1972), vii-lxiv. Jehn considers Curtius's notion of topos subjective, ahistorical, and misleading, "the false result of a-historical equations of various terms of historical topoi" (x, my translation).

21. Arthus R. Evans Jr., "Ernst Robert Curtius," in *On Four Modern Humanists: Hoffmansthal Gundolf Curtius Kantorowicz*, ed. Arthus R. Evans Jr. (Princeton: Princeton University Press, 1970), 117–18 n. 59. The medievalist F. P. Pickering found Curtius's use of the topos concept "a dangerous simplification," accusing him of packing under the same label "not only statements, but any recurrent pattern of argument, and traditional metaphors and similes." F. P. Pickering, "On Coming to Terms with Curtius," *German Life and Letters*, n. s., 11 (July 1958): 335.

22. Berthold Emrich, "Topik und Topoi," in *Toposforschung*, ed. Max L. Baeumer (Darmstadt: Wissenschafliche Buchgesellschaft, 1973), 214.

23. Curtius, *European Literature*, 128.

24. Alexander Gelley, "Ernst Robert Curtius: Topology and Critical Method," *MLN* 81 (December 1966): 579–94.

25. Curtius, *European Literature*, 381, 82.

26. Ibid., 8–9. Both were from Bergson's *L'évolution créatrice* (1907).

27. Ibid., 391.

28. Another influence was Arnold Toynbee's enormous *A Study of History* (1934–61), a comparative world history based on the author's identification of twenty-one civilizations. Curtius's own comparisons concern only Western traditions and are largely limited to textual traditions.

29. Jung presented his idea in condensed form in "Archetypes of the Collective Unconscious [1934]," in *The Basic Writings of C.G. Jung*, ed. Violet Staub de Laszlo (New York: Modern Library, 1959), 286–326, quotation on 288. Maud Bodkin applied Jungian archetypes to the study of literature already in 1934 in her classic *Archetypal Patterns in Poetry: Psychological Studies of Imagination* (1934; repr., London: Oxford University Press, 1971).

30. Jolande Jacobi, *Complex/Archetype/Symbol in the Psychology of C.G. Jung*, trans. Ralph Manheim (Princeton: Princeton University Press, 1974), 53. Originally published as *Komplex, Archetypus, Symbol in der Psychologie C.G. Jungs* (1957).

31. Ibid., 52.

32. Curtius, *European Literature*, 101.

33. Ibid., 105.

34. Musical education had been closely linked with the development of rhetoric. On musical topoi, see ibid., 78; on the attack on visual arts, see 14 – 15.

35. The formula is often quoted without reference. According to Victor Erlich, it comes from Wölfin's *Kunstgeschichtliche Grundbegriffe* (Berlin, 1917). See Erlich, *Russian Formalism: History Doctrine* (1955; repr., The Hague: Mouton, 1980), 59. Discussing the influence of this concept on the Russian formalists, the art historian Marga van Mechelen has characterized it as a "topoi" [*sic*] in "M. M. Bakhtin and German 'Kunstwissenschaft,'" abstract, 2002, http://home.hum.uva.nl/oz/mechelenm/abstracts.htm.

36. Ernst Robert Curtius, "Zum Begriff einer historischen Topik," extract from "Zur Literarästhetik des Mittelalters II" (1938), in Jehn, *Toposforschung*, 9. Quotation translated by Gelley in "Ernst Robert Curtius," 592. This brings to mind the "anonymous history" propounded by Siegfried Giedion in *Mechanization Takes Command: A Contribution to Anonymous History* (1948; repr., New York: W. W. Norton, 1969). Giedion mainly analyzed material culture—"the tools that have molded our present-day living" (2). Anonymous history looked for a new synthesis between *Geistesgeschichte* and positivism. It was "directly connected with the general, guiding ideas of an epoch. But at the same time it must be traced back to the particulars from which it rises" (4).

37. E. H. Gombrich, *Art and Illusion: A Study in the Psychology of Pictorial Representation* (1960; repr., London: Phaidon Press, 1977), 14.

38. Aby Warburg, "Italian Art and International Astrology in the Palazzo Schifanoia in Ferrara," paper delivered at the Tenth Art-Historical Congress, Rome, October 1912, trans. David Britt and quoted in E. H. Gombrich, "Aby Warburg: His Aims and Methods: An Anniversary Lecture," *Journal of the Warburg and Courtauld Institutes* 62(1999): 270.

39. Richard Woodfield, "Warburg's 'Method,'" in *Art History as Cultural History: Warburg's Projects*, ed. Richard Woodfield (Amsterdam: G+B Arts International, 2001), 260. Warburg's texts have been collected as *The Renewal of Pagan Antiquity: Contributions to the Cultural History of the European Renaissance*, trans. David Britt (Los Angeles: Getty Research Institute, 1999).

40. This was reflected in the contents of Warburg's Die Kulturwissenschaftliche Bibliothek Warburg, his private "cultural scientific library." After Warburg's death and the rise of the Nazi regime, it was moved to London and became the famous Warburg Institute of the University of London.

41. Panofsky, "Iconography and Iconology: An Introduction to the Study of Renaissance Art" [1939], in his *The Meaning in the Visual Arts: Papers in and on Art History* (Garden City, NY: Doubleday Anchor Books, 1955), 26 – 54. There are three levels: preiconographical description, iconographical analysis, and iconological interpretation. The first is the description of "objects and events whose representation by lines, colors and volumes constitutes the world of motifs" (33). Iconographical analysis is concerned with "the subject matter or meaning of works of art, as opposed to their form" (26). It connects "artistic motifs and combinations of artistic motifs (compositions) with themes or concepts" (29) but remains limited in its scope, a tool or ancillary. Iconology treats "the work of art as a symptom of something else which expresses itself in a countless variety of other symptoms" (31), which can be theological, philosophical, political, and so on. Iconology is iconography taken out of isolation and turned interpretative.

42. Panofsky wrote about iconographical "types" and iconological "cultural symptoms" or "symbols" and Gombrich about "schemata." See Panofsky, *Meaning in the Visual Arts*, 41, and Gombrich, *Art and Illusion*, passim. Influenced by the psychology of perception, Gombrich analyzed visual style, not in terms of direct observation of nature, but in terms of the use of inherited schemata.

43. See Petri Vuojala, *Pathosformel: Aby Warburg ja avain tunteiden taidehistoriaan* [Pathosformel: Aby Warburg and the Art History of Emotions] (Jyväskylä: University of Jyväskylä, 1997).

44. Gombrich, *Art and Illusion*, 20. *Pathosformel* originally referred to the way in which early Renaissance artists borrowed features with strong psychic expressions from the artworks of the antiquity. Over the years Warburg began using it in more loose and metamorphic ways that brought the term closer to Curtius's *topos*.

45. Haskell thinks Curtius's reaction may have been caused by the way Johan Huizinga used visual evidence in his *The Autumn of the Middle Ages*. Francis Haskell, "Art and History: The Legacy of Johan Huizinga," in *History and Images: Towards a New Iconology*, ed. Axel Bolving and Philip Lindley (Turnhout, Belgium: Brepols, 2003), 14 – 15. For a broader discussion about the role of visual evidence in historical scholarship, see Haskell's *History and its Images: Art and the Interpretation of the Past* (New Haven: Yale University Press, 1993). The last chapter deals with Huizinga, but Curtius is not mentioned.

46. Warburg characterized *Mnemosyne*, started in 1923, as an "iconology of the intervals," involving tensions, analogies, contrasts, and contradictions between the chosen pictures. See Philippe-Alain Michaud, *Aby Warburg and the Image in Motion*, trans. Sophie Hawkes (New York: Zone Books, 2004), 244, 251 – 53. *Mnemosyne*'s approach toward tradition was more complex and radical than Curtius's emphasis on the continuity of topos traditions.

47. "Museum without Walls" now forms the first section of Malraux's *The Voices of Silence*, trans. Stuart Gilbert (1953; repr., Princeton: Princeton University Press, 1978). The analogy between Curtius and Malraux has been pointed out by Evans, "Ernst Robert Curtius," 120 – 21.

48. Malraux, *Voices of Silence*, 24.

49. Curtius, *European Literature*, ix.

50. In this sense it has some parallels with New Criticism, a form of literary scholarship that was emerging at the same time in America. It emphasized the importance of close reading of literary texts and rejected explanations referring to extratextual sources. However, it emphasized textual autonomy, while Curtius emphasized connections between texts.

51. Ernst Ulrich Grosse, "Curtius et les *topoi*," in *Ernst Robert Curtius et l'idée d'Europe: Actes du Colloque de Mulhouse et Tann des 29, 30 et 31 janvier 1992, organisé par Jeanne Bem et André Guyaux* (Paris: Honoré Champion Éditeur, 1995), 94. For Peter Burke "the great weakness" of Curtius's study was his treatment of the commonplace as a constant, something he felt Warburg and his followers had avoided. See his *What Is Cultural History?* (Cambridge: Polity Press, 2004), 27. Gelley had made a similar observation: "In spite of his preoccupation with historical method, his conception of a text is remarkably ahistorical. Fundamentally, he viewed literary texts as coextensive and timeless." Alexander Gelley, "Ernst Robert Curtius: Topology and Critical Method," *MLN* 81 (December 1966): 590.

52. Curtius, *European Literature*, 104.

53. Grosse, "Curtius et les *topoi*," 104 – 6.

54. Leo Spitzer, review of Curtius's *European Literature*, *American Journal of Philology* 70, no. 4 (1949): 428.

55. See the interdisciplinary collection of interventions *Topik: Beiträge zur interdisziplinären Diskussion*, ed. Dieter Breuer and Helmut Schanze (Munich: Wilhelm Fink, 1981).

56. Agnes Launhardt, "Topik und Rhetorische Rechtstheorie: Eine Untersuchung zu Rezeption und Relevanz der Rechtstheorie Teodor Viehwegs" (PhD diss., Heinrich-Heine-Universität Düsseldorf, 2005), deposit. ddb. de/cgi-bin/dokserv? idn = 977181979&-dok _ var = d1&-dok _ ext = pdf&-flename = 977181979. pdf. See also Norbert Horn, "Topik in der rechtstheoretischen Diskussion," and Theodor Viehweg, "Zur Topik, insbesondere auf juristischem Gebiete," in Breuer and Schanze, *Topik*, 57 – 64

and 65 – 69, respectively.

57. See Oskar Negt, "Die Funktion der sozialen Topik" (1971), and Wolfgang Fritz Haug, "Der Topos der 'Blindheit' in der Faschismus-Diskussion westdeutscher Hochschullehrer" (1967), in Jehn, *Toposforschung*, 181 – 87 and 209 – 12, respectively; Siegwart Berthold, "Der Topos von der falschen Freundlichkeit der Verkäufer," in Breuer and Schanze, *Topik*, 213 – 29.

58. "How did they all get in there?" ad, in Schwartzman, *Phono-Graphics*, 38. James N. Weber caught the cornucopia reference in his *The Talking Machine: The Advertising History of the Berliner Gramophone and Victor Talking Machine*, ed. Eric Skelton (Midland, Ontario: Adio, 1997), 23. 59. Michelangelo's fresco of God giving life to Adam by a touch between their fingers (on the ceiling of the Sistine Chapel in the Vatican) has turned into a topos that could be considered a variant of the "God's hand" topos. It has been used many times in media culture from Nokia's "Connecting People" logo to a spoof in the poster for the Jack Black film *Tenacious D in the Pick of Destiny* (2006). In the latter, God's hand reaching out from a cloud has a competitor, an awkward-looking hand appearing from a circle of fire below. The Black character is also reaching out his hand, in a pose reminiscent of Michelangelo's Adam.

60. This was anticipated by an extraordinary mechanical automaton by Friedrich von Knauss (1764). Instead of writing prophesies of doom, the mechanical hand appearing from a cloud now appeals to God for a pleasurable future, reflecting Enlightenment optimism with its message: "In this house may God never put limits on prosperity or time." The automaton shows that topoi can be embedded in the designs of technological devices. See Barbara Maria Stafford and Frances Terpak, *Devices of Wonder: From the World in a Box to Images on a Screen* (Los Angeles: Getty Research Institute, 2001), 279 – 80.

61. In the film the creative hand of the human using technology (photography) is also related to both God and the devil. (Rossellini was a devout Catholic). The opening sequence also evokes the topos of *theatrum mundi*. See my "'Shaken Hands with Statues...': On Art, Interactivity and Tactility," in *Second Natures*, ed. Christiane Paul (Los Angeles: Regents of the University of California, 2006), 17 – 21.

62. Matt Wolf, "God's Eye Views," *Heeb Magazine*, July 2004, www.eddostern.com/texts/HEEB.htm.

63. For an archaeology of archives, see Wolfgang Ernst, *Das Gesetz des Gedächtnisses: Medien und Archive am Ende (des 20. Jahrhunderts)* (Berlin: Kulturverlag Kadmos, 2007). Ernst defines his method as media-archaeological, drawing mostly on Foucault, although Kittler's thinking can be sensed in the background (31 – 41). Ernst situates his method in the intersection of Foucault's archaeology of knowledge, media science, and archaeology (31).

64. Huhtamo, "Cyborg Is a Topos."

65. Ellen Lupton, *Mechanical Brides: Women and Machines from Home to Office* (New York: Cooper-Hewitt National Museum of Design; Washington, DC: Smithsonian Institution; Princeton: Princeton Architectural Press, 1993), 29 – 41.

66. Huhtamo, "Cyborg Is a Topos," 64 – 66.

67. See Huhtamo, "Elements of Screenology" and "Pleasures of the Peephole."

68. Burke, *Varieties of Cultural History*, 178.

69. On the traveling salesmen for stereoscopic photographs and their tactics, see John Plunkett, "Selling Stereoscopy, 1890 – 1915: Penny Arcades, Automatic Machines and American Salesmen," *Early Popular Visual Culture* 6 (November 2008): 239 – 55. Plunkett does not refer to this topos.

70. Reprinted in Stephen Bottomore, *I Want to See This Annie Mattygraph: A Cartoon History of the Coming of the Movies* (Pordenone: Le giornate del cinema muto, 1995), 42. The peeper says: "When I see a naked woman, I can almost feel her caresses." On the same page there is a much tamer British variation of the same motif (published two months later). The caption says: "Jones (looking into animated-picture machine): Oh, I say, that's funny—ha, ha! A chap having his pocket picked—ha, ha!"

71. Giquel, *Pierrick Sorin*, 31–33.

72. About the discursive meaning of *kaleidoscope*, see Jonathan Crary, *Techniques of the Observer: On Vision and Modernity in the Nineteenth Century* (Cambridge, MA: MIT Press, 1990), 113–16. Similar discursive meanings can be attached to different media. In his *Private Lives of William II and His Consort, and Secret History of the Court of Berlin* (New York: Fischer's Foreign Letters, 1898), 148, Henry William Fischer wrote, "It is said that one's whole life kaleidoscopically passes before the mind at the moment of death." Instead of "kaleidoscopically," references to other media, such as "like a moving panorama" and later "like a strip of film," are also encountered.

73. Curtius, *European Literature*, 192.

74. Ibid., 94.

75. See Erkki Huhtamo, *Illusions in Motion: A Media Archaeology of the Moving Panorama and Related Spectacles* (forthcoming).

76. Jess Stearns, *Elvis' Search for God* (Murfreesboro, TN: Greenleaf Publications, 1998), 19.

77. Curtius, *European Literature*, 94.

78. Jurgis Baltrusaitis, *Le miroir: Révélations, science-fiction et fallacies. Essai sur une légende scientifque* (Paris: Aline Elmayan and du Seuil, 1978), 204–9. Discussing views seen in magic mirrors, Baltrusaitis uses the anachronistic expression *téléviseur catoptrique* (catoptric television) (208).

79. Geoffrey Batchen, *Burning with Desire: The Conception of Photography* (Cambridge, MA: MIT Press, 1997), 31–36. An exception was Tiphaigne de La Roche's allegorical novel *Giphantie* (1760), which contained a description of a hall with camera obscura-like windows that faithfully reproduced static views of the agitated seascape outside.

80. See Huhtamo, "Cyborg Is a Topos," and "Pockets of Plenty: An Archaeology of Mobile Media," in *The Mobile Audience*, ed. Martin Rieser (Amsterdam: Rodopi, forthcoming). Works by unconventional photography historians like Bill Jay and Rolf H. Krauss have uncovered material that is of interest for media archaeology. See Jay's Web site, www.billjayonphotography.com/(accessed March 8, 2009).

81. See Erkki Huhtamo, "Time Machines in the Gallery: An Archeological Approach in Media Art," in *Immersed in Technology: Art and Virtual Environments*, ed. Mary Anne Moser (Cambridge, MA: MIT Press, 1996), 232–68.

82. Claude Lévi-Strauss, *Le cru et le cuit* (Paris: Plon, 1964), 20. The life-size cutout cardboard figures of policemen used in supermarkets to psychologically discourage shoplifting are a reenactment of a tradition already known in the Baroque era (to frighten thieves or to surprise guests at the palaces of the nobility). It is possible that neither the advertisers nor the consumers are aware of this hidden lineage. The painted life-size figures seen at amusement parks (and earlier at photographers' studios) that allow a person to insert his or her head to be photographed are a variant of the same tradition.

83. The discussion on the culture of attractions began in the context of early cinema research in the early 1980s. See Tom Gunning's "The Cinema of Attraction: Early Film, Its Spectator and the Avant-Garde," *Wide Angle* 8 (Fall 1986): 63–70.

84. Posts on the theme "People on TV shows live inside the television" for I Used to Believe: The Childhood Beliefs Site, n.d., www.iusedtobelieve.com/media/tv/people_on_tv_live_in_it/ (accessed August 14, 2009).

85. Media archaeology can profit from folkloristics. See Linda Dégh, *American Folklore and the Mass Media* (Bloomington: Indiana University Press, 1994). An issue on which these could cooperate is the vogue for medievalism in contemporary culture, manifested in video games, popular literature, and other aspects of media culture. See Eddo Stern, "A Touch of Medieval: Narrative, Magic and Computer Technology in Massively Multiplayer Computer Role-Playing Games," in *Computer Games and Digital Culture Conference, Proceedings*, ed. Frans Mäyrä (Tampere: Tampere University Press, 2002), www.

eddostern. com/texts/Stern_TOME. html.

86. The list is "dead" at the time of writing; the existing database of working notes at www. deadmedia. org/, accessed March 9,2009, and now offline, is promised, as of June 23,2010, to go back online "in the future."

87. www. visual-media. be/ (accessed August 14,2009).

88. The site evolved into the Web site Push Click Touch (www. pushclicktouch. com/blog).

虚拟媒介的考古学

埃里克·克塔滕贝格

　　虚拟媒介调和了人们无法实现的欲望,因此它们可以被当作无法实现的机器。正是因为这种无法实现的特性,虚拟媒介似乎属于玄学的范畴、想象运作的领地或是 不合逻辑的研究。它们似乎完全是虚构的创想,只存在于文学或民俗的构想之中。若真如此,那么最直接的方式就是将虚拟媒介作为纯粹的记述设备来进行研究。简言之,虚拟媒介被认为是一些告诉我们技术媒介能够做些什么的故事。人们对虚拟媒介的期望,通常大大超出现实媒介机器真正可以实现的程度。然而,这种无法实现的欲望也被它们的设计者和大众归结或投射到现实的媒介机器上。就其意义而言,虚拟媒介与现实媒介机器之间几乎可以无缝转换。因此,虚拟媒介的想象性往往交织在纯粹想象和现实存在的媒介机器之间。因为那些无法实现的欲望永远都不可能充分实现或满足,虚拟媒介研究超出了技术装置(已有的媒介机器)及其"历史"的范围。它们描述了意义和测定方法都高度复杂的领域,由此技术想象和技术现实发展之间的界限变得日益模糊了。

　　虚拟媒介的考古学试图将人们的注意力从研究技术装置的历史,转向对技术媒介,尤其是传播媒介的各种想象;不论这些媒介是得以实现还是未能实现[1]。虚拟媒介的考古学也表明,从技术和媒介的历史以及日常生活(媒介)实践中"挖掘"这些想象元素时,也就意味着从实用研究转向了对幻想的研究。这种"考古学"的目的不是建构有关媒介和技术想象的一段历史或一套谱系,相反,其目的在于研究那些穿越了不同历史和话语环境而仍在发挥功效的想象性因素。

　　这种突出幻想和想象性因素的研究方法并不是前所未有的。例如,埃尔基·胡塔莫认为,理解早期的媒介更需着眼于话语层面。他引用文化史学家卡罗琳·马文(Carolyn Marvin)的话:"媒介史绝不会比人类使用媒介的历史更长或更短,后者经常使我们远离媒介,而去关注那些由媒介激发的社会实践和冲突。"[2] 由此观点可见,胡塔莫主张,"无法实现的'梦幻机器',或话语上的发明(仅仅作为某种话语而存在),与已实现的那些发明创造具有同样的启迪作用"[3]。如果媒介考古学能够提供进入现实及虚拟领域的冒险机会,并带有展示这两个领域如何相互影响的明确意图,那么对虚拟媒介与现实媒介而言,虚拟媒介的考古学就意味着将注意力转向了二者中那些想象的、无法实现的因素。

这种研究是极富成效的。为了探究虚拟媒介的理论概念,2004 年 2 月,众多理论家、作家和电影人在阿姆斯特丹的文化与政治中心百利会场参加了为期三天的讲座和小型纪念活动[4]。该活动促成了一本名为《虚拟媒介之书》(*Book of Imaginary Media*)的著作在 2006 年顺利出版[5]。该书首先揭示了虚拟与现实媒介领域之间的边界是如何渗透的,其次,揭示了这两个领域如何不断相辅相成。然而,虚拟媒介的考古学不应被理解为虚拟媒介的"理论"。它并不提供某个单一的准则以说明虚拟媒介"是"什么,其本质和天性是什么,以及虚拟媒介有哪些可能的形态。此研究的目的更多在于表明,现实媒介与技术想象之间的界限和边界有多么模糊不清。

长期以来,我一直关注技术想象中的相同模式在不同历史背景下的重现。乍一看,它们似乎惊人地相似。但仔细审视其含义,不同的技术想象从根本上来说是异质的,有时甚至是互相矛盾或排斥的。例如,仔细研究机械钟表作为象征或讽喻设备的历史含义可以发现,在不同的历史背景下,这种"主流媒介"至少有三种截然不同的含义。在经院哲学的教义之中,时钟被视为是上帝的干预,将此神圣的规则带入尘世生活那种飘忽不定的流动之中。而在笛卡尔的术语中,时钟被重新定位成一个有关天堂、动物和人体的概念模型。在那里,时钟见证了人类发明和发现的力量,以及人类所声称的意志对自然的控制能力。因此,它主要被看作是人类力量的延伸。在大规模工业化的条件下,同样是机械时钟,却成为非人的、压迫的象征,安德烈亚斯·胡伊森(Andreas Huyssen)将其称为一台"盲目运作的世界机器"[6]。这样一种对人类近六百年的发展而言至关重要的机器,却具有完全自相矛盾的意义,我们该如何接受这一状况呢?

如果我们要遵循这种"话语"方式,那么媒介考古学领域显然不再涉及技术装置的挖掘或这些装置的线性建构,更不用说单向的历史了。相反,虚拟媒介的考古学试图揭示其对象的异质性和多样性。在此过程中,虚拟媒介的考古学提出了一系列方法论上的难题,从广义上说,这些难题的提出,也与媒介考古学的观念和实践息息相关。

对"考古学方法"的批评

在进一步发展虚拟媒介这一概念之前,我想先谈一谈人们对此领域提出的一些较为普遍的批评,这些批评主要涉及借助"考古学"方法书写媒介"历史"的有效性问题。2004年,蒂莫西·德鲁克里(Timothy Druckrey)在阿姆斯特丹举办的"虚拟媒介的考古学"讲座最后的总结性致辞中提出了这样的批评[7]。在这次研讨会(以及其他许多情况下),考古学同时有两种含义:从历史陈迹中挖掘物理对象和米歇尔·福柯提出的"知识考古学"。我将简要回顾虚拟媒介的考古学究竟在多大程度上满足福柯的方法论要求(如果能这样表述的话),以及在多大程度上无法满足。

德鲁克里提出的最普遍的担忧是,按照福柯将考古学理解为话语分析的思路,在"虚拟媒介"标签下的探索,以及某种意义上以"媒介考古学"为标题的更为广泛的研究,是否可以合理地被定义为考古学;或者,是否将其理解为文化史可能更为恰当。尽管福柯本人也认为,在他的"知识考古学"之外,有可能存在"其他类型的考古学",但他将这种"考古学方法"明确简化为对话语对象的系统描述,这似乎与(媒介)技术装置历史的"物质主义"取向背道而驰[8]。

根据德鲁克里的说法,在"考古学"的标题下,其危险在于,太多的因素可能会被归入在本质上更为传统的历史方法。因此,"考古学"这一术语有着各种各样的使用方式。结果是它可能会失去真正的含义,即将话语描述为服从于某些规则的实践,而这些规则不可化约于其他话语之中,由此在不同领域中可以确定其特性。媒介考古学能够指涉"考古学方法"这一更为狭隘的理解,也可受考古学方法的启发,但二者(媒介考古学和考古学方法)几乎从未真正共存过。

进一步而言,在书写或消解媒介历史的考古工作中,似乎存在着相关的不同流派。弗里德里希·基特勒相对更加物质主义的研究方法(几乎可以说是"硬件分析")应该与西格弗里德·齐林斯基的"媒介的类考古学"①那种更具诗意的方法明确区分开来。显然,媒介考古学并非一个界定清晰的学科。埃尔基·胡塔莫提出的另一个问题是,它是否应该被理解为(研究的)一个"领域",或者正如本文的处理方式,将其作为书写或消解媒介历史的一种"方法"。

---

① 媒介的类考古学(anarchaeology of the media)是齐格弗里德·齐林斯基参加2014年意大利乌迪内大学主办的第11届国际电影学术研讨会的论文中提出的,该论文后收入会议论文集《〈电影〉史学研究的边界:时间性、考古学与理论》。——译者注

在其写作中，德鲁克里进一步将这种批评具体化："重新发现'被遗忘之物'，建立稀奇古怪的古生物学，描摹、发现不切实际的谱系、未能明确的世系，'发掘'古董技术或图像，描述飘忽不定的技术发展状况，这些都不足以建立一种连贯而多元的方法论。"他总结道："对于'媒介考古学'领域而言，最为必要的是将其作为一门新兴学科加以凸显，并设置一些边界，以免其主观化。"[9]

对媒介考古学最有效的解读是将其视作对媒介史主流书写模式的一种替代方式。主流书写模式隐性地建构了一种单一的进步叙事，即技术的历时发展本身等同于进步，现实存在的及成功的媒介形式和技术装置在历史中占据主导地位。这种模式倾向于将失败项目和媒介史的细枝末节边缘化，并且排斥幻想在媒介文化中的作用。媒介考古学应该被视为对进步的一种批判，它也是*时代的批判*（德语 Zeitkritik）：它在审视历史对象时，与当下对话，并且批判当下。人们将已知或想象中的情况线性推及未来，而媒介考古学的批判则通过对这种线性推及施加限制得以实现。

齐林斯基在其最近出版的《媒介考古学：探索视听技术的深层时间》一书中，对媒介考古学方法进行了一系列重要反思。他采用"古生物学"的观点看待媒介的发展，这种观点大体上模仿了古生物学家史蒂芬·杰伊·古尔德（Stephen J. Gould）的研究成果。古尔德强调，在我们星球生命发展的早期阶段，生物多样性远远超过我们自己的时代。根据这一研究发现，古尔德抛弃了生物发展的进步观念，以及有关地球物种发展的线性进步观念。

齐林斯基在《媒介考古学》的前言中写道：

> 我从古生物学中借来了一些它们的概念性前提，这些前提为我自己的研究——媒介考古学，提供了方向上的启迪。这些前提是：正如我不接受上帝安排的命运一样，文明史的发展也不遵循某种神圣的安排，在花岗岩层之下，不可能再有什么有趣的发现可供挖掘。媒介的历史也不是一个可以预见的、必定的，从原始装置到复杂装置的发展过程。（以古尔德所定义的"卓越"来判断）目前的技术水平并不一定代表可能发生的最好状态。媒介，是为连接分离的事物而构造的活动空间。[10]

不过，值得一提的是，米歇尔·福柯为描述历史的考古学奠定了方法论基础，他强烈反对将他的考古学方法（通过类比）与任何形式的地质勘察等同起来："据我所知，考古学既不类似于地质学（即基质分析），也不类似于谱系学（即对起源和继承的描述），而是以其档案的形式展开话语分析。"[11]

尽管齐林斯基试图用特殊的案例，如"引人注目的焦点"（attractive foci），来构建媒介发展的非线性描述,然而这些焦点却处在含义不断变化、条件尚未明确的媒介发展迷宫之中。相较而言,福柯的主张则更为静态。在齐林斯基的研究中,媒介机器谱系的追踪仍然是一个问题,或至少是一种可能。相反,福柯的考古学方法试图将研究对象定位于一种不可化约的话语环境中,其中从一种话语环境到另一种的变化和转换只能用断裂和非连续性加以解释。因此,尽管福柯的考古学方法论表明个同历史背景是如何根据话语进行区分的,但他并未涉及它们是否以及如何从彼此中派生。并且,其对如何描述一种话语环境到另一种话语环境的变化也未作解释。就福柯而言,追溯那些不同话语环境之间的世系(无论是解释为断裂还是延续)成了另一种方法论框架的目标,即他后来发展起来的"谱系学"。在此谱系学中,考古学方法依然作为历史叙述的一种方式出现。为了解释不同话语环境(福柯术语中的"构型")之间的变化和关系,福柯的谱系学明显超出了考古学的描述范围。如果追踪媒介技术装置的谱系是其中的一个目标,那么这种方法论必须被重新命名为"媒介谱系学",以忠于福柯的原初方案。

福柯的考古学一直饱受批评,因为它倾向于将分析对象固定在不可化约的话语环境中。更重要的是,福柯坚持超越特殊的对象,总是在一种规则体系和"物质实践"中定位作品、文本和表达,而这些规则体系和"物质实践"都嵌入其中,这样的研究倾向往往会消解那些被分析的个体对象。这一研究取向完全违背了齐林斯基所坚持的"多元化实践项目"。这个项目拥有先进的媒介,从一开始就一直在为齐林斯基的媒介考古项目提供支持。齐林斯基也似乎意识到了这个问题,并提出了"媒介的类考古学"作为媒介考古项目的进一步延伸。在《媒介考古学:探索视听技术的深层时间》和随后的一系列出版物中,齐林斯基说,他越来越把自己的项目理解为旨在构建媒介的"变体学"[12]。该项目强调,在发展"使用技术手段来听、看和组合(视听感官信息)"时,不同立场之间存在暂时的联系[13]。

"虚拟媒介的考古学"研究是否可行?

目前的问题是,由于采用了"考古学"一语,媒介考古学的方法论问题(显然是借用了米歇尔·福柯有关考古学的狭义理解)是否同样适用于对虚拟媒介的描述和分析。为了回答这一问题,我们不妨简要回顾一下福柯在其"考古学"中提出的一些基本准则。

福柯将考古学定位为对观念史的背弃,其典型特征在于将话语的系统性描

述当作实践来看待。为此,他提出了四项基本准则[14]:

(1)"考古学试图确定的是……话语本身,即服从于某些规则的实践。"[15]

(2)"考古学的问题在于确定话语的特殊性;指出话语所发挥出的规则作用在哪些方面对于其他话语不可缺少。"[16]

(3)"(考古学)确定了话语实践的类型和规则,这些话语实践贯穿个体的作品。"[17]

(4)"(考古学)并不是返回原初最深处的秘密;它是对话语对象的系统描述。"[18]

概言之,福柯对于考古分析法的理解也许是将话语对象的系统性描述当作遵守一套特定规则的实践活动。对于任何其他实践而言,这些规则是不可化约的,因此透过不同作品和研究,其特定价值得以确立。由此,显而易见的是,技术装置的历史研究在媒介考古学这一"新兴学科"中处于中心位置,但对福柯式话语分析而言,它又显得问题重重。因为福柯的目标并非在某种特殊的媒介史书写方式之下去揭示某个物体、某种物质基础;相反,对福柯而言,书写本身就是遵守特定规则并执行特定功能的一种实践。

就其纯粹形式(作为未实现或不可能实现的媒介机器)而言,虚拟媒介是严格意义上的话语对象,它们遵守某些特定规则,在不同的时间、不同的作品和领域中反复出现。然而,在不同的历史与话语环境之间,它们的含义可能迥然不同,或者根本难以相提并论。相较于主流媒介史中的"现实"媒介,虚拟媒介似乎在许多方面更适于使用考古学方法。然而,将虚拟媒介作为特殊话语构型的产物仍然颇成问题。问题的一部分在于,在分析虚拟媒介如何在特定语境中得以运用时,虚拟媒介的虚构状态往往没有得到有意识的处理。在某些情况下,被审视的虚拟媒介甚至都不被其主人当作一种媒介。有时,虚拟媒介的发明者、生产者或用户也不会承认它是虚构出来的。他们认为,虚拟媒介是"现实存在的"和"真实的",即使没有现存证据来支持虚拟媒介的功能性特征。在此,这些对象以神话的形式,而非以话语构型出现[19]。

最后且最根本性的问题是,福柯一再强调,他所理解的"考古学"指的是"对话语对象的系统描述"。在这一点上,对虚拟媒介的描述恰恰相反,它们是印象主义的和近似性的。"虚拟媒介"的规则并未得到足够清晰的界定,以至于它无法与其他话语完全区别开来。对虚拟媒介的描述在不同时间和不同领域的表现也完全是多姿多彩的。主流媒介史的边界仍然是极易渗透的,两边甚至可能被证明根本上是不可分割的。

在此问题上，与其努力为虚拟媒介建构一种"理论"，进一步辨析这一概念可能会更有助益，即在对虚拟媒介的初步考古中，"发掘"虚拟媒介这一概念或观念的多重含义，揭示媒介史中虚拟媒介与实际媒介之间、已实现的与渴望的媒介之间持续进行的相互作用。对于虚拟媒介与现实媒介之间的相互作用，与其提出统一的观点，不如像新历史学家所言，阐明某些启发性事例出现的历史背景，追溯"它们所嵌入的物质实践网络"[20]。如此检视将表明，除了我们所能指出的虚拟媒介所具备的最为一般的共性——通过机器中想象和现实因素相互不断的作用以调和不可能实现的欲望，其最终的解决方案是玄学意义上的，属于虚构的地带——实际上是意义的极端多元性在起作用，它使得虚拟媒介的概念具有强烈的多义性。

如果要从虚拟媒介的批判性审视中汲取一些潜能，来改善媒介和技术发展的未来前景，或者至少避免出现灾难性的进步假象，那么我们便需要探索虚拟媒介与现实媒介进行杂交的潜能，以便在它们的"后代"中培育出"优于"双亲的品质。如果有人想要使媒介的某个乌托邦时刻生生不息——这是齐林斯基所宣称的目标，而且我倾向于追随他的目标——那么有个问题难以回避，即哪些品质才是媒介在未来发展中的"优势"所在。这一问题依然很棘手，因为我们这些当代观察者仍然像历史先辈那样无法揭示自己的行为、偏见和偏好嵌入其中的"物质实践网络"。但我觉得，这个问题（如何保留媒介的某种乌托邦式潜力）对于虚拟媒介的考古学来说至关重要。坦率地说，我们无法回避这一问题。

区分虚拟媒介

迄今为止，在虚拟媒介的考古学项目中出现了一系列研究案例。在讨论它们之前，我们有必要先介绍两种一般性的区分方法，为理解虚拟媒介提供一个更为多元化的语境。在此，我的第一个目标是暂时抛弃想象和现实存在的媒介这一简单的二分法，转到一个更为有趣的概念领域。彼得·布雷瓦（Peter Blegvad）被邀请为早期虚拟媒介的考古学项目开发舞台剧。在研究中，他提出了一个三分法，这也是他舞台剧《虚拟媒介》[21]（*On Imaginary Media*）的开端。布雷瓦区分了三种一般类型的媒介：记忆的媒介（media remembered）、观察的媒介（media observed）和虚拟媒介（media imagined）。这种分类将虚拟媒介与现实媒介进一步区别开来，因为虚拟媒介在时间上没有固定的位置（不同于被人们记住或遗忘的媒介），也无需"在物理上存在于感官中"（不同于人们观察到的媒介),但它们仍具独特的属性。虚拟媒介的考古学尝试去确定哪些属性是属于存在的媒介或是不存在的媒介,并将这些属性置于具体的历史和话语环境中,以揭示这些虚拟媒介所嵌入的物质实践网络。

布雷瓦对精神客体的三分法源于他早期漫画家的经历。作为漫画家,布雷瓦非常希望自己的作品看起来是"对的",于是他常常画下想象中、观察到的和记忆中的物体,并将它们进行比较。他是这样描述这一奇异过程的:

> 一个在我想象中怪异的幻影画面,是否可以被公众当作有意为之的迹象呢?我对此表示怀疑。我经常通过填充来破坏我画作的统一性,比如填充一个带有物品(场景的"道具")的类型化卡通形象,我以一种学术的态度复制这些道具,其取材或者源自生活,或者从照片中复制而成。这时一种强迫症支配着我:让它们保持原样。因此,为了治疗这种强迫症,我开始对各种各样的东西都画三次——首先是我想象中的样子,其次是我实际观察到的样子,最后是经过适当间隔后记忆中的样子。在我的想象和记忆中,我至少赋予这些道具一定程度的"真实感",这种真实感在布莱克①(William Blake)称之为"自然器官"②的视线中更为强烈。22

虚拟媒介的三重现象学

西格弗里德·齐林斯基的《虚拟媒介之书》用他本人称为虚拟媒介的"分类"方法,区分了三类现象。第一类是"不合时宜的媒介/技术装置/机器",即"媒介设计得要么太迟,要么太早;在技术和媒介实践中,要么在发明之前的几百年,要么在发明之后的几百年才得以实现"。第二类是"概念性的媒介/技术装置/机器",它们只是草拟的模型或仅仅纸上谈兵,从未真正确立。第三类是"无法实现的媒介/技术装置/机器",或说是真正意义上的"虚拟媒介,我指的是那种与外界隔绝的、仅在解释学意义上存在的机器,带有某种象征意义,但初始设计或草图却明确表明它们实际上是无法被构建的,尽管如此,其隐含意义却对媒介的现实世界产生了影响"23。齐林斯基认为,现实存在的媒介和虚拟媒介发展谱系的起点并不相同:"在古生物学视域下,媒介发展可以接受没有任何根基的情况,除此

---

① 威廉·布莱克,英国第一位重要的浪漫主义诗人、版画家,也是英国文学史上最重要的诗人之一,虔诚的基督教徒。主要作品有诗集《纯真之歌》《经验之歌》等。——译者注
② 自然器官,指的是与肉体相对的自然植物等器官。布莱克诗选《天堂与地狱的婚姻》中有所提及。——译者注

之外,在旧事物中寻找新事物时,可能就无法进一步向下探索了,我与布鲁斯·斯特林分享过这一观点。"[24] 在《媒介考古学:探索视听技术的深层时间》一书中,(历史的/技术的)"进步"概念被明确否定:"必须摒弃这种从低到高、从简单到复杂、不断进步的观念,连同所有的图像、隐喻和意象,这些都曾——现在仍然——被用来描述进步。像树的结构、台阶和楼梯、梯子或顶点向下的圆锥体等进步的象征,从古生物学的角度来看都具误导性,因此也应被摒弃。"[25] 借鉴古生物学家史蒂芬·杰伊·古尔德的研究,齐林斯基强调,我们目前对地质深层时间的有限了解表明,地球发展史和自然演化的某些时期,比我们现在所处时代有着更为丰富的生物多样性。在地质时代的宏观视野中,"人类"应该被视为"在进化的侧枝上发生的一个微小意外"[26]。

如前所述,福柯坚决反对将他的考古方法等同于任何形式(通过类比)的地质勘探(例如,基质分析),或将其等同于对起源和继承进行描述的谱系学。作为媒介考古学的主要关注点,技术装置的历史对于福柯的话语分析来说最成问题,因为福柯的目的并非在特定媒介历史书写之下揭示一个对象、一个物质基础,而是揭示书写本身就是一种实践,它服从于特定规则,并执行特定的功能;而另一方面,齐林斯基和其他媒介考古学家则须同时阐明媒介软件和硬件的历史,把思想、话语构型、物质技术装置、机器和想象放在同等重要的位置,并论证它们之间的边界是极易相互渗透和穿越的。

技术装置的历史对探索媒介考古学的"物质主义"方法来说至关重要,这也可能很好地昭示了在福柯的考古学与媒介考古学之间存在的根本分歧。福柯将考古学视作历史描述的路径,媒介"考古学"则更注重物质性,而较少关注话语层面。虚拟媒介的考古学在强调技术想象和话语实践方面似乎更接近福柯最初的考古学项目。以上讨论仅为了表明,对这些方法论术语的讨论既非随心所欲,也非不证自明。

虚拟媒介的"变体学"

根据迄今为止研究项目中的一些成果和发现,我试图在虚拟媒介的考古学中提出一个初步的、涉及极为广泛的个案史选集,以阐明这个看似简单的概念所具有的惊人的多样性和多义性。这种多样化对象的选集,我们权且称之为虚拟媒介的"变体学"。

与神灵交流的虚拟媒介

海因里希·苏索（Heinrich Suso）创作的《智慧女神的时钟》（*Wisdom's Watch upon the Hour*）通常可以追溯至1339年，它无疑是设计最为精巧的虚拟媒介之一。苏索是一位天主教神秘主义大师，他描述了一个由时钟（智慧女神的时钟）控制的神灵祷告和交流系统。这一过程由二十四段与"永恒智慧"之神的系列对话构成。她用双手握住时钟之轮，并将时钟的运动调整为均匀的间隔。这一过程代表了一种美德，即将神圣的规则传达给飘忽不定的尘世生活。

事实上，刘易斯·芒福德已揭示了机械钟是如何起源于13世纪的本笃会修道院的，这一点已众所周知。最初机械钟仅见于英国，后来通过本笃会传播到整个欧洲的修道院[27]。它的作用是在规定的时刻定期组织祷告。当苏索的手稿出现时，机械钟开始普及至欧洲各地的主要城市。这种控制人类生命律动的半自动装置的出现，在当时就如神灵干预一样。这里的虚拟媒介是将早期的机械钟表理解为天堂的神圣钟表及其永恒的（完全的）秩序。它的神圣智慧作为一种强加于自然生命不稳定流动上的超自然规律，传达给了次等的地球人。

通常，祷告本身由最普通的媒介——手的位置推动。当与神灵建立沟通时，大多数基督徒都忠诚地双手合拢，彼得·布雷瓦认识到这一虚拟媒介的基本形式。双手成为虔诚意愿的传递者。在《利维坦之书》（*Book of Leviathan*）的一幅漫画中，布雷瓦将基督徒在祈祷中的手位、希腊指挥音乐的手势①，与在印度教和佛教仪式中手势（梵文意为"印"，英文"seal"）进行了比较。手势是"高度精细的类型化手势代码，数量上有几百个，但所有变化都基于四个手势，即张开手掌、空心掌、合拢手指和攥紧拳头"，以表达和传播祭祀之舞、哑剧和宗教仪式中的神圣关系网络[28]。

17世纪的耶稣会学者阿塔纳斯·珂雪在他的《行经记》（*Itinerarium extaticum s. opificium coeleste*，1656）中提出了与神灵交流的另一种方式。珂雪描述了一次穿越太阳系的奇妙旅程，这次旅程使他摒弃了哥白尼的宇宙论，转而认同第谷·布拉赫（Tycho Brahe）的地心说。伴随着天堂的音乐，珂雪在故事中扮演主角狄利达克托斯（Theodidactus），与神灵科斯米尔（Cosmiel）一同穿越太阳系。在神灵的帮助下，他们在天堂探索，在新世界中与遇到的其他生物进行

---

① 原文 cheironome，是指在教堂音乐中发展起来的一种指挥音乐的手势。——译者注

交流。从这段叙述中,我们可以看到广受欢迎的电视剧《星际迷航》(Star Trek)的基本元素,这是典型的以太空旅行和探险为主题的科幻演绎。宇宙飞船在这里被神灵的干预("上帝之手")所取代。然而,作为与来世(神灵)的交流,穿越太空的奇妙旅程这一叙述却有着明显不同的功能,它的目的是支持耶稣会正教,反对由哥白尼及其追随者所倡导的新兴宇宙论。

与灵魂世界交流的虚拟媒介

媒介活动中反复出现的一种模式是使用电子或技术媒介来弥合生者与逝者之间的沟壑。这一策略在当前的体现是使用电子媒介来记录超自然声音,被称为超自然电子异象(electronic voice phenomenon,简称 EVP)。参与 EVP 的研究人员借助电子设备,特别是调谐无线电接收器和其他媒介机器,来记录这些超自然的声音,捕捉和破译那些被认为在我们周遭流动的讯息。这些超自然声音被认为是源于逝者与生者建立联系的尝试。毋庸置疑,这种活动饱受争议,而实际录制的录音通常被认为是捏造的,或者仅仅是自然现象的回音。

EVP 也是著名的发明家和实业家托马斯·爱迪生(Thomas Edison)在后半生一直关注的问题。1920 年 10 月左右,《福布斯》杂志创始人 B. C. 福布斯等人对爱迪生做了一系列公开采访。在采访中,爱迪生声称自己正在研制一种与逝者交流的电子设备。在《科学美国人》杂志上刊登的一篇题为《爱迪生关于逝后生命的看法》(Edison's Views on Life after Death)的文章中,爱迪生解释道:"我倾向于相信,我们的人格在死后会产生物质影响。假设这个推理正确,那么,如果我们能发展出一种工具,它足够精妙,能被我们来生的人格所影响、感动或操控,这一工具一旦问世,就应该能记录某些东西。"爱迪生坚信他研究这些现象的方法是完全科学和理性的。他在文章中总结道:"目前使用的某些方法是如此粗糙、幼稚、不科学,令人惊讶的是,有这么多有识之士对其进行探讨和评估。如果我们真能成功地与那些亡灵进行交流,那也肯定不会是通过科学家眼中如此愚笨而幼稚的发明实现的。"[29]

在向《虚拟媒介之书》投稿的文章中,艺术家和电影制作人佐伊·贝洛夫详细论述了她作品中的灵感,这些灵感取自 19 世纪和 20 世纪之交女性"灵媒"的历史,以及这些"灵媒"和现代电影诞生的奇妙混合作用[30]。有趣的是,超自然现象的调查人员以及普通科学家和工程师都在研究这些灵媒。这些研究人员使用他们所处时代的技术媒介——曝光摄影和原始的摄影设备(如计时照相机、延时和双曝光技术)来记录,消散的灵魂和逝者的幻影由此定型。

贝洛夫指的是19世纪和20世纪之交的各种摄影资料。其中包括灵媒伊丽莎白·埃斯佩兰斯（Elizabeth d'Esperance）1897年出版的自传，她在降神会期间拍摄了灵魂的照片，并为她的自传所用；诺贝尔生理学奖得主夏尔·里歇特（Charles Richet）博士用多台立体摄像机全面地记录了灵媒C.伊娃（Eva C.）的系列表现；精神病学家阿尔伯特·隆德（Albert Londe）用一台计时照相机记录病人扭曲的动作，包括一名作为灵媒的癔病患者奥古斯丁（Augustine）；还有房·席兰克-诺金男爵（Baron von Schrenk-Notzing），他为其著作《物化现象：对通灵电讯业研究的贡献》（*Phenomena of Materialization：A Contribution to the Investigation of Mediumistic Teleplastics*，1914）拍摄了冷静克制的（裸体）工作室照片。在上文提及的这些情况中，正是摄影物证构成真理这一正统观念，为这些灵魂的显现提供了无可辩驳的证据。

比利时电影评论家埃德温·柯尔斯（Edwin Carels）也在电影发展早期、前期和原始阶段发现了一种反复出现的死亡意象，以及一种让逝者复活的幽灵幻想。例如，阿提恩-加斯帕德·罗伯特（Etienne-Gaspard Robert），又名罗贝尔松，用他所谓的"幻视器"举行了一场冒充科学的魔术幻灯表演。幻视器由罗贝尔松对魔术幻灯的设计加以延伸和改良而成。这种新型的魔术幻灯安装在轮子上，可以在现场表演时移动，以创造出惊人的动画缩放效果。同时，动画图像借助他早期发明的一种专利装置以确保显示清晰。

柯尔斯将这种伴随着音乐、烟雾和声音效果的场面称为一种前卫的"延伸电影"。其中壮观的动画图像暗示逝者将以一种极其戏剧化的形式复活。"死亡"是罗贝尔松表演中的关键主题，它不仅将舞蹈的骷髅形象作为死亡的象征，而且还结合了观众对刚刚逝去之人复活的要求。

柯尔斯写道：

> 每次降神会的前一天下午，人们可以去拜访他，安排一个指定人物的幽灵在夜色渐浓时出现。一名目击者的描述如下："当时罗贝尔松把两杯血、一瓶硫酸、十二滴硝酸和两份《自由人》（*Hommes-Libres*）杂志放在一个点燃的火盆上。随即出现了一个手持一把匕首，戴着一顶红色软帽、小而丑恶的幻象。有一个人把这个幻象认成马拉（Marat），就去拥抱他，但幻影做了一个可怕的鬼脸后就消失了。罗贝尔松显然让人们相信，他所投射的面孔（他从勋章中复制出来的）就是他们逝去亲人的面孔。[31]

与"他者"交流的虚拟媒介

作为平等（低带宽）的传播空间，互联网在其早期公共阶段给予的一个伟大承诺是，传播关系在技术的限制下以某一方式被命名，这将有利于在上述传播空间内建立平等关系，并将利于弥合种族、性别、年龄、社会阶层和文化等方面的差异。简言之，在这种所谓互联网传播环境中，与"他者"的交流将更为便利。尤其就不同带宽、文化和社会模式的重建、商业利益投资和地方监管形式等而言，连接类型的迅速分化已将这一互联网景象转至人们线下可以目睹的现实社会结构。虽然不可否认，基于互联网的传播具有一定的民主化（文化）效应，但事实证明，社会和文化鸿沟的持续存在以及与他者交流所面临的重重困境，远比人们在互联网这一公共媒介的发展初期所预想的要顽固得多。

科幻小说中的一个常见主题是渴望用技术手段弥合与他者之间的鸿沟并消除语言上的歧义。这种设备在流行文化中广泛出现，尤其在科幻小说的叙述中，它们的出现似乎不证自明且无可置疑，就像是技术进步的一种自然延伸。《星际迷航》的通用翻译机就是这种虚拟媒介最杰出的代表之一。它让电影主角可以和宇宙中成千上万的物种无障碍交流，甚至借助其卓越的基础技术，那些素未谋面的物种的整个语言系统也能毫不费力地被完全理解。

然而，文学虚构创造了与他者交流的另一类设备，这类设备具有明显的更为可疑的特征。20 世纪 50 年代，法国文学评论家米歇尔·卡鲁日（Michel Carrouges）在《单身机器》（*Bachelor Machines*）一书中对这种设备作出了有名的界定[32]。卡鲁日将单身机器描述为"将性行为从生命原则转变为疏离和死亡机制的机械装置"。单身机器无疑是异性恋的集合体，其中性元素借助男性准则和女性准则这两种明显不同的机制而获得双重表现。因此，技术元素将自身置于男性与女性原则之间，并作为分裂的先兆，引发疏离，转而导致精神错乱和最终的死亡。单身机器出现在现代主义文学的诸多作品中，如弗朗茨·卡夫卡（Franz Kafka）的《在流放地》（*In the Penal Colony*）和雷蒙·卢塞尔（Raymond Roussel）的一些小说。也出现在弗朗西斯·毕卡比亚（Francis Picabia）和马塞尔·杜尚（Marcel Duchamp）的机器或机械绘画作品，还有弗里兹·朗（Fritz Lang）的电影《大都会》（*Metropolis*，讲述女性机器人的电影）中。不仅如此，单身机器也在尚-格·佛赫斯特（Jean-Claude Forest）的漫画《太空英雌芭芭丽娜》（*Barbarella*）以及罗杰·瓦迪姆（Roger Vadim）执导［简·方达（Jane Fonda）主演］且受到狂热崇拜的同名经典电影中出现，且更受欢迎。在后面这部电影中，单身机器的原理体现在堕落的科学家杜兰·杜兰(Duran Duran)[①]的性高潮器官中。

马塞尔·杜尚的艺术作品《大玻璃——新娘被单身汉剥光了衣服》(*The Bride Stripped Bare by Her Bachelors/The Large Glass*)可以被看作是典型的最为精巧的单身机器模型，对此只能通过杜尚大量的附注才能解读。这部作品描绘了上层四维的"新娘"领地与下层三维的"单身汉"领地之间令人沮丧的非统一性。根据杜尚的笔记，新娘机器是一种"依靠爱情汽油运转的爱情机器"，她永远依赖饥渴的单身汉产生的爱情汽油。因为他们之间存在维度转换，她无法与他达成统一。她经常用触手挑逗单身汉，鼓励他们制造爱情汽油，这种汽油可以通过魔幻的筛网系统从三维世界过渡到新娘所处的四维领地。单身汉们希望与新娘达成不可完成的统一，这种欲望驱使着他们，而新娘则需要加强他们的渴望，以确保她的爱情汽油得到供应。整个技术装置就是这样一台令人沮丧的机器，因此可以将它看成是杜尚对跨性别交流的有限潜力的讽喻。

跨越空间和缺席的虚拟媒介

通过技术义肢来超越距离，尤其是与亲人的距离，这一美好的愿望几乎人皆有之。因此，人们进行大量的技术研究和开发，试图制造一种能完全发挥这一功能的技术装置，也就不足为奇了。电报、电话、视频会议系统、电子邮件、聊天软件、SMS短信、GSM手机、对讲机等，这些都是生活中随处可见或至少被人们记住（尽管有些可能已被遗忘）的现有媒介案例。围绕这些设备，人们创造了无数种不同的文化想象，这表明它们实际上可以实现在相距较远的情况下创建（远程）存在的目标。然而，在严格意义上，这些技术设备实际上并没有创造出超越距离的存在。虽然三星公司在近期的电视广告中声称"想象一下你可以同时出现在两个地方！"但很明显，我们永远不会因为使用了广告中的设备而达到这一状态。发生转移的是一种被简化至令人难以置信的程度的信号，这种信号部分源于某个活生生的人，以及他/她在技术系统中的有限作用——这种技术系统的状态是我们激烈讨论的主题。在此情况下，现实存在的媒介和虚拟媒介似乎在同一场所中共存，在设备与我们对设备的理解（想象）之间的互动中共存。

为应对无法逾越的物理距离这一挑战，《星际迷航》借助远距离传送技术的形式再次创造了终极的虚拟媒介。该设备本身并非通信设备，最初也不是为虚

[①] 科学家杜兰·杜兰(Duran Duran)是《太空英雌芭芭丽娜》中的角色。——译者注

拟媒介提供某种条件，但它确实表达了同样的渴望和想象。

在前电子时代也可以看到跨越远距离进行媒介旅行的想法。埃尔基·胡塔莫多年来对立体镜学和扶手椅旅行原理作了大量研究。《虚拟媒介之书》写到，在作为窥视媒介的立体镜学研究中有一个尤为惊人的例子：美国基斯通公司的一张明信片（其戳印日期为 1921 年 7 月 2 日）上写道："她在法国看到了她的儿子——你可以隔着几英里用你的*电话交谈*——*全家人都能 看到 战区*。"[33] 我们讨论的这种明信片被用于通知公司客户，他们的立体镜订单已进入处理程序，并向客户告知配送日期。胡塔莫表示，立体镜学与这样一种理念一直密切相关，即不离开家就能去远方旅行，并通过立体镜录像在 3D 世界里感受美景。这是后来虚拟现实技术出现的明显前兆。

超越时间的虚拟媒介

超越空间和距离的渴望很容易扩展到人类活动的另一个伟大矢量：时间维度。时光机显然是虚拟的机器，自从 H. G. 威尔斯（H. G. Wells）的时间旅行（chronotravel）系列小说问世，时光机就大量出现在流行小说中，甚至比远程传输和全球通信设备出现得更加频繁。在威尔斯的小说中，时间旅行已不再通过神灵的干预，而是借由人造机器获得实现。但是，时光机也可以被当作通信设备吗？大多数时光机仅通过时间运送人和物体，而对建立跨越时间鸿沟的交流不会给予特别关注。更重要的是，许多叙述都暗示，应该完全避免交流，以免破坏时间线（time lines），在无意中改变"历史进程"。即使在威尔斯经典的时光机故事中，主人公最终也只是单向穿越时间，因为他的时间旅行设备最后被摧毁，不同时区之间缺乏任何沟通和联系的渠道。

菲利普·K. 迪克（Philip K. Dick）在短篇小说《少数派报告》（*Minority Report*，1956）中提出了一个饶有趣味的时间旅行建议。2002 年，导演史蒂文·斯皮尔伯格（Steven Spielberg）将其改编，拍成了一部长电影。这个故事讲述了一个相当复杂的生物技术组合体，其中，拥有转基因的年轻人获得了一种特殊的心理能力，能准确无误地预见不远的将来，并识别即将发生的犯罪活动。一种扫描大脑活动的设备可以让他们的"预知"在全息屏幕上显示出来，这个全息屏幕被一个特殊的预防犯罪组织用来在犯罪发生前探测犯罪并逮捕罪犯。这种虚媒介是（电影中三个）先知的蜂群思维①、连接界面以及全息可视化技术装置的组合体。

计算机科学家丹尼·希利斯(Danny Hillis)提出了一种截然不同的穿越时间的方法。希利斯是连结机器(the Connection Machine)的主要设计师，这种机器是一种并行计算机架构，它使高度紧凑、多功能、高效的超级计算机的建造成为可能。目前，这种并行计算机架构在全球范围内的技术实验室中被大量运用。在快速即时的社会、经济和文化中，希利斯对时间范围的收缩和时间意识的减退问题越来越关注。他成立了一个非营利基金会，负责设计、建造和安装一种能在自然能量下自动运行的时钟，从而将我们目前的时间跨度拓展到一万年。根据希利斯的设计，万年钟(The Long Now Clock)的秒针每年走一格，每百年响一次，每千年为其举行一次小型机械展②。其计时寿命将长达一万年，成为今生后世人心中的神话。万年钟将在时间跨度上建立一种连续性，这一时间跨度是当前基督教所能记录时间的十倍。因此，依照希利斯的时间体系，我在02007年写作此书。万年钟的几项设计目前已经制作完成，建造和安置的资金也得到保障，并且已购买了用于安装的土地(在内华达州)。

作为潜在媒介的虚拟媒介：未实现或被遗弃的媒介谱系

布鲁斯·斯特林的"死亡媒介项目"中纪念的"死亡媒介"(dead media)本身并不构成另一种虚拟媒介。相反，它们是被记忆或有时（几乎）被遗忘的媒介。在这个项目中，它们被记录下来，证明了媒介技术装置终将死亡的特征。然而，未实现的死亡媒介，特别是过早死亡的媒介，是虚拟媒介的主要例子，而且这种例子总是取之不尽。电子消费品制造商飞利浦公司生产了许多著名的"过早死亡"的媒介产品。例如CD-i播放器，这是一种交互式CD-ROM播放器，可以在普通电视屏幕上交互显示可浏览的内容。CD-i曾被誉为家庭互动娱乐平台和科学教育工具，但事实证明，它并不是一个有利可图的商业提案。飞利浦公司的Video 2000系统是另一个有名的案例，它在技术上优于家用录像系统(VHS)，似乎注定要成为录制家庭娱乐的国际标准，但由于缺乏各类生产商的支持和消费者的兴趣而走向失败。

---

① 蜂群思维(hive mind)是一种集体思维，是指由许多独立的单元高度连接而成的一个活系统，现常用于计算机和互联网领域。——译者注
② 按照希利斯的设计，"秒针"一年走一格，表示"世纪"的指针每百年走一格，报时工具每千年报时一次。——译者注

通过将黑胶唱片的"历史"从声音扩展到视频，奥地利媒介艺术家格布哈尔德·森穆勒将潜在媒介建构成了死亡媒介的想象性推定，从而扭转了潜在媒介的地位。他设法建构了一个系统，这一系统允许将低像素视频录制到黑胶唱片上，使其可以用老式唱机回放，并为他的黑胶视频系统生成视频标题的目录。因此，他回溯并填补了实现（或未被实现的）媒介历史中的空白，那便是几近死亡的媒介（黑胶录制和回放）。

作为丰裕媒介的虚拟媒介

人们之所以普遍喜爱虚拟媒介或机器，是因为它们提供的取之不尽的物质恩赐，这一点无需解释。同样，在民间神话中，这种"丰饶"通常在神圣和（仁慈的）神灵干预中得以保留。然而，20世纪90年代下半叶的互联网运动（the DotCom movement）①和新经济的虚拟构想，将这种神话般的组合与几乎所有社会领域中数字电子信息和网络技术的进步联系在一起。这一主张的核心在于，贸易周期的下滑最终可以完全消除：信息和网络技术在所有生产和经济部门中的应用，将在生产中创造连绵不断的生产效益，这将消解经济活动中的其他任何约束因素，这些因素曾经导致了贸易周期下滑（如劳动力成本上涨）。因此，一种无穷尽的经济增长指日可待。

新经济的概念显然没有考虑到这一系统将不可避免地遭遇生态方面的限制。在互联网危机爆发、科技巨头世界通信公司（WorldCom）以及能源"大王"安然公司（Enron）走向解体之际，电力短缺和大规模停电则成为对"加州梦"破灭的种种讽喻。20世纪90年代后期，似乎无人有意核实美国和其他高度工业化经济体的非计算机部门的生产力数据。与20世纪50年代以来的数据相比，这些数据说明社会生产率并未获得明显提高。相反，人们或者强调网络经济的生产力奇迹，或者反过来，强调信息资本主义不可阻挡的破坏性力量。在实证主义和反乌托邦这两种实质上是同一神话的变体中，线性推定——这一推定目前建立在不加批判地假设的虚假经济数据基础之上——有助于凸显一个即将破灭的关于"未来"的虚假愿景。

---

① 此处指的是互联网危机（the DotCom crisis），或称为"点COM泡沫"，有时又称为"I. T. 泡沫"，是指1995—2001年间互联网领域的投机泡沫。——译者注

作为拯救媒介的虚拟媒介

非洲未来主义①(Afrofuturism)提供了关于虚拟媒介最引人入胜的叙述之一,即关于一种拯救机器的叙述。这一叙述具体表现在"母舰"(Mothership)或"母轮"(Motherwheel)的形象之中。这艘宇宙飞船专门将地球上的黑人转移到宇宙中一个繁华的未来空间,使其免受压迫和流离失所。这类叙述在黑人科幻故事和小说中反复出现,同样也在流行音乐[如乔治·克林顿(George Clinton)的一首放克乐《连接母舰》(*Mothership Connection*)]、爵士乐[如桑拉(Sun Ra)著名的空间叙事]和电影中被多次提起。"母舰"叙事一部分源自黑人伊斯兰国家中晦涩又激进的教义,其中混杂了来自伊斯兰教、黑人殖民史和埃及学(Egyptology)的教义,以及科幻小说中的母题。其创始人穆罕默德·法德(Mohammed Fard)起初只在极度保密的情况下在黑人伊斯兰国家中口头宣讲。他宣称,一艘宇宙飞船仍在围绕地球轨道盘旋,它被隐形技术掩盖,因此在地球上无法察觉。这艘"母舰"正在等待一个降临的时刻。在这个时刻,黑人人种和亚洲人种将被选中至银河系他处的另一个新世界,这些人被认为并非发源于地球。母舰将营救他们,并把他们传送到这一被寄予希望的新世界,开启一种新生活,同时,那些留在地球上的白人们将在世界末日灰飞烟灭。

法德这种恶毒而公开的种族神秘主义反映了黑人奴隶的后代无法在美国及其他西方世界找到自己位置的状况。回归非洲故土是荒谬且不现实的。对从未了解或从未去过非洲大陆的几代人来说,这并非一个理想的选择。同样,在西方社会结构中,几乎所有社会阶层的生活都伴随着流离失所和种族歧视。正如历史学家迈克·亚达斯(Michael Adas)所说,西方人对自身技术优势的设想,在使大规模奴役和种族灭绝的殖民行为合法化方面发挥了至关重要的作用,这一做法导致了黑人的流离失所[34]。然而,在非洲未来主义的叙述中,这种技术谱系被视为一种摆脱压迫的手段。关于黑人并非源自地球的说法,埃及文明中有外星起源的范例,这一说法有助于为黑人群体最终进入太空并获得自由铺平道路。在类似的叙述中,爵士音乐家桑拉在公开声明和采访中一再强调,他不属于这个世界,地球只是他短暂停留的某个站点,他最终的命运是回到太空。在这些充斥技术叙事的黑人科幻小说中,施压机器(西方的技术优势)自相矛盾地成为,或者

---

① 非洲未来主义想象了一个源自非洲并汲取黑人文化的社会,是一种未受西方文化影响的独特文化。——译者注

更确切地说,转化成了救赎机器。

当虚拟媒介被理解为调和不切实际的欲望的机器时,它应被视为无法实现的机器。它们永远无法达到其宣称的目的。因此,虚拟媒介可以被解读成一种讽喻,对想象主体投射到周围环境、远离虚幻自我的这些无法实现的愿望的讽喻。认识到这些欲望无法实现且机器亦无力解决的时候,也就是这一主体彻底崩溃的时刻:这种认识通过虚假的欲望及技术幻想产生了自我否定。杜尚的艺术作品《大玻璃》,或更广泛地说,在历史上具有反讽意味的先锋派机器,都明确表达了这一现代情绪。这是一种伴随虚拟媒介的潜意识焦虑。

然而,虚拟媒介不仅仅是虚构的对象。正如我在前文案例中所指出的,在媒介历史中,虚拟的和现实存在的媒介相互交织,更重要的是,它们也相辅相成。现实存在的媒介机器引发了人们对这些机器可能实现什么或意味着什么等诸多猜想。相反,对于可能实现的媒介的想象,不断促进媒介机器在现实中产生。尽管这些机器可能无法完全实现人们想象中的愿景,但创作者经常可以从这些想象和(不切实际的)欲望中获得大量灵感。

本文勾勒的虚拟媒介的考古学,将人们的注意力从单纯的"技术装置历史"转移,但其目的并非要否认媒介机器的物质史和谱系。相反,这种研究虚拟媒介的话语方法旨在说明,特定话语类型怎样发挥作用并如何进一步塑造媒介技术装置谱系的发展。虚拟媒介可以预示人们能够实现的媒介机器,并且在塑造这些机器方面发挥重要作用。尽管如此,想象和现实却很少重合。虽然现实机器往往达不到想象中的水准,但真正实现的媒介机器的构成及其变革能力却经常超乎想象,就像它们在交往和经济活动中所展现的那样。本文讨论的媒介谱系的话语框架有助于揭示此领域的连续和断裂之处。在技术媒介发展中,此类研究可以帮助我们提升对虚拟媒介和现实媒介相互作用的敏感性。

在技术发展领域,想象与现实的边界并非完全隔绝,而是极易相互渗透的。因此,基于被想象、被欲求和已实现的媒介二者令人兴奋的混合,未来的技术和媒介发展进程将会引发争议,很大程度上说,这一进程难以预测。从当代的视角来看,我们无法断言当代观察者所嵌入的"物质实践网络"如何影响他/她对媒介和技术的想象。因此将现实媒介机器的实际功能与其纯粹的想象特征进行明确区分,也同样颇有争议。基于不稳定和模棱两可的踪迹以推断未来,这往往极不可靠。对未来的线性推定尤其令人怀疑。然而,它们与我们内心深处最难企及的欲望结合在一起,因此仍极具吸引力。

虚拟媒介的考古学不应被视为一种虚无主义的事业,这种虚无主义的事业仅仅试图揭示，依靠媒介和技术改善人类境况的任何愿望都是徒劳。恰恰相反，当人们认识到技术和媒介的发展偏离常轨，虚拟媒介被视为调和不能满足之欲望的机器时，这一有意为之的警示为人们特意保留了一个自我显露的乌托邦时刻。放弃一种道路所带来的暂时空白，为选择一种更好的道路和拥抱某种愿景提供了可能，这一愿景可以帮助人们超越当下无法接受的现实。在此意义上，虚拟媒介的考古学试图完成的正是齐林斯基提出的媒介考古学（或媒介的类考古学）项目的初衷："挖掘历史中的秘密路径，或许有助于我们找到通往未来之路。"[35] 这项工作目标非常明确，就是要找到比我们迄今为止所走道路更为安全的未来之路。

注释

1. Imaginary media carry more than a passing semblance to the "imagined communities" that Benedict Anderson has so famously identified. Interestingly, the imagined properties of media are often somehow obscured by the fact that so much of what is studied in the histories and theories of the media is embodied in physical media machines. This appears to give such objects of study a reality of their own. The imagined properties of media need to be "uncovered" from these material histories, which is exactly what an archaeology of imaginary media could set out to do.

2. Carolyn Marvin, *When Old Technologies Were New: Thinking about Electric Communication in the Late Nineteenth Century* (Oxford: Oxford University Press, 1988), 8, quoted in Erkki Huhtamo, "From Kaleidoscomaniac to Cybernerd: Notes toward an Archaeology of the Media," in *Electronic Culture: Technology and Visual Representation*, ed. Timothy Druckrey (New York: Aperture, 1996), 302-3.

3. Huhtamo, "From Kaleidoscomaniac to Cybernerd," 303.

4. The lecture program is archived online along with a selection of key texts on the area. See De Balie's Web dossier "Media Archaeology," 2004, www. debalie. nl/archaeology.

5. Eric Kluitenberg, ed., *Book of Imaginary Media: Excavating the Dream of the Ultimate Communication Medium* (Rotterdam: NAi Publishers, 2006). The book was published with a DVD containing a collection of cartoons produced for the event and a *son et lumière* version of Peter Blegvad's stage play *On Imaginary Media*—produced for this project.

6. Andreas Huyssen, "The Vamp and the Machine: Fritz Lang's Metropolis," in *After the Great Divide* (London: Macmillan, 1986).

7. This riveting discussion was captured on video and can be viewed at the end of the video documentation of Druckrey's lecture; see De Balie's Web dossier "Media Archaeology" 2004, www. debalie. nl/archaeology.

8. Michel Foucault, *The Archaeology of Knowledge*, trans. A. M. Sheridan Smith (London: Routledge, 2002), 212-15.

9. Timothy Druckrey, "Imaginary Futures...," in Kluitenberg, *Book of Imaginary Media*, 246-47.

10. Siegfried Zielinski, *Deep Time of the Media: Toward an Archaeology of Hearing and Seeing*

by Technical Means (Cambridge, MA: MIT Press, 2006), 5. Originally published as Archäologie der Medien: Zur Tiefensicht des technischen Härens und Sehen (2002).

11. Michel Foucault, "On the Ways of Writing History," interview by Robert Bellour, originally published in Les lettres françaises, June 15 – 22, 1967, 6 – 9, and taken here from Michel Foucault, Aesthetics, Method, and Epistemology, vol. 2 of Essential Works of Michel Foucault, 1954 –1984, ed. James Faubion (1998; repr., London: Penguin Books, 2000), 289 – 90.

12. In the first volume of the Variantology book series, Siegfried Zielinski and Sylvia M. Wagnermaier explain their methodological approach somewhat more specifically as follows: "In contrast to the heterogeneous, with its ponderous oscillations in ontology and biology, we are interested in the variant both methodologically and epistemologically as a mode characterized by lightness and ease. As such the variant is equally at home in experimental science and various artistic and media praxes.... The semantic field to which the concept of variantology belongs possesses for us positive connotations in principle: To be different, to deviate, to change, to alternate, to modify.... They only slide into the negative when the speaking or writing human subject uses them as means of discrimination. To vary something that is established is an alternative to destroying it." Siegfried Zielinski and Sylvia M. Wagnermaier, "Depth of Subject and Diversity of Method: An Introduction to Variantology," in Variantology 1: On Deep Time Relations of Arts, Sciences and Technologies, ed. Siegfried Zielinski and Sylvia M. Wagnermaier (Cologne: König, 2007), 8 – 9.

13. Siegfried Zielinski and David Link, eds., Variantology 2: On Deep Time Relations of Arts, Sciences and Technologies, (Cologne: König, 2006).

14. Foucault, Archaeology of Knowledge, 154.

15. Ibid., 155.

16. Ibid., 155 – 56.

17. Ibid., 156.

18. Ibid.

19. Myth is understood here as a second-order semiological system, following its definition by Roland Barthes, Mythologies (London: Vintage UK, 1972).

20. See H. Aram Veeser's introduction to The New Historicism, ed. Aram Veeser (London: Routledge, 1989), xi.

21. "A numinous object is one in which matter, form and situation combine to 'haunt' or otherwise fascinate the imagination." See Peter Blegvad, "On Numinosity," in Amateur, n. d., www.amateur.org.uk/numinosity/explain.htm (accessed January 31, 2009).

22. Peter Blegvad, "Imagined, Observed, Remembered," in Amateur, n. d., www.amateur.org.uk/ior/ior.htm (accessed January 31, 2009).

23. Siegfried Zielinski, "Modelling Media for Ignatius Loyola: A Case Study on Athanasius Kircher's World of Apparatus between the Imaginary and the Real," in Kluitenberg, Book of Imaginary Media, 30.

24. Ibid., 30 31.

25. Zielinski, Deep Time of the Media, 5.

26. Ibid., 6.

27. Lewis Mumford, Technics and Civilization (1934; repr., New York: Harcourt Brace Jovanovich, 1963).

28. Peter Blegvad quoting Benjamin Walker's Encyclopedia of Esoteric Man: The Hidden Side of the Human Entity (London: Routledge and Kegan Paul, 1977), in his Book of Leviathan cartoon on the DVD accompanying Kluitenberg, Book of Imaginary Media (2006).

29. Austin Lescarboura, "Edison's Views on Life after Death," Scientific American, October 30, 1920.

30. Zoe Beloff,"Towards a Spectral Cinema," in Kluitenberg, *Book of Imaginary Media*, 215 – 36.

31. Edwin Carels,"Résurrection à la Carte," in Kluitenberg, *Book of Imaginary Media*, 202.

32. Michel Carrouges, *Les machines célibataires* (1954; repr., Paris: Éditions du Chêne, 1976).

33. Erkki Huhtamo,"The Pleasures of the Peephole: An Archaeological Exploration of Peep Media," in Kluitenberg, *Book of Imaginary Media*, 136 – 39.

34. Michael Adas, *Machines as the Measure of Men: Science, Technology, and Ideologies of Western Dominance* (Ithaca: Cornell University Press, 1989).

35. Siegfried Zielinski,"Media Archaeology," Ctheory, November 1996, www.ctheory.net/articles.aspx? id=42.

回溯影响机器之起源

杰弗里·斯科斯

截至2003年年底,美国至少有四起杀人案据称与《黑客帝国》(The Matrix,1999)有关。对于新千禧年的科幻小说迷而言,《黑客帝国》是必看之作。影片叙述了基努·李维斯饰演的主角从一个籍籍无名的黑客到复仇者化身的转变过程。《黑客帝国》系列作品共有三部,它们都借用了让·鲍德里亚(Jean Baudrillard)的诗意表达以期创造一种更为复杂的仿真视觉,而两位导演最终选择了公共网关接口(Common Gateway Interface,简称CGI)的机会性感染[①]作为切入点,将电影的网络预设嵌入一场旷日持久的街机大战之中。这场大战发生在物质真理寻求者尼奥(Neo)和作为冷酷独裁者数据流化身的特工史密斯(Smith)、琼斯(Jones)和布朗(Brown)之间。《黑客帝国》三部曲中最激进的第一部上映不到一年,就出现了瓦迪姆·米赛格斯(Vadim Mieseges)谋杀案。这起案件发生于2000年5月,米赛格斯残忍地杀害了他的房东,将其肢解后抛尸于金门公园的一个垃圾箱内。米赛格斯有精神疾病史,案发时仍是计算机专业的一名问题学生。他的律师在为他辩护时,成功地说服了法庭,让法庭相信,这起案件的发生是由米赛格斯吸食冰毒产生的幻觉,以及其不稳定的精神状态共同引发的精神崩溃所致。律师称,案发时米塞格斯认为自己"卷入了母体[②](the Matrix)之中"。在汤达·阿什莉(Tonda Ensley)谋杀迈阿密-俄亥俄大学(University of Miami-Ohio)教授雪莉·李·科贝特(Sherry Lee Corbett)的案件中,嫌疑人阿什莉似乎也遭遇了类似的扭曲。当地媒体早在法庭会审期间已注意到案件与《黑客帝国》的联系,并报道:"这部科幻电影因其令人印象深刻的

[①] 机会性感染指一些致病力较弱的病原体,在人体免疫功能正常时不能致病,但当人体免疫功能降低时,它们乘虚而入,侵入人体内,导致各种疾病。——译者注
[②] 电影《黑客帝国》中的"母体"概念是一种虚拟程序。——译者注

特效而广受赞誉，与此同时，它也暗示了现实世界可能并非如其表面所见。"[1]

对模拟现实理论有着坚定信仰的媒介专家对这些谋杀案的回应是他们一贯持有的恐慌态度，他们认定，媒介是暴力的催化剂。其中的一些专家甚至引用了流行病学家布兰登·森特沃尔（Brandon Centerwall）1992年对电视发出的极端控诉，布兰登曾说，"假如电视从未被发明，那美国每年将减少1万起谋杀案、7万起强奸案、70万起伤害性袭击案件"[2]。在《惊魂摄魄》到《黑客帝国》中的一系列预谋性伤害事件中，我们忽略了"母体辩护"①（Matrix defense）核心中的基本事实和其中潜藏的恶毒讽刺。这些凶杀案——每个凶手最终都被判定为偏执型精神分裂症——并不是对暴力麻木不仁的产物。更确切地说，这些谋杀案完全是对《黑客帝国》的一种合理回应。《黑客帝国》是一个多世纪以来对偏执型精神病患者最为生动的戏剧化呈现。在将"仿真"（simulation）转化为原始技术妄想的过程中，《黑客帝国》所做的仅仅只是将人们心中潜藏的疑虑拍摄了出来。人们一直怀疑，媒介具有"无形的影响力"，能够控制现实和心智，而这种影响力则源于权力、语义、制度合流所形成的电磁传输和社会政治控制[3]。

精神病学家将此情况称为"技术妄想"（the technical delusion）。"技术妄想"是"思维插入"（thought insertion）和/或"思维被播散"（thought broadcasting）的电子化表现，而在库尔特·施耐特（Kurt Schneider）颇具影响力的精神分裂症诊断标准中，这二者又被视为"一级症状"[4]。在"思维插入"中，主体通常将声音或想法归因于一些外部因素，这些因素通常是一种强大的力量，迫使主体遵守或服从于这些力量。而在"思维被播散"中，顾名思义，主体开始相信他或她的个人思想正以某种方式向公众广播。虽然这些话语异化的确切病因仍然未知，但电子媒介却持续成为这些幻觉的逻辑中继，为主体提供一种看似合理的"技术"解释，让思想被植入或移除的幻想得以逻辑自洽[5]。此处，也要关注对锡②这一物质材料的象征性投入，因为锡是心灵世界用以屏蔽电磁干扰的一种手段。

虽然人们很容易将"技术妄想"当作媒介技术的直接后果，或者将其泛化为饱和的媒介环境带来的副作用，但从历史层面对这种妄想进行深入挖掘，会发现这些妄想更多地源自现代性，而非源于《黑客帝国》中的"母体"。这种妄想与其说与特定的技术相关，不如说与19世纪末形成的一种本土权力理论有关。人们

---

① 母体辩护是法律案例术语，属于精神障碍辩护的一种。在这种辩护中，嫌疑人认为自己犯下罪行是受到了《黑客帝国》中电脑生成现实的影响。——译者注
② 锡是精神装置的一种物质性材料，可以屏蔽电磁干扰。——译者注

普遍将维克多·托斯克1919年发表的重要文章《精神分裂症中影响机器的起源》(On the Origins of the Influencing Machine in Schizophrenia)视作对自称受到机器影响的患者的首个重要临床研究。这种"影响机器"是由"盒子、曲柄、杠杆、轮子、按钮、电线、电池"[6]组成的一种神秘设备。托斯克总结了"影响机器"的感知效果,指出它是一件工具,常涉及信息和权力的非法传播,它通过电波、射线、或(患者的物理知识储备无法解释的)神秘力量来"插入"和"播散""思维和感情"。因此,影响机器本质上是一种无线电通讯设备,这种媒介被精神病扭曲得过于厉害,以至于它的确切功能一直不明晰。正如托斯克指出的那样,"它的大部分功能完全难以想象",他补充到,即使当"患者自认为自己很了解这种技术装置的构造,但显然,他的感觉最多也仅类似于一个梦中人的感觉——只是一种理解的感觉,而非理解本身"[7]。

有趣的是,托斯克认为,那些困扰他病人的投影图片、无形电线以及各种电磁波、脉冲和射线,并非是对电信时代全新奇迹(电影、电报、电话和无线通讯)的一种具体而非常合乎逻辑的替代,与此相反,他认为那些困扰患者的事物不过是一种全然的幻觉技术[8]。托斯克认定,影响机器——如同弗洛伊德学说中的症状——只涉及内部精神冲突,以至于他总是忽略这些作为新兴媒介的幻觉设备得以出现的社会病因。对于这些社会病因,他总是一笔带过,简要地将它们归结为"技术知识"和"科学的逐步普及"[9]。而一旦对这种社会因素的忽视得以解决,那一切都将明了,人们将意识到,影响机器不仅是患者精神错乱的象征,在更广泛意义上,它也是新信息技术影响下现代性精神疾病的组成部分。无论在过去还是现在,影响机器都能让对政治、技术和电子力量合流的抽象焦虑以某种具体的形式出现,从而把这种普遍的偏执转变为一种更易管理的技术统治阴谋论。尽管托斯克仍将机器视作一种必然导致力比多障碍①(libidinal dysfunctions)的象征,但他的研究却暗示着,"技术妄想"不仅与权力"技术"相关,同时也与"虚拟"技术相关。机器被部署到各方,用以"插入"和"播散"思想,而这些机器本身也成为一种标志,用以反映人们对社会领域中主体脆弱性的巨大担忧,而这一社会领域正日益被处于现代想象中心的无形能量和神秘力量影响。

正如许多文化历史学家所指出的那样,在世纪交替之际,自我、能量以及"神秘学"之间可能存在的联系,对各个领域的思想家都有着极大的吸引力,它不仅吸引了那些自称为"精神研究者"的人,还吸引了物理学家、神经学家、医生以及

---

① 力比多(libido)即性力,泛指一切身体器官的快感。弗洛伊德认为,力比多是一种本能,是一种欲望,是由人类内在的欲望决定的,是一种内在的驱动力。——译者注

其他领域的著名科学家。这些学者沉湎于现代性能加速掌握所有知识的狂妄自大之中,他们希望能一劳永逸地统领物理学和形而上学的所有领域。对于这些学者,亚历克斯·欧文(Alex Owen)曾说:"将这些有不同倾向、分属于不同派别的学者联合起来的,是一种在封闭精神领域出现的对新柏拉图主义(Neoplatonic)的松散信仰,和一种万物有灵论的广泛构想。在这个构想中,所有的创造物彼此关联且相互构成,这些造物构成了宇宙灵魂或宇宙心灵的一部分,也成为宇宙灵魂或宇宙心灵的某种表现。"[10] 欧文还指出,"虽然神秘主义模糊了'理性'与'非理性'之间的区别,但神秘主义学者自身还是体现了一种对理性的坚定信念,这值得维多利亚时代所有科学自然主义支持者去效仿和借鉴"[11]。托斯克的基础研究表明,"非理性"的精神病学也同样致力于将无形的宇宙"理性地"理论化。事实上,精神病学与社会现实的联系日益恶化,也使得拓展这些知识变得尤为重要。有人可能会说,"偏执狂"的额外维度实际上赋予了这些精神病学家一些优势。在调停神秘世界的过程中,政治和科技力量的联系日益紧密,"偏执狂"的额外维度则能让学者厘清这二者的关系[12]。即使在今天的"*母体辩护*"时代,技术妄想似乎也更关注对权力运用的质疑,而甚少关注实际设备本身,而这些设备再一次成了一种标志或"症状",因为只有那些更加险恶不法的社会才需要这样的设备。如果托斯克的患者深受影响,却仍认为影响机器"在很大程度上是不可思议的",那么毫无疑问,影响机器导致了患者智力上的不确定性和欲望上的干扰,也导致了患者对现代新兴科技社会秩序的"理解的感觉",而非"理解本身"。就像现代牢笼里的金丝雀一样,这些"受影响"的精神分裂症患者或许最先认识到,这个世界上存在能将各种权力转化成能量,再实现倒转的媒介技术设备,这些技术设备也可能会为更邪恶的社会政治势力设置隐秘的议程[13]。

精 神 能 量

尽管在世纪之交,学院的、通俗的和唯心论的科学仍"无法解释"运作于心灵和宇宙中的原动力的确切性质,但心理学家、科学家和精神病患者越来越相信,他们能实现对那个时代"辐射能"①"理解的感觉"。罗杰·卢克赫斯特(Roger Luckhurst)在他的心灵感应史中记载,19世纪晚期,许多著名物理学家(其中许多人也积极从事心理研究)试图用电磁感来解释心灵间的联系,他们认为心灵间

---

① 辐射能(radiant energy)是指电磁波中电场能量和磁场能量的总和,也叫作电磁波的能量。——译者注

的联系是"交互现象"中唯一完全符合科学自然主义原则的,这种神秘学上的物质理论为后来所有的精神研究提供了重要的理论基石[14]。1876年,都柏林物理学家威廉·巴雷特(William Barrett)在英国艺术与科学学院(British Academy of Arts and Sciences)举办了一场颇具影响力的讲座,卢克赫斯特对这场讲座尤为重视。巴雷特的文章《与心理异常情境有关的一些现象》(On Some Phenomena Associated with Abnormal Conditions of Mind)引用了当时仍然颇为神秘的感应物理学来论证他的观点。他认为,"当一个人陷入催眠或被动的状态时,与思维相关的神经活动可以被相邻个体的相应动作激发,这种活动不受公认的感觉器官影响,可以跨越空间进行"[15]。早期的巫师们对于精神力量的传递也持类似观点,在19世纪中叶产生了有关"灵媒""通灵"和"精神电报"的详细技术协议[16]。然而,巴雷特的文章为所谓的心灵感应和"思维移情"(thought transference)的超自然活动引入了一种看似合理的物质性解释,并因此在科学自然主义对唯灵论神秘主义的重写中起到了关键作用[17]。根据他的解释,"感应""辐射""以太"和"场域",在现代性对"宇宙心灵"万物有灵论的(animistic)探索中扮演了重要角色。在这一探索过程中,"宇宙心灵"这一词汇不论是在唯物主义派别还是在唯心主义流派中都越来越常见。

19世纪,教育、文学和大众科学文化有了长足的发展,因此,这些理论争辩对于任何一个能称得上博学的中产阶级精神病患者来说都易于理解。有些患者甚至活跃在自己所患病的症状学研究领域,对疾病科学原理的研究非常感兴趣。1889年,《美国心理学杂志》(American Journal of Psychology)发表了一篇关于偏执症的个案研究,这一研究大部分基于病人自己的日记。有趣的是,这名患者"听到了(心灵的)声音",而这个声音的主要任务是解释患者是如何以及为何会听到这种声音,即指导患者进行心灵感应幻觉的科学研究。这名患者的日记读起来就像是通俗辐射理论名副其实的索引。"我听到了很多关于'感应''引导''影响范围'的内容,有时甚至是'极点'(poles),'正极'和'负极',因此我总觉得我的大脑像一块'磁铁'。在很长一段时间里,我无法找到比流体理论更为恰当的解释,这些声音就像电流一样,统摄了大脑。"[18] 此处,托斯克的"理解的感觉"再次出现,患者并没有获得"理解本身"。一种有关磁性、极点、感应、流体和大脑如何相互关联的模糊感觉被投射到虚幻的社会领域,而这个患者——面对着无法理解的幻觉,被未知力量所包围——通过一种被异化的教育幻觉所编写的程序,重新整理了他逻辑的薄弱点及对世界的理解。如此这般,这个声音的存在就更加离奇了,因为它存在的唯一目的就是将自身的存在理论化。

但这位患者在媒介理论方面的教育并未止步于此。在描述了这些声音是如何教会他磁力语言和电流语言,以便能自如掌控自身的心灵感应术之后,这位患者继续阐述了一种妄想,这种妄想将那些神秘力量与对新兴公共领域的模糊理解联系到了一起。通过这神秘的声音,这名特殊的患者了解到一名"英国医生"的故事,这位"医生"熟知这名患者的"磁性特质",并从一开始就"指导患者进行实验"。正如他所记录的,"这位医生据称是第一个能与感应大脑进行完美交流的人,他把我的整个记忆都拉回童年时代,并向城里来的记者口述了出来,而记者则写下了这些回忆……有人进一步断言,他与我的思想持续交流,无论他去哪里,他在向每一位倾诉对象讲述新奇故事时,都会与我头脑中的磁性流动产生连接,参与到我的思想活动中来"[19]。此处,一位神秘的医生——作为抽象科学的抽象人物——象征着科学和技术勃兴的世界(显然是英国),这个世界按照一种冷漠的技术统治秩序运行,明显超出了一个患者的日常经验和控制范围。同样重要的是,该患者在电报时代产生了幻觉,那时电报仍是全球性通讯的主流手段。而患者的影响机器,与其说是实际存在的设备,不如说是电报技术在理论上具有的典型社会政治功能:搜集信息(在这个案例中以记忆的形式出现)、通过记者向印刷报纸的旧媒介散布信息。事实上,这种特殊的妄想将整个传播史凝聚在单一的交易行为之中——言语、印刷和电报合谋,将患者的私人记忆变成可供公众消费的商品。这种精心设计的妄想显然是影响机器的一个前身,它更多涉及的是电力和传输技术,而非实际的通信技术。事实上,唯一的新技术"奇迹"显然是患者被"磁化"却仍具有机性的头脑。更重要的是,医生为一个仍然无法解释的议题(患者的记忆为何被散播)开创了一种仍然无法解释的技术("感应大脑间的完美交流")。

　　影响机器即将(或是必然)出现,这一事实所呈现的历史特异性,可以通过这名患者的外部控制"系统"所呈现的奇异悖论来判断。一方面,心灵感应或电报感应收割了患者的思维和记忆,并将它们在英国报刊上传播开来,而患者是通过这一过程感知自己的思维和记忆的。另一方面,同样作为感应控制代理人的英国医生,也具有建立精神实时通讯"庞大网络"的能力,他是通过将患者的"磁性头脑""一个一个地"连接到更广泛的大众来实现这一点的。检视这种妄想不合逻辑之处时(为什么这位神奇医生要用印刷术治疗),我们能看出,这名曾声称自己不理解电磁感应运作方式的患者,不仅艰难地与现代科学信息的洪流交涉,还在艰难地试图理解各种各样的改良、应用和开发这种感应技术力量的技术。在患者逻辑混乱的日记的字里行间,有迹象表明,他的记忆一定被收割过,只有这样,这些记忆才能被"写下来"(因此患者的"过去"才能在印刷物中得以保存)。与此同时,尽管这位神秘医生有能力在陌生人与患者的大脑之间建立"实时"联系(也许还与患者的同期经历建立联系),但他只能"面对面"且"一对一"地建立这种联系。最后,患者的妄想不仅混合了"媒介",还混合了暂时性和人际传播/群体传播模式。这是一种偏执,但目前我们还不太确切地知道这是对什么的偏执。在这种偏执下,"思维被播散"通过记录事件的报刊等传统公共空间,或凭借"磁性头脑"在实时网络中传输辐射能的"全新奇迹"而得到演绎。有人甚至会说,这名患者的日记将"无线电"视作一种技术原理,把"无线电广播设备"当作一种社会制度。将心灵感应与即将到来的无线电技术等同起来,也许并不新奇。实际上,马可尼(Marconi)在1895年所取得的突破,对许多人来说,只是对在辐射能中感知到的心灵感应潜能的一种确认而已。另一方面,期待无线心灵感应能像广播一样,建立一个将陌生人连接起来的"庞大网络",展现了无线技术的应用。但直到20世纪20年代初期,这种无线电广播设备在概念上或技术上的商业利益才获得完全体现。

这种"过渡期"偏执症在精神病学里最著名的患者法官丹尼尔·史瑞伯(Daniel Schreber)的妄想中也同样存在。正如研究现代性和精神分析的学生所熟知的那样,史瑞伯写了一篇文章,详尽而又异常清晰地描述了他在1893年"神经崩溃"之后的心理抗争。1903年,这篇文章以《我的神经疾病回忆录》[后文简称《回忆录》(Memoirs of My Nervous Illness)]之名出版。颇具讽刺意味的是,出版后,史瑞伯那奇特怪异的文本成了西方思想中关于精神疾病最具代表性的记述,吸引了西格蒙德·弗洛伊德、雅克·拉康(Jacques Lacan)、吉尔·德勒兹(Gilles Deleuze)、米歇尔·德塞图(Michel de Certeau)和弗里德里希·基特勒等学者的关注和评论。在《回忆录》中,作为理论家的史瑞伯以精确的分析方法,引用了当时著名科学家和哲学家的思想,描述了他的心灵是如何通过"神经""神经力"①和"神经语言"系统,与上帝、他的医生以及无数的灵魂(不论是在世者还是逝者的灵魂)联系在一起。史瑞伯在《回忆录》开篇中写到,"人类的灵魂深藏于身体神经之中",这也是全书的基本命题。他又补充说,上帝"最初只以神经的形式存在"。史瑞伯书中的上帝似乎能无限地(如果无法进一步解释的话)将此种神经力量(在这种情况下,它们被称为射线)转化为"万物",这就是上帝创造万物的本质所在[20]。和格奥尔格·齐美尔(Georg Simmel)、马克斯·诺尔道(Max Nordeau)以及其他许多拥有自我意识的现代人一样,史瑞伯也意识到"人类日益紧张的情绪"即将出现,而这种情绪是受到社会影响及电磁干扰而产生的[21]。史瑞伯认为,上帝本来只对"上传"到神经系统的逝者的灵魂感兴趣,而现在却被

---

① 神经力(nerve force),又称"脑力",指传导冲动的能力。——译者注

史瑞伯这样神经"高度兴奋"的鲜活灵魂所"吸引"。史瑞伯处于一种独特的,但却出人意料又能自圆其说的宏大妄想之中,他认为,上帝对他"神经"的吸引对所有创造物来说是一种严重威胁,这预示着一场规模空前的宗教危机即将来临。凭借着史瑞伯小说式的手法以及宇宙即将崩塌的预言,《回忆录》继续揭示了史瑞伯与上帝"神经"交往中更加臭名昭著的细节,例如"飞快地创造人类"和"丢失了器官"的故事,而最声名狼藉的情节是,史瑞伯相信,受到上帝神圣光芒源源不断的影响,他自己慢慢地变成了一个女人。

史瑞伯在此书中探索得出的宇宙论看似完全疯狂,却与现代性研究中许多所谓的"理性"神秘主义者提出的观点惊人一致。就像他受到神秘英国医生影响的精神病同伴一样,在史瑞伯的妄想中,他自己也同样受到一位真实存在的医生——傅莱契教授(Professor Flechsig)控制。史瑞伯提出了一种"神经"模型,这一模型与对能量传送和电信通路的既有认知呈现出矛盾的关系。史瑞伯在他的回忆录中经常把"神经"描述成一种连接网络,这种网络类似于人们所熟知的神经系统,而神经系统常被用作电力传输的导电卷(conductive tendrils)。在这一层面上,史瑞伯既将身体的神经组织视作存储中心(一个人的记忆和灵魂都存于此),又将它视作一种对振动极为敏感的超自然天线("我之所以能接收到光线和声音的感觉,是因为它们通过射线直接投射到我身体中的神经系统,在此情况下,视觉或听觉的外部器官并不必要")[22]。频谱的另一端是海量的替代物:神经、"神圣光芒"甚至所有的造物,都是上帝。在此场景中,上帝既是技术,也是操作者,它是由神经组成的"实体",通过神经在一个由神经组成的宇宙中交流,神经成了神圣造物。在传输神灵与神圣化的传送者连续体中,史瑞伯明确表达了对神秘现代性在世俗中寻找宇宙心灵辐射基础的独特见解。史瑞伯提出一种连接物质、思维和现实的宇宙感应模型,这种模型较少地体现了宗教性,因此也更科学。他借鉴了导电线和感应场、神经物理学和形而上学的神经理论,畅想了各种各样的通讯场景,将离散的神经和无处不在的射线以越来越奇异的形式展现出来。梦境、诗歌和"幻觉"(hallucinations,史瑞伯所定义的"幻觉")都是神经注入的产物,这种"注入"不同于前文简要提及的"光电报"(light telegraphy)现象,但看起来很类似。最怪异的诗意构想是"联结外星",史瑞伯想象出一根神秘的电缆,把他的心灵与遥远的星球联系起来。史瑞伯写道:"我设想我在地球上的身体通过伸展出的神经与其他星球相连起来,而我意识到了这一设想对别人而言难以理解,因为我和其他星球相距太过遥远了","但对我来说,在过去的六年里,我的日常经历毫无疑问就是这种关系的客观现实"[23]。在《回忆录》的后记中,史瑞伯最终指明了这种有线连接的核心,并解释道,"这大概是一种类似于打电话的现象,盘旋在我头顶的缕缕射线就像电话线,只有我能听到远方传来的微弱喊声,就像打电话一样,只有打电话的双方才能听到彼此的声音"[24]。

在《话语网络,1800/1900》中,弗里德里希·基特勒强调了史瑞伯的妄想宇宙在记录和存储信息方面的统一性。就像照相机和留声机一样,史瑞伯避开了象征界,直接记录了真实界,他只是"不受感性干扰"地将信息储存在身体和宇宙中,无休止地进行技术记录。在拉康式的概念中,精神病患者被排除在传统语言和意义之外,"1900年前后出现了许多彻底改变记录方式的数据存储设备,而偏执机器就像所有这些设备的集成系统一样"[25]。然而,同样有趣的是,史瑞伯不停地为电信系统建模,在这无休止的努力之中却有许多间断之处。就像他那受英国医生大脑感应所影响的偏执同伴一样,史瑞伯尝试借助他与象征界的仅有联系,将自己的主观想法理论化,但这种尝试却产生了错综复杂的逻辑裂痕,神经数据就是在这种逻辑裂痕上被收集、传输和控制的。举例来说,在描述"联结外星"这一复杂、神秘有时甚至是痛苦的过程后,史瑞伯立即将这种星系间的神经接触模式与另一种完全不同的媒介联系起来,后者他称之为"书写系统"。"多年来,我把我所有的想法、所有的语句、所有的必需品、我所拥有的或在我身边的所有物品以及接触过的所有人,都 *书写在 回忆录*,或者其他笔记中。"当然,这是数百年来的一种妄想,无疑与上帝的"生命之书"(或者是与前文讨论的关于英国报纸的妄想)有关[26]。在即将跨入新世纪之时,史瑞伯试图用一种更加科学而准确的方式将这种中世纪自我意识的超自然模式理论化。"我想,这种书写是由创造人类的生物在外星球上完成的……但这一过程缺乏人类智慧;他们的双手是被自动引导的,可以说射线引导着书写,这样,以后的射线就可以再次看到所写的内容。"[27]

这里再次出现了混合、竞争和冗余系统的悖论:射线以电话的方式提取信息,信息又被仿人的书写机器复制,书写机器在神圣光芒的影响下参与到某种"自动书写"之中,这些机器也是19世纪晚期神灵联系的一种众所周知的媒介。在提取并察看了神经信息的记录之后,射线(上帝?)在未来的某个未确定时刻将再次返回以"读取"和转录这些信息。史瑞伯对古登堡星系的非凡设想同样可以在19世纪90年代稍有重合的两大流派中看到:一是关于外星射线和光束的科幻小说(占据优势),二是关于灵魂在外星球上星体投射的唯心论(处于劣势)。和其他研究一样,史瑞伯的远程信息处理方案引发的争论也多于它所提供的答案。为什么星系间的连线会以纸笔记录成书的形式结束?为什么(作为射线的)上帝必须要再次回归到这些书写中来?为什么这些外星抄写员缺少"智慧",更进一步说，难道它们仅仅是"没有感情"地抄写？每一个"智能"的存在必须连接到另一个分支无限的网络中，以提供灵魂转录的服务。那么，史瑞伯认定外星抄写员缺乏智慧，是为了防止一层又一层进一步地转录吗？暂且不论史瑞伯疯狂的想法是如何产生的，这些片段展现了回忆录对合适的联系渠道之一贯执着。事实上，史瑞伯的精神危机（甚至宇宙危机）产生自各种各样的实体，这些实体要么恶意滥用，要么未能充分利用"神经语言"这一复杂的通讯协议。因此，这种精神危机实际上是一场扰乱了"万物秩序"的电信灾难。

正如基特勒所言，如果史瑞伯是一个完美的铭刻机制，那么史瑞伯所谓的上帝就是一个不太完美的神经电话操作员。事实上，史瑞伯所描绘的上帝似乎自己也在快速变化的世界面前变得措手不及，因而显得像勒德分子①（Luddite）那样愚笨。这个上帝就像打电话时过度紧张的工作人员，无法处理现代性的过量神经能量，他就像是不可抗拒地被这些能量吸引了。正如史瑞伯所述，"对上帝来说，接近逝者以便画出他们的神经并无危险，因为在死亡状态下，人类的自我意识没有消失，而是保持静止"[28]。换言之，上帝在上传精力充沛的"生命之书"（由逝者神经组织写就）时，并无多大困难。但史瑞伯的"高度兴奋"——对现代性本身的一种鲜活转喻——"对上帝的神经有着巨大吸引力，以至于上帝无法从这些神经中解脱出来，因而危及到自身的存在"[29]。实际上，上帝毁灭自身及其造物的威胁，不过是因为他拨错了电话号码：他应该打给死后身体里"沉寂"（但并未毁灭）的自我，而非活着的史瑞伯！

史瑞伯将自己的"神经疾病"推断为一种特殊的宇宙危机，但这不过是对19世纪末广为流传的文化逻辑的一种复制，这种逻辑反复将加速的现代性与电子和神经耗散的威胁联系起来。乔治·比尔德（George Beard）1881年的研究报告《美国式神经质》（*American Nervousness*）概括了这一生物社会的辩证体系。在这篇文章中，比尔德为神经衰弱者的存在争取到了大众认同及科学依据。神经衰弱者拥有一种忧郁的灵魂，他们用疲劳、绝望和失眠等症状回应现代社会发生的剧变[30]。神经衰弱主要发生在男性身上，与处于歇斯底里状态的女性过度兴奋的神经形成对比和调和，这说明现代社会中两性"自然"的能量状态发生了逆转。在比尔德自己的社会学"影响机器"模式中，他将世界"紧张情绪的迅速增长"归因于权力的迅速蔓延，以及传播和信息科技不断取得的新成就，尤其是"蒸汽机、印刷书刊、电报、科学研究以及女性的心理活动研究"等领域的突飞猛进，

---

① 勒德分子是指19世纪初英国手工业工人中参加捣毁机器的人，他们强烈反对机械化或自动化。——译者注

这些新兴力量给全世界带来了重负。在比尔德看来,神经衰弱者被抽干了生命的电力(而在近四十年后,托斯克将会发现影响机器卷入了与神经衰弱者"枯竭"类似的机制之中,影响机器借助电力和/或磁性来产生"勃起和遗精……以期剥夺患者的男性效力,削弱他的力量"[31])。比尔德对于此病的治疗方案包括一个"全身通电"的过程,以此恢复人体有机能量的储备,这种做法在各种医疗骗术中被保留了下来,一直沿用至20世纪。正如T. 杰克逊·李尔斯(T. Jackson Lears)所说,这些治疗方法大多基于"精神匮乏"原则。这是一种精神经济,将"人的神经能量供应"比作银行账户。虽然各种精神疾病的症状略有不同,但在某种意义上,所有的神经衰弱都是因为过度劳累和超负荷工作和学习,导致意志完全瘫痪[32]。这似乎也是史瑞伯口中的上帝面临的命运:无法抗拒现代社会之旺盛神经能量的诱惑,最后,万能的上帝自己也处在神经衰弱的危险之中。

很少有读者会比弗洛伊德对史瑞伯的理论更感兴趣。弗洛伊德对《我的神经疾病回忆录》一书作了细致的文本分析,将自己的著述扩展到力比多、偏执和同性恋等更为开阔的领域[33]。正如基特勒所言,史瑞伯的"神圣光芒"与弗洛伊德的"力比多贯注"(libidinal cathexis)之间有一种并行关系。史瑞伯似乎想要用其理论去挑战精神分析理论,弗洛伊德对此惶惶不安,甚至引用了某位同事的言论以证明自己的理论早于史瑞伯的《回忆录》[34]。但这两个理论间真正的利害关系在于,"精神物理学与精神分析学,或许还有精神病学之间的联系"。正如基特勒所言,"《科学心理学设计》与《我的神经疾病回忆录》是同一话语的两种延续,因此,它们陷入互相抄袭的困扰之中也就并不奇怪"[35]。史瑞伯认为,精神物理学是一种防御性工具,是傅莱契反常监护下的产物。在基特勒令人信服的分析中,傅莱契这位著名的神经学家才是史瑞伯妄想世界的中心,才是真正的上帝[36]。史瑞伯被困在一个庇护所中,面对一幅巨大的大脑横切图,定期与他的诊断医生和法律专家傅莱契会面。这也难怪他会陷入"神经世界"的幻觉之中,在这个世界中,大脑像宇宙一样运作,而宇宙则以大脑的方式运行。相对而言,弗洛伊德在精神物理学方面获得的训练更为正规。尽管他认为神经疾病纯粹是构想出来的,并在此基础上创立了精神分析学,但弗洛伊德从未背离著名神经学家恩斯特·布鲁奇(Ernst Brüche)提出的指导性原则。后者曾指导过弗洛伊德早期在神经束和脊髓解剖方面的实验工作。这一经历无疑将弗洛伊德引向了约瑟夫·布鲁尔(Joseph Breuer)的贯注①(Cathexis)理论,这是一种循环精神能量的

---

① 贯注,也称"投注"。在精神分析理论中,贯注被定义为人、客体或想法的一种心理和情感能量的投资过程。弗洛伊德认为贯注是对力比多的一种投资。——译者注

经济理论,它寻求传递和平衡[37]。布鲁尔在生理学上对弗洛伊德写作《癔症研究》(Studies on Hysteria)有很大贡献,他与同时代许多人的想法一致,认为患有癔症的人容易产生"神经系统的异常兴奋"。布鲁尔用远程介导电导率(telemediated electrical conductivity)的隐喻来描述这种神经网络。在文章后半部分,布鲁尔有些保守地写道:"如果再次对神经系统与电力系统进行比较,我会毫不犹豫地将神经刺激等同为电力。"[38] 布鲁尔再次使用电力隐喻时,仍想要与之划清界限,这种试图远离"电力隐喻"的想法也可以用来理解弗洛伊德贯注理论所继承的模糊性。神经系统及更大层面上的精神都不是 字面意义上的电力系统,但它们的运作方式与有线电话交换网络完全一样。

　　如果精神物理学的假想,包括精神病学和精神分析学,都无法抵制将心灵表现为电线、能量和传输的诱惑,那么新世纪的精神病患者最终只能将这些技术上的类比再次理解为隐性权力的具体技术(别忘了,精神分裂症患者经常是因无法处理隐喻而确诊)。这正是第一次世界大战后托斯克在影响机器症状的完全形态中遇到的情形。影响机器变成了对电子隐喻和技术隐喻字面化的偏执理解,而在过去的半个世纪,这种技术隐喻常常被用来解释心灵活动。托斯克以影响机器的一个"非典型"案例——A. 纳塔利娅(Nataljia A.)案例——为中心,进行了一些反常识的研究。在这个案例中,这位31岁的女性认为自己受到了柏林制造的电机的影响。她把这台机器描述成一个与自己身体同样大小的棺材盖,内部衬有丝绸或天鹅绒。这台电机的内部由"电池组"构成,而电池"就是身体内部的器官"。纳塔利娅不仅将这台机器视为一种控制媒介,并且在发明时赋予其"神奇的思维"能力,这是一种更为原始的万物有灵论的力量。例如,她说,如果有人打了那台机器,她会感觉到自己身上的同一部位被击中[39]。她认为这台技术装置是一位求爱被拒的大学教授出于嫉妒而设计制造的。虽然这台机器起初只影响了纳塔利娅,但她后来认为,她的母亲、医生和朋友也在这台设备的控制之下。她不可避免地相信托斯克也处于其控制之下,并觉得"他们再也无法相互理解",于是他们的谈话至此结束[40]。

　　托斯克承认,影响机器涉及的各种症状——心灵感应的接触妄想、自我边界瓦解、外部控制的感觉——都早于技术妄想的到来和技术妄想的临床症状。这些有数百年历史的症状,如今以现代通信技术的独特形式出现,而托斯克简单地将其原因归结为"人类固有的对因果关系的需要"。作为一种自恋投射的精神分析"符号",影响机器至关重要。与此相比,它作为一种普遍症状出现,最多不过是出于方便而已。事实上,托斯克认为,影响机器是症状演变中一个相对多余的"终极阶段"[41],他认为,这一时代不断扩大的技术可能性,只是在精神分裂患者从"内在变化"初始感觉到外部控制精准投射的运动过程中,引入了一个额外阶段。将影响机器的出现归因于"人类所固有的对因果关系的需要",引发了许多历史性的和诊断性的问题。托斯克把影响机器仅仅作为一个"方便"的解答,一个对精神分裂症患者"失去自我边界"和"思维被播散"的看似合理的解释。但他忽略了"机器"在现代话语中并非一种良性的概念。"机器"并非良性,这一点在诸如电影、电话和无线电等电信奇迹成倍增长的时代尤为明显。尽管高度扭曲,但电影这些技术在影响机器的形象塑造中非常突出。科学普及的结果之一是将影响机器与一系列的联想结合起来,这些联想源自社会学思考的普及,而这种社会学思考则涉及西方技术统治论下接触与控制的新可能性。如果不讨论影响机器的社会政治维度及其出现的特定历史语境,那么现代精神病研究就没理由摒弃早期的控制模式——归因于神、灵、诅咒、巫术等。如果确如弗洛伊德和托斯克所认为的,机器只是一种症状,那么影响机器也同样是社会学观念转变和内部思想冲突的一种迹象。

例如,托斯克指出,对于纳塔利娅和其他许多受到机器影响的患者来说,"迫害者都是在生活中与患者有一定距离的人,而受害者则属于最亲密的熟人圈或家人"[42]。通过自恋力比多(narcissistic libido)的概念(这是弗洛伊德在他关于史瑞伯的著作中首次阐述的概念),托斯克再次将遥远迫害者/亲密受害者二者间的关系理论化。托斯克推测,"家庭成员间转移力比多的需求,既不被认为需要克服任何巨大的距离,也不被认为需要任何实质性的自恋牺牲"[43]。然而对于恋人、追求者和医生来说,情况就大为不同。托斯克认为,他们对性欲的需求非常大,因为"这些人在空间上的遥远距离导致了在力比多上的距离感"。然而,正如19世纪末影响机器的原型所暗示的那样,这种影响的操作者(或主人)往往是政府官员、陌生人、官僚机构或某种如"英国医生"一样的抽象角色。因此,迫害者/受害者的二分,不仅涉及家庭圈所定义的社会领域,也同样涉及对现代社会新型权力机构,如医院、司法制度、政府以及现代媒体的强烈抵抗,因为每一个社会机构都越来越有能力将其影响扩大到家庭圈(尤其是那些患有"神经疾病"的家庭)。正如许多有关现代性的评论所言,这个时代有全新的社会管理方式,"权力"越来越多地源自资本、法院、大学等机构,这些机构超出了个体的直接体验和理解[44]。值得一提的是,纳塔利娅认为,从柏林控制她的电子设备已经被警察查封了,而警察对于机器纯粹控制内心的功能来说,是一种并不必要的政治威慑与阴谋。

托斯克记录到,在他的所有观察中,影响机器的操控权全部由患者的"男性敌人"握有,这一趋势甚至在当代"技术妄想"的临床表现中依然存在。但托斯克并没有将操作者的性别特征纳入考虑范围,这或许是因为这一事实与弗洛伊德的观点有着潜在的冲突。弗洛伊德认为,偏执是同性恋压抑的一种功能(按照这一逻辑,纳塔利娅应该想象一位女性操作者通过特殊的影响设备控制自己)。但是,如果将男性操作者重新置于历史领域,这种症状就有了新的意义,它预示精神分析最终的拉康式转向,即从实际阴茎到象征着欲望对象和源泉的能指阴茎的转变。如果影响机器不是力比多永恒的投射对象,而是历史上关于精神病患者的一种本土权力理论,那么除了男性,还有谁会利用权力和机械中潜藏的生殖崇拜呢?[45] 此处,性别社会学可能比性的心理机制更为重要。正如卡罗琳·马文和其他社会历史学家的研究所揭示的,科学技术所具有的男权主义特征在现代社会不断被重申,这源于人们对所谓女性的本质认知,即认为女性是反科学、非理性和技术恐惧的[46]。不过,考虑到历史上影响机器一般作为技术发展的精神副产品出现,那么这些机器的操作者常常是男性也就不足为奇。

通灵兄弟(Brother Psychic)

在托斯克的基础成果发表三年后,"无线电热"席卷欧洲和美国。人们在20世纪头二十年里感受到却并未完全理解的无线电原理,突然变成了人们所构想的现代世界的核心。在收音机这一机器上,唯心论者、科学家和精神病学家终于在以太物理学与虚无的形而上学之间找到了概念上和技术上的确切联系。到1926年,米兰大学神经学家费迪南多·卡萨玛尼(Ferdinand Cazzamali)似乎已经着手对放射性神经感应进行实证研究。卡萨玛尼"将人脑视为一个广播电台",以便"观察大脑发出的无线电信号被精密的无线电接收器接收"的过程[47]。这些实验依赖高度兴奋的实验对象,他们在催眠状态下,会以"4米到10米的极低波长"发出信号,这些声音"与无线电信号类似,但往往会逐渐累加,直至发出类似于口哨或柔和的小提琴音调的声音"[48]。有记者注意到,卡萨玛尼在实验中遇到的困难与家庭无线发烧友面临的主要挑战几乎一样,那就是电干扰。"困难不在于检测大脑所发出的微波脉冲,而在于避免同时探测到由人体的其他部位或附近的其他生物(甚至是近在咫尺的各种无生命物体)发出的数百种电磁脉冲。"[49]《纽约时报》的一位记者认为,尽管研究因宇宙充满电磁能量而面临诸多困难,但研究结果却令人鼓舞,让人们开始觉得"思维移情的科学研究值得尊敬"[50]。

这种将大脑作为无线电发射器来验证的研究如此令人惊奇,以至于著名的健康爱好者爱德蒙·沙夫茨伯里(Edmund Shaftesbury,罗森—普瑞纳公司的创始人)重新整理并再版了他从1897年所有关于思想移情的作品,新版的序言详细地描述了卡萨玛尼的研究。与20世纪初出现的许多关注健康和"精神学科"的作家一样,沙夫茨伯里相信,在受以太影响的广阔空间中,控制自我思想的能力也许是在现代社会保持理智的关键,这无疑也是受各种影响机器隐性控制的人所共有的一种观念。沙夫茨伯里赞扬了精神控制和影响的神奇潜力,即人们能通过向以太投射积极意志实现自身野心的可能性,但他也明白,这样的世界将带来可怕的后果。在这样的世界中,不论是有机生成还是机械生成的频率,都将大脑整合在一个更大范围的公共监控和教化网络之中。沙夫茨伯里试图通过幽默来化解这一现在看来确实存在的威胁,"'给你一分钱,告诉我你在想什么',这句话将再也不会流行,因为科学已不费吹灰之力就获得了你的想法,甚至会觉得它不值一分钱"[51]。沙夫茨伯里接着论及这项新科学进展的核心问题,"如果能利用科学的准确性来探测心灵活动,想象一下世界将变成什么……你的思想再无隐私可言,你的大脑发出的噪音会被全世界听到……总会有人在'偷听'……"沙夫茨伯里也许被这种精神和机器完美结合所吓着了,但他很快又恢复了某种幽默:"有些人大脑患病无法正常运转,因而不会受无线电窃听带来的负面影响。但对大多数人来说,这将是一件可怕的事。"[52] 对那些怀疑现代性的神秘力量可能会融合进某些更精确的植入和传输技术之中,并长期以来一直期待这种世界的精神病患者而言,这确实是一件可怕的事情。不过,可以预见的是,与无线电相关的设备将主导未来几十年的技术妄想。

  第一次世界大战后,弗洛伊德的研究也转向了神秘主义。这一趋势在他关于心灵感应问题的几篇文章中体现得尤为明显。在其学术生涯中,弗洛伊德将"思想的全能"描述为一种幼儿退行症①(infantile regression)的神经模式,并从文本中诊断出史瑞伯的心灵感应恐惧是一种同性恋的偏执,他还赞扬了托斯克关于心灵会受到无形能量影响的精神病学观念的研究。尽管如此,到了20世纪中期,弗洛伊德仍然为心灵感应存在的可能性做好了准备,至少在非公开场合是如此。在所有研究完成之前,弗洛伊德似乎总是两面下注,因此他关于心灵感应的公开文章总是被抨击为过于矛盾,即便这些文章的性质慢慢从与同辈人的竞争转变为对心灵感应不可推测性的深思熟虑,矛盾性也一直存在其间。然而在1926年,他70岁生日(卡萨玛尼开展实验)的那一天,弗洛伊德写了一封信给欧内斯特·琼斯(Ernest Jones),后者后来成了弗洛伊德传记的作者。信中写到,

---

① 幼儿退行症是指个体在遭遇挫折时,以原始、幼稚的方法来应付当前情景,来降低自己的焦虑。这是一种反成熟的倒退现象。——译者注

"如果有人向你说起我误入歧途,你只需平静地回答,相信心灵感应是我的私人事务,就像我的犹太教信仰无法影响我对吸烟的热情一样,心灵感应的主题也与精神分析无关"[53]。

弗洛伊德拥抱心灵感应,但其动机引发了许多猜测,并使《西格蒙德·弗洛伊德心理学著作全集》(标准版)中一度晦涩难懂且长期边缘化的那部分内容,在近期的精神分析研究中愈发重要[54]。鉴于弗洛伊德曾与布鲁奇进行过组织学研究,与布鲁尔进行过癔症研究,又与英国心理研究学会(Britain's Society for Psychical Research)有"远亲关系",弗洛伊德必定对电磁科学、神经经济学、精神能量与同时代的神秘理论之间展开的对话非常清楚。也像比尔德、布鲁尔和史瑞伯一样,弗洛伊德无法回避心灵感应联系理论化中的技术隐喻。"这两种精神行为间很可能存在一个物理过程,在这个过程的一端,心理过程将自身转变成了物理过程;而在另一端,物理过程又转变成了同一个心理过程。与其他转换过程(如打电话和听电话)相较,这种转换更加明显。"[55] 最后,弗洛伊德明确表示,"史瑞伯的妄想比其他人的更真实",这是他们在精神物理传输的能量机制上彼此努力所形成的最后一个知识交集。

因此,对神经病学、精神研究和精神分析学而言,弗洛伊德将睡眠视作一种消极状态的设想是正确的。睡眠,也就是大脑中电磁活动较低(因此不那么"积极")的时期(也是自我意识最不设防的时期),它会自然地为"心灵感应创造有利条件"[56]。在他1925年发表的那篇几乎完成了信仰转变的文章中,弗洛伊德认为他甚至已经找到了心灵感应现象的确切传输点,这个点必须再次从贯注和能量转移的角度来分析。"根据大量的经验研究,我倾向于认为:当一个想法从无意识中浮现,或者理论上说,当它从'初级过程'转移到'次级过程'时,思维移情便极易发生。"[57] 弗洛伊德甚至吹嘘自己有能力与圈内人会面时控制这种"移情"。一如精神分析学的偏执痴迷,弗洛伊德和他的追随者开始关注心灵感应,这种心灵感应大多产生于精神分析中反向移情出现的瞬间,在此瞬间,分析师的无意识可能会无保留地向患者辐射回去。这是朵伊契(Deutsch)1926年发表的论文《精神分析的神秘过程》(Occult Processes Occurring during Psychoanalysis)的鲜明主题[58],也验证了约翰·福里斯特(John Forrester)在《精神分析的诱惑》(The Seductions of Psychoanalysis)一书中的描述——这门学科的迷人之处在于"无意识流露的交流"。"一旦精神分析情境被概念化为一种可渗透的话语薄膜,那么心灵感应就会对这一情境构成威胁",福里斯特写到,"分析话语规则的目的是调节跨越这层薄膜的话语流动,心理感应对这种话语控制而言是一种直接威胁"[59]。就像影响机器一样,弗洛伊德的心灵感应也成为半个世纪以来精神物理学自觉的研究中心。精神物理学最终得出结论,认定弗洛伊德对心灵感应的兴趣最终表现为对"思维被播散"的关注,而"思维被播散"与精神分裂症的"一级症状"完全相同。后者坚持认为,"私人"内心交流的内部回路可以,至少是暂时地"插入"公共循环网络。

匈牙利分析师伊斯特万·霍洛斯(István Hollós)对这些危险特别敏感。他对研究心灵感应反移情作用最感兴趣。在弗洛伊德之后,他提出,这些心灵感应交流几乎总涉及"一种尚未被压抑,但处于压抑过程中的愿望"[60] 相关联的信息。在与桑多尔·费伦齐(Sándor Ferenczi)及另一位不知名的物理学家的对话中,霍洛斯提出了一种神经学理论,这一理论将弗洛伊德的初级和次级过程理论与大约五十年前威廉·巴雷特对心灵感应的基本假设相结合[61],结果形成了一种量子贯注(quantum cathexis)理论。在量子贯注过程中,精神物质就像电子一样,在(初级与次级过程的轨道之间)"跳跃色阶"(jumping levels)时释放能量。这一理论的核心在于"交叉神经束"(rossed nerve bundles)的感应生物物理学。交叉神经束是神经系统中的节点,它能通过感应关联而不是传导网络来传递脉冲。霍洛斯认为,"在'神经感应运动'(neuromotor induction)为神经束的交叉提供的解释与无意识感应过程之间,存在一种真正的逻辑关联"。因此,在意识和无意识之间的隐蔽边界,能量在连接为一体的神经网络中流动,这些神经节点是感应接触的物理节点,它可以辐射主体间发散性的心灵感应交流。弗洛伊德在对这一主题态度不明的时期常说,对于论证心灵感应的可实现性而言,精神分析学几乎无话可说,但精神分析对所谓的心灵感应材料(如梦境)的严谨剖析,却十分有价值。霍洛斯的干预印证了弗洛伊德的这种看法,这一看法本身却否认了心灵感应的物质理论,而弗洛伊德"投射"的能量基础已经暗示了这种理论。精神分析或许可以这样定位心灵感应波:在物理上,这种心灵感应波是一种在贯注过程中释放出来的"火花";在情境上,它是"压抑"的分析者向沉静的精神分析师进行的一种无意识传播。

弗洛伊德关于心灵感应的最后一个出版物,是1933年的演讲稿《梦与神秘主义》(Dreams and Occultism),这份文本延续了他半个世纪以来对精神能量流动问题的猜测。对于心灵感应,他写道:"人们倾向于认为,心灵感应是人与人之间一种原始而古老的交流方式;人们也倾向于认为,在系统进化过程中,心灵感应已被一种更好的方式取代,这种更好的方式通过感官接收到的信号来传递信息。"[62] 假如心灵感应确实以这种形式呈现,那心灵感应的权力将成为所有随后出现的权力——语言、精神、政治——表现的根本源泉。弗洛伊德通过间接地提及古斯塔夫·勒庞(Gustave Le Bon),论证了这一怀疑,"古老的方法可能在后台中持续存在,并且仍然能够在某些条件下生效,比如在狂热的暴徒中"[63]。按照弗洛伊德的设想,心灵感应是意识的一种副产品,也是所有语言的起源,不论是对于暴民还是对于接受精神分析治疗的人,心灵感应都是一种传递器,它"沉眠"于人类心灵世界,直至人类权力斗争的欲望达到顶点才将其"唤醒"。这是精神分析学为影响机器提出的最像某种社会理论的设想,尽管这一设想主要关于社会本身在语言中的起源和"原始"蜂窝通信网络[64]。

从众神到博客

在过去的一个世纪里,电子媒介的流通给精神分裂症患者带来了持续的挑战。研究表明,当精神分裂患者独自一人;或更糟糕的,受到电视和广播误导,认为自己不是独自一人时,幻听会增加。一位精神病学家指出:"众所周知,如果精神分裂症患者生活在发展中国家,他们的预后(prognosis)会比生活在西方工业化社会的患者更好。"他将这种反直觉的差异归因于电视、收音机和互联网提供的妄想性材料对西方精神分裂症患者的持续围攻[65]。这最终使我们回到了当代法律体系中所谓的"*母体辩护*"。到目前为止,与《黑客帝国》这部电影相关的最臭名昭著的被告是一名牙买加出生的少年李·博伊德·马尔沃(Lee Boyd Malvo)。他与约翰·艾伦·穆罕默德①(John Allen Muhammad)一起,因 2002 年 10 月的"环城狙击手"袭击案(Beltway sniper attacks)被捕并判罪。案件发生在华盛顿特区,三个星期内,穆罕默德和马尔沃在一台 1990 年产的雪佛兰狂想曲汽车后备箱中狙杀了 10 人。在其中的一个凶案现场,当局发现一张塔罗牌"死亡卡"(Death Card),上面写着"亲爱的警察,我是上帝。不要把这件事告诉媒体"。辩护律师后来称,这张纸条表明马尔沃以为自己在玩一款巨型电子游戏的"上帝模式"(God Mode),而"上帝模式"是一种代码欺骗,它允许玩家的化身免受他人攻击,让玩家获得了一种虚拟的永生。当被问及枪杀陌生人的动机时,马尔沃告诉精神医生,他们可以看看电影《黑客帝国》,以便更好地理解他和他的信仰。他说这部电影他已经看了一百多遍了。在等待审判时,马尔沃绘制了许多监狱结构图,这些图为解释他"使命"的本质提供了进一步的线索。对于马尔

---

① 2002 年 10 月 2 日到 10 月 24 日间,约翰·艾伦·穆罕默德与 17 岁的同伙马尔沃,在华盛顿周边地区潜伏在车内对过行行人进行"任意狙击",共造成 10 人死亡,3 人受伤。在案件未查明之前,凶手被冠以"环城狙击手"(Beltwaysniper)之名,因为其犯案位置多位于华盛顿环城公路附近。受此影响,恐惧很快笼罩了华盛顿地区。——译者注

沃而言，如果他是尼奥，那较为年长的约翰·穆罕默德就是墨菲斯①。在穆罕默德的指导下，马尔沃开始相信欧洲白人文化实现了与技术和资本的联盟，意图消灭世界上的其他种族。而他们的使命是发动政治和经济革命，最终在加拿大建立一个"基于种族和社会正义的乌托邦黑人殖民地"[66]。

有一点至关重要，那就是在接受警察盘查时，马尔沃并没声称自己"处于母体中"，只是说《黑客帝国》能让人们了解他在连环枪杀案中的动机。与他在媒体效应法庭（the court of media effects）上的"共同被告"不同，马尔沃无疑明白这部电影只是好莱坞制作的一个虚构寓言，他认为这部电影深刻地反映了自己的生活。但与此同时，他也绝不认为这部电影是对自己生活的真实再现。这部电影对于马尔沃来说颇具启发意义，作为一个讲述计算机如何可能被用来构建自身虚构现实的故事，它似乎并非技术妄想的有力证明；与此相反，它更像是关于媒介在创建和维系社会剥削关系上权力专断的某种寓言。精通学理的沃卓斯基兄弟［安迪·沃卓斯基（Andy Wachowski）和拉里·沃卓斯基（Larry Wachowski）］缔造了《黑客帝国》，"尼奥"也被认为是让·鲍德里亚《拟像与仿真》（Simulation and Simulacra）的复制品，但他们原本并没有为这部电影构想出一个更加理想的观影主题。马尔沃对这部电影的认同，与电影本身最明显的主题完全一致，这一最明显的主题就是政治权力通过中介化模拟实现技术官僚统治。"白人"文化利用资本和技术来剥夺、剥削，甚至消灭世界上的"非白人"公民的假想并非全然不合理，因此，马尔沃宣传、鼓动，甚至制定策略对抗这种不合理现象也就不难理解。

如果马尔沃确实受到了"技术妄想"的困扰，那么他就会从20世纪末和21世纪初中介权力和影响力的新模式中认识到这一点。马尔沃更为复杂的"妄想"是，他认为：(1)他自己 不受外部因素影响，并且实际上"识破"了权力的其他策略；(2)他可以通过操纵现实媒介对社会政治领域进行重大干预。如果我们相信马尔沃的解释，那么这些枪杀事件就应当被认作和实施成一场精心策划的"后9·11"媒介宣传。穆罕默德和马尔沃知道，在美国首都发生一系列狙击手袭击事件将会引发新闻报道的持续恐慌，公众的恐慌情绪最终会引发军事管制，管制反过来又会"煽动一场'对黑人持续压迫'的种族革命"[67]，这些苦难最终将帮助穆罕默德和马尔沃建立田园牧歌般的加拿大殖民地。为了进一步促成这一目标，马尔沃在犯罪现场留下的写着"我是上帝"字样的神秘塔罗牌是一种叙事符号、一种"圈套"，这些行为进一步吸引广大旁观者参与到犯罪活动之中[68]。这无

---

① 墨菲斯（Morpheus）和尼奥（Neo）都是《黑客帝国》电影中的人物。——译者注

疑是一个"疯狂"的阴谋,但倘若要探究这个计划的"疯狂"之处,又无疑会导致很大的分歧。想要弄明白这一计划在何时脱离了共享的、构想"健全"社会的逻辑并不容易。毕竟,这二人确实创造了将近两周、24小时不间断的周期性新闻恐慌。

如果横贯整个20世纪的现代性经典技术妄想是一种影响机器,是一种由精神物理学猜想、技术加速和技术扩散产生的幻象,那么马尔沃这样的案例就预示着媒介权力妄想间的有趣转向。偏执型精神分裂症患者几十年来一直与一种妄想作斗争,在这种妄想中,他们成为隐形传输的强制*目标*和电磁宰制的不情愿的载体,他们为此备受煎熬。而马尔沃创想了一种未来,在那里将有越来越多的精神病患者认为自己自愿成了媒介内容和传播的*来源*,他们认为自己是媒介环境的积极塑造者。正如影响机器只在现代社会和技术史中才能发挥其全部意义一样,马尔沃的疯狂阴谋只有在融入21世纪新兴的媒介环境时才真正有意义。只要不是明确指向阴谋论,而是内化鲍德里亚的仿真视觉(这种仿真视觉将现实世界不可逆转地压缩为奇观、淫秽和有魅力的视觉形象),那么,至少在西方技术国家中,谁不认为媒介是终极的权力领地?而且,正如阿多诺曾在广告中观察到的那样,这种仿真之所以成功,只是因为我们无力且非理性地相信我们现在"识破"了媒介,我们了解媒介扭曲真实的运作方式,因此对其无所不在的影响具有免疫力。在这种环境中,比起相信自己是(可能是/应该是)媒介内容的积极生产者或是媒介内容本身(即使这种媒介只是暂时的,只是众多媒介中的一种),还有什么才是更为理性的生存策略呢?个性化传输的精神妄想无疑是大众主体性的逻辑终点,这种主体性适应了广播,逐渐从小众传播转变为纳米传播(nanacasting),最终变成博客世界。到底是什么样的欲望,是精神病态的还是其他的,促使一个博主花上几个小时的时间来建立一个网站,专门用来分享普通大众生活中最平凡的细节,而这一切都是为了满足那些仅以个位数"消费"的受众?这就像某些人所说的,在精通媒介的一代人中构建"社区"的新模式吗?它是真正的影响机器,亦即反工程学,不再变幻不定,可以授予幻影公众某一个体完全自恋力比多的影响机器的完美实现吗?即使仅在网上分享他/她叠袜子的小技巧,任何人都可以关注且也值得被关注(至少有一位观众,无论是谁)。就此而言,这一观念是对史瑞伯妄想症的惊人倒置。史瑞伯妄想中的全能上帝每天都要准备一种新的、独特的蚊虫,当他在花园散步时来折磨他。

同样,我们如何解释公众与帕丽斯·希尔顿(Paris Hilton)这样的明星之间的扭曲关系?这些人,也许是在历史上第一批因为出名而出名的人物,他们在公众困惑(怨恨)之中茁壮成长起来,在这一过程中,他们就如马尔沃所希望的那样,成功地做到了将资本和奇观的技术化体系转变成了对其自身的反对(即使这是为了实现"寓言"而非社会革命)[69]。为什么公众如此彻底地采用"圈内人"的媒介话语,以至于 收视率和投放量、口碑营销和上映(opening wide)等术语已成为日常娱乐话语的一部分?专辑不再发行(release),它们"投放"①(drop),这种语言文字的转变表明,歌手对音乐如何参与更大规模的战略营销和宣传计划有着深切的了解。与此同时,TiVo②和iPod也带来了一种"自播"现象,这是一种对统治权的幻想,它允许受控的、可预测的目标消费者建构一种自我想象,在这种想象中,消费者成了他们自己娱乐世界的主人[70]。

上述证据非常有趣,但对于自我、权力和媒介技术结合在一起的新社会结构而言,它们或许只是一种"理解的感觉",而非"理解本身"。不过,当精神病患者(或至少是反社会的杀人犯)了解了如何通过把暗示性的电影线索留在犯罪现场来假装精神病患者时,以及当他们将自己的整体使命构想成一种本身就"扮演"着恐怖主义革命分子角色的媒介干预时,人们就很难不去怀疑,当代主体对围绕着他们的、充满权力和影响力的媒介领域的想象,正在发生根本性转变。由于现代性精神病患者长期以来所预估的隐性威胁已经凸显,且触手可及——因为在这个世界上,每个公民都被消费主义、政治竞选和社会恐慌等社会控制手段带来的"感官射线"的持续轰炸——新的迫害和妄想似乎也就必将出现。数个世纪以来,精神分裂症患者总是通过逐步认同迫害者的最高权力,来应对他们所感受到的外部控制,这一过程的最终结果是将自己视为"上帝"。但是现在,既然史瑞伯在新教上帝的神圣光芒与新兴传播网络的世俗科学之间的斗争已彻底解决,那么,按照逻辑,外界迫害的下一个化身将是媒介。从这一层面来看,马尔沃"我是上帝"的卡片模仿了一种越来越过时的,甚至是"古典"的精神病。但他的行动在另一方面又是一种媒介策略,这一策略用于对抗源自媒介的媒介,它指向了一种受迫害者和迫害者间的新秩序。这种新秩序似乎将不可避免地导致"我就是媒介"(I am the media)的妄想。

注释

1. Janice Morse, "Insanity Plea Made in Killing," *Cincinnati Enquirer*, August 15, 2002.

---

① "drop"本有"滴下""空投"的意义,由此引申,在英语俚语中逐步获得了专辑"发行"的意义。——译者注
② TiVo是一种数字录像设备,它能帮助人们非常方便地录下和筛选电视上播放过的节目。——译者注

2. Brandon Centerwall, "Exposure to Television as a Risk Factor for Violence," *American Journal of Epidemiology* 129(1989): 643–52.

3. A. Kraus, "Phenomenology of the Technical Delusion in Schizophrenia," *Journal of Phenomenological Psychology* 25(1994): 51–69.

4. See Kurt Schneider, *Clinical Psychopathology* (New York: Grune and Stratton, 1959).

5. For a recent intervention in understanding "thought insertion," see Christoph Hoer, "On Thought Insertion," *Philosophy, Psychiatry, and Psychology* 8 (June-September 2001): 189–200.

6. Victor Tausk, "On the Origins of the 'Influencing Machine' in Schizophrenia," in *The PsychoAnalytic Reader*, ed. Robert Fliess (New York: International Universities Press, 1948), 33. Originally published as "Uber den Beeinflussungsapparat in der Schizophrenie" (1919).

7. Ibid., 39.

8. Tausk does at one point acknowledge that a patient's belief that hallucinatory images appear in his mind because of a type of magic lantern device "does not reveal any error of judgment beyond the fact of its non-existence" (ibid.).

9. Tausk notes in full, "Patients endeavour to discover the construction of the apparatus by means of their technical knowledge, and it appears that with the progressive popularization of the sciences, all the forces known to technology are utilized to explain the functioning of the apparatus" (ibid., 33).

10. Alex Owen, *The Place of Enchantment: British Occultism and the Culture of the Modern* (Chicago: University of Chicago Press, 2004), 21.

11. Ibid.

12. Jean Laplanche, J. B. Pontalis, and Donald Nicholson-Smith note that the meaning of *paranoia* changed between the nineteenth and twentieth centuries. Before the turn of the century, German psychiatry used the term to designate "delusional states of all kinds." Later, of course, it designated a more restricted delusion of persecution. See Jean Laplanche, J. B. Pontalis, and Donald Nicholson-Smith, *The Language of Psycho-Analysis* (New York: W. {ths]W. Norton, 1974), 296–97.

13. In his book *The Air-Loom Gang*, Mike Jay makes a compelling case that these "paranoid" relations between technology and power, at least of the state, date back to the early nineteenth century, exemplified in the "delusion" of James Tilly Matthews that he was subject to the control of a giant "air-loom" — a device that could, in effect, "broadcast" magnetized gases for the purposes of somatic and psychic control. See Mike Jay, *The Air-Loom Gang: The Strange and True Story of James Tilly Matthews and His Visionary Madness* (New York: Basic Books, 2004).

14. Roger Luckhurst, *The Invention of Telepathy: 1870–1901* (New York: Oxford University Press, 2002), 60–117.

15. William Barrett, cited in ibid., 61.

16. For spiritualist concepts of mediumistic contact, see Ann Braude, *Radical Spirits: Spiritualism and Women's Rights in Nineteenth Century America* (New York: Beacon Press, 1989); Janet Oppenheim, *The Other World: Spiritualism and Psychical Research in England, 1850–1914* (Cambridge: Cambridge University Press, 1988); Alex Owen, *Women, Power, and Spiritualism in Late Victorian England* (Chicago: University of Chicago Press, 1989); Jeffrey Sconce, *Haunted Media: Electronic Presence from Telegraphy to Television* (Durham: Duke University Press, 2000).

17. *Telepathy* and *thought transference* can be distinguished in terms of specificity and clarity of message. *Telepathy* refers to specific messages transmitted from mind to mind, whereas *thought transference* refers to the transmission of more abstract emotional states or general ideas.

18. Frederick Peterson, MD, *Extracts from the Autobiography of a Paranoiac* (Baltimore: American Journal of Psychology Reprint, 1889), 23.

19. Ibid., 23–24.

20. Daniel Paul Schreber, *Memoirs of My Nervous Illness* (New York: NYRB Classics, 2000), 21.

Originally published as *Denkwürdigkeiten eines Nervenkranken* (1903).

21. Ibid., 40.

22. Ibid., 121.

23. Ibid., 123.

24. Ibid., 277. Schreber's "tethering" to distant celestial bodies had a variety of alarming effects, most unpleasant of which was Schreber's frequent sensation that his nerves were being torn from his body. "One can form some picture of the disagreeable sensations these happenings cause if one considers that these are the rays of a whole world—somehow mechanically fasted at their point of issue—which travel around one single head and attempt to tear it asunder and put it apart in fashion comparable to quartering" (147).

25. Friedrich Kittler, *Discourse Networks 1800/1900*, trans. Michael Metteer (Palo Alto: Stanford University Press, 1992), 299.

26. In a lengthy footnote, Tausk discusses the importance of God in ego formation and his usefulness to the educators of young children. As children become more confident in their ability to lie, "very soon the time arrives when recourse to the highest authority of omniscience becomes necessary." See Tausk, "On the Origins," 46.

27. Schreber, *Memoirs*, 123.

28. Ibid., 24.

29. Ibid.

30. George M. Beard, *American Nervousness: Its Causes and Consequences* (New York: G. P. Putnam's Sons, 1881).

31. Tausk, "On the Origins," 33–34.

32. T. Jackson Lears, *No Place of Grace: Anti-modernism and the Transformation of American Culture, 1880–1920* (Chicago: University of Chicago Press, 1992), 52–53.

33. Sigmund Freud, "Psychoanalytic Notes upon an Autobiographical Account of a Case of Paranoia" [1911], in *The Standard Edition of the Complete Psychological Works of Sigmund Freud*, ed. and trans. James Strachey (London: Hogarth Press, 1955), 12: 9–82.

34. Ibid., 12: 78–79.

35. Kittler, *Discourse Networks*, 296.

36. Kittler details Flechsig's belief that the etiology (and ultimately) diagnosis of mental disturbances could be achieved only through autopsy, thus demonstrating, like Schreber's God, little interest in "living humans" and preferring instead to retrieve information from the nervous systems of corpses. See ibid., 295–96.

37. For a discussion of Freud's histological influences, see Mark Solms, "Sigmund Freud's Drawings," in Lynn Gamwell and Mark Solms, *From Neurology to Psychoanalysis: Sigmund Freud's Neurological Drawings and Diagrams of the Mind* (Binghamton: State University of New York, 2006), 14.

38. Joseph Breuer and Sigmund Freud, "Studies on Hysteria" [1883–95], in Freud, *Standard Edition*, 2: 203.

39. The fantasy/delusion/vision of building a mechanical analogue to the physical body certainly predates this appearance in Nataljia A. Followers of the mystic John Murray Spear attempted to build such a device in the 1850s. For an account of this project, see Sconce, *Haunted Media*, 39–40.

40. Tausk, "On the Origins," 41–42.

41. Ibid., 35–36.

42. Ibid., 61.

43. Ibid.

44. In an intriguing thesis on Schreber's psychotic break, Eric Santner notes that both of Schreber's

nervous collapses followed a "crisis of symbolic investiture" attending his promotion to positions of greater public responsibility in the administration of the law. See Eric L. Santner, *My Own Private Germany: Daniel Paul Schreber's Secret History of Modernity* (Princeton: Princeton University Press, 1996).

45. Hanns Sachs takes up the relationship between the machine and unconscious projections of man's bodily structure in his essay "The Delay of the Machine Age," *Psychoanalytic Quarterly* 2(1933): 404 – 24.

46. See Carolyn Marvin, *When Old Technologies Were New: Thinking about Electric Communication in the Late Nineteenth Century* (New York: Oxford University Press, 1990).

47. "Human Radio Emanations," *New York Times*, September 28, 1927, 27.

48. See ibid. For a full account of Professor Cazzamali's findings, see also "Says Human Brain Emits Radio Waves," *New York Times*, August 21, 1925, 1; and "Radio's Aid Is Invoked to Explore Telepathy," *New York Times*, August 30, 1925, XX3. These conclusions were also endorsed by the German neurologist N. W. Krainsky. See N. W. Krainsky, "Nerven-Psychische Emission und Radio-Prozesse im Lebenden Organismus" [Neuro-Psychological Emission in Radio Processes in Living Organisms], *Monatsberichte* 5, no. 1(1936): 13 – 54.

49. "Radio's Aid Is Invoked," XX3.

50. Ibid. Not long after Cazzamali's experiments, Sir Oliver Lodge conducted a reverse experiment in wireless telepathy, broadcasting his "impressions" on the airwaves and inviting listeners to send in any messages they might receive. See V. J. Woolley, "The Broadcast Experiment in Mass Telepathy," *Proceedings of the Society for Psychical Research* 5, no. 38(1928): 1 – 9. Radio experiments in telepathic transmission were attempted again in 1938. See L. D. Goodfellow, "A Psychological Interpretation of the Results of the Zenith Radio Experiments in Telepathy," *Journal of Experimental Psychology* 23(1938): 601 – 32. Predictably, such experiments were attempted once again with television in 1957. See D. Michie and D. J. West, "A Mass ESP Test Using Television," *Journal of the Society for Psychical Research* 5, no. 39(1957): 113 – 33.

51. Edmund Shaftesbury, *Thought Transference; or The Radio-Activity of the Human Mind Based on the Newly Discovered Laws of Radio-Communication between Brain and Brain* (Meriden, CT: Ralston Society, 1927), 3.

52. Ibid.

53. Sigmund Freud to Ernest Jones, March 7, 1926, in *The Complete Correspondence of Sigmund Freud and Ernest Jones, 1908 – 1939*, ed. R. Andrew Paskauskas (Cambridge, MA: Harvard University Press), 597.

54. The conceptual uncertainty haunting this work proved so inviting, in fact, that it could not help but attract the deconstructive attention of Jacques Derrida, who channels the voice of a telepathic Freud in his 1981 essay, "Telepathie." See Jacques Derrida, "Telepathy," trans. Nicholas Royle, *Oxford Literary Review* 10(1988): 3 – 41. See also Maria Torok, "Afterword: What Is Occult in Occultism? Between Sigmund Freud and Sergei Pankeiev Wolf Man," in *The Wolf Man's Magic Word: A Cryptonomy*, ed. Nicholas Abraham and Maria Torok, trans. Nicholas Rand (Minneapolis: University of Minnesota Press, 1986), 84 – 106.

55. Sigmund Freud, "Dreams and Occultism" [1933], in *Standard Edition*, 22: 31 – 57.

56. Sigmund Freud, "Dreams and Telepathy" [1922], in *Standard Edition*, 18: 195 – 220. He repeats this claim in "Dreams and Occultism." These states of diminished consciousness would later become known as the "minus factor" in parapsychological research.

57. Sigmund Freud, "Occult Significance of Dreams," in *Psychoanalysis and the Occult*, ed. George Devereux (New York: International Universities Press, 1953).

58. Helene Deutsch, "Occult Processes Occurring during Psychoanalysis," *Imago* 12(1926): 418 – 33; Fanny Hann-Kende, "On the Role of Transference and Counter-transference in Psychoanalysis,"

Internationale Zeitschrift fur Psychoanalyse 22 (1936): 478 – 86; Nandor Fodor, "Telepathy in Analysis," *Psychiatric Quarterly* 21(1947): 171 – 89.

59. John Forrester, *The Seductions of Psychoanalysis: Freud*, Gilles Deleuze, *and Derrida* (Cambridge: Cambridge University Press, 1991).

60. George Devereux, "A Summary of Istvan Hollós' Theories," in Devereux, *Psychoanalysis and the Occult*, 200.

61. For an account of Ferenczi's interest in telepathy and analysis, see Pamela Thurschwell, "Ferenczi's Dangerous Proximities: Telepathy, Psychosis, and the Real Event," *differences: A Journal of Feminist Cultural Criticism* 11, no. 1(1999): 150 – 78.

62. Freud, "Dreams and Occultism," 55.

63. Ibid.

64. For a more detailed discussion of Freud's relation to "pulp" conventions and radio, see Jeffrey Sconce, "Wireless Ego: the Pulp Physics of Psychoanalysis," in *Broadcasting Modernism* ed. Debra Rae Cohen, Michael Coyle, and Jane Lewty (Gainesville: University of Florida Press, 2009),31 – 50.

65. See L. Sher, "Sociopolitical Events and Technical Innovations May Affect the Content of Delusions and the Course of Psychotic Disorders," *Medical Hypotheses* 55 (December 2000): 507 – 9; L. Sher, J. Bohlken, and S. Priebe, "Political Change and the Course of Affective Psychoses: Berlin, 1989 – 1990," *Psychiatry Research* 55(1991): 207 – 13; M. A. Marcolin, "The Prognosis of Schizophrenia across Cultures," *Ethnicity and Disease* 1(1991): 99 – 104; P. Kulhara, "Outcome of Schizophrenia: Some Transcultural Observations with Particular Reference to Developing Countries," *European Archives of Psychiatry and Clinical Neuroscience* 244(1994): 227 – 35.

66. David Lamb and Stephen Braun, "Snipers' Motives Start to Emerge," *Los Angeles Times*, December 14,2003.

67. Ibid.

68. Here Malvo appears to have been influenced by the 1995 film *Se 7en*, which in turn draws on the mythology of such "branded" criminals as "Son of Sam" and the "Zodiac Killer."

69. For a more detailed discussion of the Paris Hilton phenomenon, see Jeffrey Sconce, "A Vacancy at the Paris Hilton," in *Fandom: Identities and Communities in a Mediated World*, ed. Jonathan Gray, C. Lee Harrington, and Cornell Sandvoss (New York: NYU Press, 2007).

70. For a discussion of this development, see Christine Rosen, "The Age of Egocasting," *New Atlantis*, no. 7 (Fall 2004-Winter 2005), www. thenewatlantis. com/archive/7/rosen. htm.

弗洛伊德与技术媒介：魔法石板[①]的不朽魔力

托马斯·埃尔塞瑟

在弗洛伊德诞辰 150 周年之际对其思想的重新审视："名誉扫地"，抑或"激发灵感"？

在技术媒介视野下重新思考弗洛伊德思想的必要性似乎并非那么明显。毕竟，如下所述，人文学科对于弗洛伊德的评价可以毫不夸张地说是模糊不清的，"在 20 世纪与 21 世纪交汇之际，弗洛伊德著作的命运十分特殊。一方面，很多人认为他的理论毫无科学性和理性，且在道德上也难以立脚；另一方面，他的思想又直接或间接地给众多研究领域以灵感，这些领域不仅包括精神分析理论、女权主义、酷儿理论、电影理论、文学和文化研究等领域，在艺术和大众文化中同样能发现弗洛伊德的身影"[1]。2006 年是弗洛伊德诞辰 150 周年，这毫无意外地引发了重新思考他思想价值的无数篇章，其中很多对我们在研究精神问题时仍诉诸弗洛伊德的合理性提出了质疑。毕竟，现今"精神"一词的含义与弗洛伊德时期已不甚相同。我们的"精神"成了宗教的"灵魂"、哲学的"心灵"和神经科学的"大脑"相交织的概念。

弗洛伊德学说面临的困境很明显：一方面，在心理学和精神治疗的医学实践中，弗洛伊德的学说要么被悄然抛弃，要么被改得面目全非，毫无弗洛伊德的痕迹。此外，自从所谓"弗洛伊德论战"以来，精神分析理论就越来越被视为一种声名狼藉的教条，不论是在意识学或心理病理学领域，还是在临床与神经学研究中，行为心理学，甚至儿童心理学几乎都没有为弗洛伊德的研究方法和原始案例

[①] 魔法石板（Wunderblock）是一种老式儿童玩具的德语说法，在英语中又被称为"神秘的书写板"，用户可以在其表面书写，然后通过掀开其封面来"擦除"书写痕迹。——译者注

留下历史证据,更不用说认知主义、进化生物学和神经科学了[2]。另一方面,精神分析理论依然是运用最为广泛的诠释方法之一,不仅在人文科学领域,我们在日常生活中也会用到它。当人们试图解释交流、谈判和接触中的他人行为时,使用的就是精神分析理论。这种分析尤其常用于最亲近的人身上,我们总是在探究他们无意识行为的动机。鉴于长期以来精神分析理论对于人文科学领域的重要意义,尤其是对文学和文化研究产生的作用——在这些研究领域中,弗洛伊德被认为是"文本"(口语和书面文本)分析的杰出代表,并且作为一名作家在文学领域建树颇丰——那么,是否能用另一种方式来解读弗洛伊德的思想遗产?例如,我们能抛开他著作的表面价值,即他对精神的具体论述(明显带有他所处时代的特征),去重新理解弗洛伊德理论的价值吗?就像俄狄浦斯情结在帮助我们理解人类主体性,理解性别(文化)和同一性,理解性别分化如何产生,理解初级关系如何建立等方面所提供的重要价值。最后,我们能否重建弗洛伊德的无意识理论?当然,任何修正主义行为都可能剔除弗洛伊德学说的精华而使其徒留空壳,让弗洛伊德理论仅成为一个名词或一段记忆。但也许这是值得冒险的,特别是当人们将弗洛伊德当作一名传播技术史学家,或在这里,视他为媒介考古学家。可能会有人问:撇开对弗洛伊德作品的成见,我们能否将他的研究视为对其所处时代系列问题的解决,这些问题与21世纪的我们依然息息相关,甚至变得更加重要吗?这样的修正主义倾向将会忽视很多人文学者与弗洛伊德的联系,包括电影研究学者。但将弗洛伊德更为紧密地与其所处时代联系起来,我们也许能更好地理解他。众所周知,精神分析理论诞生于19世纪末20世纪初,具体来说是1895年到1914年之间,那是一个重要的变革时期:社会结构巨变,科学也取得了重大突破。理解了这一点,追问精神分析理论为当时西方社会的自我认知提出了何种问题就显得尤为必要。探究"作为媒介理论家的弗洛伊德"这一主题,可以说是一个历史重建的过程,这意味着我们要像研究作家格奥尔格·齐美尔、瓦尔特·拉特瑙(Walter Rathenau)、诗人保尔·瓦雷里(Paul Valéry)和戈特弗里德·贝恩(Gottfried Benn)的作品那样去研究弗洛伊德的著作。正如我们曾把瓦尔特·本雅明和齐格弗里德·克拉考尔(Siegfried Kracauer)当作媒介技术革命及其对人体和感官影响的关键见证者一样,如今,在媒介史中我们也要重新将弗洛伊德置于同等位置。与此同时,我们必须明白,弗洛伊德和所有科学家一样,他更倾向于解决问题而非构建一个体系。用塞缪尔·T.柯勒律治(Samuel T. Coleridge)的一句名言来理解,他曾说"要了解一个作家的无知,否则就意味着你对他的所知一无所知"[3]。这句话可理解为,"要了解一个作家向自己发出的问题,否则就意味着你可能无法理解他给出的答案"。换言之,在他所处的时代,"弗洛伊德认为他的新精神分析科学可以用来回答哪些问题"。这也意味着,即使弗洛伊德提供的一些答案现在看来可能已不再适宜和令人信服,但他提出的问题却仍然能启发我们的研究。

本章在媒介考古学的视域下解构传统技术装置理论,但采用的是一种不同于以往的路径。传统解构路径主要由认知主义者对感知幻觉主义(艺术)①(illusionism)展开批判,尤其是对后弗洛伊德精神分析的抨击。本章采取一种打破常规的新方式,实质上是回归弗洛伊德作品本身,而非置之不理。本章试图将弗洛伊德——一名众所周知的技术恐惧论者,当作一名"媒介理论家"来研究。因此我将沿着雅克·德里达(Jacques Derrida)和蒂埃里·金策尔(Thierry Kuntzel)等学者的方向,重新考察弗洛伊德《神秘书写板札记》②一文,将研究重心从感知与认同(标准的精神分析理论范式)转移到记忆与存储(媒介考古学的视域)上来。本章指出,弗洛伊德将他的记忆理论明确区分为精神装置的感知部分(或称意识的"视听"部分)和存储处理部分(记录和编码技术装置,以前写作"电影技术"的作家对此视而不见,甚至抱持反对态度)。由此,弗洛伊德对无意识、压抑和幻梦的"发现",与其说是一种精神—物理"事实",不如说是一种必要假设,以"填补"两种系统(感知系统和存储处理系统)之间巨大差异造成的空白。简言之,本章试图重新解读弗洛伊德所说的神秘书写板(也称作*魔法石板*),从中探索一种潜在模式,用以理解电影技术装置要素。这种要素既不完全依靠视觉,也不是文艺复兴时期画作的"几何表现",而是一种铭刻、一种痕迹、一种"数据管理"(同时使用叙事和非线性的"程序"),这一模式的发掘对从考古路径考察媒介技术而言至关重要。

弗洛伊德精神分析思想的解题

弗洛伊德最初是一名心理学家,一生坚信唯物主义,他的信仰核心是肉身至上。相较于哲学上的身心分离论,弗洛伊德更倾向于将身体视作通往心灵的大门,一种双向沟通的工具及意义话语的生产者。在此方面,弗洛伊德的两本著作《梦的解析》(*The Interpretation of Dreams*,1900)和《日常生活的精神病学》(*The Psychopathology of Everyday Life*,1901)在人文科学和艺术研究领域

---

① 幻觉主义是自然主义的一个特殊分支,它在整个文艺复兴艺术中居于中心地位。幻觉主义艺术家试图欺骗观众的眼睛,使他们分不清绘画与真实。——译者注
② "Notes on the Mystic Writing Pad"是弗洛伊德在 1925 年发表的一篇论文,暂无中译稿,"Mystic Writing Pad"是德语"Wunderblock"的英文写法。——译者注

均给人启发，它们表明弗洛伊德是最早批判性分析和解释身体和感觉关系的学者之一。这种判断让我们可将弗洛伊德当作一个阅读者和诠释者来重新解读。弗洛伊德是心灵活动、大脑以及作为能动性"轨迹"（loci）的身体的阅读者。同时，作为一名诠释者，弗洛伊德不仅用因果图式去考察人类行为的现实后果，还将人类行为设想成一种需要破译的"文本"。人类的心灵、身体和行为——也就是现实中的表现——叩以构成一种新的书写或铭刻形式，即使弗洛伊德还未能完全清楚这种书写的媒介和代码是什么，也不知道铭刻的位置究竟何在[4]。

让我们从弗洛伊德的 精神地图以及他对"天性"与"文化"，即对关于人类"天性"和"非天性"的反思开始。正如弗洛伊德在《超越快乐原则》（*Beyond the Pleasure Principle*，1920）一书中思考这种区分时提出的著名分裂。他提到，在 内驱力（drive）和 原始冲动（desire）之间存在着生命能量的循环和交换。这在某种层面上说明，人类的内驱力与原始冲动可能是彼此的正反面。或更进一步说，它们互为问题和答案。简言之，"内驱力"可以是一种完全去个性化的生命原则，它麻木，难以抑制，不可阻挡；它是人类天性中毫不关心个体消亡，仅仅借助重复和热力学定律来改变和转化人的部分。就此而言，"原始冲动"可以成为内驱力的答案；"原始冲动"产生于对内驱力的不从。因此永不满足，但也无法抵挡"内驱力"的去个性化压力。意识或者说个性化的精神，只是有机生命中的一种意外。在进化的过程中，它并不是人与生俱来的[5]。弗洛伊德的这种思想更接近我们当下对其他19世纪晚期思想家的看法，尤其是达尔文和尼采的学说。同时，弗洛伊德的思想也反映了他否认人类是造物中心的观点。也许正是借此，他提出了强加于人类自信心之上的"纳喀索斯之伤"①这一概念。

同样，有人可能会说，性别差异和俄狄浦斯情结之所以如此重要和基础，不仅仅是因为自我认同问题；还因为，就进化而言，性别选择（相对于生存选择）是以这样一种机制运行的——我们现在称之为"审美"或"象征"的技能所拥有的性别品质，并非是作为这些技能使用价值的补充，相反，这些品质是作为技能使用价值的对立面存在的。这一点正是进化生物学家当卜所争论的。这种思想与弗洛伊德对性和性别差异所持的悲观态度并无冲突。当然，弗洛伊德的思想诞生在一个功利主义、效率至上的时代，经济准则成为考量这一时代一切进化和适应的"基础"[6]。

最后，关于"无意识"，我们可以将弗洛伊德对它的理解看作解答人类能动

---

① 纳喀索斯（Narkissos）源自古希腊神话美少年纳喀索斯的故事，纳喀索斯有一天在水中发现了自己的影子，然而却不知就是他本人，爱慕不已、难以自拔，终于有一天他赴水求欢，溺水死亡，死后化为水仙花。后来心理学家便把自爱成疾的这种病症称为自恋症或水仙花症。——译者注

性问题的一次尝试：我们可以自主决定吗？我们拥有个人能动性吗？或者，无论看起来多么理性，我们在行动中是否从未获得完全的自我呈现？对于弗洛伊德的"无意识"理论也有不同的解读。"无意识"是回答问题时的必要假设。对此问题，其他任何假说都没有提供一个令人满意甚至可信的答案。换句话说，我们可以将无意识看作是一个"占位符"①（placeholder），而非某个实际位置。无意识指向了一个虚拟空间，在那里，"内驱力"与"原始冲动"两种似乎并不相容的概念汇聚在一起。除非找到了一个满意的解释，否则无意识将一直在虚拟空间中保持"原位"。照此理解，我们就能假定，无意识是弗洛伊德对他面临的问题的一个"暂时性的"解答。那么，这个问题是什么？我和其他很多学者这样猜想——这是关于"记忆"的问题。正如弗洛伊德在1895年大胆指出的，"任何值得重视的心理学理论都必须对记忆作出解释"。

"视差之见"②与思想荟萃："神秘的书写板"

接下来，我将集中讨论记忆的本质问题，特别是弗洛伊德著作中试图解决铭刻（记录）和存储（检索）问题的部分，记录和检索正是记忆的两个基本要素。弗洛伊德在记忆问题上最为人所知的论述出现在《科学心理学设计》和《神秘书写板札记》中。尽管这两部著作相隔三十年，但它们在思想上却惊人地一致。这也表明，记忆问题一直困扰着弗洛伊德，但他未能提供一个满意的解答。弗洛伊德对回答自己提问所给出的答案似乎都不满意，这是他典型的思维习惯。在1925年，弗洛伊德对记忆的问题这样总结道："人类用于改善或强化感官功能的辅助技术装置，都是在与感知器官本身（或部分）功能相同的模型上发明的，如眼镜、照相机、助听器。照此标准，用于提升记忆的发明设备似乎特别不完善，因为人类的精神装置能完成这些记忆辅助装置所不能完成之事，即拥有接收全新感知的无限能力，同时能永久地——即使并非不可改变——留下记忆的痕迹。"[7]

在这两篇文章中，弗洛伊德解释了一种简单的机械设备——*魔法石板*——是如何将"时刻准备好接收的表面"和"笔迹在表面上留下的永久痕迹"结合起来

---

① 占位符指的是一个可以被替换的临时标记。——译者注
② "视差之见"（parallax views）讨论的是主体对客体的认识问题，该概念源自哲学家斯拉沃热·齐泽克（Slavoj Žižek）的代表作《视差之见》。"视差"概念源自天文学和测量学。在齐泽克看来，"视差"是由于观察者位置变化而使客体发生了明显的位移。他认为，"视差"是人性自身固有的一种分裂。视差是在两种不断转换的视角之下考察事物，并且在这两种视角之间绝无任何综合和调停的可能。也就是说，视差即在各种观点之间采取来回移动的策略，若没有了视差，观点就成为了偏见。——译者注

的。弗洛伊德强调,当人们的感觉与大脑组合起来作为一种精神装置,也就是将(感知数据的)传输功能与存储功能结合起来时,这种精神装置就能实现一些技术装置无法完成的事。好像精神分析理论的创立便是为了弥补这一差距(感知的传输与其存储功能),并通过无意识的假设去解释"感知—意识系统"是如何接收但不保留感知的。而"无意识系统"能保存,但保存的是"兴奋"而不是感知。这种兴奋会以记忆的痕迹形式永久存在。

反馈和循环 VS 存储和操纵

《神秘书写板札记》和《科学心理学设计》都阐明,意识与记忆、传播与存储是互斥的。意识(即感知系统)应被设想为一个反馈系统或环路,它不能存储任何数据,否则无法对环境作出反应,也不能自我调节。然而,如果弗洛伊德所说的无意识不能存储无限的数据,那么无论这种记忆是被抑制的或习惯的、自发的还是非自发的,都不复存在。弗洛伊德认为,"任何值得重视的心理学理论都必须对记忆作出解释",这一观点也向他自己提出了挑战,即如何构想记忆,如何描绘(信息)输入、存储和处理之间的关系。在我看来,无意识的发明可以当作对此问题的部分回答。但如果弗洛伊德早在 1895 年就明确提出了记忆问题,却直到 1925 年才在《神秘书写板札记》中给出一个明确回答,那么这一现象反过来又引发诸多其他问题,尤其是神秘书写板本身的问题:它提供了什么样的"答案"?它能成为一种切实可行的媒介技术吗?抑或,它是一种技术解决方式的隐喻,以期通过借用儿童玩具来巧妙地回避媒介技术的问题吗?又或者,这只是一个个人玩笑,弗洛伊德只是在逗自己玩?根据前文所述,也许的确如此,弗洛伊德有意使用这样一个例子,乍看像玩笑一样不可信,但转念仔细一想,却能发现这一例子准确地表明了弗洛伊德的立场。他确实没必要对他所处时代发展起来的传输和存储技术媒介作出任何评价,因为在弗洛伊德看来,这些技术都没能达到复制或提升人类记忆的要求,尽管他的这一观点正确与否尚待讨论。

具体而言,将弗洛伊德视为媒介理论家的理由是什么?首先,弗洛伊德具有成为媒介理论家的资格。他认为,身体/心灵是(信息)存储和记录的中介,同时也是输入和输出设备。在此,弗洛伊德最感兴趣的是感觉信息(主要是视听方面)输入的参数及其输出形式(可视化、叙事化以及口误、动作倒错[①]和各种失误

[①] 动作倒错(parapraxes),或称"弗洛伊德式口误",是指无意识中储存的欲望会不可避免地通过口误或行为破绽为人所察觉。——译者注

行为①等语言表征)。其次,弗洛伊德对时间问题(如断裂、间隔、不连续性,而不是线性时间指向下的连续发生和演替)颇感兴趣。他推断,时间是人们为了使自己避免陷入非连续性和偶然性而创造的维度,这是一种主观的范畴(与熵的物理、热力学原理相对)。他还让"事后性"②(Nachträglichkeit),也就是延迟行动这一概念闻名于世。"事后性"是我们对"起源"和"原因"思考时的因果逆转。最后一点,也许并非巧合,弗洛伊德对考古学也非常着迷,他常常研究作为铭刻与记录形式的痕迹、索引和印记,也研究地质层,这使得他的另一种关于精神的拓扑模型得以产生。总体来说,不论这些原因多么合情合理,若不考虑弗洛伊德对技术媒介所持的否定态度,那么仍无法证明弗洛伊德是一位媒介理论家。

换言之,我想将弗洛伊德看成一位"无心插柳"的媒介理论家。他非常了解自身所处时代的技术进步,尽管他不断对这些先进技术进行争辩和对抗,但弗洛伊德并未对其发展有过多质疑。这种认识对于我们重新理解弗洛伊德的媒介态度(包括电影)有何助益?按照这种思路,我们可能需要将电影理论带给我们的令人熟悉的弗洛伊德暂时忘记。众所周知,电影理论是雅克·拉康、米歇尔·福柯、吉尔·德勒兹,以及路易·阿尔都塞(Louis Althusser)、费利克斯·瓜塔里(Felix Guattari)等学者思想荟萃的结果。这些法国思想家对弗洛伊德的理论进行了深刻反思,他们通常从批判性视角出发,重心集中在俄狄浦斯情结、语言在无意识形成过程中的作用、精神力量的叙事化过程(和学科研究)以及如何通过"抑制"而非释放内驱力去研究原始冲动等方面[8]。

在电影理论中,上述法国思想家的注意力被认为集中在感知、视觉和视觉反射领域,同时,他们的理论聚焦于扫视、凝视和这二者与同一性、性别差异的关系,及它们与全景式自我监控(the self-monitoring of panopticism)的关系。全景式自我监控是自我意识和社会适应性自我形成的一个方面[9]。而我将弗洛伊德视为辅助记忆和技术媒介的理论家,因此,就使这一视角从电影转到了更为一般意义上的技术媒介。类似的研究已出现在雅克·德里达[在《弗洛伊德与书写场景》(Freud and the Scene of Writing)中重新解读弗洛伊德]、玛丽·安·多恩(Mary Ann Doane,她参考电影先驱、科学家和计时摄影师艾蒂安-朱尔·马雷的思想重读弗洛伊德)和弗里德里希·基特勒(重读雅克·拉康及其对控制论和

---

① 各种失误行为(德语 Fehlleistungen,英译 faulty function),由弗洛伊德提出,Fehlleistung 的原意是失误,"Fehlleistungen"应译为各种各样的失误,诸如口误、听错、放错等。——译者注
② 事后性(或追加性),弗洛伊德使这一术语闻名,事后性概念的本质是事后发生。人在生活中遭受的创伤最初并不显现自身的意义,它被储存于无意识之中;只有在事过境迁之后,痛定思痛之时,创伤才被类似的情境激发出来。——译者注

数学的兴趣)等学者的研究中[10]。这些学者研究的交汇点及其和当代电影理论的关联之处,与痕迹、铭刻和书写有关;与语言和声音的功能有关;与印刷文化与电影之间的关系有关;与作为文本的身体有关;与女性与媒介机器有关;最后,还与时间和间歇性概念有关。

为了更好地完成本章的论证,我们可以将这些交汇点进行概括:如果20世纪60年代到90年代,电影理论集中关注弗洛伊德的思想是为了理解主体性和同一性问题,这些问题在我们按照笛卡尔视觉剧场①(并伴随着作为铭刻或"主体位置"的轨迹和观众喜爱的、性别化的身体)来构想电影观众和电影装置时会得到显现,那么作为"媒介理论家"的弗洛伊德,在本文所述的"媒介或记忆思想领域"便提出了一种视觉和听觉媒介理论。这种理论更多是从复制的角度看待视觉和听觉,将它们视为关于信息生成、重复、存储和处理的问题。也就是说,将它们看作信息转化的通用模式。这种模式下,记忆,在最广泛意义上是一种人类独有的特殊形态;而狭义的"记忆"则触及所有信息的转化,包括生物信息的保存(因此允许非人类形式的记忆)。

让我们将视线再集中一点。有人可能以为,在19世纪和20世纪之交,包括电影在内的技术媒介通过模仿文字,即复制文字的媒介效果,"挑战"了书写的主导地位,进而打击了象征性符号的权威。例如,电影通过发展一种独特的电影叙事手法("经典电影"),以及展示一种痕迹和印记的本体论("现实主义"、"摄影索引性"②、不同的"逼真度")做到了这一点。从电影挑战书写的历史,人们很容易想到,电影在今天也受到其他类型数据流的"挑战"。很明显,这是媒介考古学适时出现并备受关注的原因之一。现在的数据流和以往一样,也包括声音和图片,但是,仅用原有痕迹和印记的模拟模型已不再能解释"这一代"数据流了。因为它们的数量、频率和量级已不能通过叙述来适当处理和"线性化"。因此,我们遭遇电影的理解"危机":我们不得不解构叙事才能理解电影,正像我们正在打破将摄影当作"索引性"和证据"痕迹"的认识一样。与此同时,视听媒介技术能够产生身临其境之感(现在称之为"特效",而非真实),这也向"叙事"和"再现"提出了严峻挑战。这就需要一种新的数据存储和分类方式。大众文化通过简化宇宙

---

① "笛卡尔视觉剧场"(Cartesian optical theater)或称"笛卡尔剧场",由塔夫茨大学哲学教授、认知科学研究中心主任丹尼尔·丹尼特(Daniel Dennett)提出的一种理论。笛卡尔剧场是近代以来通过自省方式来阐明心灵结构的最著名的哲学理论,在今天成为认知科学中最普遍的意识解释模型。——译者注
② 索引性(Indexicality)指语言的一种性质,即在语言运用的不同语境中,一种语言的某些表达具有不同的意义;摄影索引性(photographic indexicality),即关于影像是怎么拍摄的与它最终在屏幕上所放映的影像之间的关系。——译者注

观或复兴神话原型来应对这一问题,但先锋派(和美学理论)学者却很难寻找这些符号形式、概念和记忆痕迹的全新形态,以使其可以记载变化的规模及大小。

简而言之,无限扩大的视听数据流媒介需要人们换一种视角去看待过去的电影,亦即列夫·曼诺维奇所说,"在既有形式之外创造艺术"[11]。从这一意义上说,电影是对记忆或记忆痕迹问题的一种特殊处理方式,可以与数据注册、数据存储和数据管理的其他(机械的)形式进行对比。这些类似的技术记忆和信息传输模式让人联想到用于科学界和政府部门的数据存储技术装置,如管理档案、监控记录、军事侦察档案等,以及用于医学或气象学等领域的可视化数据记录。电影制作人哈伦·法罗基(Harun Farocki)和文化学家保罗·维利里奥(Paul Virilio)等人,在电影与其他"视觉机器"或数据处理装置之间的各种关联问题上,进行了卓有成效的探索[12]。而在电影研究领域,这种探索可能使电影重获卓越(浪漫)艺术形式的地位,或者带来一种类似于后文学诠释学的新学科。他们的理想目标是:就其对美学和诠释学可能有的全部意蕴而言,或许可以将电影解释为一种制造"联结的偶然性"或"计算的不合理性"的技术,但无论如何,它应当是一种模式识别而非认知"格式塔"①[13]。

弗洛伊德曾就看似无意义和随机的数据提出了一些非常大胆的解释模型。我想结合前文所述背景,从当代视角去解读这些模型之间的相关性。这种尝试也可以让人们对弗洛伊德广为人知的理论形成一种新的见解。弗洛伊德的这些理论模型最初在《超越快乐原则》中得以确立,随后本雅明在现代性概念中采用了该理论。本雅明将现代性看作技术媒介为人类感知体系(他称之为"视觉无意识")带来冲击的一种文化回应,即意识并不希望与环境建立联系,相反,它的目的是*减少接触*。因此,我们可以将意识理解为一种保护性屏障,这一保护性屏障经过长时间进化,可以调整人们的感官过载,防止感知的过度刺激[14]。当今认知学家有关感知的观念与此一致,他们认为,感知只是大脑重组和处理过后视觉数据的抽样。这一观点也得到了系统理论家的认可。他们认为,意识是一种自我引证和自生系统[15]。弗洛伊德有关魔法石板的论述也提到了保护性屏障的概念。魔法石板玩具的玻璃纸表面就是让书写纸面免受灰尘污染和损坏的一种保护性屏障。但最重要的是,对于人类而言,无数可被抓取的数据和相对受限的数据处理系统(如果我们把文化中的故事和叙事也当作一种"处理程序")之间的结

---

① 格式塔心理学(gestalt psychology),又叫完形心理学,是西方现代心理学的主要学派之一。该学派主张研究直接经验(即意识)和行为,强调经验和行为的整体性,认为整体不等于并且大于部分之和,主张以整体的动力结构观来研究心理现象。——译者注

构性失衡,鼓励人们去反思弗洛伊德的记忆理论,或以更宽广的视野去思考"感知—意识系统"与"记忆—无意识系统"之间的关联。这同时也是一个数据处理的问题。我们必须清楚在精神装置中,弗洛伊德究竟为图像和视觉化、听觉和声音、处理和编程设置了何种角色。

为了更好地理解弗洛伊德激进而富有革新意义的理论,有必要再次回顾弗洛伊德对记忆的关注是如何受到他所处时代的整体特征影响的。首先,如前所述,弗洛伊德作为神经学家和生理学家开始他的学术生涯,并且他对自己所处时代标志性的经验主义实证方法及科学严谨性一直保持高度认可。众所周知,弗洛伊德曾在生物学家恩斯特·布鲁奇的生理研究所实验室担任研究员,并在研究所进行了一些磁性实验。在巴黎,他跟随沙可(Charcot)学习,和同事约瑟夫·布鲁尔一起发表了一篇关于癔症的研究[16]。在19世纪70年代到80年代,生物学、免疫学、遗传学和进化学领域的理论突破,交通、能源和通信(蒸汽机和铁路、电报和电话、无线电和其他与电力有关的技术)的发展,让自然科学和人文科学走到了知识重组的边缘。至19世纪末,热动力学和熵(即秩序与混乱之间的不可逆关系)对工作、努力程度、疲劳程度和再造社会(代价)的计量不断引发人们的关注,一些本质上是经济学的精神理论(与弗洛伊德的理论类似或由此延展)由此诞生[17]。

从弗洛伊德对其早年一篇关键文章的重视可以得知,他从未放弃实证科学。这篇文章是《科学心理学设计》。作为一位临床医学家,弗洛伊德最为人知的是他拒绝在治疗精神疾病时使用药物。尽管如此,他同时也对可卡因的效应甚至益处做了大量研究(他自己就是可卡因的使用者)。同样,他对他所处时代主要技术突破非比寻常的熟悉和他对这些技术非常隐晦的回应,向人们展示了一种悖论:一方面,他的著作中有诸多证据表明,弗洛伊德了解能源和交通革命带来了蒸汽机、液压系统和铁路等全新技术。在他的精神能量模型中,蒸汽机和液压系统的原理被用来解释一些心理学概念。另一方面,当他与铁路发生真切的接触时,他又常常表现出震惊和不可思议,精神仿佛受到伤害[18]。此外,有证据表明,弗洛伊德对电力及其应用领域的许多创新(如电磁场、发电机、电力储存)也有一定的了解。其精神分析理论中的某些关键术语,如阻力、转移、兴奋、放电、贯注、感应、传导性等,只有在电力大发现的背景下才能获得解释。弗洛伊德对电力领域的术语用得太多,以至于人们有时会怀疑他把精神当作电池组来看待[19]。

这是弗洛伊德的一面。但当人们回想弗洛伊德对现代技术(尤其是媒介技术)那广为人知、常被讨论的矛盾心理时,悖论由此产生。表面上看,弗洛伊德对人类身体/精神作为（技术）媒介比对技术媒介本身更感兴趣：面对技术，特别是大众媒介的入侵，弗洛伊德显得非常保守，就好像他发明精神分析法是为了保护具象化和性别化的传播天性，避免后者日益增长的分化、解体、机械化、去语境化和自动化趋势。因此，人们都认为，弗洛伊德是一个典型的技术恐惧者。弗洛伊德在日常生活中很少使用现代技术，他不喜欢收音机，害怕拍照，使用打字机的次数也屈指可数，他宁愿速记也不愿将电话连到他的咨询室或私人办公室。他对电影很反感，曾退出了一个著名的电影制作项目《灵魂秘密》（Secrets of a Soul）。该项目由他的弟子格奥尔格·威廉·帕布斯特（G. W. Pabst）发起，旨在推广精神分析法（尽管弗洛伊德在访问美国期间看过不少电影，但《灵魂秘密》的情况可能比我这里概述的要复杂得多）[20]。最后，考虑到精神分析法的一个基本技术是记录谈话的技术（谈话疗法），但弗洛伊德却没有使用录音机或其他记录声音的技术，这一点令人非常惊讶。所以，让我们记住这个明显的悖论——弗洛伊德在他的生活中可能没有用过技术，也就是说，事实上这些技术相当于与他的实践相脱离，但这些技术都存在于弗洛伊德的理论中。

雅克·德里达

雅克·德里达是第一个认为弗洛伊德发展了媒介理论的学者。在《弗洛伊德与书写场景》一文中，他对弗洛伊德的《神秘书写板札记》作了充分讨论[21]。德里达揭示出弗洛伊德在将精神看作一个视觉系统还是一种印记或书写系统之间的游移不定。视觉隐喻在《梦的解析》中占主导地位，人们在梦境中可以发现望远镜、摄像机、显微镜和放大镜的整体透视法。与此相反，一旦弗洛伊德开始谈论记忆，正如他在《科学心理学设计》和《神秘书写板札记》中所说的那样，语言就成为一种"记忆痕迹"，也是一种强力。感官数据依靠这一强力为自身开辟一条进入精神—物质基底的道路（德语"Bahnung"，"拓路"的意思），并通常将其强行纳入记忆之中。德里达解释了作为儿童玩具的魔法石板如何在蜡质表面留下印记或凹槽，人们又如何通过抬起塑料盖板来"神秘地"擦除这些痕迹。在此，记忆使人们清晰地回想起古老的重写本，也就是在书写过程中，记忆的印象可以通过分层和叠加而出现、合并或再合并。

德里达对于"神秘书写板"的兴趣是多方面的。首先，神秘书写板证明了德里达的主要理论，即西方哲学中的形而上学总是以对书写的压制为基础，这种被压制的书写依然组织着迄今为止发明的所有再现系统。其次，德里达论证了精神分析中谈话的优先地位是如何建立在书写之上的,因为书写对精神的影响在于它仅根据印记、铭刻和痕迹进行记述。同时,弗洛伊德对于聚合、位移等梦境形成的分类,类似于罗曼·雅各布森(Roman Jacobson)对修辞手法隐喻和转喻的分类,它们模拟了大脑中的某些功能障碍。在《档案发烧》(Archive Fever)中,德里达也分析了前文中提到的悖论,换句话说,媒介技术的特殊地位在弗洛伊德身上既存在,也不存在。如德里达所见——借用弗洛伊德的说法——它是一种被技术回归的可能性所困扰而形成的压抑。引用德里达的话:"人们可以想象或推测一下……如果……弗洛伊德,他的同时代人、合作者、嫡系弟子没有手写出成千上万封信件,而是用一张AT&T电话卡,用移动电话、电脑、打印机、传真机、电视、电话会议和最重要的电子邮箱,技术进步带来地理—技术—逻辑上的冲击,会使精神分析的前景难以确定。"[22]

  德里达显然喜欢这一时代误置的和假言式①的小游戏。在这一游戏中,人们可以通过想象媒介技术对弗洛伊德这位精神分析之父的破坏性影响,从而将德里达对"解构主义"的自画像解读为媒介技术的后果,而这种媒介技术恰恰为弗洛伊德所论及但也避之不及。然而,德里达的"精神游戏"(jeu d'esprit)至少包含某个郑重的提示,这一提示是关于事后性,或回溯行为,或追溯性的修正举动——这一因果逆转——当我们试图将弗洛伊德那样不可思议、精明、谨慎以及顽冥不化的人物"写进"电影史和电影理论时,这种因果逆转总是伴随着我所探讨的媒介考古学的所有努力。

  我提出这一告诫,是因为即将要介绍的人物,他虽然与弗洛伊德处于同一时代,但并不显得那么时代误置,他跟弗洛伊德一样,是一位令人不安的人物,分析他也像德里达想象弗洛伊德(很可能)在肯尼迪机场用AT&T电话卡一样具有启示意义。这个与弗洛伊德同一时代的令人不安的人物是托马斯·A.爱迪生。如果我们认为弗洛伊德在《神秘书写板札记》一文的隐喻链和语义丛较少涉及书写、象形文字和重写本,而更多涉及爱迪生将声音和声音数据记录在蜡筒和锡箔上的成功尝试。如果我们了解到,爱迪生发明活动电影放映机(kinetoscope)最初只是为了完善留声机,使留声机可以与图像机器同步,那么神秘的书写板在某种意义上就变得更神秘、更富有魔力——因为同时作为*儿童游戏*(jeu d'enfant)和精神游戏的神秘书写板复制了一种矛盾性,这种矛盾性同样也存在于电影中,至少在爱迪生看来如此。在电影的播放和暂停中,*书写*和*观看*一直在持续[23]。

---

① 假言式的(hypothetical),在德里达看来,形而上学的"永恒性"原则实质上是假言式的,以假设、没有经验证实的理论作为前提,这种理论是不牢固的,是一种虚妄的、理想的东西。——译者注

观看和书写一直存在于技术媒介之中,这种技术媒介组成了电影,它不仅构成电影的基本技术装置,还促成了电影的理论阐释。在电影的基本技术装置及其理论阐释中,观看和书写一直悬浮于制作电影的媒介技术之上。回到电影诞生之初就很棘手的电影拍摄的索引性和形象性问题,假如我们跟随爱迪生,优先考虑录音,将录音当作铺设生理数据的轨道,那么电影图像就是声音发出的索引,或是一种生理—躯体性的索引,电影图像仅是某一感知的二级印记。让·玛丽·斯特劳布(Jean Marie Straub)和丹尼尔·鲁耶(Danielle Huillet)主张用耳朵"看"电影,用眼睛"听"电影,他们的美学理论似乎受到了爱迪生思想的影响,并将这种影响按表面意义实现了出来[24]。

玛丽·安·多恩

另一位对弗洛伊德的《神秘书写板札记》展开深入研究的理论家是玛丽·安·多恩。在《电影时间的浮现:现代性、偶然性与档案》(*The Emergence of Cinematic Time: Modernity, Contingency, the Archive*)一书中,围绕电影问题,她将另一位与弗洛伊德同一时代的人物也引入讨论。这一次不是像卢米埃兄弟(the Lumière Brothers)或是爱迪生那样公认的电影之父,而是艾蒂安-朱尔·马雷(étienne-Jules Marey)。他同样是一位心理学家和科学家,其最为电影专业学生熟悉的身份是连续摄影术①的合作创始人之一(与埃德沃德·迈布里奇联合发明)[25]。

多恩的论述显然与我至今一直着力辨析的理论十分不同。但多恩也同时将弗洛伊德当作一名唯物论者和一位媒介理论家来认真看待。以下是多恩的论述:

> 伴随电影作为一种时间性的新技术出现的是哲学、精神分析和科学领域对时间概念展开的持续的讨论。……在弗洛伊德的著作中,时间……似乎是作为一种症状来运行的,这种症状的后果因现代性的过度创伤而加剧。因此,在某种程度上,现代性是时间性的一种异常状态。弗洛伊德的记忆空间模型陷入僵局,迫使他发明一种关于时间性的理论,这一理论类似于精神自身的非连续性运作模式。时间不是"在那里"留待测量的,而是精神保护结构的一种后果。弗洛伊德选择了相

---

① 连续摄影术,即通过多重曝光在同一张底片上连续捕捉某个动作的不同阶段,让变化的对象不断重叠。——译者注

对老式的神秘书写板作为他的典型机器和模型,而不是电影院、摄影术和表音文字。与此相反,艾蒂安-朱尔·马雷则整理了连续摄影的最新技术(在多数历史记载中,他还预测到了电影),以便捕捉和测量某一目标的时间性,尽管这种时间性似乎总是难以再现。弗洛伊德和马雷同时发现了再现问题的局限性,其中电影作为一种组织和调节时间的特殊模式而得以发展。两位理论家都将时间概念化为一种存储或再现及其失败的问题。[26]

换句话说,多恩也研究了我在上文中已涉及的诸多问题,包括认为弗洛伊德将意识视作一种防御冲击和创伤的保护性屏障。但多恩也强调,寄望于用连续的图像和声音流去保存和再现时间,可能不仅会使个人的感知装置负担过重,也有可能因为"过多"的视觉和听觉数据而威胁文化自我再现的能力,就像文学文本和乐谱那样。而这一愿望反过来会通过文化编码的"再现"试图解读被复制的视听数据继而导致文化自身的病态化。这种病态的现代性,本雅明将其理论化为*体验*与*经验*[27]之间的差异,是电影在其工业化和制度化的形式中提出的,即通过转向叙事,从无差别的流动中产生一种分级化、管制化的非连续形式。这种非连续性形式通常被称为剪辑和蒙太奇,它们是为了让人们从符号化的整体再现中检索出对应的意义。另一方面,弗洛伊德并不相信这种偶发或连续事件的浅层叙述方式,他认为,时间只能被体验而无法再现。这一点可能为他厌恶电影提供了一个更具说服力的论据。电影对于表面现象的强调和对偶然事件的沉迷,让电影成了如多恩所说的"一个名副其实的'无意义'宝库"[28],这一点一定给弗洛伊德留下了深刻印象。鉴于精神分析是通过检索和恢复那些已不可再访问的数据层来修复视觉记忆的非连续性和明显的无意义性,可以说,电影是对精神分析的拙劣模仿,它把一种有形的顺序逻辑强加于感知之上,这种拙劣模仿忽视了使精神装置能够再现且具备易读性的特定"工作"。

前文提及将感知和数据输入并与存储和数据处理结合起来的难题,若由此冒险引出一些多恩未能推断的结论,我们可以说,电影必须被视作一种与感知相关的技术装置,视觉化仅仅是一个开端,而电影的完全概念化需要一种额外维度,也就是数据的存储和处理。在这一点上,弗洛伊德是正确的,他认为叙事不能解决电影的完全概念化问题。对于那些从历史学视角,或更准确地说,用考古学视角重新审视了所谓"电影起源"(英语中的"早期电影",法语中的"临时电影")的学者们来说,这一结论几乎不证自明[29]。虽然拥有不同的目的,使用了不同的论证方法,但早期电影(或现在被称为"吸引力电影"①)和先锋派都一直拒绝将叙事视为一种"解决方法"。弗洛伊德对这场论争的贡献在于他的坚持,他在《神秘书写板札记》中隐晦而有力地表达了这种坚持。他认为,作为档案或是记忆的技术装置,需要将传播功能(镜像)和存储功能(记忆)明确分离。在感知(和即刻遗忘)与无意识(和无限存储)之间,弗洛伊德可以说是近乎明确地指出了输入/处理/输出系统的机器需求。"输入"是我们电影理论和精神分析的"经典"模型,它强调视觉、凝视和镜像阶段,或者更普遍地说,强调输入的各种形式,这些形式具有镜像或复制功能,因此指向的是我们与周围环境之间的反馈回路,包括自我与他者的关系,以及我们的(自我)意识形式。"存储"部分是无意识的,无意识保留着"记忆的痕迹",它在记忆的同时,也向新"印象"保持开放。"处理"或"程序"就是精神分析治疗的过程,即"谈话疗法"本身,它可以说是自由联想和弗洛伊德自己在《梦的解析》中所说的"工作"的结合,即数据回顾是在无意识和逻辑语言操作的各种各样的修辞之间发生的,而后者包括凝聚、置换、可再现性的界面,而精神分析师也将翻译和转录技术(即语言化和可视化)应用于谈话疗法中。

鉴于弗洛伊德所说的感知和记忆两个功能只能在无意识的虚拟空间中达成统一,那么电影就需要有一个相当于无意识的媒介,亦即一个虚拟空间,在这一虚拟空间中,其感知视觉数据(感知主题的铭刻)与记忆痕迹(对象)得以统一。到目前为止,电影理论都倾向于在这两种可能性之间摇摆不定,要么像符号学和心理符号学理论那样重视感知和观众,要么像现实主义、唯物主义或"本体论"理论那样偏向于客体对象及其物质痕迹。吉尔·德勒兹的电影理论对今天的人们来说颇具吸引力的原因之一,是因为在为我们回避了这些选项的同时,他又通过其名言"大脑就是屏幕",给人们提供了一种将电影理解为感知事实和物质事实的方式[30]。

按照多恩的论述,这就是弗洛伊德对"时间"的概念化,而这种"时间"可能会给我们的研究带来严重困扰。在弗洛伊德看来,时间是在记录和存储这一转换过程中对间断、断裂甚至是信号故障或丢失等主观体验的一种保护—代偿效果(protective-compensatory effect)。感知的索引—标志(indexical-iconic)数据不能与"时间"数据(作为"叙事化"间断的经验来理解)连接,所以时间在"持续"

---

① 吸引力电影(the cinema of attractions),这一概念由汤姆·冈宁提出。他认为,1906年前的早期电影作为一种吸引力电影,它直接诉诸观众的注意力,激起视觉上的好奇心,通过令人兴奋的奇观提供快感。——译者注

（柏格森所述的"durée"）状态下并不是它"最初的"状态，而已经是一种处理过的结果。正如我们在电影等以时间为基础的艺术中所感受到的那样，电影的时间被分割为 线性时间以及 识别、发现或"结束"的瞬间。因此，德勒兹未提及弗洛伊德是合乎逻辑的，他可能参考了马雷（而不是柏格森）。正如多恩所指出的，弗洛伊德将时间看作"感知—意识系统发挥作用的非连续性方法"的结果，因此时间是一种"主体效应"，而马雷试图将时间摄制为一种纯粹的过程，摄制为客体自我"形成"的运动，他设计了许多不同的方法来记录自然现象——从人类心跳到马的疾驰，从蜜蜂和鸟类翅膀的扇动到空气和烟雾在冷热空气相互接触时形成的湍流模式。在这些现象中，马雷试图摒弃人手或任何诸如语言的象征符号的干预，让这些运动和动作、震动和摆动来"书写"自身。迈布里奇（Muybridge）利用一个接一个排列着的不同静止图像的间断性来记录运动。与他不同，马雷则试图摄制运动而没有任何"损失"或间断。通过尽可能多地提取感官数据，马雷制造了著名的模糊或连续线条。例如，他将人体简化为一组发光的点，在我们熟悉的黑色背景布上形成运动图[31]。我们可以说，作为一名摄影师和艺术家，迈布里奇致力于使用连续摄影术作为"格式塔"识别的手段；而作为科学家，马雷的方法则更接近于我前文所述的"模式识别"。但是也像多恩所指出的那样，马雷试图摄制运动全过程，并借此无间断记录时间的尝试最终走向了失败。弗洛伊德曾设想过一种能将感知—意识系统与记忆—痕迹系统结合起来的装置，在这种装置之下，"压抑""无意识"和"梦境"的诠释学就不再必要，但这种设想最终也以失败告终。

玛丽·安·多恩是女性主义电影理论史和女性主义电影理论形式化的重要人物。其先前著作《欲望之欲望》（*The Desire to Desire*）和文集《致命女郎》（*Femmes Fatales*）是全世界电影理论课的必读书目。因此，可能出现的一个疑问是，她在女性主义电影理论和女性主体性方面的研究，是如何以及在何处与早期电影甚至是前电影时代的这种研究兴趣交织在一起的——这种研究交叉在《时间性、储存性和易读性：弗洛伊德、马雷和电影》（Temporality, Storage, Legibility: Freud, Marey, and the Cinema）中有所体现。回顾精神分析的起源以及一个事实——正如所有女性主义者都注意到的——弗洛伊德最初的病人和他第一批病例研究对象主要是女性，它们也许能为上述问题提供一种解答。在多恩对于好莱坞电影中精神分析之表象的分析中，最强烈的母题是女性气质的病态化，以及精神分析治疗总伴随着医生和病人间看似不可避免的情爱纠葛，就好像女性的主体性本身就是精神分析着手治疗的异常状态，而好莱坞电影中的这一倾向是为了维护父权制[32]。

德古拉伯爵：弗洛伊德、文学、电影和精神分析

　　正如多恩在《欲望之欲望》中记述和分析的那样，她反对好莱坞主流电影对女性的"病态化"处理，通过暗示弗洛伊德也可以更多地被理解为将女性"媒介化"，而不是将女性主体性进行病态化的处理，我们在呈现弗洛伊德媒介理论家身份上的共同努力，或许可以给我们提供理解这一比喻的另一路径。这是另一位对《神秘书写板札记》作出大量评论的学者长期以来的研究课题之一。但我想以结论的方式，通过引入一位与弗洛伊德同时出现但绝非"同时代的人"的角色来介绍他。这一评论者是弗里德里希·基特勒，而那个意料之外的"同代人"是布兰姆·斯托克(Bram Stoker)笔下的德古拉伯爵。我无须（我也没有时间）过多论述带有吸血鬼德古拉形象的电影的持久吸引力。在这些电影中，吸血鬼成了神秘不死主义和长盛不衰理念的具化原型。相反，我想要让大家注意的是基特勒解读的《德古拉》，这是斯托克 1897 年的小说《德古拉》，而不是 F. W. 茂瑙(F. W. Murnau)的电影《诺斯费拉图》①。因为基特勒将其作为对精神分析之媒介起源的注释来解读，这部小说是与弗洛伊德提出精神分析原则和最初治疗方法在同一时期写就的。对于基特勒来说，德古拉伯爵这一角色不是由于原始冲动而是被一些其他力量和能量所驱动：那指的是一场技术媒介革命，这场革命已影响到信息和传播领域。因此，德古拉伯爵可能是机械复制时代生产的唯一一个原创且真正的神话，德古拉伯爵代表了机械铭刻的永恒重复，这些铭刻已随着打字机、留声机和电影进入了西方世界[33]。

　　《留声机、电影、打字机》之外，基特勒最著名的作品是《话语网络，1800/1900》一书[34]。在该书中，基特勒将德国浪漫主义诗歌看作新媒介技术——尤其是普鲁士学校改革所大力推广的字母化——的产物。基特勒认为，这场改革将女性置于双重体制的中心：作为母亲，她引导孩子通过安静阅读来发现内心和主体自我的新形式；而作为女性读者，她帮助创造了艺术家—诗人，让诗人的笔成为男性阳刚之气的化身，这种阳刚之气浸染并产生于纸墨间，借助书写和印刷得以扩散。基特勒的论点是，文学，如我们在现代社会所知，是教育普及的话语与两种媒介技术相结合的产物，因此，有必要将印刷媒介与邮政系统结合起来，有必要将公共教育与母亲的识字教育结合起来。我曾撰写过一篇综论性的历史论文，这一论文在 20 世纪 80 年代使德国大学 *日耳曼语学*教学发生了彻底变

---

① F. W. 茂瑙的电影《诺斯费拉图》是电影史上第一部以吸血鬼为题材的恐怖片。——译者注

革,并创建了媒介学(Medienwissenschaft)。这篇论文的主要目的是引入一个更为宏大的历史框架。在此框架中,基特勒关于德古拉的分析适得其所,并且在某种程度上,女性主义电影理论将发现自己既被嵌入历史之中,也被赋予了一种超越强调单向反射、视觉和男性视角的功能。

基特勒实际上认为,小说《德古拉》(1897)讲述的是女性如何成为媒介的故事,它也展现了19世纪中期女性的敏感性是如何作为一种资源和原材料被发现的。在基特勒看来,沙可、让内(Janet)、布鲁尔、弗洛伊德等学者都排着队"收割"(harvest)女性的媒介力量,而布兰姆·斯托克则拆穿了他们的虚张声势。因为,他在《德古拉》中揭示了潜藏于精神分析理论之中的父权制度,同时又提供了一个虚构的解决方案,这种方案可以让维多利亚时代/西方社会的人们能够忍受这一令人震惊的现实及其真正的冲突。在妮娜(Nina)和露西(Lucy)这两个反差巨大、互为补充的角色中,斯托克将癔症、偏执症和梦游症当作电磁学与无线电传输在人类世界的化身。斯托克无疑知道马可尼在1896年获得了无线电报系统的专利,即使他未必知道,1898年后者在英吉利海峡成功传送无线电信号。在追寻德古拉伯爵返回特兰西瓦尼亚(Transylvania)的旅程中,妮娜成了书中男性角色的媒介和信使,由于妮娜与德古拉伯爵之间的吸血鬼联系,她可以获知德古拉发出的一切信息,无论德古拉是在海上还是在陆地,因此,妮娜可以追踪德古拉的(全球的)位置。妮娜熟练地掌握了一种技术先进的符号编码设备——打字机,她记录下德古拉伯爵在前往喀尔巴阡山脉时发出的"信息",其角色就像一种移动的(无线)接收器和记录器。正如基特勒所评论的,1890年左右的女性只有两种选择,要么成为癔症患者,要么成为打字员。而妮娜,在露西去世后,同时拥有这两种身份。

精神分析理论和电影——是的,它们一起诞生,但自诞生,它们就一直处于对立状态,或者说,它们互相竞争,并且在此过程中产生了著名的"过剩"或者说"剩余"。这种"过剩"在各种模式中都曾出现,如在音乐剧和情景剧中"女人是多余的";作为特殊效果的暴力;身体恐怖和色情文学。电影研究也一直都试图解读这种"剩余"。因此,精神分析理论和电影是敌人和竞争对手的关系,但根据"敌人的敌人是朋友"这种双重否定,二者在19世纪末还是走到了一起,将文学和文学作家推向了终点[35]。

在基特勒的框架之中,技术媒介和精神分析围绕着文学遗产展开竞争,它们都努力承担过去被文学垄断的各种信息处理任务和对文化记忆的授权,记录、存储并重现人们在声音和图像、文本和痕迹的经验,这种经验或者是具体的,或者是想象的,借助体征或幻觉而得以表现。而照相机或摄影机(或一般的视听媒介)通过机械方式,完成了这种记录。在人造物质的支持下,精神分析保留了身体和声音的物质形式。然而,精神分析也极力通过自由联系和看似深奥但被严格控制的身体技术,试图实现记录过程的"自动化"。这种身体技术也是"(精神)分析"的组成部分。

  据另一种推测得知,基特勒似乎想表明的是,在三个不同的时代,女性在"驯化"新媒介技术及质疑技术对两性关系的影响上怎样发挥其关键作用。如果说1800年左右,女性在文学作为一种职业和一种自主实践的观念上是至关重要的,那么在1900年左右是女性的身体和声音引入并驯化了电影(如果我们可以接受基特勒将德古拉伯爵解读为视听媒介的讽喻式征兆)。留给我们的问题是,在2000年左右,对弗洛伊德的回归——将弗洛伊德视作媒介理论家而不是医学治疗师——能否就当前媒介技术的"无意识"问题为我们带来一些启发。在强调女性心灵的"并行处理""分散的注意力"和"协作的智慧"等传统美德时,数字媒介发现自己被"女性化"的特征所驯化,其目的也许是为了牵制并控制数据不灭性的另一种形式以及"过量"的刺激物,这些刺激物会威胁感知和理解的可能性,进而威胁到数据处理的可管理性。T. S. 艾略特(T. S. Eliot)在1936年发表了著名的论断——"人类不能承受太多的真实"[36],弗洛伊德可能同样怀疑人类不能承受过多的*媒介现实*。那么,人们不禁要问,21世纪的弗洛伊德在哪些地方重塑了"无意识"理论,使之适应信息媒介时代?为了让我们更深入地思考这一问题,我要引用弗洛伊德《超越快乐原则》中的论述来结束本文:"(感觉器官的)共同特征在于,它们只吸收非常少量的外部刺激,仅仅吸收外部世界的样本。人们可以将它比作触须,触须与外部世界直接接触,然后时不时地从外部世界收回。"[37]这句话惊人地预测到我们当下面临的困境之一,那就是我们的感觉仅仅是数据的"采样器",而我们的意识是保护性屏障,使我们能够在与世界的接触中生存下来。媒介理论家弗洛伊德也许仍然是与我们时代对话越来越多的人:与认知学者对话,与生物学家对话,也许甚至与那些认为精神分析已"破产",已"声名狼藉"的人展开对话。

  如果媒介考古学试图踏足电影史(或电视史)与媒介人类学之间尚待开拓的领域(前者在20世纪已无可能,后者在21世纪"媒介融合"甚至"反媒介性"问题上也不可行),那么,西格蒙德·弗洛伊德对技术媒介的"消极认识论"以及他对一直存在的、与意识和传播相关的记忆问题所持的怀疑态度,让他在无论是时间承继还是拓扑延展都是间接或非线性的道路上,成为里程碑或标志性的人物。

注释

1. Mark Miller, "Reading Freud," course description, University of Chicago, Winter 2007, http://english.uchicago.edu/content/reading-freud.

2. For a useful exposition, a flavor of the polemics, and a thorough analysis of the "Freud Wars," see John Forrester, *Dispatches from The Freud Wars: Psychoanalysis and Its Passions* (Cambridge, MA: Harvard University Press, 1999), and Frederick Crews, ed., *The Memory Wars: Freud's Legacy in Dispute* (Oxford: Granta Books, 1997).

3. Samuel Taylor Coleridge, *Biographia Literaria*, ch. 12(1817).

4. On Freud's hermeneutics, see, among others, Paul Ricoeur, *Freud and Philosophy: An Essay on Interpretation* (New Haven: Yale University Press, 1970), and Richard Rorty, "Freud, Morality, and Hermeneutics," *New Literary History* 12 (Autumn 1980): 177–85.

5. Such a view has most forcefully in recent years been argued by Slavoj Zizek, notably in his chapter on neurobiology in *The Parallax View* (Cambridge, MA: MIT Press, 2006), 200–251.

6. See Geoffrey Miller, *The Mating Mind: How Sexual Choice Shaped the Evolution of Human Nature* (London: Vintage, 2001).

7. Sigmund Freud, "The Mystic Writing Pad," in *The Standard Edition of the Complete Psychological Works of Sigmund Freud*, ed. and trans. James Strachey (London: Hogarth Press, 1955), 19: 228.

8. It would be futile to list all the writings by French philosophers that refer to Freud, but the key texts that have proved relevant to film studies are Jacques Lacan, "The Mirror Stage as Formative of the Function of the I as Revealed in Psychoanalytic Experience," in *Écrits: A Selection*, trans. Alan Sheridan (London: Routledge, 1977), 1–7; Louis Althusser, "Ideology Interpellates Individuals as Subjects," in *Identity: A Reader*, ed. Paul du Gay, Jessica Evans, and Peter Redman (Thousand Oaks, CA: Sage Publications, 2000, 31–38,; Gilles Deleuze and Félix Guattari, *Anti-Oedipus: Capitalism and Schizophrenia*, trans. Robert Hurley, Mark Seem, and Helen R. Lane (New York: Viking Press, 1977); Michel Foucault, *The History of Sexuality*, trans. Robert Hurley (New York: Pantheon Books, 1978).

9. Among the numerous writings on cinema and psychoanalysis, see E. Ann Kaplan, ed., *Psychoanalysis and Cinema* (London: Routledge, 1990); Constance Penley, ed., *The Future of an Illusion: Film, Feminism, and Psychoanalysis* (Minneapolis: University of Minnesota Press, 1989); Janet Bergstrom, ed., *Endless Night* (Berkeley: University of California Press, 1999).

10. Jacques Derrida, "Freud and the Scene of Writing," in *Writing and Difference* (Chicago: University of Chicago Press, 1978), 196–224; Mary Ann Doane, *The Emergence of Cinematic Time* (Cambridge, MA: Harvard University Press, 2002); Friedrich Kittler, *Gramophone, Film, Typewriter*, trans. Geoffrey Winthrop-Young and Michael Wutz (Stanford: Stanford University Press, 1999).

11. Lev Manovich, *The Language of New Media* (Cambridge, MA: MIT Press, 2001), 295.

12. Harun Farocki, *Nachdruck/Imprint* (New York: Lukas and Sternberg, 2001); Thomas Elsaesser, ed., *Harun Farocki: Working on the Sightlines* (Amsterdam: Amsterdam University Press, 2004); Paul Virilio, *Guerre et cinema I: Logistique de la perception* (Paris: Etoile, 1984).

13. On the former, see, for instance, Jacques Ranciere, *La fable cinématographique* (Paris: Seuil, 2001); on the latter, see the "tag clouds" generated by online databases such as the Internet Movie Database (www.imdb.com).

14. Sigmund Freud, *Beyond the Pleasure Principle*, in *Standard Edition*, 18: 153; Walter Benjamin, "The Work of Art in the Age of Mechanical Reproduction," in *Illuminations* (New York: Schocken Books, 1972). See also Rosalind Krauss, *The Optical Unconscious* (Cambridge, MA: MIT Press, 1993).

15. For a concise statement in English, see Niklas Luhmann, *Theories of Distinction: Redescribing the Descriptions of Modernity* (Stanford: Stanford University Press, 2002).

16. On Freud's early years, see Ernest Jones, *The Life and Work of Sigmund Freud* (New York: Basic Books, 1953–57), vol. 1, as well as Frank J. Sulloway, *Freud, Biologist of the Mind: Beyond the Psychoanalytic Legend* (New York: Basic Books, 1979).

17. Anson Rabinbach, *The Human Motor: Energy, Fatigue, and the Origins of Modernity* (New York: Basic Books, 1990).

18. See the opening passage of Freud's famous essay "The Uncanny," in *Standard Edition*, 17: 219–56.

19. On this, see Christoph Asendorf, *Batterien der Lebenskraf: Zur Geschichte der Dinge und ihrer Wahrnehmung im 19. Jahrhundert* (Giessen: Anabas, 1984). Quite generally, one could argue that each of Freud's three different models of the psyche—the topographic (spatial), the structural (ego, superego, id), and the economic (preservation of energy, based on steam pressure)—represents/ implies a different concept of medium, while each also relates to a contemporary technology or science, including archaeology.

20. On these and related topics, see Thomas Ballhausen, Günther Krenn, and Lydia Marinelli, eds., *Psyche im Kino: Freud und der Film* (Vienna: Filmarchiv Austria, 2006).

21. Derrida, "Freud and the Scene of Writing," in *Writing and Difference* (London: Routledge, 1985)196–230.

22. Jacques Derrida, *Archive Fever: A Freudian Impression*, trans. Eric Prenowitz (Chicago: Chicago University Press, 1996),24.

23. On Thomas Edison's thinking on audio-vision, see Gordon Hendricks, *The Edison Motion Picture Myth* (Berkeley: University of California Press, 1961).

24. See Serge Daney, "Cinemeteorologie," *Libération*, February 20–21,1982.

25. Mary Ann Doane, "Temporality, Storage, Legibility: Freud, Marey, and the Cinema," in *The Emergence of Cinematic Time* (Cambridge, MA: Harvard University Press, 2002),33–68.

26. Ibid., 34–35.

27. On Benjamin's distinction, see Martin Jay, *Cultural Semantics: Keywords of Our Time* (Amherst: University of Massachusetts Press, 1998),110–24.

28. Doane, "Temporality, Storage, Legibility," 167.

29. See Thomas Elsaesser, ed., *Early Cinema: Space Frame Narrative* (London: British Film Institute, 1990).

30. Gilles Deleuze, "The Brain Is the Screen: An Interview with Gilles Deleuze," trans. Marie Therese Guiris, in *The Brain Is the Screen*, ed. Gregory Flaxman (Minneapolis: University of Minnesota Press, 2000).

31. On Marey, see Marta Braun, *Picturing Time: The Work of Étienne-Jules Marey, 1830–1904* (Chicago: Chicago University Press, 1992).

32. Mary Ann Doane, *The Desire to Desire: The Woman's Film of the 1940s* (Bloomington: Indiana University Press, 1987), and *Femmes Fatales: Feminism, Film Theory, Psychoanalysis* (London: Routledge, 1991).

33. In the original: "die endlose Wiederholung durch automatische Aufzeichnung," Friedrich Kittler, *Draculas Vermächtnis* (Leipzig: Reclam, 1993),12.

34. Friedrich Kittler, *Discourse Networks 1800/1900*, trans. Michael Metteer (Stanford: Stanford

University Press, 1990).

35. See Kittler, *Draculas Vermächtnis*, 96, who in this respect contradicts but also complements Stephen Heath, "Cinema and Psychoanalysis: Parallel Histories," in Bergstrom, *Endless Night*, 46.

36. T. S. Eliot, "Burnt Norton," no. 1 of the *Four Quartets* (London: Faber and Faber, 1945).

37. Freud, *Beyond the Pleasure Principle*, 153.

第二部分

面对/互动媒介

媒介考古学不仅徜徉在时间的海洋中,还贯穿着所有的媒介。

这一部分的关注点将集中在"界面",这些界面不仅连接了机器与它的用户,还将不同媒介连接起来。鉴于媒介融合早已被视作数字时代的界定性特征,媒介考古学的创新之处就在于,它将媒介设备、格式、种类、美学之间的关系分析远远拓展到数字时代之外,追踪着媒介的融合、分离、偶遇和重叠,将研究的视野置于更加广阔的文化空间。接下来的一部分内容将提供看待这种媒介间性的新角度,它将补充和修正现有的理念。

在本部分,草原真知子的文章通过聚焦20世纪早期日本的现代性和媒介使用,将媒介间性清晰地表述为对英美欧洲中心主义研究方法的含蓄批判。她的文章集中分析了一件由西洋镜和留声机结合产生的光学玩具——Baby Talkie。这个玩具在被真知子关注以前,早已被历史遗忘。围绕这件被遗忘的玩具,真知子分析了电影与音乐、现代化与传统之间、西方与日本之间的碰撞。日本在现代化时期紧跟着国际媒介、时尚和艺术潮流,作为文化交流产物的Baby Talkie自然也就展现出国际潮流对日本传统美学和叙事的影响。尽管真知子关注的是稍早时代,发掘的是即便在日本都鲜为人知的现象,但她的论述对于理解当今的跨文化和多元文化时代颇有意义。通过对一件看似多余的物件境遇变迁的分析,她从微观层面展现了文化影响的流变。

旺达·施特劳芬的文章与新电影史保持一致步调,她在媒介考古学中发掘的是早期光学玩具与当下电子游戏触感形式之间的关系。她借鉴了尼古拉斯·杜拉克(Nicolas Dulac)和安德烈·戈德罗(André Gaudreault)关于光学玩具的研究和埃尔基·胡塔莫关于互动性的考古学研究,认为游戏不仅仅是媒介的一种独特形式,还是包括电影在内的其他媒介内部的一种模式[1]。媒介之间的关系定义了它们的特征。斯特劳芬主张从游戏的角度对电影的历史进行修正。当电影需要依靠外界的元素(剧透、互联网论坛、游戏)来支撑自己时,媒介间的关系就愈发明显。因此,将电影理解为各种媒介系统形式(观看、触摸、感觉及通感)的结合,也就确实有其必要性。电影正在把自己变成一种触摸媒介,这实际上是在重新建立它与其装置源头之间的联系,电影正重新向留影盘、费纳奇镜、西洋镜、活动视镜靠近。

克劳斯·皮亚斯同样是对数字游戏文化进行考古,深入剖析了"实时"用户友好型界面的发展历史。但他没有选择写一段游戏的线性历史,与此相反,他制作了一张文化考古地图,地图上画着与"玩"(play)这一概念相关的文化信息,展示了一种非线性的轨迹。"玩"是人类的定义性特征,但却在"Ping-Pong"通信中到达了非人类的维度。"Ping-Pong"定义了计算机的子表现器件(Subrepresentational machinics of computer)。皮亚斯从人类学对"玩"的研究着手,将电脑游戏视作一种基本的时间性、节奏和操作的索引,而时间性、节奏和操作正是计算机游戏为人类用户提供的框架。对于人类感官而言,数字技术在本质上太快也太小,因此,界面设计总是一个转化的问题,它需要将过快流逝的暂时性转变为视觉和触觉,以便让人类用户和电脑得以同步。皮亚斯的研究脱胎于受弗里德里希·基特勒作品启发的德国媒介考古"学派",但也受到吉尔·德勒兹"机器"概念的影响,他的研究为媒介考古学引入了新的理论。

温迪·秦的文章通过研究网络媒体的可编程性,论述了当代数字文化中存在的暂时性结构。数字记忆常被认为是既稳定又永恒的,但秦却强调了它的健忘性和可擦除性。退化过程定义了数字媒介,而无论是在现实中还是概念内,退化都是对存档的挑战,数字媒介与其说是关于永恒的幻觉,不如说是让暂时不断持续。秦在媒介考古学中的定位与她对数字媒介时代存档问题的探讨相关。对她而言,媒介考古学不仅是关于宏观层面的历史事件和叙事,也是关于微观层面的时间临界进程,这个进程定义了技术媒介[2]。

注释

1. Nicolas Dulac and André Gaudreault, "Circularity and Repetition at the Heart of the Attraction: Optical Toys and the Emergence of a New Cultural Series," in *The Cinema of Attractions Reloaded*, ed. Wanda Strauven (Amsterdam: Amsterdam University Press, 2006), 227–44. This text was previously published online as "Heads or Tails: The Emergence of a New Cultural Series, from the Phenakisticope to the Cinematograph," *Invisible Culture* 8 (Fall 2004), www.rochester.edu/in_visible_culture/Issue_8/dulac_gaudreault.html. Erkki Huhtamo, "Slots of Fun, Slots of Trouble: An Archaeology of Arcade Gaming," in *Handbook of Computer Game Studies*, ed. Joost Raessens and Jeffrey Goldstein (Cambridge, MA: MIT Press, 2005), 3–21.

2. On such approaches, see the work done on media archaeology in the context of the Humboldt University in Berlin: Axel Volmar, ed., *Zeitkritische Medien* (Berlin: Kadmos, 2009).

Baby Talkie,家庭媒介与日本现代化

草原真知子

不久前,我偶然得到了一件有趣的古董,叫 Baby Talkie(图 6.1),它是一件产自日本的光学玩具。我拿到它的时候,它还连同其他配件一起,保存在原来的包装盒里。

图 6.1　Baby Talkie(草原真知子藏品)

它是西洋镜的一种翻版,与西洋镜不同的是,它被设计成装在留声机的转盘上使用,目的是让使用者可以在观看动画的同时听着音乐,又或者听音乐的时候可以看着动画。包装盒上的产品说明写着"(这个装置)能让你厌倦的唱片重获新生"。这个玩具背后的基本原理并不新颖。早在 19 世纪,以西洋镜为代表的光学玩具已经出现在西方世界。电影出现后,各种版本的西洋镜仍在生产,但这些西洋镜大多由硬纸板、纸和木头制成,体积较小,通常被当作儿童玩具。Baby Talkie 显然不满足于只成为一种儿童玩具,它有更大的野心——将西洋镜作为

一种新的媒介重新引入人们的生活。Baby Talkie 的大小接近于全尺寸的西洋镜,具有后现代主义的设计风格,由金属片和铸铁制成,因而显然比作为儿童玩具的西洋镜更加结实。同时,它还具有一种西洋镜和有声电影都不具备的特征——伴随着音乐展示彩色的运动图像。至少,这个特征是它被设计出来的目的所在。

Baby Talkie 的这种特征可以从为它特制的近 40 条画片条中得到证实。这些画片条是彩印而成,它们的主题明显不同于那些早已在西方西洋镜中反复复制了多年的画片条。在这近 40 条画片条中,除了一小部分,尤其是稍晚制作的那批是特意为孩子准备的外,其余的大部分都选择了一些明显更能吸引青少年和成年人的主题。下文中,我将详细分析这些画片条,从分析中可以看到,这些画片条蕴含着一些西方主题和日本主题的有趣融合,这些主题包括佛教僧人、武士战斗、骷髅舞、查理·卓别林(Charlie Chaplin)、棒球运动员和士兵。这些画片条的主题和高质量的印刷印证了 Baby Talkie 与日本现代主义文化的繁荣之间的联系。日本这种面向世界的现代主义文化思潮发端于 20 世纪早期,因 20 世纪 30 年代出现的国家主义而大受打击,最终在"二战"爆发后彻底消失。

Baby Talkie 本身及其画片条反映了许多流行于该时期的日本文化和社会问题,其中包括日本对西方文化的态度,也包括民众对诸如留声机和电影之类新技术的看法。此外,鉴于 Baby Talkie 在日本技术史上扮演着非常特殊的角色,我们也应该对它与日本传统文化之间的关系展开追问。我将首先解决这一问题,然后再分析 Baby Talkie 本身和它隐含的信息。

娱乐、媒介、明治维新

江户时代(1603—1868 年),日本除了与中国及荷兰有少量贸易往来外,闭关锁国近两个世纪。在这样的时代背景下,日本科技史显然与西方存在许多不同之处。但正如泰门·斯克里奇(Timon Screech)观察到的那样,日本事实上从未与外界完全隔绝过[1]。虽然官方限制了人们的对外交流,但日本的学者、科学家和科技爱好者还是成功地与居住在长崎湾边一个人造小岛上的荷兰人进行了信息交换。与此同时,一些科技小物件也通过秘密交易或以礼物的形式进入日本。流行于 18 世纪的魔术幻灯①(magic lantern)便是这样的例子。在魔术幻灯传入后,日本人制造了属于自己的幻灯,改良的幻灯在许多方面都异于原版,这

---

① 魔术幻灯是一种早期图片放映设备,是现代幻灯片放映机的前身。——译者注

些特殊的幻灯被命名为剪影画（utsushi-e）。另一个案例是当时在日本非常流行的西洋镜（peep show），它既是一种流行的街头娱乐形式，也是上流社会群体在家消磨时间的玩具²。在铃木春信（Harunobu）制作的一幅描绘豪华房间内饰的著名版画《高野的玉川》（*Tamagawa in Koya*）中就能看到对光学盒子①（zograscope）的使用³。那时的日本并未系统地引进光学理论和发明，在一个既不受战乱影响，也没有发生工业革命的国家，新技术通常只为满足人们的猎奇心和娱乐需求。和平的社会环境使得视觉娱乐蓬勃发展，这些视觉娱乐完美地融合了艺术、设计和手工艺制作，以至于在视觉娱乐中，各类艺术间没有明显界限。

随着时间迈向19世纪中期，来自俄国、英格兰、法国和美国的船只逐渐出现在日本的海岸边，要求日本向他们开放贸易关系，这时情况发生了急剧变化⁴。19世纪50年代中期，日本已经开放了数个港口，1867年的明治维新结束了日本封建割据的局面，建立了君主专制的中央集权制度。为避免走上中国1842年鸦片战争战败的旧路，新的政府下定决心要让国家尽快实现现代化。当时，日本社会中的大多数人都为"文明、开化"的观念所振奋，奋发向上成了一种社会共识⁵。

明治维新后，一大批寻求新想法和新机会的有志之士聚集于东京，其中包括明治政府邀请的数位外国专家。日本引进留声机的过程展示了这一景象。1879年（明治十二年）1月，距爱迪生公布其发明不到一年半，托马斯·科温·门登霍尔（Thomas Corwin Mendenhall），一位就职于日本帝国大学（现东京大学）的美国物理学教授公开举办了数场关于电力和磁力的演讲，他的演讲借助了魔术幻灯设备，内容包括电力和磁力在声音通讯中的应用。演讲广受欢迎，以至于开场前3个小时，演讲厅就已经挤满了人⁶。当年3月，另一位帝国大学的教授，来自苏格兰的詹姆斯·阿尔弗雷德·尤因（James Alfred Ewing）当众展示了他自己组装的留声机⁷，得到了当时所有主流媒体的狂热报道。当身兼多职的记者福地源一郎（Genichiro Fukuchi）受邀用留声机录制一段信息时，他开玩笑道："这一类的机器会给我们报业带来大麻烦。"⁸

这一逸事印证了在明治时代的热烈氛围中，新媒介技术进入日本的速度非常迅速。仅在明治维新开始的十年后，日本社会已经迫不及待地想要追赶西方文明。从食物、衣着时尚、民众的兴趣爱好到公共交通系统、教育和经济，剧烈的社会变革随处可见。然而，留存了数个世纪的文化传统显然难以接受如此快速的改变，信奉新价值观念和崇尚传统的人同处于社会，时而引发冲突。历过了几十年的时间，日本才发展出新的城市文化。20世纪日本学习世界潮流的时期，

---

① 光学盒子是一种光学仪器，可以加强平面图像的纵深感。——译者注

被人们称作大正革新(1912—1926 年)和昭和革新[9](1927—1935 年)。

日本的现代化是世界现代化潮流的一部分,但受西方和自身传统文化的双重影响,其现代化也有自身的鲜明特征[10]。在民主主义、自由主义、达达主义、超现实主义和其他当代艺术运动的共同影响下,日本出现了一大批艺术、设计、摄影、文学、戏曲、儿童文学、漫画、电影、动画和其他领域的作品。许多领域都能见到融通新风尚与旧传统、调和日本和西方特色的自由创作迹象。在时尚领域,令人惊叹的现代图案,如乐谱、报纸、电影、留声机和城市景观,都成为和服的设计灵感(西方传入的羊毛和最新的染色工艺对此也具有一定的推动作用)[11]。这一时期,大众娱乐虽然仍更多地偏向传统美学,但诸如电影、留声机之类的新媒介技术也在迅速融入日本的社会文化语境[12]。

作为时代表征的 Baby Talkie

关于 Baby Talkie 的历史,我们知之甚少。它的包装盒上没有关于制造商和制造日期的任何信息[13]。从它附件中画片条的数量和画片内容的多样性中,很容易推测出 Baby Talkie 是由专业设计者设计的工业制成品,且一定有相当的市场投放量[14]。而实际情况是,目前我们很难找到完整保存下来的 Baby Talkie[15]。在这种情况下,一系列有意思的问题随之出现:我们如何能让 Baby Taikie 不仅"自我介绍",还能"介绍"它的使用者和它所处的时代背景?

经过数年的资料搜集,近期,我发现了三张有 Baby Talkie 广告的报纸。这三张报纸广告纸均出现在 1932 年。有一张发表于 1932 年 5 月 20 日的《读卖新闻》,广告词是"新发明,别样留声机——Baby Talkie 诞生了!"从这则广告可知,Baby Talki 的制造商为天皇商会(Mikado Shokai),经销商是总部在东京神田的日本声娱商会[16](Japan Talking Company),经销商的名字已清晰指向"有声电影"(talkie)。广告列出了该商品在东京地区的主要销售商,包括四家百货商店、一家著名的玩具店博品馆(Hakuhinkan)和一家上野区新开的地铁商店[17],它们全部位于东京的浅草区、上野区和银座地区,这些地区都是东京东部的旅游发达区[18]。广告纸上还写着"诚招经销商",文字之外,广告还有配图。配图向人们展示了看着像是图片放映装置的 Baby Talkie,它被安装在留声机的唱片上,边上还放着一圈画片条,至于价格,广告上写着,"1.5 日元,含六条画片条,全国包邮"。

除了这些实用信息外,这条广告的第一行还令人惊讶地传递着科学信息:"这台设备需放置于留声机转盘上使用,极少的动力即可使其运转,因此它可以安装在任何小型留声机上,易于安装,经久耐用。"当时很少有读者能理解扭矩与动力之间的关系,但也许这正是 Baby Talkie 的无名发明者万分自豪的发现之一。广告向它的受众暗示:如果您购买这件产品,"就能用一张唱片的钱,让任何旧唱片变得有趣生动,让您的眼睛与耳朵享受宛如观看一场真正的有声电影的愉悦"。它甚至还表示"一旦拥有,您将再也不能忍受任何只能听的留声机"。在这则广告中,留声机因只能播放声音而受到责备。伴随着"有声电影"的到来,留声机的功能需要提升,在这样的契机之下,Baby Talkie 应运而生。"已经有 26 部电影可以通过 Baby Talkie 进行播放,每部 5 分钱",这则广告最终以此结尾。

另一则广告出现在同年 6 月 5 日的《读卖双周刊》周日特别刊——《读卖少年新闻》(*Yomiuri Shonen Shimbun*)中[19]。这则广告的目标受众是家中有青少年的家庭,它登载的图片与 Baby Talkie 包装盒上的图片一致,是一个家庭围坐在一台留声机旁。广告上还展示了其他图片,其中包括一条描绘有一名正被丘比特微笑注视着的拿国旗、穿军装的行军男孩的画片条。这则广告中的文字信息与其他的广告一样,除了没有标明"已经有 26 部电影可以通过 Baby Talkie 播放,每部 5 分钱"。第三则广告登载在同年 6 月 20 日的《朝日新闻》(*Asahi Shimbun*)上,这则广告的标题为"图片因 Baby Talkie 而舞动",内容为"Baby Talkie 在百货商店和留声机专卖店均可买到",还附有"插入电影画片条(无论是以漫画或写实的方式绘制的),无尽愉悦将触手可得,让你的旧唱片重获新生"。

有意思的是,《朝日新闻》的广告还特意向它的读者保证:"厂商已经告知我们,Baby Talkie 不会损坏留声机发条。"这或许说明,Baby Talkie 上市期间,人们一直担心将一个沉重的铁制品置于珍贵的留声机上会造成留声机的损坏。广告上的价格说明倒是始终如一,不过可供选择的画片条已经达到 30 条。这则广告没有提到制造商的名字,经销商一栏写着"后乐园商店—声娱部门"[20](Talking Divisionof Koraku Shoten)。在后续的资料查阅中,我了解到,后乐园商店是一家专营收音机、留声机及其配件,并且经营得比较成功的商店[21]。尽管仍然缺少许多信息,这三则广告还是提供了 Baby Talkie 是如何被引入社会的确切线索。我们现在知道了它出现于 1932 年 5 月底,在当时被人们认为是一项新发明。那么 Baby Talkie 和它的画片条能告诉我们什么?它流行时的年代背景是怎样的?它又是如何消失在历史长河之中的?

商业有声电影最早出现在日本是 1929 年。次年,日本制作了自己的第一部有声电影[22]。那时,位于东京浅草的娱乐区街道两边开了许多电影院,现代文化在诸如东京、大阪的大城市中十分流行。与此同时,日本开始滑向军国主义。

1937年,第二次中日战争爆发一年之后①,日本政府出台政策,禁止使用金属制造玩具,随后又下令从普通家庭中搜集金属器具以供军需[23]。在此背景下,以娱乐为目的且无法为教育或宣传提供助益的金属制品 Baby Talkie 被大量收走,重新熔为金属。或许有些孩子还会保存它的画片条,但东京、大阪、神户和广岛等许多大城市都曾在"二战"中化为灰烬。战争中确实有一些小的幻灯和放映机因可用来播放宣传画和电影而得以保留,但 Baby Talkie 没有这样的机会[24]。

20世纪30年代后期和40年代早期,日本的文化环境发生了巨大的转变。30年代使用英语很常见,但在美日战争打响之后,英语被禁止使用。"Baby Talkie"这个名字本身也必然为它招致不幸。在这一时期,使用"奢侈"用品的人会被视作反爱国主义者,在家听留声机自然也就成了一个问题[25]。简而言之,Baby Talkie 是"日本现代化"过程中那段短暂而特殊时期的产物。这篇文章正是试图弄清这件被遗忘的小物件在它的历史语境中究竟有何意义。我的关注点将尤其集中在 Baby Talkie 的名字及其画片条内容所映射的日本现代与传统生活方式的关系上。

作为光学设备的西洋镜

要想理解作为媒介文化产品的 Baby Talkie,了解西洋镜的历史是必做的功课。几乎在同一时间,奥地利人西蒙·施坦普费尔(Simon Stampfer, 1833)和英国人威廉·乔治·霍纳(William George Horner, 1834)分别独立提出转动图画鼓(picture drum)以观看运动人物形象的创意,后者将其命名为"魔王之轮"[26](Daedaleum)。这种图画鼓是费纳奇镜的变体之一,而费纳奇镜则是由西蒙·施坦普费尔和比利时人约瑟夫·普拉拖(Joseph Plateau)在1932年各自独立发明的。普拉陶和施坦普菲尔的发明建立在当时的视觉生理学发现之上,它们利用的是我们现在称为"视觉暂留"的原理。在费纳奇镜发明后的数月之内,它成了由印刷厂和书商售卖的"益智玩具",流行于伦敦和其他地区的上流社会。然而,因为某些未知因素,这种现在被称为"西洋镜"或"命运轮盘"(wheel of life)的图画鼓直到19世纪60年代后半期才成为一种常见商品。

1866年起,有几家厂商开始进行大型、坚固的西洋镜的工业化生产[27]。工业化的标准生产使可替换的画片条得以出现,大型西洋镜的尺寸标准也进行了统一。一般来说,一台全尺寸的西洋镜直径为30厘米,高度20厘米。在它的侧边

---

① 此处应为原作者笔误,1937年为中日战争爆发当年。——译者注

有 12 或 13 个用以观看的小洞，小洞的数量与每条画片条上的图片数相对应。这些图片通常用黑墨水外加一两种颜色（如红色、绿色、蓝色）的涂料一齐印刷在普通纸条上。画片条以低价出售，有时甚至被做成折叠的小册子，消费者须自行剪好自己想看的画片条[28]。与埃米尔·雷诺为其活动视镜（1878 年发明的一种西洋镜改进版本）制作的精美艳丽的画片条相比，普通西洋镜的画片条大多十分粗糙且偏好卡通化、夸张的动作图案[29]，这些画片条的主题通常是类型化的，与现实事件或人物毫无关联。

　　西洋镜一直被人们误认为是电影设备的前身，但事实上，西洋镜在电影设备取得重大突破后仍作为一种玩具被广泛使用。长久以来，人们对将两个饼干罐头合起来做成西洋镜之类的新奇尝试十分热衷。各种新版本的西洋镜在 20 世纪初不断出现且均声称能提供"家庭影院式"体验。一款名为"电影之趣"（Moviefun）的产品在包装盒上写着"彩色动画片：具有十大特色的家庭影院"[30]。与它有着相似概念的另一款产品是"朗森电影视界"（Ronson Moviescope），这款产品是由费纳奇镜衍生来的一种机械玩具，出产于 1910 年或是 1920 年间。它的包装盒上写着"奇妙、有趣、吸引人！超赞的图片放映机！"[31] 它的铁轮轴直径仅有 10 厘米，可以通过操作其侧边曲柄进行旋转，这与当时电影放映机的使用方法极为相似。

　　另一个非常有趣的发明是"留声电影院"（Gramphone Cinema）。它是光学玩具和留声机结合的产物，制作者将其命名为"The Kinephone"[32]。它也属于改良的费纳奇镜，原理是利用留声机的转盘使费纳奇镜的碟片自动旋转（取代唱片碟，声音和图片碟片不能同时使用）。从这些装置包装盒上的文字和图片说明以及所选用的材料来看，这些小型西洋镜和其他类似装置一样，大多旨在为孩子提供短暂、循环的卡通动画。一件名为"维特电影视界"（Witte's MovieScope）的美国装置在设计和功能上最接近 Baby Talkie[33]，它的包装盒上写着"4 合 1"。从盒上的四张图片说明中，我们可以看到该装置被放在桌子上，大小为手提式，它既可以放置在留声机的转盘上，也可附在留声机的木制支架上，使留声机的唱片与之同时播放。这个大小合适的西洋镜由纸和未喷漆的木头做成，它的旋转鼓身有 7 个透视孔，每一个画片条上有 10—11 幅黑白图片。

　　当然，将这些装置称作"家庭影院"绝对是一种夸张，从图片质量和制造材料来讲，它们甚至比"前电影"时期的装置原型还要简单。奇诺拉（Kinora）便是这些前电影原型装置中的典型代表。它是一种成功的家用图片动态放映装置，人们可以通过奇诺拉类似于电影放映装置的卷筒（将每一帧放映的图片复印到卷起来的纸条上）放映短片。与它相比，"电影之趣"或是"维特电影视界"与电影的差距就太大了。从另一方面来看,将留声机挪作他用,使其远离原来的用途,也是一个极为有趣、值得深究的媒介考古学选题[34]。1932—1933年间,日本曾出现过一些发明者为全景玩具(panorama toys)提交专利申请,这些申请中写明了要将留声机用于自动旋转图片[35],但这些发明有没有被制造出来则无人知晓。

明治时期,很多光学仪器都是在现代化过程中作为科学教育的一部分引进的。虽然专业的幻灯片放映机作为教育和娱乐设备已经广为人知,但西洋镜却只在展示视觉暂留原理时才时有出现。除了一家名为岛津(Shimadzu)的著名医疗设备生产商曾在1896年生产了一部用于科学教育的西洋镜外[36],再无更多关于西洋镜在日本的信息。我收藏了一系列印在日本报纸上的木板印刷的西洋镜画片,这些画片展示了一些妇孺皆知的西方和日本故事,包括一张两个男人互相为对方推拿的图片。这些画片无疑是日本制作的,可以用在所有标准尺寸的西洋镜上,但这无法回答它们是用在日本制造的西洋镜还是用在进口西洋镜上。

西洋镜在日本的发展似乎并不成功。在入江博物展(The Irie Collection)中,有一个明治时期制作的极为罕见的小型西洋镜,它由锡和原木制成,正中间竖着一根蜡烛。而在西洋镜中使用蜡烛的想法是受雷诺的活动视镜启发,还是受常见于集市的日本传统走马灯(源自中国)影响,抑或是它们均为其作出了贡献,已难以考究。1906年就有一份为一件活动视镜玩具提交的专利申请,而当时包括全景玩具在内的带有曲柄的机械玩具正风靡日本[37]。玩具制造商热衷于引进和发明新奇而富有创造力的玩具,其中就包括光学设备[38]。由木头和纸制成的西洋镜小而便宜,它们在集市上随处可见。据了解,它们在1891年至1892年间"非常流行",但自那以后它们便迅速消失,甚至没有留下一个统一的称呼[39]。它们被看作是一种短暂的流行物,在日本的历史上,这样的短暂流行时常可见。魔法幻灯、万花筒、立体镜之类的装置在日语中获得了恰当的名称,全景、透视之类的概念也被广泛接受,成为日本语言中的一部分,但与此不同,西洋镜未能在日本的视觉文化中占有一席之地。从这个意义上看,Baby Talkie事实上是一种新媒介[40]。

现代家庭的娱乐活动

Baby Talkie的商标是用金色颜料印在黑色的金属鼓轮躯干上的[41]。鉴于当时存在大量色彩丰富的玩具,Baby Talkie的配色似乎印证了它的目标受众绝非儿童[42]。金色和黑色的配色在其他诸如玩具摄影机、玩具放映机之类的通过大商场和邮寄售卖的光学玩具上也能见到[43],很难说这是受西方美学的影响,还是模仿日本传统高端日用品的配色习惯,或许二者都有。Baby Talkie 的英文命名及功能向人们证明了它是一件可以反映当时日本现代城市生活方式的产品——它来自短暂却让人振奋的"现代日本"时期[44]。

这个时代的文化环境可从 Baby Talkie 包装盒上的图片(图 6.2)得到推断[45]。

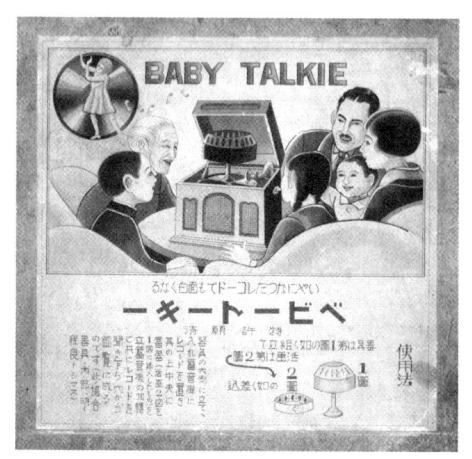

图 6.2　Baby Talkie 包装盒上的贴纸
(草原真知子藏品)

在图片中,一个家庭中的父亲、母亲、祖母,少男少女和被抱在妈妈怀中的小宝宝齐坐在圆桌旁的扶手椅上,而圆桌上放着一台装着 Baby Talkie 的留声机。图片中西式装修风格的房子本身即是一个现代家庭的象征。圆桌、大椅子和沙发是这种室内装修风格中不可或缺的物品,它们通常用来接待客人以及进行晚餐后的家庭聚会。在这幅图片中,父母给了孩子最好的观赏位置,祖母也一同欣赏动画,鉴于当时父权观念仍在众多家庭中流行,这样的场景倒是为我们展现了一种理想的民主家庭关系。作为广告,这张图片传递出了"这台设备能为这样的'现代家庭'提供理想娱乐形式"的观念。Baby Talkie 不是一件便宜到孩子能在街角小杂货店里随意买到的廉价玩具,它也不是一件一次性的娱乐设备。因为从图中可知,他们所处的空间实际上是一个非常特殊的空间,在当时的日本,只有高品质(大多是西方的)物品才能放在这个空间内。

从这张图上看,另一个极有意思的问题是关于这一家人的衣着。母亲和祖母穿着传统的和服,而孩子们则穿着西式风格的外套,父亲甚至还带着领带。我们可以合理想象,也许他刚刚回家,迫不及待地想要向他的家人们展示这件新奇的机器。也可能是出于图片要求,目的是向消费者直接指明他的社会地位。在当时,家庭主妇们一整天穿着和服倒是正常的[46]。孩子们的西式穿着能让人立刻想到他们来自上层家庭。这些文化符号的运用向人们展示了一幅现代化的进步图景,而依旧稳定的家庭结构则反映出代表着不同价值体系的日本传统文化和西方文化在日本人的日常生活中早已得到融合。

硬 件 配 置

怎么才能在一台留声机上看动画的同时听音乐呢?要弄明白 Baby Talkie 的特性,我们必须探究它的"硬件"特征。典型的西洋镜由一个圆柱形的鼓身和一个较重的底座组成,鼓身与底座之间通过一个带螺丝的轴连接。当有人转动轴时,鼓身的那一部分可以自由地水平旋转[47]。除了一些为实现其功能而特意添加的部分外,Baby Talkie 的结构与西洋镜几乎一致,它们的不同是:Baby Talkie 的鼓身不是圆柱形的,它的鼓身由两部分(上下)组成;Baby Talkie 的观察孔差不多是标准西洋镜的两倍;Baby Talkie 鼓身与底座的螺丝必须拧得非常紧才能保证底座和鼓身一起旋转。

正如包装盒上的图片展示的那样,Baby Talkie 原本是放在旋转的唱片上使用的。它的直径为 24 厘米,恰好匹配 78rpm(每分钟转速)标准播放的唱片。它比全尺寸的西洋镜(如米尔顿·布莱德利西洋镜,直径 30 厘米)小一些,但从其尺寸和用材来看[48],它仍然可以算得上是一台"正式"的西洋镜。它的生铁底座比标准西洋镜要窄得多,直径只有 6 厘米,恰好是唱片碟标签的直径。Baby Talkie 的重量和足够覆盖唱片机转盘中间金属针的洞让它可以稳稳立住。唱片和 Baby Talkie 鼓身底部的距离为留声机的唱头和唱臂保留了足够的空间,这保证了音乐的正常播放。

先前我提到过 Baby Talkie 的鼓身包括上下两部分,这两部分在使用时必须装配起来。鼓身上部分布着一些切口,形状不是圆柱形而是顶部比底部窄的柱体,这让 Baby Talkie 拥有独一无二的外观。那么 Baby Talkie 为什么要这么设计呢?包装盒上的图示为我们提供了一些线索。当使用者真正把 Baby Talkie 放到留声机上时,他就能明白这样的设计是必须的,只有这样,Baby Talkie 才能卡进留声机转盘与盖子之间的狭窄空间,而这个空间在使用时将变成平时的一半大小。像 Baby Talkie 这种尺寸的西洋镜很难在保留其鼓身上部边角的情况下被放到留声机上。将机身分成两个独立的部分便于工厂批量生产,当然,独立的两部分还有其他的优点——这种设计让整个装置可以被放到一个相对规整的盒子中,盒子的尺寸长宽都是 25 厘米,高 7 厘米,刚好是一个唱片存储格的大小,只占了一打唱片碟的空间。

Baby Talkie 的另一特点是其切口的数量。它有 23 个切口,而通用的西洋镜不管多大,都只有 12—13 个切口。为 Baby Talkie 准备的每一条画片带上都有 21—23 张图片。那么,为何 Baby Talkie 的切口几乎是通常西洋镜的两倍呢?一种合理的解释是,它们是用来弥补留声机 78rpm 的低转速。78rpm 的转速远低于手动旋转西洋镜的转速。如果一个只有 12 或 13 个切口的西洋镜被放到留声机上旋转,它的帧率只有 15—17fps(每秒播放帧数),这显然无法给使用者带来流畅的动画体验[49]。增加切口的数量可以让帧率上升到 30fps,动画将更为流畅[50]。另一种解释是,Baby Talkie 的发明者希望能够通过增加切口数量和生产全彩画片条以达到更贴近电影的效果。

总结一下 Baby Talkie 的硬件部分,可以说,它设计上的每一个细节均建立在对留声机运转原理的深刻理解之上,目的是通过精心设计,最大程度地拓展 Baby Talkie 的家用功能。给已经存在的装置(如留声机)添加新功能(如看运动图片)的做法在日本的很多产品上都能见到。而在不影响产品最大效用的前提下,让产品更加紧凑简洁也是日本产品设计的典型特征。不管是谁发明了 Baby Talkie,他的目的一定是在那个尚难想象能在家享受有声电影的时代,给人们创造一种"家庭电影装置"。Baby Talkie 作为一种家庭娱乐方式可能只存在极短的一段时间,但是它的出现预示了包括电视、DVD、互联网视频及其他各种形式的家庭视听娱乐形式的诞生。

作为时代印记的画片条

西洋镜的画片条是一条长而窄且带有图画的纸。Baby Talkie 的画片条宽 5.7 厘米,长 78 厘米,上面画着 21—23 幅画。在部分画片条上有很多角色交错叠现,使画片条的各帧并非完全分离分布,因而,这部分画片条的帧数难以确定。我一共收藏了 31 种不同的画片条,所有的画片条都有编号,就目前来看,我收藏着数量最多的画片条[51]。它们分别来自不同渠道,但令人遗憾的是,目前还没人找到 1 号画片条。这些藏品中的最后一条编号为 39,但截至目前,我还不确定它是否是工厂生产的最后一条画片条。除了早期的两条描绘骷髅舞(5 号)和黑人土著舞(6 号)的画片条着色极为单调外,其余的画片条都用描影法全彩印刷,并且印刷质量相当好(图 6.3)。

这些画片条包含能够帮助人们理解画片条中人物所代表时代的一些线索。

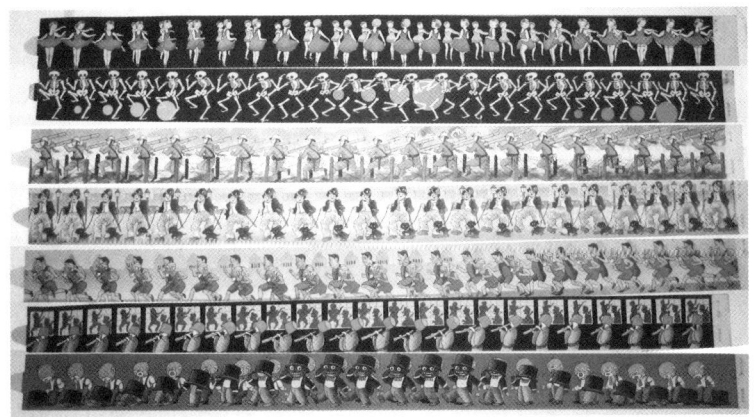

图 6.3　Baby Talkie 的画片条（从上往下）编号 2、5、10、12、23、24、39（草原真知子藏品）

它们的主题是混合的，既包含西方的，也包含日本的。编号为 2 的画片条展示了两位分别穿着红裙和蓝裙的小女孩，这极有可能是在描绘 20 世纪 20 年代后期非常流行的"女孩歌剧"。宝塚歌剧团（Takarazuka Revue，1914— ）凭借极具法式风格的表演剧《我的巴黎》大获成功，这部表演剧于 1927 年开始公演，启发了一家重要的戏剧和电影制作商——松竹株式会社，这家公司在 1928 年成立了"松竹歌舞剧团"[52]（Shochiku Kageki Dan，SKD）。该剧团凭借绝技——排舞而闻名。除了在其位于浅草的剧场进行表演外，松竹会社还让松竹歌舞剧团在两部电影放映的间隙登台跳舞[53]。这种新型的吸引观众的方法自 1929 年左右开始出现在电影院中，最初专用于西方电影，后来有了日本本土化的版本——以传统歌曲或是舞蹈为日本电影伴奏[54]。比起其他单纯展现常规性舞台表演或是音乐唱片的画片条而言，编号为 18、27 和 34 的画片条极有可能指涉在有声电影中场休息时出场的日本舞蹈[55]。

3 号画片条（入江藏品）展示的是军队在挥舞着旗帜的人群前行军的画面，它展示的极有可能是日军开赴中国的画面[56]。以 1931 年九一八事变为起点，日本在 20 世纪 30 年代开始了侵略中国的历史。7 号画片条展现了一种更加明显的军国主义氛围，根据 Baby Talkie 的广告，这条画片条制作于 1932 年 6 月 5 日。但那条画着丘比特娃娃（在当时非常盛行）的西方化画片条也表明，日本军国主义在当时并不总是和文化上的国家主义相联系[57]。10 号画片条极为明显地展示了发生在 1932 年 2 月军事入侵上海的片段，紧随其后的 11、15 和 16 号画片条描绘了更多的战争场面[58]。这些画片条暗示着公开的军国主义早已进入日本的家庭娱乐领域。

在这类宣传主题之外,还存在一些属于那个时代的其他"现代"娱乐项目。4号画片条向我们展示了赛马项目。虽然早在19世纪80年代,赛马已作为贵族运动出现在日本,但直至1923年,赛马活动才真正合法化并在普通民众间流行开来。到了1930年,跑马场的数量在日本全国范围内激增,首届日本德比马赛(Derby)于1932年4月隆重举办,活动过程中甚至有广播现场直播。5号画片条向我们展示的是骷髅舞,骷髅舞在1894年由一家名为D'Arc剧团的英国牵线木偶公司带入日本,随后逐渐变成花屋敷(一个极负盛名的娱乐公园,位于东京浅草区)广受欢迎的保留项目[59]。9号画片条展示的是早稻田大学与庆应大学间的一场年度棒球比赛。该项赛事始于1903年,随后变成了全国范围内最受喜爱的运动赛事。1929年,在一场传奇而又激烈的赛事结束后,9首与之相关的歌和故事被录制和记录下来,其中仅1931年的再制版碟片就卖出了15万张之多[60]。另一张描绘棒球的画片条是19号,图上画的是日本和西方的运动员,这条画片条的现实来源也许是美国国家队在1931年秋首次访日,在这次访问中,美国国家队受到了热烈的欢迎[61]。

此外,还有一些画片条反映了当时的流行电影。紧接着描述战争画面的11号画片条的是12号画片条,它展示了查理·卓别林和他的狗站在街道上,背后是一盏西式风格的路灯。这很有可能是在模仿电影《城市之光》(*City Lights*,1931)中的场景[62]。当时,卓别林在日本极受欢迎,报纸上常发表有关他的文章。1932年5月,在备受期待的卓别林访日之行前后,唱片公司还制作了诸如《你好卓别林》《查理叔叔》之类的歌曲[63]。13和14号画片条是仅有的以摄影作品为蓝本的,13号描绘了一个日本女人穿着连衣裙跳舞,14号中则是一个日本男人穿着弗雷德·阿斯泰尔式(Fred Astaire-style)外套,手握一根手杖,在和一个女人跳舞。阿斯泰尔和金吉·罗杰斯(Ginger Rogers)的电影在当时的日本风靡一时,很多在浅草地区剧院或是话剧社表演过的舞蹈演员,据说都在表演中模仿过这两位[64]。29号画片条描绘的是两个武士打斗的场景,他们的打斗方式常见于当时日本的无声电影。

20号画片条上画的是跳舞的士兵,但从发型来看,比起士兵,他们更像一群女孩。这个场景也许来自上文提到过的那场歌剧。与士兵有关的浪漫喜剧是早期美国电影的老套剧情,也许正是因为当时日本已成功引入现代军队系统,这种剧情作为一种题材被引入日本的流行文化之中。与此同时,许多反映士兵生活的歌曲,不论是偏西式风格的还是更偏日本传统风格的,在20世纪30年代被大量制作出来。Baby Talkie的用户可以一边用他们的留声机播放这些歌曲,一边观看动画,体验另类的"有声电影"[65]。在 25 号画片条中,一位警察正拿着写有"go"和"stop"的英文指示牌,看起来像在指挥交通。西方的交通系统在 1930 年前后被引入东京和大阪。1930 年,一家位于东京的左翼戏剧公司制作了一部名为 Go Stop 的戏剧,讲的是工会和日本黑手党之间的一次斗殴事件。1933 年,大阪发生了一起警察和士兵之间的街头斗殴事件,起因是士兵没有遵守交通信号灯,结果导致了一场政治风波[66]。戏剧 Go Stop 其实是当时日本社会中民主和军国主义之间冲突不断加剧的一种信号。

23 号画片条展示了两个男人在东京国民大会楼前奔跑的画面,出人意料的是,年老的那位跑赢了年轻人。新国民大会楼在 1936 年完工,建设一波三折,耗时 6 年。它落成之时,一场为庆祝其投入使用的城市马拉松在 1936 年 11 月成功举办。但这条画片条是首批 23 条画片中的一条,在 1932 年 5 月前就已存在,这该如何解释?据了解,自 1930 年起便不断有报纸提到,此楼如果建成,将是日本最高的大楼。人们对这栋大楼的关注也许是因为 1923 年的那场关东大地震,地震使浅草地区 12 层的大楼毁于一旦,导致首都东京一直缺少一栋地标性建筑。因此,这栋新国会大楼开工伊始便肩负着作为文化和政治象征的责任。1930 年,该栋建筑的外观已初见规模,到 1931 年 11 月,它的框架已经建好。此外,1931 年 3 月,人们在这栋建筑附近已举办过一场城市马拉松,当时还吸引了众多市民的关注[67]。我们无法断言,是这两件事一起为这条画片条的创作提供了灵感,还是早在该画片条制作出来之前,当局就已提前公布了为国会大楼落成举办马拉松比赛的计划。

26 号画片条上的图案较为怪异,它绘制的场景是海边,在图画中,一位穿着泳衣的女士被一只章鱼吸引。这张画片条极有可能受一篇名为 hacchan, the Octopus 的报刊连环漫画的影响。这组连环画是田河水泡(Suiho Tagawa)的作品,最早连载于 1931 年 6 月的《体育报知》(Hochi Shimbun)家庭版,1935 年结集成册,作为书籍出版[68]。田河水泡曾是一名达达艺术家,他最为人熟知的作品是同样出版于 1935 年的连环画 Norakuro,这部连环画描述的是一只作为士兵的狗的故事[69]。hacchan, the Octopus 则用诙谐、讽刺且具有教育意义的手法,讲述了一只章鱼和它的学生的故事,在这则漫画作品中,章鱼先生的学生刚刚开启和人类一起的生活,也才开始学习人类的文化和社会习俗。

笔墨有限,我无法在此介绍所有的画片条,但从以上的分析中,我们能对这些画片条目标受众的年龄有一个大致认知。这些画片条中,有部分画片条显然是为年幼的孩子准备的,它们描绘的主要是孩子在幼儿园就唱的儿歌(28、31 和

33 号),抑或是画有马戏团、动物的形象。另一部分描绘跳舞的画片条,不论描述的是西式的还是日本传统舞蹈(8、18、27、34 号),显然都对孩子没什么吸引力。那些描绘电影场景的画片条,比起取悦孩子,也更明显是为成年人准备的。

  从这些画片条的风格方面来判断,它们来自不同的插画作家。他们也许是专为儿童优质图书或杂志(它们中有很多反映了那个时代现代和自由的意识)供稿的插画家,也有可能是那些勇于尝试彩色循环画的漫画家和动画家[70]。只有当我们把这些画片条放在机器上转动时,才能看到一些它们独有的特征。这些画片条上的人物角色或物品的运动总是一个个紧紧连接,如果不是有足够多的画帧,这样的设计将失去意义。此外,这些画片条还给人一种惊人的纵深感,使得它们旋转时如同奔跑者在三维空间中超越他人,又或者是舞者在三维空间中旋转[71]。这一特征与画片条中人物所着衣物都有浓淡差异的特点相契合。要知道,这种阴影处理法在从浮世绘木板印刷到当代日本动漫的历史中都不常见[72]。阴影,不论它的运用是学自"西方和现代"的肖像学抑或只是人们对电影效果的一种模仿,它的结果就是为转动的画片条制造出了三维效果[73]。不论这些画片条是因为什么选用了阴影处理法,有一点可以确定,如果不是这些阴影的使用,而只是按照二维剪纸的形式绘制人物形象,三维动画效果根本不可能实现。另一方面,更逼真的插图可能造成一定的模糊。

  总而言之,Baby Talkie 和目前我们看到的所有画片条都制作于 20 世纪 30 年代早期。在那个年代,有声电影是极受欢迎的一种娱乐形式,而它们停止生产的年限最迟为 1937 年[74]。从画片条所展示的图像来看,它绝不是传统西洋镜的直系后裔。许多画片条都反映了当代文化和媒介事件。它们与电影之间存在多层次的联系[75]。同时,西方流行文化对画片条的影响非常明显,但也存在展示穿着传统和服的人物形象跳舞的画片条,这些传统的主题也许是为了取悦祖辈们(正如包装盒上的图片所展示的那样)。

留声机文化:日本与西方之间、地方与全球之间

  "(使用这台设备)任何你已厌烦的旧唱片将会重新变得有趣、生动。"这一句印在 Baby Talkie 包装盒上的广告词,不经意间提示了一个现象,即在 20 世纪 30 年代的日本,留声机唱片早已流行甚广。这一广告不仅指出了私人收藏唱片现象的存在,还点明了大家对唱片品味的变化(这在今天的日本极为常见,经过造星计划被推出的流行明星每年都在更替,不停地走入或淡出公众的视野)使得

部分唱片逐渐过时,而 Baby Talkie 就像魔法棒一样,可以让这些过时的唱片焕然一新。

留声机传入日本其实非常早。最早的留声机被作为吸引受众的新奇物件,出现在上文提到过的花屋敷娱乐公园之类的地方,有些小镇的街上也有。随后,人们马上意识到,日本传统的口头娱乐也需要录制,因为这也是大家想听的东西[76]。除商业性唱片外,说书人和传统音乐家也出于自身的需求开始录制自己的私人碟片。人们逐渐认识到,留声机可以录制一切声音,留声机本身也开始作为一个主题,杂乱无章地出现在侦探小说、恐怖漫画和笑话中。有一个故事,讲一个有钱人的第二任妻子在一个雨天闲来无事,正听着各种唱片打发时间,她听了西方音乐、传统音乐、不同类型的故事以及著名演员的模仿秀(在当时极受欢迎)。突然之间,她听到了一个骇人的声音——亡灵之声。这亡灵的声音述说着她丈夫第一任妻子(已去世)对她的嫉妒以及想要她在世上消失的愿望。后来真相大白,原来是她的女仆与男主人有暧昧关系,为了吓跑女主人,便偷偷录了这个"亡灵之声"[77]。

有趣的是,在我收藏的画片条中有两件贴有标签,标签上写着建议搭配的乐曲名(这两条画片条的许多复制品没有这样的标签)。描绘棒球比赛的 19 号画片条的标签上写着,"Nitto Record ♯ 5220 *Odoru Wakamono*(Energetic Youth)",这是一部上映于 1931 年的电影,在这部影片大获成功后,日东公司(Nitto)迅速录制了相关唱片。这部电影讲述了一名帅气而精力充沛的运动员与他漂亮妹妹之间的爱情历险故事[78]。但这个电影中的运动员从事的是十项全能,而非棒球运动。

描绘战争场面的 15 号画片条在说明上推荐了另一张唱片"Nitto Record ♯ 5211 *Kogeki*(Attack)",这张唱片出现于 1931 年 5 月,是为朝日公司(Asahi)的广告制作的[79]。现今,我们已难明白这些标签为何、又是在何时被贴在画片条上的。它们是被留声机售卖员贴上的吗?唱片制作公司和经销商是否在 Baby Talkie 的生产和营销过程中产生了影响?这些都是极有意思的问题,因为我发现许多那个年代为类西洋镜装置申请的专利,都来自大阪地区。

日东唱片公司 1920 年成立于大阪,经营范围覆盖全国。在成立的最初五年间,它制作了共计 2000 张唱片。对唱片行业来说,日东的贡献除了它的高产外,还有它每月发行的刊物《日东时代》[80](*Nitto Times*)。在这本刊物上,除了有唱片列表外,还刊登读者投稿的随笔和文章[81]。杂志封面的插画风格兼具传统与现代的表现手法,这正反映了日东公司的本质。它是一家完全国内独资的公司,所有的唱片都在日本制作完成。随着制作精良的名声逐渐远扬,许多有名的演奏家从国外慕名来到日东工作室录制个人唱片[82]。日东最重要的成就，是它的经营范围覆盖日本大部分的声音娱乐领域，其中包括故事唱片和艺术家对大阪本地文化的推广[83]。日东还举办过将西方音乐和日本表演相融合的音乐会。此外，这家公司还售卖自己的留声机，出售的留声机包括桌面版和移动版两种型号。

日东唱片公司是20世纪20至30年代活跃于日本全境的众多公司之一，其色彩绚丽的唱片标签恰恰反映了那个时代的留声机文化[84]。日东的标识是燕子；东和(Towa Records)是鸽子；天使唱片公司(Angel Records)是一个长着蝴蝶翅膀的日本小女孩；日本蓄音器商会(Nipponophone)是一只老鹰；飞机唱片公司(Hikoki Records)是一架飞机；仙鹤唱片公司(Tsuru Records)顾名思义是一只鹤；大正唱片公司(Taisho Records)是一只公鸡；树莺(Uguisu Records)唱片公司是一只夜莺；蝴蝶唱片公司(Butterfly Records)是蝴蝶；通宝唱片公司(Tombo Records)是一条飞龙；国家唱片公司(National Records)是北极熊；兔子唱片公司(Rabbit Records)是一只兔子；单声道唱片公司(Manophone)是一只狮子；东方唱片公司(Orient Records)是骆驼[85]。多种多样的标签让播放唱片变得别有一番滋味，在留声机转盘上跳跃的颜色虽不能和Baby Talkie相比，但也能让人感受到些微的视觉享受。

人们可能会好奇，为什么那么多标签上出现的是鸟、会飞的虫类和奔跑的动物。是为了强调音乐和声音娱乐到达边远村镇的速度之快，还是为了象征唱片将听众"带到"有西方著名音乐家或是日本传奇说书人表演的剧场？不管怎样，最终这些国内的唱片公司还是逐渐失去了它们的市场。留声机逐渐变成一种大众娱乐媒介，唱片变得越来越廉价，唱片市场的竞争也在加剧。随着国家主义的快速蔓延，东京地区的主要唱片公司开始利用大众媒介刻意地制造一些流行唱片[86]。对唱片的审查制度在1934年开始实行，审查的主要目标是社会讽刺类作品。在这样的背景下，地方和小型唱片公司根本没有生存空间。

作为时代印记的日东唱片公司最终于1942年消失。市场中留下的胜利者则是有国际背景的大公司，比如环球唱片、胜利唱片、哥伦比亚唱片公司、国王唱片，而它们制作唱片的标签色彩暗淡、毫无个性，是一种标准化标签——这也许也是一种象征[87]。这种类型的公司强调的是大规模的生产和分销，这样的理念恰恰契合了强调将整个国家视作一个家庭，而天皇是国家之父的集权主义意识形态[88]。在此背景下，像Baby Talkie这样的个人或家庭视听娱乐形式根本不可能存在，它逐渐消失在人们的文化记忆之中。但是，正如我整篇都在论述的那样，回顾这些被遗忘的装置，它们就能作为一把钥匙，开启通往它们所在时代许多被遗忘的精彩故事的大门。

注释

1. Timon Screech, The Lens within the Heart (1996; repr., Honolulu: University of Hawai'i Press, 2002).

2. It has been speculated that the street peep show was introduced from China.

3. The very detailed representation shows a typical British zograscope, which may mean that the artist used an actual imported one as a model. Zograscopes were also made in Japan.

4. Shanghai and Hong Kong had become bases for trade in the Asian region, and American whaling boats needed a port to get water and food supplies. In 1825 the Edo Shogunate attempted to repel foreign boats offshore, only to realize its own inferiority in war technology.

5. Since Francisco Xavier visited Japan in the sixteenth century, foreigners have considered curiosity to be a major feature of the Japanese. The sociologist Kazuko Tsurumi analyzes curiosity as an important element in Japanese culture in Kokishin-to Nihonjin [Curiosity and the Japanese] (Tokyo: Kodansha, 1972).

6. Yoshihiro Kurata, Nihon Rekodo Bunkashi [Cultural History of Records in Japan] (Tokyo: Tokyo Shoseki, 1979), 12. The advertisement for the lecture series, published in Tokyo Nichinichi Shinbun [Tokyo Daily News], shows that this was possibly the earliest record of a Western-style illustrated magic lantern lecture in Japan. (Magic lantern shows by foreigners go back to 1872.) See Yoshihiro Kurata, Meiji-no Engei [Shows and Amusement in the Meiji Era] (Tokyo: Kokuritsu Gekijo Chousa Yoseibu Geinou Chosabu [Research Section of the National Teater], 1980), 1: 127. Meiji-no Engei is a compilation of newspaper articles and government announcements regarding sideshows, spectacles, and performances during the Meiji era.

7. Ewing (1855–1935) had arrived in Japan in 1878. He made the machine soon after his arrival in only fifty days, after seeing a newspaper article describing Edison's invention, and showed it to his Japanese friends in December. Ewing's phonograph was rediscovered in the storage of the National Science Museum in 1958 (Kurata, Nihon Rekodo Bunkashi, 14).

8. Ibid., 13–14. This is a famous episode. Fukuchi (1841–1906) was already specializing in Western culture and language in the Edo era. Besides being known as a journalist and founder of a newspaper, he wrote many kabuki plays and was active as a politician. As a talented amateur musician he was chosen as one of the first Japanese recording artists for the British Gramophone Company when Fred Gaisberg, Emile Berliner's collaborator, visited Japan in 1903.

9. The term Taisho Roman is also used, reflecting elements of Romanticism in literature and popular culture. In this essay I use Taisho Modern because the theme is the modernity that continued up till the prewar Showa era.

10. Haikara, a term that derived from the high collar of the Western men's shirt, was a keyword referring to modern Western ideas and lifestyles. By 1920s mobo (modern boy) and moga (modern girl) familiarized themselves with Western music, art, and literature, chatting in bars, cafes, or "milk halls" while smoking cigarettes.

11. Since strict cultural "rules" existed for the choice of textiles according to one's sex and age and the season, these patterns were often used in children's kimonos and adults' underwear.

12. The benshi, the Japanese narrator of silent films, is a well-known example. The traveling film show that featured the benshi fell within the same framework of show business that handled traditional storytelling and musical performances. Kumio Maekawa, Sukoburu Hijo! Kaijin Katsubenshi Komada Koyo no Jungyo Kibun [Extraordinary Episodes by Koyo Komada] (Tokyo: Shincho-sha, 2008).

13. Toys sold by mail order through multiple distributors often did not have manufacturers' names on them. In the 1930s toy manufacturers' associations fought against distributors for a better trade relationship. Shoichi Fukaya, ed., Nihon Kinzoku Gangu-shi [History of Japanese Metal Toys] (Tokyo: Chuo Koron Sha, 1960), 304–13.

14. The toy history specialist Toshikatsu Tada thinks Baby Talkie must have been quite popular and considered a quality item (pers. comm., 2007). Tada's The Toy Museum: A Short Historical Survey of Japanese Toys, 24 vols. (Kyoto: Kyoto Shoin, 1992) is the most comprehensive visual resource on Japanese toys. Tada was a consultant to the late Masahiko Irie, who systematically collected toys, including optical toys, from the Edo era to the 1970s and even later. The Irie Collection is now in the Hyogo Prefectural Museum of History.

15. So far I have located eight of them. There are four Baby Talkies, four boxes, and altogether 110 paper strips in the Irie Collection. My own collection includes the original box, 49 strips, and some fragments. Antique dealers who specialize in optical toys have told me they have seen a few Baby Talkies over the years but not more than that.

16. The area between Akihabara and Kanda is known as "Electric Town," while Asakusa is known for its toy industry. Toy wholesalers flocked to the Kanda area. No address of the manufacturer is given.

17. The listed Mitsukoshi and Matsuya department stores were particularly known for high-end toys, often sold by catalogue orders. The Subway Store opened in Ueno on December 1, 1931, as a department store with "quality goods for less." Japan's first subway line opened in 1927 connecting Asakusa and Ueno.

18. Toy shops in Asakusa were popular among both tourists and Tokyo residents along with numerous toy kiosks on the streets of Ginza, according to a 1939 report for the toy dealers association. 70-shunen Kinenjigyo Iinkai [Committee for the Commemorative Event of the 70th Anniversary], ed., Tokyo Gangu Ningyo Tonya Kyodo Kumiai 70-nenshi [70 Years of Tokyo Association of Wholesale Sellers of Toys and Dolls] (Tokyo: Tokyo Gangu Ningyo Tonya Kyodo Kumiai, 1956), 403–9.

19. The word shonen meant "teens," while yonen meant "children."

20. Both have the same address and account number. Probably it is an old technique used for marketing research purposes. By using different names a seller could see which newspaper ad was more effective.

21. Koraku ads go back to 1926. The shop in front of the Kanda station was advertised as "the most professional gramophone shop," while its branch in the prestigious Research Institute of Electrics in Ginza (Tokyo Denki Kenkyujo, founded by the city of Tokyo in 1921) focused on radio and its parts. After the war Koraku specialized in professional measurement devices. This and other evidence shows that Sutejiro Koraku had a keen interest in both new technology and cultural activities. It is an interesting question to what extent he may have been involved in the production of the Baby Talkie.

22. Moving pictures were first shown in Japan in 1896. The first Japanese films were made in 1898.

23. After 1939, magic lanterns and toy projectors for home use were made of wood and paper. There are examples in my own collection.

24. Propaganda slides for children were produced during the war. Excerpts from propaganda animation and newsreels were sometimes reproduced as paper films for home use.

25. The rise of nationalism changed the music scene. For example, the 1940 Polydor catalogue (author's collection) still includes "Blue Hawaii," sung by Bing Crosby, but the song has disappeared from the 1941 catalogue. By 1943, American and British music was officially banned, and records were

confiscated from the shops. Jazz was considered the worst. Although listening to German or Italian music was legally allowed, people in the neighborhoods would not have noticed the difference. Stories about classic music fans listening to the gramophone under a blanket in a closet during wartime are commonplace.

26. Laurent Mannoni, Le grand art de la lumière et de l'ombre: Archéologie du cinéma (Paris: Nathan, 1994), 206 – 7. Mannoni mentions three patents for the zoetrope from 1867. However, "The Zoetrope" is already listed, obviously as a brand-new novelty for Christmas, in an advertisement for Milton Bradley and Co. 's games and amusements in Colman's Rural World, December 15, 1866, 377. The zoetrope was also called the "zootrope" or "wheel of life."

27. Manufacturers included the London Stereoscopic and Photographic Company and H. G. Clarke (United Kingdom), Milton Bradley (United States), and Delacour et Bakes (France). Zoetropes were mostly considered educational parlor amusements but were also used by scientists such as the French physiologist Étienne-Jules Marey and the German photographer Ottomar Anschütz to study "chronophotographic" sequences of photographs in motion. Anschütz also manufactured zoetropes for sale.

28. A "Condensed Catalogue and Price List," added to the booklet The Philosophical Principles of the Zoetrope, or Wheel of Life, Fully Explained (Springfield, MA: Milton Bradley, n. d. , ca. 1860 – 70s), lists two different zoetropes (prices five and four dollars), six numbered sets of "zoetrope pictures"(one dollar each), and "Zoetrope Pictures, Grecian Bend, single strips" (twenty-five cents each). The price of the zoetrope was relatively cheap compared with that of the strips; perhaps the focus of the business was already on the "software" (thanks to Erkki Huhtamo).

29. The famous illustrator George Cruikshank designed a series for the London Stereoscopic and Photographic Company. Simplification was needed because the image tended to look blurry when seen through the slots of the spinning drum. See David Robinson, Masterpieces of Animation/Capolavori dell'Animazione, 1833 – 1908, exh. cat. (special issue of Grifthiana, no. 43 [December 1991]) (Gemona: La cineteca del Friuli, 1991).

30. Moviefun was produced by Mastercraft Toy Company, Inc. , 19 West 24 Street, New York, NY (my own collection).

31. It was manufactured by Art Metal Works, Inc. , Aronson Square, Newark, NJ. Both the viewer and the box say "patent pending" (my collection).

32. The box label of my Gramophone-Cinema reads, "REID & CO. PIANO & MUSIC SALOONS, Seconderabad (Daccan)," which means the device was sold at a music instrument shop in India. All known examples bear the same label, which points to the discovery of a dead stock. Small and mainly made of paper and wood, this device must have been sold at a low price

33. A copy with its original box is in the Erkki Huhtamo Collection.

34. A well-known case is the Rotoreliefs by Marcel Duchamp, optical illusion discs meant to be animated with a standard gramophone. See Erkki Huhtamo, "Mr. Duchamp's Playtoy, or Reflections on Marcel Duchamp's Relationship to Optical Science," in Experiencing the Media: Assemblages and Crossovers, ed. Tanja Sihvonen and Pasi Väliaho, Media Studies, Series A, no. 53 (Turku: University of Turku, School of Art, Literature and Music, 2003), 54 – 72. Novelty devices of the early twentieth century, such as "phonograph dancers," mechanical miniature figures that were attached to the gramophone and danced in rhythm with the record, would be worth associating with the culture of the moving image as well.

35. Jitsuyo Shinan Koho [Patent Application Bulletin], 1932 – 33, Tokkyo-kyoku (Bureau of Patents), Yasuhiro Kuroda Collection, Hekinan, Aichi Prefecture.

36. From leaflet titled Shimadzu Foundation Memorial Hall, distributed in the mid-2000s. An anonymous column entitled "A Zoetrope (from Shimadzu Museum)," Physics Education 55, no. 4(2007):

384, introduces a zoetrope produced in 1911. Shimadzu also produced stereoscopes for educational purposes, and magic lanterns as well. (A Shimadzu stereoscope is in my collection. There is a magic lantern in the Memorial Hall, which was established in 1975 in Kyoto.) High-end devices for scientific experiments were sold to universities and normal schools all over the country to educate future high school teachers.

37. Jitsuyo Shinan Koho [Patent Application Bulletin], 1906, Tokkyo-kyoku (Bureau of Patents), Yasuhiro Kuroda Collection, Hekinan, Aichi Prefecture.

38. Fukaya, Nihon Kinzoku Gangu-shi, 171.

39. The device was called kaiten katsudo-ga (rotating moving picture), katsujin-ga doro (tableau vivant lantern), or mawari doro (rotating lantern). Masanobu Kagawa, ed., Shinseiki Kodomo Hakurankai [The New Century Fair for Children], exh. cat. (Himeji: Hyogo Prefectural Museum of History, 2003), 85; Masanobu Kagawa, ed., Irie Korekushon 2 Kogaku Gangu [Irie Collection 2: Optical Toys], exh. cat. (Himeji: Hyogo Prefectural Museum of History, 2008), 31, 63. A Japanese paper zoetrope in the author's collection is titled mawari katsudo (rotating cinema). It was a giveaway paper toy for a popular magazine Shonen Kurabu [Boys' Club], published by Kodansha since 1914. Illustrations are simple and mostly on circus and athletic themes. The author has not been able to date it except that it is before World War II and possibly from the same era as Baby Talkie.

40. The Kuroda Collection contains a patent application from 1930 for a handheld metal zoetrope with seventeen slits under the title katsudo e-gangu (moving image toy). The design and the material have certain similarities with the Baby Talkie. The inventor was from Osaka.

41. Two different logo designs are known. The "normal" one is shown in the photo. One of the Baby Talkies in the Irie Collection has a logo with fne black stripes on it, which is associated with another type of known "moving image toy." This toy, which was popular among children and also exported, consists of a paper roll, with black-and-white illustrations of characters in motion painted as vertical stripes, and a transparent film, also with black-and-white stripes. Moving the paper produces an animation effect. The toy was called katsudo manga, the word katsudo (action) meaning "cinema" in the daily language of the time. A similar device called Ombro Cinema was produced in France in the 1920s. The variation might have been produced for a short period at a certain point.

42. From the 1920s on, the Japanese toy market flourished. Innovative products were introduced, including ones with sophisticated mechanical movements. These were sold internationally until the late 1930s. The year before the use of metal for toys was banned, 1937, is considered to have been the best year for the Japanese prewar toy production. After the ban, toymakers were allowed to produce toys with material they had in hand, but eventually production came to a halt. See Nihon Kinzoku Gangu-shi, 402–38.

43. Mail-order advertisements can be found from boys' magazines such as Shonen Sekai (Hakubukan Publishing). These were meant for high school boys and their families (many advertisements in these magazines are directed to adults). Judging from the articles and "letters from the readers," these magazines were meant for young adults from intellectual families all over the country who wished to go on to universities. Writers included the best-known essayists of the time, and there are many articles on the latest discoveries in science and technology. Scientific toys became popular among intellectual families in the early twentieth century as more attention was given to the education of children. See 70-shunen kinenjigyo iinkai, Tokyo Gangu Ningyo Tonya Kyodo Kumiai 70-nenshi, 34.

44. By then Pathé Baby was heavily advertised and used in Japan for a "home cinema" experience, with many imported and domestic titles, including animation as well as the latest footage from Chinese front. It is possible that the English word baby was chosen because of this association to quality and portable home entertainment.

45. The box says "patent applied," which seems to mean "patent pending."

46. Working women such as teachers would have worn Western clothes.

47. There are also models that can be rotated mechanically by a cranking mechanism.

48. A standard paper strip for a full-size zoetrope is approximately 90 cm long; a strip for Baby Talkie is 78 cm. The picture part is 74.5 cm long. There are margins on both ends of each strip to make it a loop.

49. Twelve to fifteen frames per second used to be a typical refresh rate for a video conferencing in early days. At this rate movement is reproduced, but motion does not look smooth. Cinema has 24 fps.

50. The frame rate of the current NTSC TV standard is 30 fps.

51. Strip nos. 1, 3, 13, 16, 32, 35, 36, and 37 are missing, while there are doubles and triples of others. The Irie Collection contains all strips between no. 2 and no. 31.

52. The Takarazuka Revue (Takarazuka Kagekidan) was founded in 1913 by Ichizo Kobayashi, who opened the Hankyu railway line, the department store, and the vast residential area between Osaka, Kobe, and Takarazuka. Romantic stories and revues performed by girls (who are called "students") attracted a female audience. Beside its grand theater in Takarazuka, the company regularly played in Tokyo. The Takarazuka Revue represented modernity, in contrast to the traditional Kabuki played by men only. SKD was more spectacle oriented and had a flavor of eroticism.

53. Atsuhiro Fujioka, Nihon Eiga Kogyoshi Kenkyu: 1930 nendai ni okeru gijutsu kakushin oyobi kindaika to frumu purezenteshon [Study on the History of the Film Business in Japan: Technical Innovations, Modernization, and Film Presentation in the 1930s] (Kyoto: CineMagaziNet, 2002), www.cmn.hs.h.kyoto-u.ac.jp/CMN6/fujioka.html.

54. Ibid. Originally from Nihon Eiga Jigyo Soran [Japanese Film Business Almanac], (Tokyo: Kokusai Eiga Tsushinsha, 1930), 55.

55. Strip no. 34 shows Yasukibushi, a local comical dance that became known nationwide in 1920s. The song is listed on Nitto Record's ad from 1925 to 1930.

56. Information on strip nos. 3, 13, and 16 was kindly given by Masanobu Kagawa from the Hyogo Prefectural Museum of History, who edited the catalogues of the Irie Collection.

57. A copy of Nitto record no. 6277, entitled Omocha-no Kanpeishiki [Military Review of Toys' Parade], played by Haseyama Hinagiku Ongakudan, a major junior music group, is in my own collection. The illustrations and a text on the accompanying pamphlet show a story of a boy soldier marching with popular characters such as Norakuro and Mickey Mouse, who teases a cupid doll for not wearing a military uniform. A similar title, Ningyo Kanpeishiki [Military Review of Dolls' Parade], Nitto record no. 445, is sung and acted by Nitto Kagekidan [Nitto opera] (Nitto Times, February 1931). The idea was probably taken from Leon Jessel's "Parade of the Wooden Soldiers," which was widely known in Japan.

58. The story known as "Nikudan Sanyushi" [Three Human Bullets] or "Bakudan Sanyushi" [Three Human Bombs] is about three soldiers who committed a heroic suicide bombing on February 22, 1932. The episode was immediately reported and was fully used by the military as a symbol of patriotism. Both the Asahi and Mainichi newspaper companies held competitions within a week to produce songs that praised the three soldiers. Before the submissions were closed they received 124,561 and 84,177 entries respectively in just eleven days (Kurata, Nihon Rekodo Bunkashi, 384 – 85). There have been doubts about the facts of the incident.

59. The term skeleton dance is metaphorically used as the title of an newspaper essay that Toko Kon (1898 – 1977) wrote in April 1930 regarding increasing censorship in publication (part of his article is in fact erased as the result of censorship). The skeleton dance was also depicted on kimono textiles (examples in my own collection).

60. Kurata, Nihon Rekodo Bunkashi, 378 – 79.

61. Since there was no professional baseball league then, players were selected from major university teams. Readers of Yomiuri Shimbun, the major sponsor of the event, were invited to vote for their

favorite players to be on the first national baseball team. See the Yomiuri Shimbun online database, www. yomiuri. co. jp/rekishikan/.

62. In Japan it was finally shown in 1934 after a problematic negotiation process between Chaplin and Japanese distributors, which was constantly reported on the press.

63. From the time his visit was confirmed on March 4,1932, to the time he arrived on May 15, seventy articles including related comics appeared in Yomiuri Shimbun alone, at the rate of an article per day.

64. Besides the visual aspects, the impact of cinema on the acceptance of Western music should not be forgotten. Although the gramophone was used to provide sound to films only during a short period, even a small town had its own orchestra for cinema. They played "Western" music such as jazz because traditional music was too slow for popular slapstick comedies, thus providing the first encounter with "Western music" for many Japanese. Tunes combining Japanese melodies and Western influences were composed and are considered an ancestor of enka, a contemporary Japanese style of popular song.

65. For example, Victor's May 1932 ad lists a song with the title that translated is "I Love Sailors." The ad also includes two songs on Chaplin titled "Chappurin" and "Harou! Chari," and a naniwabushi (a kind of sung narrative) on Nikudan Sanyushi.

66. The play by Yoshi Hijikata, a leading figure of the leftist theater movement, was based on a real case. It was performed by his company from August 29 in 1930 with a dramatic ending scene that took place on May Day. The Osaka incident in June 1933 developed into a political conflict involving the government and the military, revealing the increased power of the latter, and was called the "Go Stop Case."

67. It is not known if the marathon was organized every year.

68. Tagawa is an academically trained painter who was a member of the Dadaist group MAVO (1923 – 25) before turning into a pioneer of Japanese manga. The book (in the author's collection) was published in July 1935 from Kodansha, which had bought the newspaper company in 1931. Two later postwar versions can be viewed at the International Library of Children's Literature, http://kodomo4.kodomo. go. jp/web/ippangz/html/TOP. html(accessed August 3, 2010).

69. Norakuro has been published since 1931 in Shonen Kurabu [Boys' Club], a magazine published by Kodansha. In 1933, 1934, 1935, and 1938, animation films based on the comic strip were produced. A record enacting the story for children was already published in 1932 by King Records, which has been (until recently) a division of Kodansha.

70. Japanese animation films were already being produced in the 1910s.

71. One of Émile Reynaud's praxinoscope strips (no. 8, "Les chiens savants") produces a somewhat similar effect. It shows two little dogs running around a performer and jumping through a hoop.

72. Traditionally there is neither shading nor shadowing in Japanese paintings because the light source and viewpoint are not specified. The logic differs from that behind the Western notion of perspective. Perspective prints for peep shows and oil paintings brought by the Dutch toward the end of Edo era influenced painters such as Hokusai. See Screech's Lens within the Heart and Machiko Kusahara, "Nicht-perspektivische Darstellung als symbolische Form: Blick auf die Japanische Kultur im Spiegel Digitaler Medien," Kunstforum 151 (July-September 2000): 64 – 72,203.

73. Typical illustrations for children's books, postcards, and ad illustrations from the same era do not have shadings. From the end of the Edo era onward, some of the woodblock print artists began applying shading only to "forcign" objects such as foreigners, elephants, and camels, while the Japanese were illustrated without shading within the same scene. Yoshiiku Ochiai, who was known for illustrations of novelties and later became a publisher of an illustrated newspaper, was one ofthem. There had been a strong traditional iconography in illustrating/painting objects familiar to the Japanese, but it didn't apply to things new to people. Probably for both practical and symbolical reasons different ways of painting were

applied to Japanese and foreign objects. In Baby Talkie strips, faces were not shaded either because it would look too alien or because the illustrators did not know how to do it.

74. There is a 1938 patent application from Hyogo Prefecture (closer to Osaka) for a device that resembles Baby Talkie. It looks almost like a classic table lamp with a shade that has twenty-four slits on it. It has a small base that fits on the label of a record placed on a gramophone. A mirror for viewing is attached to the gramophone box with a screw, as a separate piece. Except for the screw there is no mention about the use of metal. The "lampshade" could have been made of paper. Could it be a modification of the Baby Talkie trying to minimize the use of metal? Jitsuyo Shinan Koho [Patent Application Bulletin], 1938, Tokkyo-kyoku (Bureau of Patents), 1938, Yasuhiro Kuroda Collection.

75. While records were published after films, films were produced after popular songs from the late 1920s onward. Kurata, Nihon Rekodo Bunkashi, 333 – 35.

76. According to Shogetsu Yamamoto, "the model [of the phonograph] similar to those later seen on streets and at fairs" was shown in Asakusa around 1892, but the audience was not excited because only Western music and songs were played. "So it was decided to record something for Japanese, such as mimicry of famous actors and Japanese music," and a "mimicry performer named Tatsu who lived in Asakusa was brought for recording [mimicry of famous Kabuki actors], but he got too nervous." An old lady was invited to sing while playing the shamisen (a Japanese guitarlike string instrument). Finally, the marching band of Hiromeya (an advertising agency) was brought in playing Sanbaso and Echigojishi, both traditional tunes. This finally worked very well. Shogetsu Yamamoto, Meiji Seso Hyaku-wa [100 Episodes from Meiji Society and Culture] (1936; repr., Tokyo: Chuko Bunko, 1983), 25 – 26.

77. From Suiin Emi, "Urami no Chikuonki" [The Gramophone of Grudge], Bungei Kurabu [Literature Club] magazine, May 1907, 256. Digitally available from Yagi Shoten, Tokyo, as a DVD.

78. Odoru Wakamono is a Toa Kinema film directed by Hideo Oe with the action star Hideto Hayabusa. A review harshly criticizes the impossible and unrealistic story but adds, "The film is popular." Kinema Junpo, June 1, 1931, no. 402. (Thanks to Ichiro Kataoka.) It is also introduced in Yomiuri, June 1, as a new arrival. The film has been lost and details are unknown.

79. The title is not included in earlier ads or in the Nitto Times, February 1931, in my collection. It was performed by the Toyama Military Band.

80. Nitto published and advertised actively in the first half of 1930s. It had forty-two ads in 1931 and forty-six ads in 1935 in the newspaper Asahi Shimbun alone.

81. For a detailed study of Nitto Records, see Hiroshi Watanabe, Nihon Bunka Modan Rapusodi [Japanese Culture Modern Rhapsody] (Tokyo: Shunjusha Publishing, 2002), 189 – 218. Kurata's Nihon Rekodo Bunka-shi gives detailed information on the record companies and their activities from the Meiji to the Showa era.

82. Watanabe, Nihon Bunka Modan Rapusodi.

83. Ibid.; Kurata, Nihon Rekodo Bunka-shi.

84. This research on the Japanese record labels owes to the generosity of a collector of labels, who also maintains the Web site SP Rekodo Reberu Zukan [SP Record Labels Collection], http://zarigani. web.infoseek.co.jp/hp5.htm (accessed February 27, 2009).

85. A record company often had several labels. Twenty-four companies with more than one hundred labels are listed on the Web site above.

86. A typical example was "Tokyo Ondo," a newly created song to accompany traditional folk dancing. It became a big hit in Tokyo in the summer 1933.

87. Eventually Columbia and Victor were bought by Toshiba to be domesticated. Polydor remained an affiliate to the German company Gramophone. Kodansha launched its record division under the name King in 1930. It was affiliated with Telefunken and focused on militaristic records and children's songs, including a Hitler-Jugend series. King Records still exists. See Kurata, Nihon Rekodo Bunkashi, and the

King Records catalogue (October 1939) in my own collection. Record companies changed their names into Japanese between 1942 and 1943: Polydor became Daitoa Chikuonki Records, Victor Nihon Onkyo, Columbia Nicchiku, and King Fuji Onkyo.

88. The expression "we, the Emperor's sekishi" was widely used in official speeches during the war. Sekishi literally means a newborn baby but metaphorically extends to the nation's people, who regard the emperor as a merciful parent. Daijisen Dictionary, Web version, 2008, last updated in 2010, http://dictionary.goo.ne.jp/jn/.

观察者困境：触摸，还是不触摸

旺达·施特劳芬

媒介考古学的游戏规则

在电影存在了百年之后，一些学者开始思考电影在媒介和艺术史上的地位。他们的思考引出了几种假设：电影是电视发展史上的间奏（齐林斯基），或者是电视发展史上人们走弯路的产物[乌里基奥（Uricchio）]；或者是动画发展的侧线（曼诺维奇）；又或许，它仅仅只是绘画的一种新形态[1][米肖（Michaud）]。尤其是从数字视角出发，列夫·曼诺维奇给出了一个有力的观点，他认为电影的预设模式是绘画而非摄影，这样的观点让我们得以将罗伯特·罗德里格斯（Robert Rodriguez）和弗兰克·米勒（Frank Miller）的《罪恶之城》①（*Sin City*，2005）与埃米尔·雷诺在19世纪90年代制作的"前电影"系列作品《光影默剧》②（*Pantomimes Lumineuses*）联系起来[2]。或者，我们可以引用曼诺维奇的原话："诞生于动画的电影将动画拓展到了极致，却让自己最终仅仅成为动画的一种特殊形式。"[3] 在这一章中，我想将这种观点再往前推进一些，看看能否在游戏领域得出类似的观点，尤其是当我不仅看到益智烧脑电影的新浪潮，还看到了以电影为基础的游戏（如PSP上的《教父》游戏），以及以游戏为基础的电影（如《古墓丽影》）日益增长的市场[4]。在如今的游戏文化中，电影是否仅是游戏的另一种形态？或效仿曼诺维奇的叙述方式，我们可以问，电影到底是不是诞生于光学玩具和街机游戏的背景之下？

---

① 《罪恶之城》改编自弗兰克·米勒的同名漫画，由罗伯特·罗德里格兹、弗兰克·米勒和昆汀·塔伦蒂诺执导的动作电影。——译者注
② 《光影默剧》是放映于格雷万博物馆的"前电影"作品，每场可以有数百名观众同时观看，但播放的图像来自图画而非照片。——译者注

为了从游戏的视角或从更广义的"玩"的视角重构电影历史，我将首先讨论在电影概论中常常出现的"前电影"概念[5]。我的总体目标是重新思考电影在媒介史中的地位。作为电影学者，我的媒介考古学议程是阐明电影如何嵌入一个更大的媒介（历史）环境中。即电影如何突破移动图片的局限，拓展到绘画、电脑游戏、人造机械、无线通讯等领域。同时，我也将论述一些曾被认作是电影前身的元素，如光学玩具，实质上更适合出现在其他事物的发展史上——这些元素最初并非为推进电影演进而出现。与埃尔基·胡塔莫的"街机游戏考古学"相反或是互为补充，我的关注点主要集中在作为家庭娱乐的光学装置上，尤其是留影盘、费纳奇镜、西洋镜和活动视镜。此外，我还将把一些精力投到指令操作放映机上，比如活动电影放映机、早期电影放映机，这些装置曾将"前电影"时代的观众从游乐场、游乐园、集市等公共空间吸引了过来[6]。选择这样的视角有两方面考虑：首先，通过对公共"游乐场所"概念的抽象化，我希望将分析集中在人机互动上，集中在人操纵/接触机器的手所扮演的角色上，集中在软件与硬件的区别上，以此来探究光学玩具在电影萌芽期对电影发展产生的真正影响；其次，我的最终目的是将电影重新定位为家庭娱乐设施。随着20世纪70年代末家庭录像的出现和近期配备环绕声系统的家庭影院的出现，电影实质上正成为一种家庭娱乐。在对光学玩具的分析中，我将部分引用尼古拉斯·杜拉克和安德烈·戈德罗的论文《吸引力核心中的循环与往复：光影玩具和新文化序列的出现》[7]（Circularity and Repetition at the Heart of the Attraction: Optical Toys and the Emergence of a New Cultural Series）。但与这二位不同，他们的注意力更多地集中在循环、重复等形式原则上，而我则关注"前电影"时代的观众与光学设备的互动。

顺着乔纳森·克拉里《观察者的技术》[①]（Techniques of the Observer）中的思路，我将"前电影"时代的"受众"命名为"观察者"，以此来避免读者误将这些"前电影"时代的受众视作图像的被动旁观者，同时也可以引导读者将注意力集中到"规定的一系列可能性"上，观看行为就发生在这些可能性之中[8]。克拉里认为，由于人们对视觉的理解，从抽象的笛卡尔式单眼视觉和"无形"视觉逐渐转变为一种更加具体的概念，一些关于人类视觉和眼睛机能的新理论得以出现，这些理论让观察者的境遇在18世纪20年代到30年代间发生了巨大改变。从抽象概念到具体概念的转变，实质上源自采用透视原则的暗箱技术与采用双目立体

[①] 此书的中文版译为《观察者的技术：论19世纪的视觉与现代性》，由华东师范大学于2017年出版。——译者注

视觉原则的立体成像技术之间的差异。如果说摄影术和电影暗示了暗箱所代表的透视原则的回归，那么对克拉里观点的重申就尤显重要。克拉里说，摄影和电影诞生于"一个视觉早已被文艺复兴时期各种光学设备分割的社会、文化和科学环境"[9]。据称，19世纪所谓的"前电影"装置宣告或预告了卢米埃尔电影放映机的诞生，这种电影放映机也恰到好处地展现了视觉的割裂。放映机本该为观众提供一个客观、理性的世界形象，但最终，它却不得不依靠人眼的某种特定生理机能，依靠视觉暂留和视觉感知或创造非写实幻觉的能力。此处我不会涉及近期电影研究对视觉暂留理论有效性的争议，我的论证需要强调的是另一个事实，即"前电影"时代的观察者是生活在一个余像（伪）科学［(pseudo)scientific］实验流行的年代，在这个时代中，得益于家庭娱乐型光学玩具的大众化，人们可能对这些科学实验非常熟悉。鉴于这些光学玩具大多涉及运动错觉，它们被归类到电影的史前史也就不足为奇。但我们必须认识到有些"前电影"光学玩具，比如立体成像镜和留影盘，与运动没有关系，或至少没有太大关系。

另外，"视觉暗箱模式的失败"让人们意识到，感知并非一种被动接受，它更像一个积极的过程。正如克拉里在《知觉的悬置》(*Suspensions of Perception*)中所说，19世纪的观察者在身心上被培养成了"感知"的实例[10]。他们不是被动地接收图像，正相反，他们主动抓取图像，此处"抓取"一词，是同时使用了它的本意和比喻意，即人们既在脑力层面理解了图像的意义，也在生理层面上看清了图像。在现代主义的研究脉络中，（历史）研究倾向于将人体的各个器官分开研究，它忽视了人作为一个整体在19世纪的光影玩具和其他娱乐设备（如留声机）、电信技术（如电报和电话）等更大层面上的媒介装置中的存在。然而，正如乔纳森·奥尔巴赫(Jonathan Auerbach)在《人像摄影：早期电影前身》(*Body Shots：Early Cinema's Incarnations*)导言中所说："大量地以'图'来为这些技术命名，（明显）是对书写这一物质行为的模仿。"[11]而比起"书写"这一行为本身，我更关注操纵或触碰这些装置的行为，不管是书写还是操纵，关键性因素都是观察者的手。

从手持光学玩具到带操纵柄的光学玩具

与现在习惯坐在标准化电影院座位上的影迷不同，19世纪的观察者从不坐在座位上，也不会乖乖地只看放映机投射的画面，与此相反，他们会通过亲自操作放映机来直接控制播放的画面。我们从最简单的留影盘说起，留影盘由一个小硬纸板圆盘和两根对立系在圆盘边缘上的绳子组成,使用时,观察者通过先捻一边的绳子,然后再同时轻拉两边的绳子来转动圆盘。要想看到两个分别画在圆盘上下两面的独立图片融为一体的"奇迹",就必须让圆盘旋转起来,而圆盘旋转得越快,两张图片融为一体的幻觉就越明显。据说,第一个留影盘可追溯至19世纪20年代中期,它可以让观察者制造"鸟在笼中"的效应,其他著名的例子包括马和骑马人、树干和树叶、花瓶和玫瑰。费纳奇镜和留影盘一样,需要观察者双手操作,至少在它1832年的初始设计中是这样。在使用中,观察者需用一只手握住装有画盘的棍子,另一只手旋转画盘,从而创造一个"欺骗性"的影像。其后,改良版费纳奇镜装上了底座,因此可以单手操作。手持费纳奇镜有两种形式,一种只有一个圆盘,另一种则有两个。这两种形式的费纳奇镜都需要使用者通过圆盘上的缝隙来观看分离的图片如何融为一体。就比如一组连续动作的分解图,原本是静止的,但在使用中,静止图片会动起来,逐渐融为一体。两种费纳奇镜版本中,单个圆盘的较易操作,因为操作者只需要转动一个圆盘,但它需要一面镜子来弥补由于没有第二块圆盘带来的图像缺失,这些缺失的图像通过镜子的反射和圆盘上的缝隙进入观察者的眼睛。

  费纳奇镜和留影盘在众多光学玩具中尤为特别,这种特殊性源于它们简单的形式(圆盘)、轻松的操作方式(一次仅能供一人使用,需要双手操作)及特别的软硬件结合方式(每个圆盘都同时是播放的设备和播放的画面)[12]。与此不同,西洋镜和活动视镜在使用前则必须要进行一些(非常简单的)准备,这些准备包括在众多画有图像的带子中进行选择,将选出的带子安装在圆柱形鼓轮中。鼓轮安装好后,可以同时供多位观众通过鼓轮边缘的缝隙和中心棱镜多角度地观看图像,他们可以享受"生活"(动物园),也能看到运动的"动作"(实践)。西洋镜的运作原理与双盘费纳奇镜一致,只是它将活动视镜的圆盘用鼓轮的对立两面加以替代,也就是鼓轮靠近观察者的外端和离观察者较远的里端。虽然说随后版本的西洋镜有一些配备了手柄,但大多数西洋镜还是需要人用一只或两只手抓住并旋转鼓轮来使其绕着轴心转动。1877年,埃米尔·雷诺为他的活动视镜申请了专利,这种装置不再设有西洋镜用以观看图像的缝隙,同时引入了单盘费纳奇镜中的镜子,它将镜子装到装置的中间,镜子的12个棱面可以分别反射带子里的12个图像,因此在机器转动时就能呈现出一个清晰明亮且不会闪烁的完美运动影像。除了一种型号的活动视镜安装了手摇柄外,这种装置大部分是直接用手旋转的。

尽管罗杰·卡约（Roger Caillois）在他的经典游戏理论①中将"幻觉游戏"归类到"假装"类别，也并没有明确提到光学幻觉，但我还是认为，19世纪的光学玩具更适合归类到"眩晕"（ilinx）类型中，因为这些装置总是需要旋转，所以总能造成某种形式的晕眩，这在某种程度上与卡约所形容的儿童"旋转"游戏所带来的晕眩相当[13]。旋转对于这些光学玩具而言至关重要。此外，于我的论证而言，强调这些设备需要手动操作也非常重要，因为手的参与可以使观察者在观看中实现一定程度的操纵或"互动"，他们可以调整旋转的速度，放映的过程也可以突然停止或者倒转回放。按照卡约提出的概念，这样一种"眩晕"游戏更加接近"paidia"而非"ludus"②，如同儿童"旋转"游戏一样。

就像杜拉克和戈德罗所指明的那样，正因为19世纪的光学装置允许基本的互动，它们才得以成为真正的玩具："操纵玩具带来的愉悦与装置创造的运动错觉所带来的别无二致，这些装置的设计预设了它的'使用者'并非只是旁观者，他们必须参与，成为装置运转的一部分"，并且"从这个角度思考，这些所谓的'前电影'装置可以被视作一种'前电脑'游戏"[14]。当谈到西洋镜时，杜拉克和戈德罗立刻淡化了这种观点，他们从一种更加偏向目的论的方式分析，认为装置（硬件）和画片条（软件）的分离预示着"由'参与者吸引力模式'向截然不同的'旁观者吸引力模式'的转变"，因为"当装置在一边，而画有图像的带子在另一边时，西洋镜的使用者在使用西洋镜的过程中将更难感受到装置的存在"[15]。"参与者模式"在观看的过程中出现得越少，使用者在使用西洋镜之前的投入就越重要，尤其是使用者必须在观看前根据预设好的或使用者自由组合的模式整合画着不同动作的画片条。从观察者的角度出发，西洋镜的这一特性赋予他们一定的创造自由，将他们转变为"前电影"剪辑师[16]。

"旁观者吸引力模式"在雷诺活动视镜的后期应用中愈发明显，这些应用包括活动视镜影院（1879）、投影活动视镜（1880）以及光学剧场（1889），而当活动视镜发展到光学剧场时，它也就不再是供给家庭娱乐使用的玩具，而是成为了公共观影装置[17]。从使用目的角度（因而存在争议）来看，活动视镜影院可以说是朝着固定观影视角的传统电影院边出的第一步。活动视镜影院是一个构造巧妙的木盒子，里面放着一台活动视镜，盒子上有两个孔洞，一个在盒子的盖子上，另一个位于搭在（打开的）盖子与活动视镜鼓身之间的斜板上。位于斜板上的小洞上

---

① 罗杰·卡约将游戏分为四大种类，分别是竞争（Agon）、机会（Alea）、假装（Mimicry）、眩晕（Ilinx）。——译者注
② 罗杰·卡约的另一种游戏分类方式，将游戏分为"Paidia"和"Ludus"，"Paidia"指无序、无目的的游戏；"Ludus"指有序、目标导向型的游戏。——译者注

装有盖着一块用作反射的玻璃片,可以用来反射它对面,即盖子内侧的固定背景画(不可替换)。观察者通过盖子上的小孔往里看,能看到运动的形象,这个形象不仅被绘在斜板上的古希腊剧院式拱门环绕,还叠加着从盖子上反射下来的背景,而实际上这个形象是在投射的舞台前面而非舞台上运动。为了制造这种三维光学幻觉(或者说"空间错位感"),活动视镜展示的图像必须画在黑色的带子上[18],于我的论证而言更为重要的一点是,这种三维效果只能从某个特定的视角看到,这个视角就是在盒子一侧的观察孔洞,固定视角使得设备周围的环境和背景固定下来,与运动的形象有了更鲜明的反差,从而加强了动态效果。虽然三维效果只能从特定角度看到,但普通的运动幻象还是和最初的活动视镜一样,可以从各个视角看到,因此活动视镜影院能让多人在同一时间观看。与此相似,投影活动视镜也能同时供多人观看。这种投影活动视镜是依据魔术幻灯原理改造的一种活动视镜类型,它将魔术幻灯的蜡烛改成了油灯,在油灯上安装了两组光学系统,其中之一用于投影固定背景,另一个用于投影运动图像(最多12幅图)。背景和运动图像都被投影到一个平面上,创造出一个可供大量固定观众同时观看的场景。最后出现的光学剧场将放映设备从家庭空间挪到公共空间,同时又可以放映更长的画片条(允许更长的叙事),因而也向当下的传统电影院更进一步。1892年10月28日,雷诺公开放映了他的《光影默剧》,这意味着,早在公认的电影放映机诞生的三年之前,电影放映装置就已存在。

正如前文所论,光学剧场已经不再是一个光学玩具。观察者不再能直接接触放映装置,也不能亲自控制图像的移动。如果复述克拉里的定义,在此情境下,观察者们发现自己"被嵌入一个新的规范系统之中"[19]。杜拉克和戈德罗对此也有论述:"当使用者使用光学玩具时,他与玩具融为一体,他在装置之中,成为装置的一部分。光学剧场与此正好相反,在光学剧场中,图像的移动与观看者全然无关,观众被扔到了机器之外,和机器隔着远远的距离,对于操作装置毫无办法。"他们继续说道:"如果所有电影领域的一流历史学者都坚定地将雷诺的装置视作'前电影'装置,那只可能是由于光学剧场与'前电脑游戏'的范式出现了较大差异。游戏玩家的旋转、重复和他们的参与在光学剧场中让位于线性逻辑、叙事发展和观众的隐默。"[20] 如果19世纪90年代光学剧场的出现,确实让所谓的旁观者吸引力模式接替了参与者吸引力模式,把观察者从装置(硬件)的用户转变为影像(软件)的消费者,那么在19世纪生理学实验中占据中心地位的体验视觉概念就不应该被立即全盘否认。毕竟,即使观察者与放映机之间隔得再远,使得感知光学幻想得以实现的视觉暂留也还是发生在人体内部。前文已经强调,得益于人们常将科学工具转变为光学玩具,19世纪的观察者对一些基本的光学原理非常熟悉。我认为观察者在使用光学剧场时,他们所具备的这些知识并没有突然消失,相反,这些知识强化了观察者的观影体验,让他们能够更加主动地感知[21]。

我在前文描述光学玩具时特意强调了手的重要性,甚至,如果可能,我还能举出包括翻页动画、万花筒在内的很多手动光学玩具。我之所以不停地强调"手",是因为我想强调"前电影"时代的观察者是如何与玩具玩耍和互动的。换句话说,我想阐述清楚,观察者看到的东西是怎样由他们的双手决定的。20世纪初,技术媒介兴起,无线电报操作员和打字员同时出现,在此背景之下,手成了人体的关键要素,将人与动物区别开来。正是由于具备灵巧的双手,人成为技术的动物。根据人类学家安德烈·拉洛伊葛汉(André Leroi-Gourhan)的观点,人能够直立行走,手得以与脸紧密相连,以表达为例,这样的连接让手势和语言表达相互交织,这种交织使新石器时代的人(使用石制工具)与智人(使用语言工具)之间的交流不说完全不可能,至少是徒劳无功的[22]。从这个角度看,光学玩具也被称作"益智玩具"就十分有趣了。眼睛通过手实现与大脑的沟通,也许更恰当的表述是,眼睛通过手来欺骗大脑。光学玩具最重要的要素并非是暗箱提供的客观视角,而是克拉里所说的19世纪观察者所拥有的主观且具体的视角。最后需要说明的是,手让图片移动起来,但只有大脑才能让这移动所形成的幻象变得有意义。

在对比"前电影"和"前电脑游戏"时,我们需要牢记(柏格森主义提出的)行动/感知链。要理解"前电影",眼—脑链接似乎远比手—脑链接更切题。"前电脑游戏"则与之相反,比如街机游戏玩家只需将注意力集中在手柄、拉杆、曲柄、活塞或是柱塞上,视频游戏玩家只需关注操纵杆或键盘。在上文中,我曾提到胡塔莫关于街机游戏的一篇文章,在那篇文章的开头,胡塔莫引用了大卫·沙德诺(David Sudnow)的话,以强调"键盘传统"的重要意义。大卫早在20世纪80年代就将弹钢琴与玩一款雅达利(Atari)出品的家庭视频游戏相比,他写道:"弹钢琴迫使人们将手伸展到生理极限,因而使第四指和第五指的力量和独立性得到了发展,弹钢琴不太需要借助身体的其他部分或其他工具,但需要手将大脑中主要与手相关的部分用到极致。"[23] 19世纪的光学玩具当然不需要如此精巧的手指,但它们所需要的手—脑链接是一致的,"前电影"设备的观察者在使用设备时必须让手活跃起来,从而让玩具运转,让图像进入大脑。

"触摸屏幕"的考古

虽然雷诺的光学剧场割裂了使用者与装置的直接联系,但它的出现并非意味着光学玩具的终结。恰恰相反,手摇式电影放映机在电影院诞生早期颇受欢迎。那时,光学玩具代表的参与者模式和光学剧场代表的旁观者模式并行,这种并行在19世纪90年代同时流行的两种放映设备——活动电影放映机和早期电影放映机——的竞争中得到了很好体现。正如胡塔莫所言,早期电影放映机与活动电影放映机相比,具有无需电力驱动的优点,它允许早期电影放映机的使用者"自由地调整手摇柄的转速,随时中断放映以查看任何一帧有趣的场景,就如一个半裸的女郎"[24]。胡塔莫也提到,早期的电影院或五分钱剧场均开在一些露天游乐场的后院,这使得观影人不得不在走到电影院之前路过许多"要求互动"的早期电影放映机样机,因而也就为观看不那么有意思的电影场景做足了准备。游乐场和电影院的组合验证了这两种范式的并存,或者引用胡塔莫的原话,验证了"手摇式西洋镜与银幕投影这两种不同的动态图像消费模式"之间的张力[25]。

在19世纪80年代,这两种范式的并存或许可以更好地定义早期电影所具备的双重特性:其一是汤姆·冈宁在20世纪80年代中期提出的"吸引力电影";其二是最近由查尔斯·马瑟(Charles Musser)提出的"思考和洞察力电影",思考和洞察力电影"可以让观众参与到比较和判断的智力活动之中"[26]。后者显然能解释光学剧场或幻灯展、动态图片展及一般的视觉艺术的旁观者模式,而前者则更倾向于参与者模式。这两种特性应被视为同一个硬币的两面,它们都需要19世纪观察者的积极参与,以便感知和理解图像的意义。同时,二者也都在卡约所规定的"paidia"与"ludus"游戏类型之间摇摆不定。思考和洞察力电影与吸引力电影相比,更加强调"规则",但它也允许即兴创作和无意识天马行空式的联想。早期的电影观众面临解读叙事的挑战,这样的解读有时可在同一部作品中进行,有时却需借助别的电影。也就是说,他们要充分调动自己以前的观影记忆,回忆曾在博物馆看过的画,回顾曾在舞台上看过的动态图片,或是在杂志插图中看到的动漫。虽然要弄懂"感知"原理还有待后续研究,但我们可以假设思考和洞察电影让受众参与到了一种烧脑但充满趣味的竞争,他们为"谁能最先发现电影中出现的互文"展开竞争;与此相对,更适合被归类到"眩晕"游戏分类中的吸引力电影,从内核来看,与过山车带给人们的感受更加相似[27]。

在今天的电影文化中,早期电影的这两种范式依然存在,它们时常出现在挑战智力的思维游戏电影和令人激动的特效场景之中，偶尔也会在同一部电影中被巧妙地结合起来（如《黑客帝国》）。即使如此，我们也必须认识到，电影的观影环境和设施在 20 世纪发生了巨大变化。当我们谈到吸引力电影时，必须牢记，移动图像作为一种公共消费品，最初出现在游乐场游戏和露天游乐园中，而在这两种场景中，消费者身体与装置的互动都十分常见。当时放映电影的设备本就被设计成需要观影者的参与和操作。假如我们能理解那时吸引力电影对于游乐场游人和街机游戏玩家具有的直接吸引力，或者用冈宁的话说，通过展示吸引受众，那么电影的第一批消费者总在寻求机会与放映机及它们所放映的图片进行亲密接触，也就不足为奇[28]。但为何人们最终不再能触碰那些移动影像了呢？

为解答这一问题，必须注意电影在它诞生之初重新定义"乡巴佬"一词的过程。在米莲姆·汉森（Miriam Hansen）关于美国早期电影受众的研究中，她提到，"来自农村的乡巴佬在杂技表演、动漫作品和其他流行媒介中是一个常见的形象，早期的电影也将这种角色发展成一种喜剧主题，这种电影着力展示的是未经城市文明浸染的纯真心灵与城市生活、现代科技、商业娱乐之间的碰撞，以鼓吹城市发展的伟大奇迹，就如电影《来自科尼岛的鲁布和曼迪》（*Rube and Mandy at Coney Island*, Porter/Edison, 1903）"[29]。有一些乡巴佬题材的电影将故事的发生地设在电影院，因此也创造了自我指涉的一种早期形式，我也在其中发现了"触摸屏幕"发展史中的一些有趣案例。在这种电影院场景的特殊乡巴佬题材电影中，有一部名为《埃德温·波特的叔叔乔希看电影》[30]（*Edwin Porter's Uncle Josh at the Moving Picture Show*）的电影非常出名，这部电影展示了乔希非常天真地观看了爱迪生拍摄的两部已经上映的电影和一个特意为这个场景而拍摄的吸引力电影。他看的第一部电影是《巴黎之舞》（*Parisian Dance*, 1897），这部电影描绘了一个跳康康舞的女郎在跳舞时短裙越飞越高的场景。乔希看到这个场景之后非常兴奋，立即跳上台试图与影片中的女郎调情，但此时舞台上放映的影片马上切换成了《黑钻石列车》（*Black Diamond Express*, 1897），吓得乔希又马上跳下了舞台。在最后一部电影《乡村情侣》（*The Country Couple*, 1902）开始放映时，乔希又一次登上了舞台，这部电影描绘了一对爱侣在井边相互求爱的场景，乔希误将电影里的女孩认成了他的女儿，决心要教训这个跟他女儿调情的男孩，但他最后却把银幕给扯了下来，倒在了幕后放映工作人员的怀里。

汉森和许多其他学者从教育观众的视角出发，认为乔希这样的角色是作为反例存在的，只是为了强调"只看，别碰"的观影规则，这种解读确实很有吸引力。但仔细想想，《埃德温·波特的叔叔乔希看电影》这样的电影似乎更像是被刻意制作出来，只用于取悦而非教育早期的观影人。因为在它上映之时，观影人已具备相当的观影经验和知识[31]。此外，这部电影还展示了一种"看并互动的观影模式"，或许它也表达了一些对"前电影"时代可以互动的日子的缅怀[32]。《埃德温·波特的叔叔乔希看电影》不仅重现了人与放映机器的直接身体接触，还展示了人能够控制所观看影像的可能性。乔希叔叔能够打断约会的场景，是因为他碰到了银幕还把银幕扯了下来，让所有从幕后投过来的影像一起消失了。而这样的场景今天再也不可能发生，因为今天的电影影像都是从影厅后面的放映厅投射过来的，这一点在让-吕克·戈达尔（Jean-Luc Godard）向乡巴佬主题致敬的电影《卡宾枪手》（The Riflemen，1963）中得到了体现[33]。随着电影院的规范化，它的确逐渐摆脱了早期电影允许（潜在）互动的所有特征，它不再有手摇放映机、现场旁白、现场音乐，也不再持续不断地放映，不允许观众随意进出，更不允许观众在影厅聊天和吸烟。《埃德温·波特的叔叔乔希看电影》或许恰好是电影院制度化进程中的转折点，这种制度化不可避免地抑制了19世纪观察者的活跃性，也让旁观者模式成为主要的观影模式。从这个层面上说，波特的乡巴佬电影为1902年的观众提供了目睹一种观影模式走向没落的机会。

整个20世纪，参与者模式似乎还会时不时地出现在那些赋予观众更为"活跃的"角色的电影中，比如1965年的音乐剧电影《音乐之声》（The Sounel of Music）和1975年的《洛基恐怖秀》（The Rocky Horror Pictare Show）；比如作为通感实验产物的"嗅觉电影"；先锋派的实践产物模糊电影，这种电影可以在1946年的《用钱能买到的梦想》（Dreams That Money Can Buy，1946）中曼·雷（Man Ray）的"露丝、玫瑰和左轮手枪"一节中所展示的模拟银屏中看到；又比如叙事牵引电影，在拉杜兹（Radusz Cincera）著名的《自助电影》（Kino-Automat，1967）中，观众可以自主在众多剧情节点中选择剧情走向和结局。所有这些试图增加互动性的电影最终均以失败告终，或仅被当作规范化电影院发展史上的一次边缘性实验。事实上，它们对我的论证并无多大作用，因为这些尝试都没有让观众与装置直接产生接触。对于这一部分电影，我更感兴趣的是，它们能够激发受众回忆他们使用光学玩具时身体接触记忆的片段。虽然在广义电影的历史内，对于触觉的应用并不鲜见，其中最适合用作"触摸屏幕"考古学案例的，无疑是瓦莉·艾克斯波特的电影《可敲打和触摸的电影》（Tapp und Tast Kino，1968）。但在这些应用中，我想要找到能让受众在传统或规范化的电影银幕上察觉到自身的物质性，因而能产生触觉的那些电影片段[34]。我想到了一些片段，比如雷内·克莱尔（Rene Clair）导演的《幕间休息》（Entr'acte，1924）的最后一幕，一个人以慢动作从屏幕中跳过，并将"全剧终"的字幕撕裂；又比如《福尔摩斯二世》(*Sherlock Jr.*，1924)中，电影院内放映人员巴斯特·基顿(Buster Keaton)想进入电影中的电影，以便找到自己，而当投影门关上时，他被银幕拒绝，不能再回到电影中；再比如在上文提到的《卡宾枪手》中，枪手米开朗琪罗(Michel-Ange)跑到电影院的台上，想跟电影里放的那部电影中正在洗澡的女郎互动，结果把银幕给扯了下来。这些展示了银幕物质性的电影，间接引诱着银幕外遵守规则的受众去打破规则，引导他们不要再遵循制度化的旁观者模式，而采用参与者模式，去与装置发生实质性的身体接触。

还有其他一些展示了触碰银幕的案例，比如汤姆·克鲁斯(Tom Cruise)主演的《少数派报告》(*Minority Report*，2002)，电影中克鲁斯戴着数据手套触摸了一张巨大的透明屏幕；再比如詹姆斯·伍兹(James Woods)在《录像带谋杀案》(*Videodrome*，1983)中表演过拥抱电视屏的场景。但严格地说，这些"屏幕触碰"的案例所触碰的屏幕并不属于电影银幕的范畴。我们在生活中常常接触电脑和电视，因此这二者显然都比电影银幕更易触碰。相较而言，电影银幕距离观众更远，对观众而言自然也就更加抽象和高高在上。除了以上案例，真正触碰(非情节性)电影银幕的实例只能在先锋实验中才能看到。当然，人们也可反驳说，在狭义的电影领域内(非叙事性)，银幕从来就是不可触碰的，身体与装置的互动也只可能存在于"前电影"时代，那时和人们发生互动的是家庭光学玩具和手摇电影放映机。人们甚至还能反驳说，"前电影"时代的装置根本就没有装备银幕。实际上，是电影而非"前电影"(重新)引入了银幕[35]。电影装置比它的前辈们更不近人情，它的银幕是为了保护放映机免受观众的触摸而存在的，银幕在电影画面与观众之间隔了一段安全距离，扮演着"盾"的角色。"盾"一词的词源并不确定，据推测源于古高地德语中的"skirm"，意为保护。需要注意的是，从比喻意(或叙事意)的角度思考，电影银幕恰好与盾相反，因为银幕消解了观众世界和电影世界间(精神上)的距离。当然，这样的距离并不涉及物理实体距离，因此也就与手的触碰没有关系。

触摸，还是不触摸

19世纪的观察家所拥有的更为活泼一些的观影环境或许遭到了电影院制度化进程的压制，但他们的感知条件却没有发生太大变化。虽然电影理论并不总是认可，但在20世纪和21世纪早期，观众视角的存在仍是不争的事实。我们也必须时刻记住，触碰影像或银幕仍是感知的一种具体体现，只不过在这种条件下，是眼睛连接了手和大脑。触觉与大脑活动之间的联系在电影诞生之初就已经引起了包括法国天文学家卡米尔·弗拉马利翁(Camille Flammarion)在内的科学家和作家的思考。在《世界末日》(*The End of the World*, 1894)中, 弗拉玛利翁用这段话描述了一种存于未来的远距离多感官通信系统:"这种系统可以即时传播发生在任意地点的要事和趣事。一场在芝加哥或是巴黎上映的戏剧可以在全世界各个城市看到, 而这种传输绝不止步于听觉和视觉。通过控制人的脑力, 触觉和嗅觉也能在大脑中传递。"[36] 弗拉玛利翁的这一设想是基于阿尔伯特·罗比达(Albert Robida)的"电话屏"(téléphonoscope)概念。在弗拉玛利翁的预设中, 触觉和嗅觉的传输完全依靠大脑, 即它的运转依赖于大脑的运转。在21世纪初的今天, 弗拉玛利翁的设想在技术上仍不可实现, 只存在于科幻小说之中, 但他的设想暗含的对感知的理解, 已经不能让今天的人们感到惊奇。身体与大脑之间存在非笛卡尔式的交流, 因此标准化的电影院确实能够传输触碰的感觉, 比如薇薇安·索伯切克通过通感来解读《钢琴家》(*The Piano*)里那句"我的手指知道", 她也曾在《梦工厂》一文中解读嗅觉。电影对于触碰的传输再次证明了暗箱所创造的"无形"范式与客观世界之间所存在的深刻裂痕[37]。

行文至此, 从游戏的维度出发, 关于(规范化)电影院我们到底可以得出什么结论?按照卡约的游戏理论, 触碰屏幕的电影(至少那些乡巴佬电影)在物理层面上, 可以与拳击、击剑一类的游戏相比较, 而思考性电影则更像国际象棋之类的游戏。在卡约的游戏分类中, 拳击和国际象棋都被归类为"竞争", 也都更偏向"ludua"型的游戏。与早期电影院相比, 因为使用了更加标准化的设备, 规范化电影院可以说对观众的统治更强, 在竞争层面而言, 游戏也因此更具个人特色, 至少在放映期间如此。约瑟夫·安徒生(Joseph Anderson)明确将电影放在卡约游戏分类的"假装"类别中。他说, 电影"向观众发起了参与'角色扮演'游戏的邀请, 这份邀请甚至是为每一个观众独家定制的, 它邀请观众主动进入剧情世界, 积极参与游戏, 扮演角色", 这正是每一部电影在开头都会做的事情[38]。每一个独立的观众都是一个无权利的玩家, 与其他玩家之间也不存在竞争。

现如今, 电影所带来的竞争只能出现在影院之外——以预告片、网络论坛、交互式DVD、电脑游戏的形式出现, 而电影放映期间的电影游戏, 不论是身体的还是脑力的, 都纯粹依靠想象, 并且还只是一个单机游戏。电影观众们各玩各的, 互不打扰。2004年贝纳尔多·贝托鲁奇(Bernardo Bertolucci)执导的《戏梦巴黎》(*The Dreamers*)很好地体现了这一点。在这部电影中, 马修、伊莎贝尔和西奥玩起了一个电影知识测验游戏, 他们再现经典的电影场景, 游戏就是说出电影的名字。在这一过程中, 他们相互戏弄、刺激和挑战彼此, 而在电影院内, 任何一个电影爱好者都不可避免地想要参与这个电影知识大考验的游戏, 但他们不能在物理意义上"亲身"参加,只能保持安全距离,默默观看,无声地独自玩着。但如果是在家庭中,情况将大为不同,人们可以和亲友们一起玩这个游戏,可以暂停放映以争取思考的时间,也可以触摸屏幕以点出某些具体细节,还可以通过回放键重播某个镜头,最后,家庭影院中的观众可以真正模仿而非在想象中模仿主角,以重现自己最喜欢的电影场景。

家庭影院把影院带回到原初的形态,它将影院又变回到"前电影"时代的光学玩具和其他类似魔术幻灯的家庭放映装置。与此同时,家庭影院也将影院推向了未来,它要求我们思考在家庭娱乐媒介化的今天和未来,电影到底将如何运作。21世纪初,家庭影院包含很多"后电影"光学玩具,其中一些由于装备了触摸屏,对于我的论证来说就显得尤为有趣。想想那些基于触摸屏的摄像机、电话或是PSP,其中最有意思的是任天堂制造的Wii。这些产品在一定程度上降低了人们对感知的要求,而19世纪的观察者最需要的就是感知能力。它们同时还强化了作为家庭设施的电影潜在的游戏功能。同时,在这种新型的家庭影院中,电影放映装置在字面意义上被"驯化":下拉式的投影屏幕、压缩到DVD或其他载体中的电影、连接投影机的DVD播放器或是电脑、环绕声系统,一切的一切,包括投影出来的图像,都触手可及。与在电影院不同,观察者不会因触碰了银幕而遭到惩罚。在家庭影院里,我们都能变成乔希叔叔,夏洛克二世或是米开朗基罗。触摸或者不触摸,将不再是个问题。

注释

1. See Siegfried Zielinski, Audiovisions: Cinema and Television as Entr'actes in History, trans. Gloria Custance (Amsterdam: Amsterdam University Press, 1999); William Uricchio, "Cinema als Omweg: Een nieuwe kijk op de geschiedenis van het bewegende beeld," Skrien 199(1994): 54–57; Lev Manovich, "What Is Digital Cinema?" 1995, www.manovich.net/TEXT/digital-cinema.html; Philippe-Alain Michaud, Le mouvement des images (Paris: Centre Pompidou, 2006).
2. See Wanda Strauven, "Pre-Digital vs. Post-Analog," paper presented at "The Ages of the Cinema: Criteria and Models for the Construction of Historical Periods," Fourteenth International Film Studies Conference, Udine, Italy, March 20–22, 2007.
3. Manovich, "What Is Digital Cinema?" emphasis in the original.
4. On mind-game cinema, see Thomas Elsaesser, "The Mind-Game Film," in Puzzle Films: Complex Storytelling in Contemporary Cinema, ed. Warren Buckland (Oxford: Blackwell, 2009), 13–41. On the relationships between cinema and computer games, see, for instance, ScreenPlay: Cinema/Videogames/Interfaces, ed. Geoff King and Tanya Krzywinska (London: Wallflower, 2002).
5. It is not my intention to propose a new game theory or to systematically apply existing game theories. But I will allude to Roger Caillois's classic text Les jeux et les hommes [Man, Play, and Games]

(1958), which is a common reference in recent theories on (digital) gaming and which is particularly useful because of its construction of a scale between ludus (the rule-based, goal-oriented game) and paidia (free, aimless play). Furthermore, Caillois proposed a categorization of four types of games: agôn (competition), alea (chance), mimicry (simulation), and ilinx (vertigo). By applying Caillois's theory, I will intentionally avoid placing cinema in the category of mimicry, even if that is where the spectacles of theater (and by extension cinema) belong. The reason for such strategy is that I am not interested here in the actor-spectator relation.

6. Erkki Huhtamo, "Slots of Fun, Slots of Trouble: An Archaeology of Arcade Gaming," in Handbook of Computer Game Studies, ed. Joost Raessens and Jeffrey Goldstein (Cambridge, MA: MIT Press, 2005), 3–21.

7. Nicolas Dulac and André Gaudreault, "Circularity and Repetition at the Heart of the Attraction: Optical Toys and the Emergence of a New Cultural Series," in The Cinema of Attractions Reloaded, ed. Wanda Strauven (Amsterdam: Amsterdam University Press, 2006), 227–44. Tis text was previously published online as "Heads or Tails: The Emergence of a New Cultural Series, from the Phenakisticope to the Cinematograph," Invisible Culture 8 (Fall 2004), www.rochester.edu/in_visible_culture/Issue_8/dulac_gaudreault.html. Under my editorial eye, it underwent substantial changes, especially in terms of "pre-computer game" history, the section from which I mostly quote.

8. Jonathan Crary, Techniques of the Observer: On Vision and Modernity in the Nineteenth Century (Cambridge, MA: MIT Press, 1990), 5–6.

9. Jonathan Crary, "Modernizing Vision," in Vision and Visuality, ed. Hal Foster (Seattle, WA: Bay Press, 1988), 30.

10. Jonathan Crary, Suspensions of Perception: Attention, Spectacle, and Modern Culture (Cambridge, MA: MIT Press, 1999), 155.

11. Jonathan Auerbach, Body Shots: Early Cinema's Incarnations (Berkeley: University of California Press, 2007), 9.

12. On the hardware-software relation, see also Crary, Suspensions of Perception, 260.

13. Roger Caillois, Les jeux et les hommes (Paris: Gallimard, 1967), 69. See also Caillois's general description of ilinx games as "attempt[s] to momentarily destroy the stability of perception" (67). For Caillois's categorization of games, see note 5 above.

14. Dulac and Gaudreault, "Circularity and Repetition," 233.

15. Ibid.

16. Ibid., 236.

17. I will use the French term dispositif to refer to the specific viewing situation of an apparatus. Here I am following Frank Kessler, who has pointed out the problematic translation of dispositive into English, especially within the context of the so-called apparatus theory. See Frank Kessler, "La cinématographie comme dispositif (du) spectaculaire," Cinémas 14, no. 1 (2003): 21–34, and "The Cinema of Attractions as Dispositif," in Strauven, Cinema of Attractions Reloaded, 57–69. On Émile Reynaud's various devices, see also Crary, Suspensions of Perception, 259–67.

18. Quote from Crary, Suspensions of Perception, 263.

19. Crary, Techniques of the Observer, 6.

20. Dulac and Gaudreault, "Circularity and Repetition," 239.

21. See also Crary, who recalls that Reynaud's optical theater remained popular even after the advent of the Cinématographe: "Contemporary audiences, most of whom would also have been familiar with Lumière's films, did not regard Reynaud's handmade cartoonlike shorts as an inadequate or incomplete form of cinema but as attractions in their own right with their own particular pleasures" (Suspensions of Perception, 266).

22. André Leroi-Gourhan, Le geste et la parole, vol. 1, Technique et langage (Paris: Albin Michel,

1964). See also Nathalie Roelens and Wanda Strauven, "Introduction: Du prothétique à l'orthopédique," in Homo orthopedicus: Le corps et ses prothèses à l'époque (post)moderniste (Paris: L'Harmattan, 2001),8.

23. David Sudnow, quoted in Huhtamo, "Slots of Fun," 3.

24. Huhtamo, "Slots of Fun," 9.

25. Ibid., 13. As Huhtamo points out, the "preshow" tradition goes back to Robertson's phantasmagoria spectacles of the 1790s and survives today in the attraction of the rides in theme parks. See also Lauren Rabinovitz, "From Hale's Tours to Stars Tours: Virtual Voyages and the Delirium of the Hyper-Real," Iris 25 (Spring 1998): 133-52.

26. Tom Gunning, "The Cinema of Attraction: Early Film, Its Spectator and the Avant-Garde," Wide Angle 8 (Fall 1986): 63-70; Charles Musser, "A Cinema of Contemplation, A Cinema of Discernment: Spectatorship, Intertextuality and Attractions in the 1890s," in Strauven, Cinema of Attractions Reloaded, 160.

27. In Caillois's division of games, fairground attractions are placed in the category of ilinx, slightly inclining toward the ludus side (Caillois, Les jeux, 91).

28. On the "exhibitionist quality" of early cinema, see Gunning, "Cinema of Attraction."

29. Miriam Hansen, Babel and Babylon: Spectatorship in American Silent Film (Cambridge, MA: Harvard University Press, 1991),25.

30. Produced by the Edison Company, this film was a remake of Robert W. Paul's The Countryman and the Cinematograph (1901), of which only a fragment survives.

31. For a reading of the rube films in didactic terms, see, for instance, Isabelle Morissette, "Reflexivity in Spectatorship: The Didactic Nature of Early Silent Films," Offscreen, July 2002, www.horschamp.qc.ca/new_offscreen/reflexivity.html.

32. Thomas Elsaesser, "Discipline through Diegesis: The Rube Film between 'Attractions' and 'Narrative Integration,'" in Strauven, Cinema of Attractions Reloaded, 213, emphasis added.

33. On Godard's complex homage to the rube film, see Wanda Strauven, "Re-Disciplining the Audience: Godard's Rube-Carabinier," in Cinephilia: Movies, Love and Memory, ed. Malte Hagener and Marijke de Valck (Amsterdam: Amsterdam University Press, 2005),125-33.

34. On Valie Export's Tapp und Tast Kino in relation to the rube film, see Wanda Strauven, "Touch, Don't Look," in I cinque sensi del cinema/The Five Senses of Cinema, ed. Alice Autelitano, Veronica Innocenti, and Valentina Re (Udine: Forum, 2005),283-91. On tactile art in more general terms, see, for instance, Peter Weibel, "It Is Forbidden Not to Touch: Some Remarks on the (Forgotten Parts of the) History of Interactivity and Virtuality," and Erkki Huhtamo, "Twin-Touch-Test-Redux: Media Archaeological Approach to Art, Interactivity, and Tactility," in MediaArtHistories, ed. Oliver Grau (Cambridge, MA: MIT Press, 2007),21-42 and 71-102, respectively.

35. The screen as projecting surface is, of course, not a new invention; it already existed in the dispositifs of the ombres chinoises, the magic lantern show, the phantasmagoria, the projection praxinoscope, etc.

36. Claude Flammarion, La fin du monde (Paris: Flammarion, 1894),251.

37. Vivian Sobchack, "What My Fingers Knew," Senses of Cinema 5 (April 2000), www.Sensesofcinema.com/contents/00/5/fingers.html, and Vivian "The Dream (Ol)Factory," paper presented at the conference "The Realm of the Senses: Synaesthetic Aspects of Perception," Berlin, April 12-14,2007.

38. Joseph D. Anderson, Reality of Illusion: An Ecological Approach to Cognitive Film Theory (Carbondale: Southern Illinois University Press, 1996),122, emphasis added.

游戏玩家的责任：完全成为端口

克劳斯·皮亚斯

> 举个例子，屏幕上的角色变成了潜水艇，球变成了鱼雷，或是角色看起来就像个滑雪的人。所以务必记住，按指令进行游戏。
> ——《德国游戏机奥赛德用户手册》，1973

1793年，一个毫无收入的34岁教授给他的赞助人写了一封感谢信，在这封信中，他给"玩"下了一个新的定义，这个新的定义将在未来的两百年中对游戏理论产生深远影响[1]。弗里德里希·席勒思想的演进过程受到了法国大革命骚乱的影响，他曾说，"玩"这个概念可以用来解释某些最为复杂同时也最为基本的状态，就如"美学境界"。席勒将美学境界形容为"最高层次的真实，在这种真实之中，所有的限制都不复存在"，在这种状态中，我们能够重新体验"人性的统一"[2]。这样宽泛的概念或许可以解释一些政治学和人类学的问题。席勒认为，可以调停和平衡"生命"与"形式"、"权力"与"法律"、"真实"与"疑问"、"本性"与"理性"之间关系的，是被称为"文化""人"或是"玩"的事物。"文化""人""玩"的概念有部分重合，因为这三者都试图调和某些相反的趋势，根据人们所使用的意象，它们能调解"交流"，允许"判断"，甚至"平衡"各方。引用席勒的原话，"文化""人""玩"是一个角斗场，在这个角斗场中，"物质冲动"和"形式冲动"相互影响，"一方运动的同时，确认和限制着另一方的运动，双方都通过运动达到自己的最高表现"[3]。这样看来，通用的交流和控制机制似乎就是一种"游戏"，在这场游戏中，人们作决定不仅仅要考虑美学原理，同时还要顾及效率。这种机制也能用来解释艺术的功能，比如说"警察"的作用[4]。

即使建立在康德论证的基础之上，用游戏来解释哲学和美学等概念，还是太过离经叛道。席勒因而认为，有必要对此进行一些解释。席勒问：用游戏解释美学会让美学庸俗化，降格为某些无聊的东西吗？毕竟许多琐碎而轻佻的事物都以"玩"的名义出现[5]。席勒的答案是：不。人们不能只想到"现实世界中玩的游戏,那些具体的游戏通常只会直接指向非常物质的实体"[6],而"玩"这个概念与当代人法罗牌戏和惠斯特扑克牌游戏之类的"轻佻"小游戏无关,与西洋棋和兵棋之类的战术游戏也无关。事实上,它根本与"游戏"无关,它关乎的是"玩",是玩乐的态度。在我看来,自席勒的观点起,大多数人类学游戏理论都发扬了排除游戏物质性的优点。无论是作为一种教学工具(卢梭等),还是作为内部世界和外部现实之间的调节活动(唐纳德·温尼科特),抑或是自我疏离的行为(理查德·谢克纳),一种对于秩序和混乱的超越(布瑞恩·萨顿·史密斯),一种社群产生的推动力(克利福德·格尔茨),一种多余精力的释放活动(K. 格鲁斯),一种社交功能(米德),或是一种生活压力的文化建构表达(J. 赫伊津哈),"玩"都始终如一地超越了特定游戏的历史,成为一个永恒的概念,被不断提及。

　　假如有人想要创造一个连贯且通用的游戏理论,他就必然面临一些方法论、历史和系统化问题。这些问题当然关乎游戏本身,包括什么可以被称为游戏设计,什么又是游戏的物质性。席勒时代以来的人类学理论将"玩"归因于"人类"。按照这种高度概括的思路,任何地方性的游戏都会被视作一种特殊案例,这些理论因而否认所有具体游戏的重要意义。因此,我们同样需要将注意力投射到所有经过精心制作、计算、搭建、安装、组合成"游戏机器"的非同寻常之物,包括那些工具、装置、准客体、符号、人体和机构。我使用的是德勒兹定义的"机器"概念,它指的是"任意的元素通过递归和通讯组成机器的方式"[7]。用德勒兹的方式和原则在不同的领域建立机器,比如外接设备同步、人机交互设计、网球比赛,似乎远比将一切简单地归结于"人性",更能帮助我们理解今天的电脑游戏。而诉诸人性,正是席勒和他的继承者所做的。

　　因此,我提供了几种游戏机器发展过程中的文史资料,它们虽然来自不同的领域,但在考古层面上却具有可比性。这些资料包括网络协议、电脑游戏、军事命令、网球教学、哲学语句。这些概念比邻于"话语分析的陌生之地,在话语分析中,文学体裁、科学命题、常见短语、精神分裂者的谬论等都是一种语句,但它们缺少公分母,因此不能再简化,也不能以任何一种推论的形式进行等价"[8]。这些史料将围绕问题与答案、永恒性、通讯中责任的主题而展开和组织。我将用历史中出现的两个概念——名为"Ping"的指令和名为"Pong"的游戏来展示这些资料之间的相似性。当然,我也将运用这两个概念所具有的比喻意义。

　　电脑游戏改变了席勒的范式。在席勒的设想中,人类处于中心地位,而"玩"是人天性所在。通过玩,人能在他的完全形态中将各种矛盾整合并解决。在电脑中,类似于界面的一些事物被放到了中心,调停着机器与人、软件与硬件之间的矛盾,因而创造和格式化了作为用户的人类。在界面中,玩家控制着游戏,游戏也同样控制着玩家。因此,我将强调以下三点:首先,电脑游戏没有人的参与也能完整运行;其次,人或游戏玩家在玩游戏时对人本身的特质调用得最少;最后,人机互动是一种双向测试,它将执行一种全然普通的责任感和在场感,这二者在康德的美学意涵中是需要技术规则和技术动力的。

PING

在计算机中心"调制解调器访问用户网络接口(uni-network)"的网页中,我们可以看到以下这段话:

> 最简单的运行状态测试。
> 在DOS窗口中,键入 *ping fossi* 或 *ping 141.54.1.1*,开始执行TCP/IP-Client Ping。
> Ping指令用来测试本地电脑是否与目标电脑连接。为此,程序会向目标电脑发送一组测试数据包,随后等待目标电脑的反馈。反馈时间以毫秒计量。如果测试成功,你将看到以下内容:
> Reply from 141.54.1.1:bytes=32 time=152ms TTL=253
> 随后你可以使用其他TCP/IP用户协议。

Ping是一个非常简单的程序,它只向某个特定的IP地址传送单个数据包,然后等待反馈。正因为它的简单性,它可以移植到任何系统中,测试任何网络的基础功能,并提供一些回答。最快出现和最简单的回答就是存在回答,它证明通路存在;第二,Ping为每一组数据包都分配了独一无二的数字,它可以用反馈的数据包来判断是否存在丢失、复制或未被传送的数字;第三,Ping为每个数据组装备了总和检查码(checksum),可以用于检验是否存在数据损坏;第四,Ping也能记录每个数据组的发送时间,因此传送时长可以计算得出。但是,Ping不能提供任何通讯为何失败及通讯在何处失败的信息,它只能告诉你:连接失败。Ping的运行结果只能显示某些东西响应时间过长,某些东西没有响应或者某些通路不稳定。简而言之,它只关注有无响应或传输是否完整,却不关注这些结果产生的原因。

像所有繁琐的程序为了能处理每个个体就必须独立于任何个体特征一样,及时性的问题必须独立于任何个人原因。文学史上最突出的例子可能就是海因里希·冯·克莱斯特(Heinrich von Kleist)的戏剧《弗里德里希·冯·霍姆堡王子》(*Prinz Friedrich von homburg*,1809—1811),这部戏剧清晰地展示了军事指挥结构中准时概念的起源。霍姆堡,一个不幸爱上选帝侯侄女的白日梦想家,总是幻想自己是被命运选中必将成就一番伟业的人。抱着这样的信念,他带着骑兵在接到参战命令前就参与了一场战斗。他不合时宜的进攻确实取得极大的胜利,他也因此被誉为"费尔贝林征服者"。但选帝侯的军事法庭还是审判了他,并判处他死刑。霍姆堡只是在错误的时间做了正确的事,而根据前拿破仑时期的战时法律,不准时是严重的违法行为。选帝侯清楚地告诉霍姆堡,战场以安排好的调遣顺序定期检视行军状态,行动计划通常被打散成命令、信息和信号,而不遵守行动计划"控制信息协议"是严重的犯罪行为,将会遭受最严厉的惩罚。选帝侯和网络中传输的数据包都不需要一个像克劳塞维茨①一样的天才,克劳塞维茨能为后世制定标准,而选帝侯和数据只需要守时性。

回到 Ping。根据"Ping 页",Ping 是"网际包探测器"(packet Internet groper)的缩写,其中,"grope"意为"感知",就像人能感知由亮到暗的变化一样[9]。Ping 将信号送到黑暗的网络之中,等待它返回,再分析空间扭曲和回波延迟时间,这就引出了关于 Ping 起源的另一个故事,这个故事是写下 Ping 的程序员迈克尔·约翰·穆斯(Michael John Muuss)在英年早逝前不久说出的[10]。20 世纪 80 年代早期,穆斯供职于美国陆军研究实验室,正在研究回声探测方法和声呐、雷达系统的建模问题。他将他的研究成果用到了另一个不同的问题上,用他自己的话说,是用互联网控制信息协议(Internet Control Message Protocol,ICMP)定义的响应请求和响应应答函数来测量"目标机器的'距离'",因此 Ping 不是一个缩写,它甚至不是名词,而应是描写某种行为的动词。对于雷达技术而言,往返时间(RTT)仅仅意味着信号的旅行时间,而在美国海军的行话中,Ping 意味着发送声呐脉冲。互联网技术员也很贴切地形容,"送(Ping)一个服务员过去,看看它有没有醒"。如果它发回了声音,证明目标就在那里。

定位敌军的问题或许可以用史蒂夫·海曼(Steve Hayman)在 1991 年向世界性新闻组网络(Usenet)投递的故事来说明。当时,海曼面临着找到 TCP/IP 网络中损坏电缆的难题,他不想继续摇晃电缆来确认到底哪一根断了,于是他回到电脑前,发送了一段 Ping,他还写了一段小代码,确保电脑会自动重复发送 Ping。海曼的电脑由 NeXT② 公司出产,具有良好的声音性能。于是海曼就让电脑在 Ping 得到回应时发出一声"Ping",作为得到回应的确认。随着数据包的往返移动,"Ping,Ping,Ping"声回荡在海曼的周围,这样他就可以在建筑中四

---

① 克劳塞维茨是德国军事理论家和军事历史学家,普鲁士军队少将,著有《战争论》,被誉为战争天才。——译者注
② NeXT 是一间设立在美国加利福尼亚州红木城的电脑公司,由史蒂夫·乔布斯创建,专门制造和开发高等教育和商业市场上的工作站电脑,1996 年 12 月被苹果公司收购。——译者注

处走动,分别晃动每一根电缆,当"Ping"声停止时,海曼就知道他找到了出故障的那根电缆。通过观察者"互动式"的移动,Ping 变成了一种基于有声和无声或存在和缺席间差异而存在的单声道数字定位程序。

中　　断

　　1944 年,杰伊·弗雷斯特(Jay Forrester)从路易斯·德佛洛兹(Louis de Florez)手中接过了飞机稳定性和控制分析仪项目。路易斯后来成了中央情报局的技术研究主任,而弗雷斯特则将这个项目更名为"旋风"[11](Whirlwind)。这个项目的初衷是设计一个模拟的飞行模拟器,1945 年转而攻关数字的飞行模拟器,1948 年又被重新安排为设计实时预警系统。1950 年,技术进步使阴极射线管可以将科德角(Cape Cod)发来的雷达波转变为在屏幕上可见的形式,矢量可以显示为线和点,因此能够以一种制图的形式(如将字母写成图)描绘文本(像笛卡尔坐标系)。值得注意的是,模拟实时到数字实时的转变和复杂性问题的时间化,会产生互动性问题,进而导致存在和缺席问题越发明显。这一点在雷达分辨敌友和在电脑识别玩家时均有体现。因此,电脑不得不在处理数据的过程反复中断进程,以便探查双方,分清敌友。尽管雷达的扫描对象和用户具有同样的逻辑地位,但这种中断不是人—机问题,而是机器与机器间通信可行性的问题。

　　从电话线中传来的雷达矩阵信号在传入旋风系统时,要经过实时处理,输入和处理需要分别独立进行。轮询(Polling)是一种临时的定期数据收集,它通过一个名为"中断"(Interrupt)的开关运行。运行时,一根硬件导线按照固定的时间间隔定期中断进程,从而使进程跳到子程序,这个子程序可以感知运行环境之类的信息。鉴于中断存在于所有行动或互动之中,输入、逻辑和输出单元间的交流就成了时间临界、同步性和局部分化的系统节奏问题。通过中断来触发通讯是协调各种不同带宽外接设备最高效的方式。即查询特定系统位置时,缺失或是重新缓冲的,可以判断为不存在。

　　根据这种原则,"旋风"将它的用户当作许多设备中的一个加以连接,并按特定的时间间隔定位这一设备。当用户不在某个位置上时,就没有信号输入。"旋风"的继任者是 IBM 公司的 AN/FSQ7 型电脑,这个电脑是 SAGE(半自动地面防御系统)项目的一部分。它进一步完善了中断原则,每秒可以运行 75 000 个 32 位指令,成为目前已知最快的电脑。因此,它能解决电脑系统中最慢的元件——用户。用户在这个系统的作用就是出现在那里,负责回答谁是敌人。屏幕画着闪烁的点,这些点就是敌人,敌人必须由一个输入设备(光笔)"击毁"。如果操作者没有击中或是速度太慢,他的行为就是不负责任的,在最糟糕的情况下可能会导致"死亡"。因为 SAGE 具有双工结构(duplex architecture),既可以是游戏,也能在紧急情况下投入实战,这样,死亡就不仅仅是象征意义上的了[12]。

具有两种节奏的事件可以这样区分:一种产生的结果完全可预测,另一种则充满了不确定性。简单的例子是"时钟"和"键盘",两者都由中断控制。系统时间的暂存器每秒增加 1 的概率几乎是 100%,键盘却未必会对每次询问作出响应。就算它确实发回了一个符号响应,系统也不能确认 102 个键帽中哪一个被按压了。因此,时钟高度冗余,键盘则富含信息。按照亚里士多德的概念,时钟可以被归类到无意识的自动装置中,而键盘则处于命运的悖论因果关系中。在这个悖论关系中,两个完全确定的因果关系链相遇,并产生了难以预料的结果[13]。电脑游戏从属于这样的命运,它由一系列通过巧合发生的事件组成,当玩家回顾时,又会发现所有的巧合不过是命中注定。下面,我将转向更加具体的游戏:Ping 和 Pong。

双 人 网 球

早在"旋风"项目中,乔伊的团队就在屏幕上做了一个跳动球,用以测试电脑的运行速度和显卡。他们在屏幕的左上角设置了一个发光点,这个点会像网球一样落下,随着这个跳动球的下落,屏幕上会实时产生一系列横贯屏幕的抛物线,这些抛物线的高度连续下降。复杂的战时弹道计算需要占用大量的电脑运算力,因此这个理想的网球在系统中取代了敌人不可预计的行动轨迹,它也因此成为或许是有史以来第一个演示程序(demo program)中的代理[14]。

大约十年后,物理学家威廉·希宾伯坦(William Higinbotham)在布鲁克海文国家实验室阅读配发给他的电脑的使用说明[15]。希宾伯坦曾开发 B—28 轰炸机的鹰雷达显示器,也是洛斯·阿拉莫斯国家试验室生产的炸弹的点火延迟器设计者之一,他还设计过其他一些测量设备。在阅读电脑手册的时候,他看到了一个编程示例,这个示例展示了如何在连接到电脑上的五英寸小示波器上描绘弹道轨迹。因为马上就要到实验室开放参观日,而这次参观日安排了展示计算机无与伦比的运算速度和系统隐身性的常规项目,所以希宾伯坦就在跳动球的基础上集成了一款网球游戏。

示波器展示了网球场的侧视图:一个偏转波在中间,代表网;左边和右边有两个网拍线,中间是一个跳动球。发球角度可以在电位器的帮助下设定,只要按一下按钮,球就会发出去。它很新奇,于是自然而然的,在开放日当天,很多参观者略过了Chase-Higinbotham线性放大器,转而玩起了《双人网球》。第二年,一个拓展版本的《双人网球》出现了。在这个升级版中,引力常量也可以更改,所以即使玩家想在月球或是木星上打网球,游戏也能帮助他们实现。

值得注意的是,《双人网球》中并没有对移动点的直接选择(SAGE里有),它选择的是球拍和球接触时的那个点。弹道学和时间选择问题是希宾伯坦研究中常遇到的问题,球拍问题则集合了这两个问题。因为球拍必须要移动自身才能接住球。游戏玩家的目标是成为目标并为接球做好准备。在某个特定时刻,球就是玩家在游戏中的存在,它被视作成功的交流。就像所有早期电脑游戏一样,《双人网球》只有当两个玩家轮流处于准备击球位上时才能运作。在这款游戏中,"送(Ping)一个服务员过去,看看它有没有醒",可以解读为"给另一个选手打个球看看他还在不在"。在海曼寻找破损电缆的故事中,只有当Ping声不再响起时,Ping才具有意义。Ping只是用来时不时地确认通路仍然存在。游戏玩家的通信全由反馈报道组成,"我在呢,我已经就位,我准备好击球了"。打网球意味着成为"疯狂的快速节奏"(das Rasende des Bestellens)的一部分,根据海德格尔(Martin Heidegger)的观点,这种节奏是现代技术的本质[16]。它同时也意味着扫描另一个设备和"最简单的功能测试"。在这个游戏中,电脑只有两名玩家,它的优先级就是测量两个玩家,在速度极快的情况下还能继续击球即为成功。

PONG

两年之后,同样在开放日,只不过这次是麻省理工学院(MIT)的开放日,另外三个项目得到了展示[17]。首先是弗雷斯特著名的"旋风"屏幕上的跳跃球。其次是彼得·萨姆森(Peter Samson)在TX-0[①]上制作的音乐。TX-0装备了一个扬声器,扬声器由运行的程序控制,当累加器中设置位累加到第14位时,扬声器会以声音对此进行确认,这样有经验的程序员就可以通过听音来判断程序中的哪一个部分在运行。总之,萨姆森让电脑忙于无意义的循环,而这个循环唯一的目的是设置第14位或不设置第14位,以此产生不同的声音。尽管一个运行良好的程序产生的控制音都是噪音,但萨姆森对于冗余的不断利用使海量数据无意义递归的速度达到了人类可以感知的程度,产生了一些像声音的东西。

第三件展示物是某种将约翰·麦卡锡(John McCarthy)的IBM 704型计算

---

① TX-0是第一台完整的基于晶体管的计算机,由麻省理工学院(MIT)在1956年设计完成。——译者注

机变为颜色器官的事物。这算得上是黑客技术的早期案例,除了它精湛的技术,它还成功绕过了仅有的一些通用语言,充分利用了这台计算机的专有硬件特性。IBM 704型计算机装有一串控制灯,并且整个装置的注意力都集中在访问(addressing)这些相互独立的组件上,当到某个特定的点被访问时,控制灯会形成指定的形状。有一个特殊的程序被开发出来,这个程序唯一的功能就是让灯一个接一个亮起来,借此形成一个移动的光点,而这个光点从右边消失后只会从左边重新出现。如果有人恰好在最后一盏灯亮起的时候按下了按钮,移动光点的顺序就会发生改变,就好像它从末端弹了回来。因此,信号就向着现实中的黑暗发送了过去,也向用户的世界发了过去。而用户通过按下按钮,确认了他在正确的时间出现在了正确的位置。一切搞定!如果电脑遭遇了一个有所回应的用户,那它必然会偶遇某些东西,比如说某些"我起来了——Ping起作用了"的回应。当然也有可能是"Pong"的一声,毕竟704型电脑的控制面板已经成了某种单维网球比赛。

20世纪60年代初,人们在Ping和Pong上出现了意见分歧。军方选择了Ping,《美国陆军术语词典》(Dictionary of U. S. Army Terms)立即在此基础上为电脑游戏下了定义:电脑游戏是电脑与电脑之间的对决,而非电脑与人的对决。[18] 麻省理工学院的黑客们选择了Pong,并在两年后呈上了著名的游戏《太空大战》(Spacewar!),这个游戏在电脑上玩,玩家也能和电脑玩[19]。因为当时并没有其他的电脑游戏,《太空大战》就成了被数字设备公司(Digital Equipment Corporation, EDC)的技术人员用来诊断PDP-1型电脑的工具。

无论如何,《太空大战》吸引了一位有想法的玩家——诺兰·布尔内什(Nolan Bushnell)。布尔内什最初跟随伊万·萨瑟兰(Ivan Sutherland)学习,后来创建了雅达利公司[20]。时间回到布尔内什接触《太空大战》之时,那时他刚完成学业,在AMPEX公司找到了一份收入稳定的工作。1970年,布尔内什着手重新设计《太空大战》,他很快意识到,话语基础并不仅仅通过记录现存元素运作,它也需要一定的考究和明显的剩余价值。或用引用布尔内什原话:"要想成功,我就必须想出一个游戏……而这个游戏必须简单到任何一个酒吧的醉汉都能玩。"[21] 麻省理工学院开放日的演示程序可以归纳出三个要素:第一,可以出现在屏幕上由程序控制的点;第二,电脑制造的声音;第三,时序要求严格的用户责任。另外,还有三个起源于电子游乐场的要素:第一,设备不需要服务员(即游戏所需都装载到机器之中);第二,设备不需要两名玩家,它只有单人游戏模式;第三,游戏会结束,所以投资、价格和游戏时间之间存在经济关系。最后,还有一个来自完全不同领域的要素,这个要素是拉夫尔·贝尔(Ralph Baer)创造的一种模式。贝尔是武器供应商桑德斯联合公司（Sanders Associates）的高级工程师，他曾在1968年建议将电视屏和电脑相连接，这个建议使得光栅屏幕的像素纹理取代了矢量显示器的制图。在此基础上，布尔内什集合了超过七种元素的装置最终成型，这就是众所周知的Pong。Pong可以在屏幕上展示移动的点，可以发出声音，可以和玩家互动，不需要外接设备，只有单人游戏模式，采用计分制，图像展示在老式日立电视机上（图8.1）。

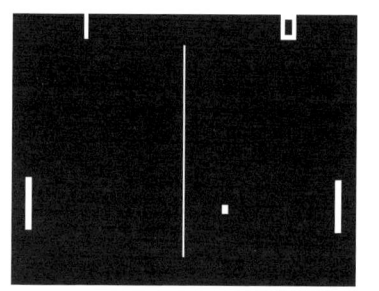 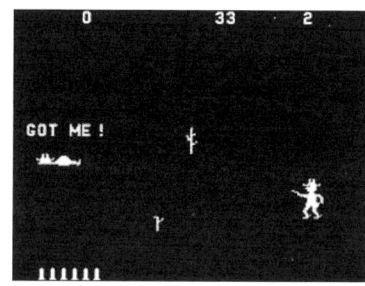

图8.1　游戏Pong的截图

这款电脑游戏的"点"——由于现在不再使用模拟信号的电视机技术，所以我们这样称呼它——当然是游戏时发出的"Pong"声[22]。布尔内什仔细观察了Pong的第一个玩家，这个玩家同时也是电脑游戏史上的第一个匿名玩家。那是1972年8月的一个夏夜，天气很暖，地点在森尼维耳市的安迪·卡普酒吧，布尔内什写道："比分是5∶4，玩家赢了，当他的拍子和球接触时，一声美妙而响亮的'Pong'出现了，球立马回到了屏幕的另一侧。"拍和球的第一次接触以及第一声Pong，事实上也同样是Ping。Pong和Ping都确认着通路已激活，反馈回应正常运作。当数据包或是球到达另一侧时，另一声"Pong"就会出现。正如我上文所说，节奏被确立为"在速度极快的情况下形式的成功"。节奏意味着通讯正在进行。

但正如尼采所说，节奏也是"一种强制力，它产生了不断投入、顺从、参与的欲望，而这欲望永不满足，以致不仅是你的身体，你的灵魂也会跟着这一节奏，或许，上帝的灵魂也会被带偏"[23]。考古学恰好可以提供一些关于灵魂和上帝卷入网球节奏中的信息，这些信息来自20世纪70年代。在Pong出现的同一时期，前哈佛大学的网球教练提摩西·加尔韦（Timothy Gallwey）出版了一本书，基于他在亚洲顿悟的经历，加尔韦提出了"瑜伽网球"的概念，还成立了内心游戏研究所（Inner Game Institute）。他在书中写道：

我们到达了关键之处，这是对自身永恒的"内省"活动：（1）执念将导致与自我形成的自然过程的冲突;(2)只有当内心宁静,人才能到达表现的巅峰。因此,当一个网球运动员在处于"他的游戏"之中时,他不能思考何时、何地、如何击球;击球后,他不能思考刚刚那一击是好是坏。击球似乎通过一个不需思考的自动过程来完成。[24]

20 世纪 70 年代初,出现于加州的嬉皮士神秘主义和电脑技术的结合清晰地展示了我们在电脑游戏中到底在处理怎样的程序[25]。起初,玩家和机器并无关联,玩家更像人与设备之间某种特殊通信的化身。玩家要按照外接设备的通信标准调整自身。意识是加尔韦所说的"第二自我",而玩家失去意识的瞬间就是成功变为外接设备的那一刻,因此无意识也是电脑游戏得以进行的一个条件。Pong 被视作一个同步性问题,而这一问题不过是约翰·斯特劳德(John Stroud)1949 年在主题为"控制论"的第 6 届梅西会议上向激动的观众提出的问题的修订版。斯特劳德提出的问题是:人机通信中,如何寻找一种通用的载波频率?[26]

死亡之 Ping

游戏《3D Shooter》玩家论坛的主页名叫"死亡之 Ping"(Ping of Death),成立于 1997 年。这一名字再次提醒我们,从布什内尔以来,所有的电脑游戏都有一个名为"游戏结束"的结局。"游戏结束"是玩家象征意义上的死亡,也是所有通信的终结。死亡或终结,不论在射击游戏还是在网球游戏中,都与射击或是被击中无关,它只与及时性相关。就像霍姆堡王子被处死是因为他在错误的时间出现在正确的地点,电脑游戏的死亡威胁也来自时间错置。赢得一个游戏意味着永远不要成为霍姆堡。玩家出现在射击场或玩家没有出现在球的落点轨迹上,都是玩家没能适应游戏节奏的失误。在 Pong 中,玩家也装备着武器,如果让德勒兹评价,他或许会说 Pong 是一个投影问题。那些痴迷于图像而忽视了 Pong 背后技术的教育专家毫不让人惊讶,因为在 Pong 中,游戏玩家对手的目标不是击打玩家,而是抓住他缺席的那一瞬间[27]。游戏中,对手的球拍在玩家眼中是一个虚拟的移动空间,这个空间是玩家应该去,但很可能无法及时到位的地方。对手的目标就是玩家无法实现的及时性,它努力的方向是使玩家失去时间责任感。球的运动轨迹则是投影问题,这一点我无法回答。总之,没有"Ping"声,没有"Pong"声:游戏结束。

这种在场/缺席目标的虚拟性是二战中运筹学研究的重要话题,而这一领域研究发展出的一些方法则被数学家 T. J. 布罗姆维奇(T. J. Bromwich)应用到了网球领域。他在 1956 年的《数学世界》(World of Mathematics)期刊上发表了一篇文章,文章主要解决网球运动中击中球的概率问题。布罗姆维奇在文章中试图验证球的不可交付性(undeliverability),他的验证涉及最大真实球速,对手的实际位置、运动方向、运动速度、最大跑动速度。其结果是,存在非常节约的击球方式,球员可以轻易算出如何用最小的损耗迫使对手进入无法击球的境地[28]。

游戏场或网球场就这样变成了概率场。每一次击球好像是投射了一张目标区域的统计曲线网,然后顺着推测的方向打。布罗姆维奇使用的是"传统的"运筹学方法,因此我们可以把网球场和朝着潜水艇前进的鱼雷这一案例进行类比。在鱼雷案例中,潜水艇有各种避让选项[29](图 8.2)。案例中的统计域线与布罗姆维奇的网球分析一致,人们可以轻易地将潜水艇想象为另一个网球拍,而鱼雷是球,唯一的差别是,鱼雷游戏中,要想得分就得让球击中对手,而网球游戏中,得分是不让对手接触到球。

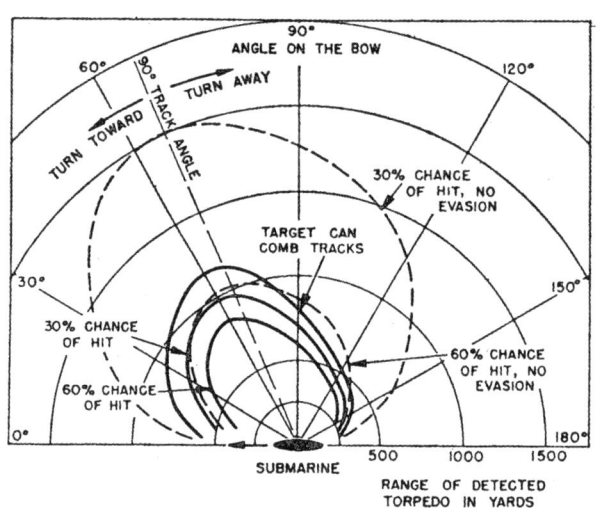

图 8.2 在虚拟地图上进行的潜艇躲避鱼雷演习

潜水艇问题把我们带回到了 Ping。没有击中时,通信就会中断,这也是"死亡之 Ping"的本质。根据 PRF－791 协议的标准,单个 IP 数据包不能超过 65 535(216^{-1})个八位字节,其中 20 字节留给数据包头(header),8 字节留给回传请求,这之后就只剩下 65,507 个字节[30]。因此,人们可能会发送一个含有 65 510 字节的数据包作为 Ping 码测试:

ping-1 65510 any.ip.address

协议的标准要求将被送出的数据包打散成分片,分片需要偏移并在目标电脑中重新组装成一个数据包。最简单的结果是，最后一个分片被赋予一个有效偏移量（例如，任何小于 2^{16} 次方的字节），但这样的话，数据包的长度会导致溢出，即使到了 1997 年，在当时存在的 18 个操作系统中（Windows95、NT、Linux、Solaris、Irix、NeXTStep 等），它还是会导致重启、崩溃、意外停机、内核错误，甚至使路由器和激光打印机失速[31]。

无论是在 Pong 中出现的人机通信，还是在 Ping 中出现的机器间的通信，象征上的死亡都由玩家未能履行自身责任导致。一个玩家通过使另一个玩家处于他无法作出响应的位置，即通过使另一个玩家处于其自身无法控制的范围，来击败对方。不可交付性则意味着把某人或某物安置在不可能的位置。这个问题在媒介理论中是一个非常不稳定的问题，因为如果出现了一个不可能访问的地址，它通常会导致媒介把自己投递到那一处。举个例子，邮局就拥有所有人的地址却没有自己的地址，它也只会在某些东西不可投递时才会出现。如果 Ping 码不持续，那么或许就是电脑出了问题。

Smurf 攻击与掠夺

鉴于人们通常不想看到媒介本身，我将把行文的关注点从一般的节奏问题转向最佳节奏速度的特定方面。如果我们观察 20 世纪最后二十五年间出现的那些已在模拟器中复活的游戏，就会发现这些游戏非常慢，而它们的"慢"，证明了适应也是一个历史进程。即使文化诊断专家看到这些游戏也会承认我们变快了。但我所想做的——同样基于对 Ping 和 Pong 的分析——是指出同步性中的效率问题。这种效率理论和所有人体工程理论一样，都认为能够长久维持的常态是在给定单位时间内完成最恰当的工作量，超出这个恰当量将导致危险出现，造成工作场合的健康和安全问题。

这样的超负荷工作多年来一直被称作"拒绝访问"攻击，它也最早引起官方对工作场合健康和安全的关注。这一切都来源于 Ping。其中的原理叫作 Smurf 攻击，它非常简单[32]。Ping 数据包会被送到网络中的中央播送地址，然后转送到连接这个网络的其他电脑上，一个网络最多可连接 255 台电脑。所有接到 Ping 信号的电脑会顺从地给出回应，这些回应当然不是返回送信人，它们会回到数据包头中预设好的目标伪返回址。一个廉价的 28.8－K 型调制解调器每秒可以出发 42 个 64 位的数据包（乘 255），因此目标地址每秒会接收 10 626 个数据包，即每秒 5.2Mbits 大小的数据量。如此大的数据量，即使 T1 型的网线（最大负载 1.5 Mbit/s）也会崩溃。众所周知，黑客会同时攻击多个播送地址，举个例子，只要黑客攻击50个地址,受害者的电脑就会被超过530 000个反馈数据包淹没,28.8 Kbit/s可以倍增到260Mbit/s。通过纯粹的数量过度需求,一台机器可以导致另一台机器符号处理进程的崩溃。

无独有偶,历史上也有超量数据包与过量的球之间的类比。精神声学家(psycho-acoustician)约瑟夫·C. R. 利克莱德(Joseph C. R. Licklider)曾出席过梅西会议,是SAGE交互界面的开发者之一,也是五角大楼高级研究计划署信息处理技术办公室的负责人。任职期间,他于1968年发表了他的经典作品《作为通讯设备的计算机》[33](The Computer as a Communication Device)。在这篇文章中,他描绘了未来网络概念的测试版本。他提出,未来的网络是一系列草图,突然从有机形状变成漫画书里的那种视觉语言,在这里,两种信息处理器直接握手——尽管它们没有手——它们不再是以传球的形式交流信息,而是直接接触(图8.3)。

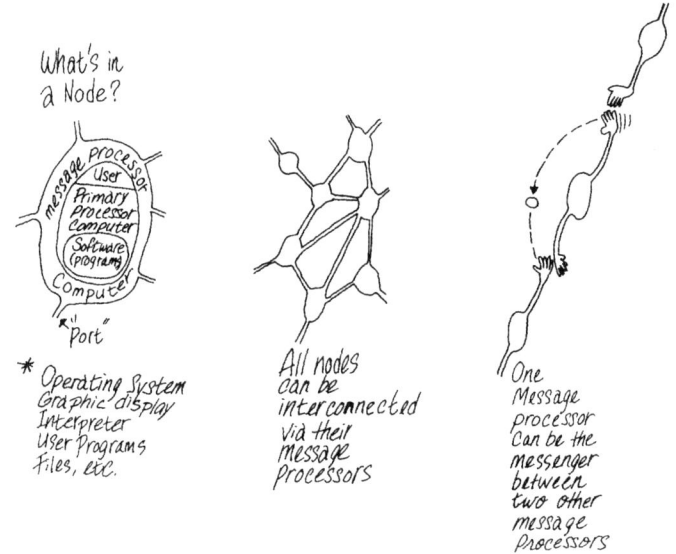

图8.3　利克莱德互联网规划示意图

显然,比起机器与机器之间的通信,利克莱德对机器与人之间的交流更感兴趣。尽管关于人的研究已经有卡普(Ernst Kapp)理论,弗洛伊德理论和麦克卢汉假体理论,利克莱德还是从另一个方向研究"电脑用户"。他将用户定义为"人性化扩展的机器",以此来瓦解现有的层级。1968年,道格拉斯·恩格尔巴特(Douglas Engelbart)和他的同事已经开始严格依照人体工程学原则测试各种输入设备,并为此开始测量屏幕在日常使用中的状态。与此同时,利克莱德也在思考,这些输入设备如何才能由人类的和非人类的组件共同构建[34]。他自然而然地想到了 Ping-Pong 游戏。机器与人之间成功的交流就是不停变化的回复,而不成功的交流则是具有过载特征的应答缺失——这种过载应答是一种对人类的拒绝访问攻击(图 8.4)。所以我们必须处理这种扩张的"转换",必须处理人类中心主义与科技中心主义间的摇摆,也必须处理哲学意义上所谓的"解构"。

8.4 利克莱德优化交互示意图

为了避免分析仅停留于轶事范畴,我们必须记住,利克莱德不仅对工厂工作时间的传统研究很感兴趣,他还一直试图说服国防部对"技术思维的时间和运动分析"展开研究[35]。他的主要论据是,只有让电脑和决策者进行最优互动,决策者才不会不幸地变成霍姆堡士子:

> 明天一整天你都要和程序员交流。下个星期,电脑就会花 5 分钟安装用于解决你问题的程序,花另外 47 秒计算你所提问题的答案。你拿到一张长达 20 英尺的纸,上面全是数字,并且,与其说它提出了一个解决措施,不如说它只是提出了一种应该通过模拟来探索的策略。毫无疑问,战斗甚至等不到流程进入第二部分就会结束……另一方面,军

事指挥官很有可能碰到不得不在很短的时间内作出重大决策的情境。十分钟战争的概念当然是一种过分戏剧的表达,但在战场上,指望拥有超过十分钟的时间来作出一个重大决策,同样是一件危险的事情。[36]

控制论提出了通过人类和机器间的相互理解实现统一；乔姆斯基(Chomsky)的认知心理学影响深远；人工智能领域出现了达特茅斯项目。所有的这一切,都将关注点集中于如何让人与机器同步思考,或者如利克莱德所说的"人机共生"(man-computer-symbiosis)。人与电脑相比,有一些主要缺陷,但也有一些无与伦比的优点。从机器的角度来看,这意味着在实现共生多意的思考之前,还有一些缺口需要填补。利克莱德说:"人将会补好这些空缺。"网球游戏更多地展示了人机共生而非人机分离的可能。机器访问了它的用户,用户是机器的延伸；用户的程序被写出来,而机器则送回一些东西作为回应；用户访问机器,用户无法读取机器的程序,但机器也通过可见性和缓慢性让自身得以测量,以此给出某些反馈。因此,只要人类与电脑相接触,Ping-Pong 就必定出现。它会出现在火情控制游戏中,也会在游戏《Word》中,《Igloo White》中有它的身影,《模拟人生》也能感受到它的存在,用户浏览网页或是操作《GTA 4》都要借助于它。

因此,20 世纪 90 年代的那些新媒体艺术,所有实现了所谓"至关重要"的互动性的艺术实践,不仅毫不重要地隐没在时代中,而且不过是对 Ping 军事化逻辑和 Pong 工业化逻辑的反复实践。比如说施蒂拉(Stelarc)1996 年的作品《Ping Body》,被艺术家称作"日常界面的强大逆转",实际上不过是把已司空见惯的用户界面关系退回到"旋风"的时代——那时,人类是明确作为装置被访问的。[37] 正如鲍德里亚业已精妙论述的那样(尽管其结论仍存争议),替换发信人和收信人是一种"战略妄想",它仍然"与统治实践紧密相连"[38]。《Ping Body》不是令人难以忍受的后人类作品,相反,它复制了人类的日常生活,而这种生活已经走在了艺术之前。

借助 Ping 和 Pong,我试图用话语分析的方式展示人与机器之间的游戏与机器和机器之间的游戏拥有同样的责任。这个责任(在我们的案例中)被称为"及时性""严守正确时间"和"在场"[39]。这种及时性(如霍姆堡的故事)与主观性无关,人在玩游戏的时候不能认为自己还有独立意见。假如保留自身的意见,这就像把某个人的时间感当作真正的时间一样荒谬。及时性是责任问题。而责任(如康德在《道德的形而上学基础》中论述的那样)与个人爱好无关,它意味着毫无倾斜的公正[40]。它与价值判断无关,也与人的意图无关。责任完全由原则衡量,通过原则界定,原则将源自法律的尊重转变成游戏行动的必要性。当玩家进入游戏时,他必须将自己郑重奉献给这种敬畏。任何违背责任的行为都会招致象征意义上的死亡,使游戏结束。因此,游戏程序不仅是一组指令,它也是玩家进入游戏时必须遵守的游戏世界中的法律,它同时还是监控玩家行为的警察。因此,在正确的电脑游戏中不可能存在游戏的错误。

责任的履行服从于"技巧规则",或者用康德的概念——所谓的假言问题命令[41]。假言问题命令是"技巧性的",可以被归类到"艺术"范畴之中[42]。根据康德的观点,所有的技巧(与责任相关)都与其对象无关:医生可以用精湛的医术救人,杀人犯也能凭同样的技巧杀人。履行自己的责任并没有除了延长游戏时间之外的其他目的,也就是说,玩家不需要因为自己的失职而感到内疚。

因此,整个教育界都在就游戏暴力情节与孩子心理健康间的关系进行辩论,而我们有理由怀疑,他们辩论的关注点是错的。他们关注的不是玩游戏时使用的"技巧"或是"用语",也不是关于游戏装置本身,他们只关注图像和图像叙述的内容。现有的游戏含混不清,注重教育正确性的人们慷慨激昂,但这二者都很少强调游戏玩家的责任。相较而言,游戏对此可能强调得更少。玩游戏时,玩家脱离了意识和道德的领域转而投向责任与法律的世界,在电脑游戏的话语元素中,没有"杀人",也没有"捕获金块",有的只是及时性、节奏和控制。而这些会在游戏玩家的象征性身份中不断测试和确认。

数字电脑无法提供与人类感官相媲美的东西——它们太小,也太快。因此,没有图像或是触觉程序,就不会有反馈或是互动,所以,电脑必须"人性化"。从另一方面来说,真实世界与符号世界的连接,人体与机器逻辑不完整的缝合,只能形成符号层面的交流,这是人类成为"机器形状"的必要条件。游戏就是这种兼容性的测试。在此,我将使用德勒兹式的机器概念,这个"机器"不是所谓的"硬件",因为硬件只表明软件与人脑之间的边界,而德勒兹的定义可以描述机器是如何由各种不同类型的事物(人、图像、声音、电脑,等等)组成。这些事物可以通过递归和通信连接起来,获得成为一个机器组件的功能。

因此,电脑游戏传统的起源不仅能在视觉和文学传统中发现,还能在实验心理学、人体工程学、科学管理理论、运筹学和控制论中找到。找到这些起源不是为了号召人们将电路板看作电脑游戏里"唯一重要的事",也不是为了说明一种愚蠢的技术先验论[43]。我更想要做的,是强调技术在更广阔范围内的意义。我不想将它限定为某种东西的扩展、装置、符号或是某些微不足道的功能,而这正是哲学家、历史学家、人类学家和结构主义者乐意做的。我情愿将技术理解为某种力量或是某种特征,它会组织关系,也会在战略决策中产生一些前所未闻、意想不到的新事物。在这个更大的意义上,技术会向着它自己的节奏进发。这是一个横向发展的过程,技术的各个特定方面都是动态的,但技术不能被降格为任一特定方面。技术是科技工艺、美学标准、文化实践和知识之间的中继器。从这个意义上说,技术并没有参与到不断变化的设备世界中,也没有参与到作为人类工程成就历史的更广义的文化技术中,它没有参与活动的世界,没有参与审美产品,也没有干预社会经济影响。技术不是某种事物,正确的表述是:技术做了某些事情。它同时让美学、实践、政治组织、认识论产生了某种关联,在这种联系中,美学、实践、政治组织和认识论结合的结果无序且不可预计。在这个意义上,技术已经从艺术和商业中解放了自己,成为一种独立的话语,因此也对人类学和文化批判反思构成了挑战。

我们需要理解这种思考"技术"的方式是如何产生的,尤其我们为何这样思考最近的技术发展。电脑游戏是一个非常好的测试案例,因为它对抗了人类"玩"的天性的支配地位,这种支配地位控制着人类学上的"玩"。席勒对此早有论述。电脑游戏是一个辩解,它支撑游戏中有形物的物质坚韧性,也支持从游戏中剔除卡约所说的"腐化""堕落"的回归。电脑游戏也为检视人类学游戏理论谱系提供了一个机会,人类学游戏理论中的游戏概念只是为了掩盖人类学家消除社会组织中悖论的目的,而游戏本该被更为严肃认真地对待。

注释

1. The German word Spiel that Schiller used does not differentiate between "play" and "game." The only way to make a distinction is to use the singular (Spiel, play) or plural (Spiele, games).

2. Friedrich Schiller, Über die ästhetische Erziehung des Menschen, in einer Reihe von Briefen [On the Aesthetic Education of Man, in a Series of Letters], in Sämtliche Werke, vol. 5 (Munich: Hanser, 1962),607.

3. Ibid., 611; Reginald Snell's translation, letters XIII and XIV, in Friedrich Schiller, On the Aesthetic Education of Man (1954; repr., Mineola, NY: Dover Publications, 2004),72,73.

4. Joseph Vogl, "Staatsbegehren: Zur Epoche der Policey," Deutsche Vierteljahrsschrift für Literaturwissenschaf und Geistesgeschichte 74(2000): 600.

5. Schiller, Sämtliche Werke, 5: 616.

6. Ibid., 5: 617, emphasis mine.

7. Gilles Deleuze and Felix Guattari, Anti-Ödipus: Kapitalismus und Schizophrenie (Frankfurt: Suhrkamp, 1974),498.

8. Gilles Deleuze, Foucault (Frankfurt: Suhrkamp, 1987),34.

9. See "The Ping Page," updated March 2007, www.ping127001.com/pingpage.htm.

10. See "The Story of the PING Program," n.d., http://fp.arl.army.mil/~mike/ping.html (accessed January 12,2009).

11. Robert R. Everett, "Whirlwind," in History of Computing in the Twentieth Century, ed. Nicholas Metropolis, Jack Howlett, and Gian-Carlo Rota (New York: Academic Press, 1980), 365–84.

12. J. T. Rowell and E. R. Streich, "Te SAGE System Training Program for the Air Defense Command," Human Factors 6 (1964): 537; Les Levidow and Kevin Robins, introduction to Cyborg Worlds: The Military Information Society (London: Free Association Books, 1989), 13.

13. Aristotle, Physics 2.5–6.

14. According to Benjamin Woolley, even with the first game, because the ball was supposed to "fall" into a "hole" on the abscissa. Benjamin Woolley, Die Wirklichkeit der virtuellen Welten (Basel: Birkhäuser, 1994), 46.

15. On the occasion of the fiftieth anniversary, the game was reconstructed and can be viewed at "Video of the BNL 1958 'Tennis for Two' Computer Game," n. d., www.pong-story.com/tennis1958.htm (accessed January 12, 2009).

16. Both of Heidegger's terms are ambiguous: das Rasende means both "madness" and "rage," and Bestellen means "to appoint" or "to order" and "to till." Martin Heidegger, Die Technik und die Kehre, 5th ed. (Pfullingen: Neske, 1982), 33.

17. For more detail, see Steven Levy, Hackers: Heroes of the Computer Revolution (London: Penguin Press, 1984).

18. U. S. Army, Dictionary of U. S. Army Terms, AR 320–5 (Washington, DC: Department of the Army, 1965).

19. J. Martin Graetz, "The Origin of Spacewar," Creative Computing, August 1981, www.wheels.org/spacewar/creative/SpacewarOrigin.html.

20. Robert Slater, Portraits in Silicon (Cambridge, MA: MIT Press, 1987), 296.

21. Scott Cohen, Zap! The Rise and Fall of Atari (New York: Xlibris, 1984), 23.

22. The Odyssey game console of the television technician Ralph Baer was analogously constructed and generated the tennis game graphics from the logic of test pattern generators. The Pong machine of the computer scientist Bushnell reconstructed this aesthetic with digital means so deliberately and precisely that he later lost a lawsuit. On the details of this "secret" digitalization, see Claus Pias, "'Children of the Revolution': Video-Spiel-Computer als Kreuzungen der Informationsgesellschaf," in Zukünfe des Computers, ed. Claus Pias (Zurich: diaphanes, 2004), 217–40. The circuit diagram shows that the "Pong" sound was no more than the extremely intensifed crackling in the lines counter. So what we hear when we successfully synchronize ourselves is actually the synchronization of the device itself.

23. Friedrich Nietzsche, Werke in drei Bänden (Munich: Carl Hanser, 1954), 2: 93.

24. W. Timothy Gallwey, The Inner Game of Tennis (New York: Random House, 1974), 31.

25. For a broader discussion of this conjunction, see Fred Turner, From Counterculture to Cyberculture (Chicago: University of Chicago Press, 2006)

26. John Stroud, "The Psychological Moment in Perception," in Cybernetics/Kybernetik: The Macy-Conferences, 1946–1953, ed. Claus Pias (Berlin: diaphanes, 2003), 1: 41.

27. The game manufacturer Midway would soon turn things around. The game Gunfght simply replaced absence with presence and the racquets with pixel cowboys to produce a controversial shooter. The tennis ball didn't have to be reprogrammed but could now be visually interpreted as a bullet.

28. Thomas John Bromwich, "Easy Mathematics and Lawn Tennis," in The World of Mathematics, vol. 4, ed. James R. Newman (New York: Simon and Schuster, 1956), 2450.

29. Philip E. Morse and George E. Kimball, Methods of Operations Research (New York: Wiley, 1951).

30. See "Ping of Death," Wikipedia, http://en.wikipedia.org/wiki/Ping_of_death (accessed January 13, 2009).

31. Collected on "Ping of Death," www.insecure.org/sploits/ping-o-death.html (accessed January

12,2009).

32. See INFOSYSSEC, "Denial of Service Attacks," n. d. , www. infosyssec. org/infosyssec/security/secdos1. htm (accessed July 20,2010).

33. Katie Hafner and Matthew Lyon, Where Wizards Stay Up Late: The Origins of the Internet (New York: Simon and Schuster, 1996),24; Joseph C. R. Licklider, "The Computer as a Communication Device" [1968], reprinted in In Memoriam: J. C. R. Licklider, 1915 – 1990 (Palo Alto, CA: Digital Equipment Corporation, Systems Research Center, 1990).

34. William K. English, Douglas C. Engelbart, and Melvyn L. Berman, "Display Selection Techniques for Text Manipulation," IEEE Transactions on Human Factors in Electronics 8, no. 1(1967): 5 – 15.

35. Joseph C. R. Licklider, "Man-Computer Symbiosis" [1960], reprinted in In Memoriam: J. C. R. Licklider, 1915 – 1990 (Palo Alto, CA: Digital Equipment Corporation, Systems Research Center, 1990).

36. Ibid. , 14.

37. Stelarc homepage, www. stelarc. va. com. au/pingbody/index. html (accessed January 12,2009).

38. Jean Baudrillard, "Requiem für die Medien," in Kursbuch Medienkultur, ed. Claus Pias, Lorenz Engell, and Joseph Vogl (Stuttgart: Deutsche Verlags-Anstalt, 1999),291.

39. The issue of timeliness mainly concerns "time-critical" action games. Adventure and strategy games, however, are "decision-critical" or "configuration-critical. " On this differentiation, see Claus Pias, Computer Spiel Welten (Munich: Sequanzia, 2002).

40. Immanuel Kant, Werke in zwölf Bänden, vol. 7 (Frankfurt: 1977),26.

41. Ibid. , 45

42. Ibid. , 46

43. Friedrich Kittler, Grammophon Film Typewriter (Berlin: Brink*m*ann and Bose, 1986),5.

持续的短暂性——未来只是记忆

温迪·秦

新媒介与其依赖的电脑技术一样,在朝着未来狂飙突进的同时,又全速奔向过去,它们努力追寻的是"过时的临界点"。因此,比起不停追问"现在的新媒介是什么",询问"过去的新媒介是什么"以及"新媒介将会是什么",显然更为明智。从某种程度上说,这样的困局源自"新"本身的语义:当我们称某事物"新",我们默认它有一天会"旧"。我们之所以难以把握当下飘忽不定的新媒介,也与它的扩散速度有关。但无论是新媒介上信息的过时还是信息的传播速度,都不能解释新媒介如何成为新媒介,也不能解释新媒介为什么是新媒介,当然,它们也不能解释新媒介的过去和未来为何看起来如此相似。为便于理解,让我们想象诸如"社交网络",如多用户网络游戏第二人生①之类的概念,或是想想那些在YouTube上很火的老视频和那些一直处于流通中的、被当作新信息重新使用的老邮件。它们重复不断地以一种人力难及的精确性运转,表明了一些比速度更重要的事实———一种非共时的新。我认为,正是这种"非共时"的新,才让有些新媒介被称为"新媒介"。

数字时代的"新"还有一个关键之处,是记忆和存储的合并,这种合并事实上既成就也消解了数字媒介的存档功能。记忆总在不断消褪,因此不能与存储等同。尽管人造记忆历史性地实现了暂时与永恒、流逝与稳定的结合,但数字媒介是通过将永恒变为持续的短暂来实现这一结合的,因而让人与机器之间的关系出现了不可预见的质变。记忆与存储的结合并非技术本身自然发展的结果,实际上,它是日常用语为实现"人力所不能及的数字可编程性",而绑架了记忆,消解了记忆衰退可能性的结果。这一点我将在下文中详细论述。通过对这些不断

---

① Second Life 是一款网络虚拟游戏,玩家可以在游戏中做许多现实生活中的事情,比如吃饭、跳舞、购物、卡拉 OK 等。——译者注

散布和重生的数字内容的理论分析,我将在本章揭示"人力所不能及的数字可编程性"梦想并没有实现,而是带来了更多的存档问题——它们让非共时的持续"短暂"越来越多。

未来,只是昨日重现

预测数字媒介未来的思潮再次流行,但在见证了乌托邦和反乌托邦学者关于互联网和千禧虫危机①的尴尬论战后,人们对互联网公司的倒闭潮和"9·11"事件后甚嚣尘上的事后诸葛式批判愈发没有耐心。比起严肃地讨论是否要将互联网通信重新定性为"双刃剑",业界和学界都将数字媒介分析的关注点集中在了未来的可能性上[1]。在普及虚拟现实和虚拟社区方面卓有建树的霍华德·莱因戈德(Howard Rheingold)曾写过一本关于下一次社会革命和聪明的暴民的书。他在书中写到,所有人都怀疑,作为语义万维网的 Web.3.0 将会是信息与意义实现最终合流之所[2]。即使是一直以批判为主业的组织,如致力于"批判及预测性参与信息科技相关论战"的澳大利亚组织 Fibreculture,也开始加入预测数字媒介未来的大流中,并将"数字艺术与文化"(DigitalArts and Culture,简称 DAC)协会 2007 年在珀斯举办的年会主题定为"数字媒介的未来"[3]。

这个"未来 2.0",或者说 Web2.0 或 3.0,比起它在 20 世纪 90 年代中期的前辈而言,更加现实,也更为谨慎。毕竟 90 年代预测的未来被宣传为"必定发生的未来"。在这个新版的未来中,人们没有乐观地宣布种族歧视的结束和快乐地球村的建立,没有列出必读的网络朋克小说和必看的反映网络朋克坚忍品质的电影。尽管新媒介现在已经涉足生命科学和纳米科技领域,"未来 2.0"还是谨慎地宣称,电子媒介并不具备包罗万象的性质[4]。"未来 2.0"让未来回归了未来本身,而非某种"命中注定"。它意味着一种可能性,即什么是可能发生的,什么是人们可能会做的,它将未来视作一次在已有平台基础上的程序升级,这就意味着人们可以撤回,也可以重做。而这种反复的撤回与重做,很大程度上由经济驱动。硅谷已从"新经济"泥潭中重生,谷歌的股票涨到了每股超过 400 美金,苹果公司生产的音乐播放器和黑莓手机随处可见。人们感到,有些东西已经且仍在发生改变。美国全国广播公司(NBC)在 2006 年宣布裁员,除了过于糟糕的电视

---

① 千禧虫危机指在某些使用了计算机程序的智能系统中,由于其中的年份只使用两位十进制数来表示,因此当系统进行(或涉及)跨世纪的日期处理运算时,就会出现错误的结果,进而引发各种各样的系统功能紊乱甚至崩溃。因此从根本上说,"千年虫"是一种程序处理日期上的故障,而非病毒。——译者注

节目外,一个很重要的原因是,现在的孩子根本不在电视上收看电视节目[5]。同时,Facebook 的使用范围也从小小的校园空间拓展到所有使用英语的地方。马克·扎克伯格(Mark Zuckerberg)取代了拉里·佩奇(Larry Page)和谢尔盖·布林(Sergey Brin),成了新一代的硅谷传奇。YouTube 可以影响到美国总统大选;美国有线电视新闻网(CNN)开始在博客上寻找大新闻;Skype 也开始不紧不慢地着手开发视频电话,这些 20 世纪七八十年代时人们构想的场景正成为现实[6]。

这种对未来的回归和对新媒介"出现"的研究也是对互联网批评浪潮中感知危机的一种回应。列夫·曼诺维奇在 2001 年对学者展开了批评,他批判学者过于关注未来而非现存的技术,批判他们混淆了猜想和实际、科幻小说和现实。皮特·伦恩费尔德(Peter Lunenfeld)和基尔特·罗芬克(Geert Lovink)则将众多学术成果划斥为学术泡沫。他们的批评被人们视作学界急需的训诫[7]。当时,学界曾刮起一阵呼吁研究者关注当下的风潮,他们呼唤学者从虚拟现实中醒来,借用吉布森①(Gibson)对"母体"的著名描述,就是希望学者从他们幻想中的赛博空间走出来。在当时,即使是吉普森都开始写作当下真正存在的技术[8]。但关注当下并非易事,吉普森近期的作品就不如他早期作品受欢迎。看起来,现存媒介要么十分乏味,要么就只有极短的生命周期。诚然,关注现实确实不易,为了在某种程度上避免与当下和未来的交锋,尼尔·史蒂芬森(Neal Stephenson)现在才开始书写过去。学术思潮转向"媒介考古学"也与之类似,虽然媒介考古学既没有采用传统历史的方法,也没有趋向进步主义。

新媒介的速度和多变性显然让批判分析遭遇了重大挫折。正如罗芬克所说,"事件过快的发展速度将人们带到极为危险的局面:网络流行事件可能在批判学界有时间对其进行反思、得出学界公认的知识之前便已经消失"[9]。从宏观上分析,麦肯锡·沃克(McKenzie Wark)认为,传统学术难以适用于由光速流动的媒介向量产生和传播的图像和事件,它们打破了一般学制下的研究所强调的抽象性和同质性[10]。沃克的结论借鉴了保罗·维利里奥的学说,保罗认为,赛博空间实现了一种完全没有地方感和时间感的真实时间。随着图像与现实间的差距日益缩小,这种"天涯共此时"的状态或将导致"个体特质的消失"和"理性缺位"[11]。从微观角度来看,曼诺维奇认为,由速度带来的批判缺失问题在美国尤其严重,"美国社会接受新技术的速度非常快,这让新技术能在一夕之间成为家

---

① 威廉·吉布森,美国作家,是科幻文学的创派宗师和代表人物,曾凭借《神经漫游者》获得英语科幻文化界三大主要奖项:雨果奖、星云奖、菲利普·狄克奖。——译者注

家户户日常生活的一部分,如此一来,似乎也就不再需要对它们进行反思。在其他国家,对新技术更慢的接受速度和更高的技术更新成本让新技术的推广相对而言更慢,也就留有充分的时间供他们思考,20世纪90年代的新媒介和互联网技术推广就是这样的案例"[12]。曼诺维奇的地理学分析及将速度与成本联系的想法十分新颖,在他的理论中,速度再一次被贴上罪魁祸首的标签。速度之外,新媒介的延展性(多变性)也使批判主义难以进行,延展性使批判研究无法保证它作为人文科学研究的基本前提——信息源的可再现性。新媒体时代中的我们无法接触相同的文本,比如有些网站可能直接消失,而这对学术分析来说就像是一种冒犯[13]。这种可验证性的缺失使得在技术规划领域占主导地位的信度标准发生了转向。

作为对上述困难的回应,罗芬克和沃克都认为,理论研究本身需作出改变。罗芬克的"运行理论"(theory on the run)和沃克的"微事件"(micro-event)都将暂时性和速度视作数字媒介本身,拒绝跳出数字媒介的传播模式来认知它们。在罗芬克的理论中,"运行的实体,是在社交技术快速发展期内搜集整理出来的一系列建议、构思和应用知识"。罗芬克的理论之所以称为"运行",不仅因为它关注运动的当下,更因为这个理论用以表达自身的方式是运动的,这些方式包括代码、交互界面设计、社交网络和被隐藏在邮件列表信息、博客、聊天室以及被作为SMS信息发送的超链接格言等[14]。沃克也将这些战略学家的著作当成"微事件"来讨论,在他看来,"战略学者认为新媒介威胁到传统的媒介叙事时空,但事实上,新媒介能够将自己融入传统之中"[15]。换言之,"微事件"沿着与主流事件一致的方向流动,但在流动过程中又不断地改变着事件的表现形式。沃克的批判论著本身就证明了新媒介的这种介入,他的作品最初出现在网络上,然后才出版成印刷品。虽然我很欣赏这些学者为解决批判困局作出的努力,也在一定程度上认可数字媒介批判比起口头谈论更应该去实践,但我坚信,批判学者的批判必须跳出"速度"的桎梏。

难以参与的当下,批判学者落后于其批判对象,人们对介入的需求,这些都不应成为问题。以研究全球气候变化的学者为例,他们常说,当我们明确知道预测是对是错时,事态往往已难以改变。因此,学者必须将预测的未来当作未来,以避免预测的未来真正出现。而数字对象从产生到流行或是引起学者注意之间的时间差并没有背离新媒介的概念,相反,正如后文将要叙述的那样,它恰恰奠定了"新"的基础。进一步说,短暂性也并非新媒介所特有,电视学者早已与这种短暂性打交道多年,他们以现有的节目而非未来的节目为研究对象,按照流程、市场细分和现场感对电视内容作出理论化处理[16]。那么,新媒介到底有什么不同,换句话说,它到底新在哪里?

  电视与网络新媒介最明显的不同在于,电视遵循连续性逻辑,而网络新媒介并不遵从此逻辑。流程和市场细分并不能很好地解释数字媒介的短暂性。制作电视节目和为新媒介编程完全不同。制作一个电视节目需要安排计划表或直接播放,而为电脑编程则需要写下一连串存储好的指令,这些指令通常指向特定的行为。一个是描述性的,另一个则是规范性的。它们之间的第二个不同是,新媒介有存储器,这种可记忆性让它被视作电视的对立面或对电视缺陷的补足。事实上,新媒介理论家对新媒介和电视之间相似性的视而不见源于思想上的偏见,而这种偏见又起源于一种压倒性的理念,即把数字媒介看作能够记忆的内存,而将电视看作实况转播[17]。当电视还是电视的时候,可存储性显著拉大了电视与数字媒介间的差异。与电视不同,数字媒介的内容就像它背后运行的程序一样,可以全天候提供。数字媒介的永远在场,让事物变得更加稳定和持久。凭借自身核心的可存储特性,数字媒介曾被视为解决诸如电影胶片退化和唱片划痕之类存档问题的有效途径,它本身似乎并不存在存档的问题。但如果那些借用数字技术重新灌注黑胶唱片的人仍然使用CD或是可识别CD的系统,他们一定会为CD有限的使用周期感到震惊。老旧电脑中存储的文件也面临着同样的问题。

  数字媒介的主要特征是内存(memory),它的本体由存储定义。从它的内容到目的、硬件到软件、只读光盘存储器到记忆棒、随机(存取)存储器到只读存储器,存储问题的解决奠定了电脑诞生的基础——计算器到电脑的质变建立在"再生存储器"的基础之上[18]。约翰·冯·诺依曼(John von Neumann)在他那本传奇而又富有争议的《EDVAC报告草案》(*First Draft of a Report on the EDVAC*, 1945)中,谨慎地使用了"记忆器官"(memory organ)一词,而非当时已在使用的存储(store),他这样做就是为了将生物学器官与电脑元件进行类比,从而强调真空管所具有的存储短暂性特征[19]。真空管和机械交换机不一样,它们凭借信号的退化和再生,可以比机械交换机更精确地存储数值。互联网上的内容,无论是否让人难忘,都是建立在记忆的基础之上的。从在线博物馆到YouTube的Geriatic 1927项目,从Gorbis①到存储所有被点击过的链接的谷歌数据银行,很多网站和数字媒介项目都聚焦于内容的留存,谷歌数据银行中的每一个链接都对应一个IP地址,这甚至可以说是让谷歌成了21世纪的"史塔西"②

---

① Gorbis是全球首屈一指的创意营销公司。——译者注
② 史塔西是前东德国家安全部,曾是世界上非常强大的情报机构。——译者注

档案库。存储器让数字媒介成为前所未有的从未出现任何数据丢失的档案馆。

新媒介的永远在场性也是让它自身得以与未来连接的因素。它连接的是未来本身,是一种可以预知的过程和可能出现的未来。通过保存过去,新媒介本应让了解未来变得更加容易,但令人沮丧的是,新媒介只是通过不停曝光的威胁来贴近未来。正如《纽约时报》上的一篇文章在回应乔治·艾伦(George Allen)议员发表在 YouTube 上的有关种族言论时所提出的问题:"如果每一个候选人的每一个生活片段都可以被拍下来放到网上,那么它会不会让公职人员身上仅存的一丝真实荡然无存?"[20] 有趣的是,这个问题确定了种族歧视的真实存在,对于暴露在公众视野下的恐惧才会使议员的行为变得更加迂腐。然而,很多接受了 Facebook 条款的年轻人似乎忘记他们未来老板也能随意查看他们的主页,越来越多的人热衷于记录他们的"离经叛道"(如英国"开心掌掴"①事件),《纽约时报》的这种假设即使在政客身上,似乎都难以成立。毕竟艾伦是在公开集会的场合直接向举着摄像机的印第安美国人说出种族歧视言论的。无论如何,数字媒介应该发挥其功能,用启蒙运动的观念说,就是好的信息将导向好的知识,而好的知识将保证好的决策[21]。作为一种编程产品,新媒介将编织未来。

诚 如 我 思

可编程性依靠描述性和指令性的结合来维持,对可编程序的狂热追求在人们将范内瓦·布什(Vannevar Bush)的《诚如我思》(As We May Think)奉为圣典一事上体现得最为彻底[22]。《诚如我思》的重要意义尚未被完全理解,但却因为这一领域的先驱——格拉斯·恩格尔巴特(Douglas Engelbar)和泰德·尼尔森(Ted Nelson)——常提到它给他们带来的启发,它成了几乎所有新媒介导论课程大纲中必读的书目,也被认为至少与吉布森的《神经漫游者》(Neuromancer)一样重要[23]。随着新媒介批判的日渐成熟,这一领域逐渐远离了虚构的和乌托邦式作品,《神经漫游者》从教学大纲中消失不见,但同样是虚构的、乌托邦式的《诚如我思》,却因对万维网的诞生产生了直接影响(尤其是它验证了大型分支结构)而被保留下来[24]。如果人们真的把麦克斯存储器(由布什预言但未曾实现的机械存储器)当作先驱,并且顺着它的思路发展,那么麦克斯存

---

① Happy Slapping,即"开心掌掴"事件,2005 年左右兴起于英国的一种热潮,表现为一个或多个无聊的人,为了记录自己的暴力行为而袭击受害者,并用他们的照相手机或智能机将袭击过程拍摄下来。——译者注

储器就应该已经阻碍了我们的前进,因为麦克斯存储器指向机械、模拟的未来,但这样的情况根本不可能实现[25]。麦克斯存储器的先驱性应当体现在它和互联网的结合上,当我们将麦克斯存储器与互联网相结合,它们的产物就能解释数字媒介的短暂性。更重要的是,这种结合将问题由退化和遗忘转向媒介的保留功能,即一种媒介成了下一种媒介的"记忆"。

《诚如我思》写于"二战"即将结束时,在这篇文章中,布什认为,科学家和科学界进步的关键在于"存取"。他写道:"如果一个资料库是有益于科学的,那它必定会被不断扩展,也必须被储存,更重要的是,它必须可以被调阅。"然而,"现在出版物的数量已经远超人类可以真正利用的范围。人类的经验总和正以一种惊人的速率增长,而我们从知识迷宫中获得信息和知识的方法却与千百年前大航海时代的先人一样"。为充分利用科学资料库,他提出了一种机械化的解决方案——麦克斯存储器。麦克斯存储器是一件类似桌子的装置,它有两个放映机,保证用户可以在文件之间建立永久链接,并随意检索。这些文献被存储在微型胶片里,必要的时候被放入机器中。压下一根杠杆可以使放置在麦克斯存储器最顶层的内容被摄入胶片的下一空白处,通过这样的操作,麦克斯存储器也能写入新的内容。虽然微型胶片提供的压缩功能非常重要,但布什认为,充分利用资料库最关键的问题还是筛选。在他看来,人们之所以无法调阅文献,是由于他们使用笨拙的索引系统,因此,联合索引系统才是麦克斯存储器设想中最出彩的部分。麦克斯的索引系统与字母表系统不同,它所做的是建立"相关路径":

> 当用户在创建一条路径时,需要为这条路径命名,在代码簿中插入这个名字,然后用键盘打出这个名字。在他面前是两条留待链接的条目,它们要被投射在相邻的浏览位置上。在每个条目底部都有许多空白代码空间,并且设置了一个指针,指向条目的每一项。用户只需轻敲一个按键,条目就会被永久链接。在每个代码空间里都有代码字符。在代码空间内外,插入一系列光电管浏览的圆点,而在每个条目上的小圆点旁的位置上,会有链接与条目一一对应的指定索引编号。
>
> 在这一切完成后,当系统中的一个条目被检索到时,只需敲击相应代码区域下的按钮,相关条目也会很快被检索到。而且,当大量条目联系起来形成一条路径后,只要像翻书那样转动一下操纵杆,就可以或快或慢地逐个浏览这些条目了。这就像是把一些物理条目集合成一本书,但麦克斯的索引系统远不只这些,在该系统中的任何条目都可以与更广泛的路径相链接。

麦克斯存储器通过代码空间中不可见的链接来模仿物理新媒介的诞生。这种代码空间与数字编程中用来生成材料的空间不同,它的作用是放置标签。这种关联连接的设计是为了让麦克斯存储器更接近它的灵感来源——人脑。在论述人脑时,布什写道:"人的大脑在获取了一项信息后,将顺着大脑细胞运行轨迹所形成的复杂网络迅速地将这条信息与相关信息联系起来。大脑当然还有其他特征:不常被使用的轨迹容易被遗忘;大脑中的信息不能永久保存;记忆是短暂的。"与之相反,麦克斯存储器中的通道永远不会消失,在这一点上,它明显优于它的前辈。

布什没有低估麦克斯存储器的重要性,他认为人类"需要更加完全地实现记录的机械化,以便将人类文明变成一个富有逻辑的结果,而不是被有限的记忆力拖累,让这些文明被遗忘掉大半。倘若人们能再次拥有对记忆随取随忘的权利,能够忘记当下不重要的琐事,而又能在日后这些琐事变得重要时想起它们,那么,人生的旅途或许将更加令人愉快"。

麦克斯存储器不仅再一次赋予了人类遗忘的权利(就像我们所有人都会不再遗忘),它还让人类免受重复之苦——人们不用再看重复的思想,也不用重复思考同一件事。在布什看来,人类不应该受累于算法之类的重复思考过程,这样的过程机械装置显然能做得更好。而在思想与创意的有关方面,布什说:"(创意)只与数据的选择、处理方式和操作手段有关,从本质上来说,它仍是一种机械重复,因此,创意可以留给机器进行适应性处理,让机器来选择恰当的方式进行创新。"此外,非机械化导致的遗忘带来的危害就是重复,而麦克斯存储器作为机械化记忆装置可以避免重复。在《重思麦克斯存储器》(Memex Revisited)中,布什评论道:

> 有一个名叫格里格·孟德尔(Gregor Mendel)的奥地利修道士,在1865年发表的一篇论文中,陈述了现代遗传学理论中的基本规律。论文发表的三十五年后,终于有能够看懂和拓展其理论的人读到该文。但在这长达三十五年的时间中,孟德尔的理论没有引起任何人的注意,而这仅仅是因为人际传递信息渠道的不通畅。
>
> 这种流通渠道的不通畅问题至今也没改善多少。人类经验的总和正在以惊人的速度扩展,而我们从知识迷宫中获取信息和知识的方法,却与千百年前大航海时代的先人一样,尚未改变。每周都有成千上万的印刷品向人类倾倒,我们正在被自己的创造物埋葬。在这些人类经验之中的一部分,虽不如孟德尔的思想那般具有极大价值,但也在人类的进步中占据重要地位,可这些思想很多都迷失在浩瀚文海之中,其余的思想则只是不停地重复。[26]

因此，许多科学文献，与其说是带领我们走向未来，不如说是将我们困在了过去，让我们不停重复着此刻。我们正在被自己创造的事物埋葬，而人们对线性递增进步的渴望又将限制我们的所思所想。"诚如我思"这个题目本身太过模糊，一方面，它可以指向一个机器辅助人类的未来。在此层面，人们思考的是，如果我们发展补偿性机器来辅助记忆人类文献，或者我们不发展这样的机器，未来将会如何；另一方面，这个词也指向权利独裁，即一个人被赋予思考 X 的权利，那他就只能思考 X，权利的主体变成了本该是人类忠诚奴仆的机器本身。在这样的争议中，最重要的一点是"可能性"，是指向未来的一种不确定链接，人们可能这样想，也可能不。在仔细阅读过布什的论证后，我认为这种不确定性的出现不是因为缺少像麦克斯存储器那样的机器，而是源于阅读行为本身。

布什的著作和不少对信息革命的预测都认为，访问和理解文档、机器阅读和人类阅读、信息和论证之间并无差异。在这些学者看来，阅读只是一种对档案内容的简单理解，并不重要。他们认为，最大的困难是数据选择，而非数据的阅读，似乎一旦选择了正确的数据，就不会存在误读、误解，只会有完全透明的信息；似乎只要科学思想是在不断重复而非一直进步的，原因就只能是信息没有得到足够的传播。布什的论证有一个假定条件，他假设人类留存的资料能够建立起一个不断延续、包罗万象的档案馆，这个档案馆可以容纳人类知识的总和。科学档案馆本应为人类带回所有曾经消逝的东西[27]。因此，历史的中断应归罪于历史事故，归罪于人类在调阅文献上的能力不足，归罪于人类记忆的不可靠性。而这样的事故可以用机器来解决，在布什看来，机器具有惊人的永久性和可靠性。

然而，仅靠机器绝对无法将"信息爆炸转变为知识爆炸"[28]，机器无法许诺给人类福柯所定义的那种传统历史。即使像缩微胶卷这样稳定的媒介，也面临着老化和损毁的问题，而布什的进步主义和理想主义理论却建立在和胶卷一样具有遗忘特性的存储媒介之上。比起揭示信息的"存取"问题，孟德尔的案例暴露的是更大层面上的认识论框架问题。在孟德尔发表论文三十五年之后，共有三名学者重复了孟德尔的实验。他们都发现了孟德尔，也都查阅了他的科学记录，这意味着孟德尔的论文并没有失传。所以，我们需要思考的不是为什么孟德尔被遗忘了，而是为什么，在 1900 年他被三个毫不相干的人分别想起。同时，我们也可以思考，为什么孟德尔在科学史上被不停地提起和"重新发现"。在《孟德尔的九种人生》(The Nine Lives of Gregor Mendel)中，雅恩·萨普(Jann Sapp)提到，孟德尔的学说之所以被反复提及，是因为基因学的革新者想要将孟德尔学说镌刻在他们学科的基因图谱上[29]。在这个案例中，"重复"不能作为思想被浪费的证据，相反，它成为思想传播的例证。在德里达看来，重复对于归档，有如水之于舟，它能成就档案，也能覆灭档案；它是狂热，也是破坏，总而言之，重复是档案的核心[30]。健忘所带来的愉悦在一定程度上与死亡和毁灭带来的愉悦有异曲同工之妙。这样想来，在诸多小说和电影中，作为人类记忆辅助者的档案总是与人类覆灭相联系也就不足为奇。就像在《黑客帝国》中，人类社会被想象成人工制造的"昨日重现"。

孟德尔的案例还给人们带来一些别的启发，它展示了人们对科学起源的一些看法。人们总是倾向于认为孟德尔是基因学鼻祖，麦克斯存储器是互联网的前身，代码是电脑的起源，这样的看法从根本上基于存储和读取、记忆和存储、言语和行为的结合[31]。这种看法能够存在和流传，得益于我们制造的机器越来越稳定、耐用，机器成为比人类记忆更靠谱的档案记录者。这种看法还建立在数字媒介与模拟媒介之间的类比上。同时，这种看法与离散信息和互联网的物质短暂性完全相悖。

数字媒介并非永恒不变，人们每天都因数字信息的消失而备受挫折。数字媒介总是在退化，它健忘且可以被消除和抹去，这样的特性让它难以模仿模拟媒介的运行机制。数字媒介或许也在书写历史，但它们是通过自身"无历史或无记忆"功能，通过不断传输和重写文本及图像来实现历史的书写。如果像电影理论家玛丽·安·多恩分析的那样，人们在根据历史来拍摄电影的同时，也将电影情节视作历史事件，作为历史产物的电影和被当作历史的电影将难以分离。但在数字媒介之中，这二者却是可以分离的，也正是这种分离，塑造了电脑内存的形态[32]。电脑内存装置的年龄很少与它的存储物一致，装置和内容通常不是一起消失的。如果非要找一个东西来与电脑内存进行类比，那么只能说它跟擦画板（erasable writing）很像。但如果擦画板上的字可以消除是由于石墨的软质特征，那么电脑内存的重写则是因为内存盘表面痕迹的持续消褪。

移动存储器

冯·诺伊曼的《EDVAC 报告草案》让美国军方和学界了解了内储程序计算机的概念。有趣的是，它也导致了内存和执行概念的封存，而这二者是电脑成为一种媒介的关键所在。

这份报告的一个显著特征是抽象。它并没有下工夫去描述那些已在使用的电子管和水银延迟线存储器，而是引入了一些概念，这些概念"并不来自通讯工程行业，而是从沃伦·麦卡洛克（Warren McCulloch）和沃尔特·皮茨（Walter Pitts）理想化的控制论神经元理论（这两位学者均受到图灵理论的影响）中抽取的。这些理想化的神经元,与在它们之后诞生的软件一样,都是基于'刺激-反应'和'命令-结果'合并所产生的结果。麦卡洛克和皮茨致力于通过'命令-结果'链寻找一种'潜藏在神经元活动背后的逻辑运算',他们提出,'任何神经元反馈都等同于一种命题,当受到足够刺激时就会产生'"[33]。换言之,命令或程序在函数功能上等价于其结果。正如前文所述,二者的合并是编程的基础,在编程中,对时间的处理降级为对空间的处理。就像艾兹格·迪科斯彻(Edsger Dijkstra)在他著名的《有害的 goto 语句》一文中所强调的那样,"程序员的水平和他们 goto 语句的使用呈负相关关系",因为这种语句违背了迪科斯彻所认定的好程序的基础。他认为,好的程序必须"尽力缩小静态程序与动态进程之间的概念差距,让文本里程序与时间轴上进程间的对应尽量简单"[34]。也就是说,"goto 语句"让指令与结果之间的结合变得困难,使进程难以被归约(reduction)为命令,执行难以被归约为法规,而这二者恰恰是软件可以变得日常和成为一个聚合实体的基础,它们也是程序能够成为电脑执行命令来源的基础。"goto 语句"让源程序不易读,后来的程序阅读者可能要花费力气才能让这个代码运行,而在艰难地编译了这个代码后,程序员可能会发现,这个源代码还仅仅只是一个源代码,根本无法运行[35]。这种对于程序执行变化的掩饰在冯·诺依曼对内存的论述中同样明显。

冯·诺依曼最初将内存视作传入神经元,但它并非一个单纯的从生物学领域引入的概念。当冯·诺伊曼将电脑中的某些固件称作"记忆器官",并确定它们一定存在时,他就已经无视一些生物学基础。诺伊曼的内存以数字形式存在,完全异于布什的假想,而他将电脑和人类的记忆形式进行类比,是建立在他谜一般的自信上。在他的报告发布十年之后,他最终也承认,内存与记忆器官的类比在当时几乎没人使用,也不为人知,但在逻辑上却是必然的。在《计算机与人脑》(The Computer and the Brain)中,冯·诺依曼写道:

> 我们最好在一开始便承认,所有关于(人类记忆)的性质、实体和位置的物理断言都只是假设。我们并不知道记忆在物理可见的神经系统内存活在哪里,也不清楚它是一个单独的器官还是其他已知器官中的特殊部分,对于我们来说,诸如此类的未知还有很多。它可能存活在一个特殊的神经所组成的系统之中,而该系统也因此必须成为一个相当大的系统。它也许和人类身体的遗传机制有关。我们对于记忆的理解不会比希腊人好太多,而希腊人甚至认为心智(mind)位于膈肌。我们唯一知道的就是,人脑记忆系统一定有相当大的存储量,且像人类神经系统这样精妙的自运作系统绝不可能离开记忆系统而运作。[36]

这个论断——我们几乎不知道记忆是什么,也不知道它存放在哪里——看似非常谨慎,但从侧面宣告了记忆器官(或是一组记忆器官)的存在。它假定了行为和数据、指令和由电脑进行的机器执行之间的分离。也就是说,虽然内储程序计算机在同一个存储寄存器中处理内置的指令和数据,但是它严格地将进程和数据分割开来。而关于大脑容载力的推想则假设大脑以二进制数字来存储和处理信息,即大脑不是因事件在神经元系统中留下痕迹而记忆信息,后者是一种基于现场感和类比来记忆的记忆系统。在冯·诺依曼看来,神经系统是一个电子计数器,而不是模拟仿真器[37]。

冯·诺依曼的内存理论还模糊了人类与机器间的界限。机器内存是将通常储存于诸如卡纸类的外置记录媒介上的数值和指令容纳到机器中,但并非所有的数值都会一直被存储在机器中。机器有自己的记忆层级,排序的依据是存取时间。主内存由昂贵的寄存器组成,它们可以做到快速和理论上的随机读取。普林斯顿高等研究所(Institute for Advanced Study,简称 IAS)使用的机器采用了威廉姆斯管(本质上是一种电视显像管)作为主记忆,同时由一个二级记忆辅助,二级记忆中储存着留待运算的数据块。有意思的是,电传打字机磁带、磁性(录音)钢丝、录音磁带、电影胶卷这些可以用作二级记忆的装置,本身也是另一种形式的媒介[38]。第三种形式的记忆是"备用库存"(dead storage),即依靠输入和输出进入机器的外部数据,或者用冯·诺依曼在《计算机与人脑》中的原话,即"外部世界"[39](the out side world)。将计算机之外的整个世界视作内存的做法,本质上是将储存的场所和媒介合并,将已发生和正在发生的事情合并,将过去和过去的重现合并。第三种形式的记忆让电脑内存成为某种形式的文件归档,而被当作人类记忆二级记忆的纸质文档若要进行这种行为,则极有可能会因纸质文档的不可再生而成为"死档案"[40]。在此,我要再次说明,"重写"(regenaration)这一概念进入学者视野之前,人们广泛使用的概念是"存储"(store,由查尔斯·巴贝奇提出)而非"内存"(memory)。EDVAC 的前身 ENIAC① 使用译码器(function table)来存储数据值,虽然后来这些译码器也用来存储指令,但它们并未被称作内存。内存这一概念,或者说最初的再生储存器的概念,是随着水银延迟线存储器和威廉姆斯管的使用进入人们的视野的,这两种存储装置都是非静态装置,它们之所以可以储存数据值是因为它们的信号可消褪。在存储同一份文件时,只要速度足够快,静态和动态装置间的差别就不复存在。而当修饰器的

---

① EDVAC 和 ENIAC 分别为离散变量自动电子计算机和电子数字积分计算机,都是早期电子计算机。——译者注

再生功能被删除后,所有的存储器都将成为内存。

存储和记忆也将计算机与基因学连到一起。冯·诺伊曼将基因学纳入他的内存理论,这实际上消除了人心智记忆与身体记忆间的差别。鉴于"心智"的词源意为"被记住的状态",这样的消除在当时颇为出人意料。通过把基因也当作一种记忆,冯·诺伊曼实质上也消解了个体记忆与隔代记忆的差别,算是为拉马克学说的传播作出了显著贡献。假如染色体是某种形式的二级记忆,那么,按照逻辑它应该可以被初级记忆改写。将基因和记忆联系起来,其实暴露了将记忆和存储器,即将过去和未来合并所带来的风险。诚然,将指令像基因那样存储起来是冯·诺伊曼自复制自动机理论(theory of self-reproducing automata)的核心[41]。

至关重要的是,记忆是一个动态而非静态的过程。为了避免记忆的错乱和丢失,对事件的记忆必须按照顺序进行。这也说明记忆并不等同于存储。假如记忆总在回首过去,那么按照《牛津英语字典》的解释,存储是在提供和建立库存。存储或贮存是面向未来。在计算机术语领域,往内存中添入新东西就能颠覆现有的通用语言。这种奇异的颠覆以及记忆与存储的结合导致电脑内存的暂时性和波动性。但另一方面,如果没有这种波动性,内存也将不复存在。"记忆"一词的梵文词根是"殉道者"(martyr),从意义上来说,更准确的表述也许接近古希腊"使人苦恼的"(baneful)和"挑剔的"(fastidious)概念。记忆是一种纪念行为,它是一种回忆的过程。

当然,这种纪念同时也包含永久性和暂时性。记忆,尤其是人造记忆,自古就有将暂时和永久并置的传统,比如,作为古代记忆术灵感来源之一的蜡版①,通常就与可抹去的字母同时使用。弗朗西斯·A.耶茨(Frances A. Yates)曾解释到,在修辞学家看来,建筑物就是一份书写的基底,需要被纪念的事物形象被深深地镌刻在上面。在评述《献给赫伦尼厄斯的修辞学》(the Ad herennium)时,耶茨写道:

> 人造记忆是依靠地点和形象来建立的……人们的记忆会因不停地看到某个地点而在历史长河中不断重复。诸如房子、柱子、角落、拱门之类的地点非常容易在记忆中留下印记。而形象则是记忆的形式,它标志或干脆模仿着我们希望记住的东西。就像如果我们希望记住某种类型的马、狮子或老鹰,我们就必须把它们的形象放置在某一特定的地点。

---

① 蜡版是古代的文献保存方法之一,可用硬质小棒划出字母,加热或推掉一层可以抹去上面的内容。与火漆原理类似。——译者注

> 记忆的艺术就像一种内在的写作，那些认识字母表里字母的人可以写下人们向他口述的东西，然后读出他所写的内容。同样，那些学习过记忆术的人也能将他们听到的故事安放在恰当的位置，然后从记忆中调出这些故事。"那些安置记忆的位置就像蜡版或莎草纸，而图像就是字母，图像的排布像笔记，图像的输出像阅读。"[42]

当走进这些记忆中的地点，人们便回忆起那些希望被记住的事物。这种关于记忆的理论提供给人们另一种审视人类记忆与计算机记忆相似之处的视角。雄辩家在脑子里回忆一个物理空间，而图像不只包括那个投射到物理空间中的、需要被记住的事物形象，被用作投射的物理空间本身也是一个图像。与此相似，电脑内存同样也按空间分布，它是一种类似于纸却又并非与纸十分相似的存储媒介。它们的相似之处是二者都会衰退，这也解释了把比喻当作一种记忆方法的局限性。

从水银延迟线存储器到威廉姆斯管，早期的再生存储器设备向人们非常具体地展示了记忆是一个动态过程的特点。一组连续的水银延迟线管会接收到一系列的电脉冲信号，随后，它会用晶体转换器将电脉冲转化为超声波，这些声波以相对较慢的速度通过水银管（图 9.1，上），并在水银管末端放大，然后重新转化为电脉冲输出[43]。在任意时刻，水银管组中的每一条通道都可以存储约 1,000 个 2 进制码位。另一个早期内存装置威廉姆斯管（图 9.1，下）是从阴极射线管发展而来的。当时，电视机不仅作为电脑屏幕存在，它一度也是电脑的内存。威廉姆斯管的运作原理是当电子撞击阴极射线管的荧光面时，它不仅会发光，作为伴生现象，还会产生电荷，这样的电荷在消失前大概可以存在 0.2 秒，在这期间，这个电荷可以被并行收集器板探测到。因此，如果电子撞击能以至少 5 次/秒的速度进行，它就能和水银延迟线以同样的方式作为内存而使用。现在流行的内存同样也需要信息或是信号的不断再生。当前的随机存取存储器（RAM）是最容易丢失存储内容的存储器，它由触发器、晶体管和电容器组成，而这些硬件都需要稳定的电流以保证运行。虽然我们确实有不易丢失的内存装置，比如凭借更好的绝缘电容器而更稳定的闪存，但相对而言，这些内存装置可用的读写周期又很有限。

因此，正如沃尔夫冈·恩斯特所说，数字媒介本质上是基于时间的一种媒介，它利用屏幕更新周期和赛博空间内信息动态流动的特点，将图像、声音和文本转变为时间上离散的瞬间。这些图像只在人眼可见的范围内保持静止[44]。信息的动态性不仅是因为它在空间中流动，更重要的是因为它在衰退；信息的衰退性而非其再生性是记忆存在的原因，反过来，它也是记忆消失的原因。据说，数字媒介比其他媒介（电影胶卷、纸质等）在信息保存上更加经久耐用。但事实上，

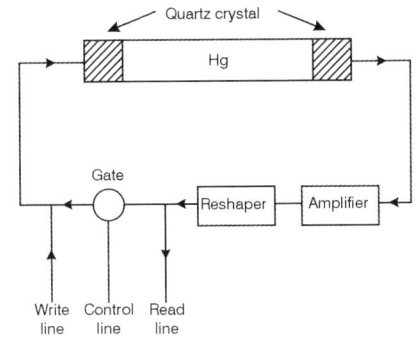

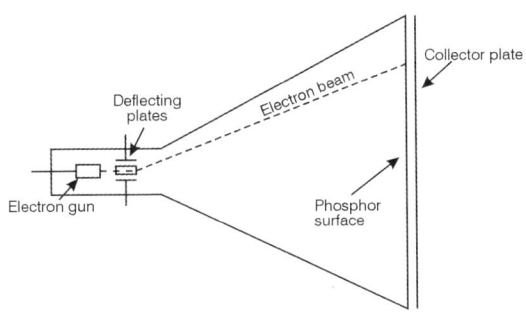

图 9.1　水银延迟线(上)和威廉姆斯管(下)

注：由伊安·本内重绘。

它依靠的却是那种总被否认和抑制的衰退性。工程师喜欢将这种衰退性分为好和坏两种(可擦除性和信号分解性、信息和噪音)，但不管怎样，它证明了计算机所承诺的永恒记忆并不完全成立。如果机器的记忆是永恒的，如果它们拥有我们所不具备的永恒性，那也仅仅是因为它们在不断地更新。因为持续更新，它们能让短暂的事物不断重现，看似永恒；也因为更新，它们才可以存储那些看似驱动着我们机器的程序。

这种持续的短暂性——一场在消失和重复间进行的艰苦博弈——也定义了新媒介内容的特征。互联网确实是全天候存在的，但互联网上的特定内容却未必。更进一步说，如果互联网上的信息会时不时消失，那它们也会时不时出现，通常它的重现会让那些试图清除数据的人感到大伤脑筋。这里有一个关于 Article III Groupie (下简称 A3G)的有趣案例。A3G 是一个博客作者，他常常在博客下发表饶舌式的保守党派言论，受众都以为 A3G 是一名女性。后来，A3G 出现在《纽约客》(New Yorker)的采访中，他真名叫大卫·拉特(David Lat)，30

岁,是一名居住在纽瓦克的律师,真实身份曝光后,他的博客被美国政府勒令暂时关闭[45]。但在他网站的档案以及所有没有屏蔽搜索引擎爬虫的站点,都仍然可以在互联网档案馆(the Internet Wayback Machine,简称IWM)内找到,只是有六个月的延迟。

就像搜索引擎一样,互联网档案馆由大量的网络爬虫和一个总在勤勤恳恳、不眠不休自动备份网页的服务器组成。同时,它会折叠互联网网页和它的备份之间的差异,毕竟互联网的边界无人可知。与搜索引擎不同的是,互联网档案馆的数据不是为了将"互联网变成一个单纯的图书馆",而是为了建立一个"互联网(页)图书馆"。这样的图书馆当然会很怪异,因为它没有连贯的信息分类系统,互联网档案馆的图书管理员也不会给你提供目录卡或是全库的内容索引[46],互联网档案馆的首席图书管理员是一台机器,它唯一的能力便是不停地积累不同文本。也就是说,他的自动识别能力只对文本的更新有效。互联网档案馆最奇异的地方在于它的递归本性,它和它的档案(它甚至勤奋到总是给自身备份)本身也被包含在它的档案记录对象之中。

从逻辑上来说,互联网档案馆也是循环的,它不完美的归档方式对于那些不断产生相互联系的网页来说至关重要。互联网档案馆的创始人解释道:"图书馆存在的目的是保护社会文化产品,并且给人们提供使用这些文化产品的渠道。假如图书馆要在这个数字技术时代继续支持教育和学术的发展,那么将图书馆的功能拓展到数字世界是最基本的。"[47] 保存文化记忆的需求驱使互联网档案馆和图书馆更广泛地开展它们的工作,就像通过回收电影胶卷,现今没有一部早期电影从人们的视野中消失了一样。网站的建立者声称,他们正在建设一座"互联网"博物馆,因为:

> 没有文化产品,文明便失去了记忆,无法从过去获得成功的经验或失败的教训。而矛盾的是,随着互联网的爆炸式发展,我们却生活在了一个丹尼·希利斯称之为"数字暗黑时代"的年代。
>
> 互联网档案馆的存在正是为了避免互联网这个具有划时代意义的新媒介以及"原生"于互联网时代的文化产品被淹没在历史的长河中。我们与包括国会图书馆(the Library of Congress)和史密森尼博物馆(the Smithsonian)在内的机构通力合作,便是为了给我们的后代留下记录。[48]

互联网档案馆必须存在,因为就如恩斯特所说,在许多方面,与记忆有关的互联网本身并没有记忆的能力,至少,假如没有像互联网档案馆之类的干涉,互联网就无法记忆[49]。其他的媒介虽也不能记忆,但它们存储信息的寿命比互联网信息要长，且它们的衰退也与它们的再生无关。互联网的记忆危机也与人们盲目相信数字媒介能够记忆的理念有关。把互联网当作文化记忆，也许会适得其反地将"失去记忆"带到各处，从而使我们沉溺在一种重复的机器之中，这就是所谓的"数字黑暗时代"。互联网档案馆试图通过大规模的再生互联网本身，来制造一台可以让我们自由控制走向过去还是前往未来的机器，以此来弥补互联网的这一缺陷，它的做法在很多层面都令人称道。首先，网页是链接而非嵌入图片中的，这样就可放置于任何地方；其次，由于链接的位置经常变化，互联网档案馆选择了只保留网页框架，这个框架由零散的、经过渲染的链接和图片填充。这些网页不是完全消失，但也并非十分活跃。在消失与活跃之间寻求平衡需要付出极大的努力。这种只保留网页框架的做法，不仅揭示了人们不停地重造网页会影响被重造的网页这一问题，也揭示了，由编程的因果逻辑带来的不可逆的网页留白是如何让网页在未来成为过去的档案，而非仅仅是过往记忆的重现。重复和再生是依靠创造一种打破年代序列的非共时性的"新"通向未来的。我们可以用博客的暂时性来举例。博客表面上看似乎遵循了报纸令人乏味的年代表，但它们内部又包含自己文章的档案。如果说这给博客带来了不同的话，那就是它让博客看起来像一部书信体小说。但它又不完全像书信体小说，不管多么俗套，书信体小说总围绕着某一情节或道德而展开，但不同博文却是围绕所谓作者的名字而被单独订在一起。某个博客无趣的原因未必是它的内容，虽然这些内容经常看起来就像一个细目清单或待办事项列表，它缺乏趣味的真正原因可能来自它的不可移动性。我们的机器和记忆按照不断更新且无人情味的时间表运行，它们时刻更新，因而总有东西会变得陈腐过时。看似由这样不断更新的时间造就的博客年代表，也受制于这些档案和档案被调阅时间的不确定性。一则旧的推文总被当作新的"发现"，而新鲜出炉的内容早已陈旧。这种非共时的"新"和分层的年代表说明，在高速通讯的背景下，言外行为（illocutionary）与言后行为（perlocutionary）之间的界限可能会缩小，但由于所有的东西都在不停地重复，回应也就需要一次又一次地进行。数字媒介时代的"新"依靠对我们尚未了解的事情的回应需求来维持，新媒介独裁者的目标就是不断唤起人们对尚未经历之事的渴求。

　　让我将结论下得更直白一些："新"的非共时性特质，即持续的短暂性，意味着我们必须要打破将速度视作数字媒介或全球通讯网络定义性特征的想法。维利里奥对于能扭曲时空的"速度"的追求，对容易使我们受到速度独裁统治的"实时"的强调，已经在这一领域启发了众多优秀的作品。但这也容易让人们误以为，图像仅凭借其光速传播就可让人们无力招架[50]。图片可以突然闪现，并不一定意味着人们对图片的反馈或责任是无法实现的,也并不意味着人们从此不必对它们进行分析。如今,人们又开始为"重现"痴迷,这正说明了一张图片不会只闪现一次。在这一点上,人们最迫切的问题应该是,为什么短暂性可以持续,短暂性是如何持续的,不断重现和再生的信息会带来什么影响,它们又会给编程逻辑引入怎样的循环和不稳定性?

数字媒介网络并非建立在经常过时和用后即忘的信息基础上,相反,它建立在信息的可恢复性和不灭性上。即使是短信这种看似同步的信息,也能在不停地转发中形成无尽的循环,让信息既新且旧。数字媒介时代,可靠性与可删除性被连接在一起,倘若不能充分删除老旧的错误信息,那么数据库就会被视作不可行。当然,比起信息的减少,这种重复次数反映了信息的重要程度。测量重复次数变成了一种衡量大到不可思议的社交网络规模的方法。

因此,如果我们试图抓住不断衰退的当下,比起冲破速度的迷局,我们更要去分析,到底是什么让短暂性得以持续。真正让人惊异的不是数字媒介的退化,而是它们总是存在,且当它们的短暂性长存时,人们就被屏幕控制了。

注释

1. After 9/11, the discourse of the Internet as inherently good came under attack. Steven Levy, among other authors who had fought against the Communications Decency Act, suddenly "discovered" the dark side of the Internet, writing, "Modern technologies that add efficiency, power and wonder to our lives inevitably deliver the same benefits to evildoers. The Internet is no exception" (Steven Levy, "Tech's Double-Edged Sword," Newsweek [Nexis], September 24, 2001). After the dotcom boom, criticality was also the buzzword in more academic circles. For instance, the Inter-Society for Electronic Arts 2004 symposium, one of the largest and longest-running international digital art symposiums, emphasized themes such as critical interactivity and had a reflective focus. In contrast, the 2006 symposium emphasized themes such as "transvergence," arguing, "New ideas and possibilities never before considered become evident when diverse disciplines intersect" (Steve Dietz, "ZeroOne San Jose/ISEA2006 Themes," February 17, 2006, 01sj. org/content/view/188/30/). Hyperpolis 3.0, a small annual new-media conference, also emphasized "really useful media" for its 2006 conference, arguing that we already know too much about "media communications technologies as instruments of social control... about media discourses as, on the one hand, 'popular culture': alienated and commodified cultural forms; and on the other, 'cultural theory': paranoid cosmologies of hyper-rhetoric, and the ubiquitous inevitability of evil" (Integrated Digital Media Institute, "Call for Papers/Proposals," June 15, 2006, TedLog, www.tedfriedman.com/cfps/2005/06/61506_hyperpoli.php). Importantly, the criticality discovered after 9/11 also rewrote history, erasing the critical strains in digital media that had always existed.

2. See Howard Rheingold, Smart Mobs: The Next Social Revolution (Cambridge, MA: Perseus, 2002); John Markoff, "Entrepreneurs See a Web Guided by Common Sense," New York Times, November 12, 2006.

3. See the Web site www.fbreculture.org/.

4. For more on the mid-to late-1990s utopian vision of the Internet, see Wendy Hui Kyong Chun, Control and Freedom: Power and Paranoia in the Age of Fiber Optics (Cambridge, MA: MIT Press, 2006).

5. See David Lieberman, Peter Johnson, and Gary Levin, "NBC Universal Plans Cost Cuts, Layoffs," USA Today, October 20, 2006.

6. See Michael Arrington, "85% of College Students Use FaceBook," TechCrunch 7 (September 2005), www.techcrunch.com/2005/09/07/85-of-college-students-use-facebook/, and Ryan Lizza, "The YouTube Election," New York Times, August 20, 2006.

7. See Lev Manovich, The Language of New Media (Cambridge, MA: MIT Press, 2001); "Interview with Peter Lunenfeld," interview by Geert Lovink, July 31, 2000, www.nettime.org/Lists-Archives/nettime-l-0008/msg00008.html.

8. See William Gibson, Pattern Recognition (New York: Putnam Adult, 2003).

9. Geert Lovink, My First Recession: Critical Internet Culture in Transition (Rotterdam: V2/NAi Publishers, 2003), 12.

10. See McKenzie Wark, "The Weird Global Media Event and the Tactical Intellectual [Version 3.0]," in New Media, Old Media: A History and Theory Reader, ed. Wendy Hui Kyong Chun and Thomas Keenan (New York: Routledge, 2006), 265–76.

11. Paul Virilio, "Speed and Information: Cyberspace Alarm!" CTeory, August 27, 1995, www.ctheory.net/articles.aspx?id=72, "The Visual Crash," in Ctrl [Space]: Rhetorics of Surveillance from Bentham to Big Brother, ed. Thomas Y. Levin, Ursula Frohne, and Peter Weibel, exh. cat., Center for Art and Media, October 12, 2001-February 24, 2002 (Cambridge, MA: MIT Press, 2002), 112, and "Red Alert in Cyberspace!" 1995, www.watsoninstitute.org/infopeace/vy2k/red-alert.cfm.

12. Lev Manovich, "New Media from Borges to HTML," in The New Media Reader, ed. Noah Wardrip-Fruin and Nick Monfort (Cambridge, MA: MIT Press, 2003), 13.

13. If the validity of the scientific method rests on (hypothetical) experimental reproducibility, the validity of a humanities-based critique depends on access to cited documents. The fact that criticism still happens reveals the extent to which both humanities and scientifc scholarship itself depends on a "virtual witnessing." For more on the importance of virtual witnessing to the scientifc method, see Steven Shapiro and Simon Schaffer, Leviathan and the Air-Pump: Hobbes, Boyle, and the Experimental Life (Princeton: Princeton University Press, 1989), and Peter Dear, Discipline and Experience: The Mathematical Way in the Scientifc Revolution (Chicago: University of Chicago Press, 1995).

14. Lovink, My First Recession, 15, 42.

15. McKenzie Wark, "Robot Journalists and the Ironies of Tactical Media," May 15, 2002, www.nettime.org/Lists-Archives/nettime-l-0205/msg00093.html.

16. Most influentially, Raymond Williams has theorized television in terms of flow in his Television: Technology and Cultural Form (London: Routledge, 1974), and Jane Feuer has analyzed the ideology of liveness and the relationship between flow and segmentation in "The Concept of Live Television: Ontology as Ideology," in Regarding Television: Critical Approaches—An Anthology, ed. E. Ann Kaplan (Frederick, MD: University Publications of America, 1983), 12–22.

17. Manovich, in Language of New Media, for instance, makes parallels between new media and film, virtually ignoring TV altogether. For TV and the ideology of liveness, see Feuer's "Concept of Live Television." For more on the differences and similarities between TV and the Internet, see Wendy Hui Kyong Chun, "Why Cyberspace," in Control and Freedom, 37–76.

18. The move from calculator to computer is also the move from mere machine to humanemulator; the term computer was first resisted by IBM because computers were initially human. To call a machine a computer was to imply job redundancy; see Martin Campbell-Kelly and William Aspray, Computer: A

History of the Information Machine (New York: Basic Books, 1996), 115.

19. See John von Neumann, First Draft of a Report on the EDVAC, in The Origins of Digital Computers, ed. Brian Randell (Berlin: Springer, 1973), 357.

20. Lizza, "YouTube Election."

21. For more on this ideal and its incapacity to explain public behavior, see Thomas Keenan, "Publicity and Indifference (Sarajevo on Television)," PMLA 117 (January 2002): 104–16.

22. See Vannevar Bush, "As We May Think," Atlantic Monthly, July 1945, www.theatlantic.com/doc/194507/bush.

23. See Douglas Engelbart, "Augmenting Human Intellect: A Conceptual Framework," 1962, www.bootstrap.org/augdocs/friedewald030402/augmentinghumanintellect/ahi62index.html; Ted Nelson, Literary Machines: The Report on, and of, Project Xanadu Concerning Word Processing, Electronic Publishing, Hypertext, Tinkertoys, Tomorrow's Intellectual Revolution, and Certain OtherTopics Including Knowledge, Education, and Freedom (Sausalito, CA: Mindful Press, 1981).

24. See Manovich, "New Media."

25. Indeed, Bush deliberately contrasted the memex to expensive digital computers in his "Memex Revisited," in Chun and Keenan, New Media, Old Media, 85–95.

26. Ibid., 85.

27. This is Foucault's description of traditional history in his The Archaeology of Knowledge, trans. A. M. Sheridan Smith (New York: Pantheon, 1982).

28. Wardrip-Fruin and Montfort, introduction to "As We May Think," in Wardrip-Fruin and Nick Monfort, New Media Reader, 35.

29. See Jann Sapp, "The Nine Lives of Gregor Mendel," in Experimental Inquiries: Historical, Philosophical, and Social Studies of Experimentation in Science, ed. H. E. Le Grand (Dordrecht: Kluwer, 1990), 137–66.

30. See Jacques Derrida, Archive Fever: A Freudian Impression, trans. Eric Prenowitz (Chicago: University of Chicago Press, 1996).

31. See Wendy Hui Kyong Chun, "Code as Media," unpublished paper.

32. See Mary Ann Doane, *The Emergence of Cinematic Time: Modernity, Contingency, the Archive* (Cambridge, MA: Harvard University Press, 2002), 223.

33. Warren McCulloch and Walter Pitts, "A Logical Calculus of the Ideas Immanent in Nervous Activity," in McCulloch, Embodiments of Mind (Cambridge, MA: MIT Press, 1965), 21.

34. Edsger W. Dijkstra, "Go to Statement Considered Harmful," in Software Pioneers: Contributions to Software Engineering, ed. Manfred Broy and Ernst Denert (Berlin: Springer, 2002), 352.

35. The argument that source code is only source code after the fact draws from my work in "Code as Media." In it, I stress the fact that source code is historically posterior to object code—source code emerged with the introduction of higher-level programming languages and early programmers debugged the "object" rather than the source code. Source code is not executable. For it to become so, it must be compiled or interpreted, and this making-executable of code is not a trivial action; compiling code is not the same as translating a decimal number into a binary one. Rather, it involves instruction explosion and the translation of symbolic into real addresses, that is, a breakdown, using numerical methods, of the steps needed to perform what seems a simple arithmetic calculation. Tis is most clear in the use of numerical methods to turn integration—a function performed fluidly in analogue computers—into a series of simpler arithmetical steps. Also, some programs may be executable, but not all compiled code within that program is executed; rather, lines are read in as necessary. So source code only becomes source after the fact.

36. John von Neumann, The Computer and the Brain (1968; repr., New Haven: Yale University

Press, 2000), 61.

37. For more on the brain as an analogue simulator, see Alain Berthoz, The Brain's Sense of Movement, trans. Giselle Weiss (Cambridge, MA: Harvard University Press, 2000).

38. See Arthur W. Burks, Herman H. Goldstine, and John von Neumann, Preliminary Discussion of the Logical Design of an Electronic Computing Instrument (Princeton: Princeton University Press, 1947), 6.

39. Von Neumann, Computer and the Brain, 36.

40. This notion of memory as static files is linked to von Neumann's suspicion, perhaps drawn from psychoanalysis, that memories never die. McCulloch's paper "Why the Mind Is in the Head" followed von Neumann's "General and Logical Theory of Automata" at the same Hixon symposium; in it, McCulloch writes: I see an argument that one might make against the view that memory in any form actually resides in the neurons. It is a negative argument, and far from cogent. How reasonable is it? This is the argument: There is a good deal of evidence that memory is static, unerasable, resulting from an irreversible change. (This is of course the very opposite of a "reverberating," dynamic, erasable memory.) Isn't there some physical evidence for this? If this is correct, then no memory, once acquired, can be truly forgotten. Once a memory-storage place is occupied, it is occupied forever, the memory capacity that it represents is lost; it will never be possible to store anything else there. What appears as forgetting is then not true forgetting, but merely the removal of that particular memory-storage region from a condition of rapid and easy availability to one of lower availability. It is not like the destruction of a system of files, but rather like the removal of a fling cabinet into the cellar. Indeed, this process in many cases seems to be reversible. Various situations may bring the "fling cabinet" up from the "cellar" and make it rapidly and easily available again. McCulloch, Embodiments of Mind: 92 – 93. Von Neumann's move to files is intriguing, especially given the importance of files—and of disposing files—to modern bureaucracy and state power. For more on this, see Cornelia Vismann, Files: Law and Media Technology, trans. Geoffrey Winthrop-Young (Stanford, CA: Stanford University Press, 2008).

41. See John von Neumann, "The General and Logical Theory of Automata," in Papers of John von Neumann on Computing and Computer Theory, ed. William Aspray and Arthur Burks (Cambridge, MA: MIT Press, 1987), 421.

42. Frances Yates, *The Art of Memory* (Chicago: University of Chicago Press, 1966), 6 – 7.

43. See Michael R. Williams, *A History of Computing Technology* (Englewood Cliffs, NJ: Prentice Hall, 1977), 306 – 16.

44. See Wolfgang Ernst, "Dis/continuities: Does the Archive Become Metaphorical in Multimedia Space?" in Chun and Keenan, New Media, Old Media, 118. Although this is certainly true for CRT screens, it is not necessarily true for LCD screens, which operate more like blinds that allow certain portions of light through or not.

45. See Jeffrey Toobin, "SCOTUS Watch," in "The Talk of the Town," New Yorker, November 2005.

46. This is because there are no shelves, no fixed relation between what is storable and the place where they are stored. As Harriet Bradley has argued, the Internet breaks the bond between location and storage; if before "only what has been stored can be located," now "memory is no longer located in specific sites." Harriet Bradley, "The Seductions of the Archive: Voices Lost and Found," History of the Human Sciences 12, no. 2(1999): 113.

47. "About the Internet Archive," n. d., www. archive. org/about/about. php (accessed July 28, 2010.

48. Ibid.

49. See Ernst, "Dis/continuities," 119.

50. See Virilio, "Visual Crash" and "Speed and Information."

第三部分

模拟和数字之间

　　媒介考古学一直广泛关注屏幕文化和视觉性,却很少关注诸如声音媒介和计算机软件之类的议题(尽管弗里德里希·基特勒对这二者均感兴趣)。这一章节收录的作品便是为了补充这些遗漏。它们强调了作为媒介文化基础的一些议题,比如以技术为中介的物质性、噪音、垃圾以及针对软件系统的计算进程。这一章可以视作是通过对新技术核心中出现的噪音的思考,由此展开的对媒介考古学的再次思考。本章的作者们并没有将这些错误或噪音视作"意外"或是偶发事件,与此相反,他们的视野让这些情境得以图绘至数字性的规范化叙事中。

　　保罗·迪马里尼斯和尤西·帕里卡提出了有关衰减、信息误报、误解的"噪音"考古学。作为具有媒介考古学倾向的艺术家,迪马里尼斯关注的是媒介史的艺术领域。他研究媒介考古学的情形,可以从他对技术媒介物质性的个人兴趣中略窥一二。他在20世纪80年代后的作品中介绍了媒介历史的创造性重演,使过往的历史与围绕新媒体(比如数字化声音和互联网)的意识形态话语之间产生紧密联系。迪马里尼斯还通过讨论其他人,包括刀根康尚(Yasunao Tone)和乔斯林·罗伯特(Jocelyn Robert)的艺术项目,来挖掘早期的通信技术。这一章将录音和乐谱图绘为物质铭刻的实践行为。回顾早期的发明家萨缪尔·摩尔斯(Samuel Finley Breese Morse)、托马斯·爱迪生和拉奥·豪斯曼

(Raoul Hausmann),同样也是为了照亮当前的进路。现今的媒介文化表现为记号和噪音的文化。每次感官通道的转换都涉及损耗和收益,就像任何转译(例如从模拟到数字化)都有消损一样。

沃尔夫冈·恩斯特所写的那一章,脱胎于与基特勒相关的"媒介物质主义"。他辩称,媒介考古学更应挖掘像留声机之类的技术媒介所固有的铭刻物质模式,而非书写叙述性的人类媒介史。对于恩斯特来说,媒介-考古的图像化(media-archaographical)书写机器是媒介考古学真正的主题。在媒介的逻辑上,机器依靠的不是人类文本性和文化符号学,而是将数字信号分析作为机器的文化技术。在恩斯特看来,技术媒介铭刻的内容远甚人类感官可以察觉的范围。

尤西·帕里卡书写的这一章,详述了噪音和数字性中无处不在却令人反感的垃圾文化等主题。颇为特别的物质性噪音,似乎避开了文化分析的符号逻辑。帕里卡知道,通信的多余部分——噪音,从基特勒到恩斯特那里,一直都是具有德国印记的媒介考古学的必要组成部分。"噪音"不仅仅是多余的副效应,也可以被定义为媒介战略和政治的一部分,比如军方有意设计的通信拦截和干扰。尽管这一章并不会讨论网络战这一行为,但如此暗示已一目了然。力量不仅仅包含于运行的技术之中,它同样嵌入了通信运行的失常、崩溃和破坏中。

凯西·阿尔特(Casey Alt)在吉尔·德勒兹的帮助下进行了软件的考古学,关注面向对象程序设计(object-oriented programming,简称OOP)的概念。对阿尔特来说,OOP是一种"抽象机器",其角色已经跨越计算机文化的边界。OOP的出现将计算机从"数字运算器"转变成视觉设计机器。有了面向对象,计算机化的媒介变成了非计算世界的无所不在的一部分,并且软件的逻辑也与日常生活连接在一起[2]。最后,阿尔特回顾了计算机先驱艾伦·凯(Alan Kay)的作品,这位先驱感到他自己已通过软件技术,将马歇尔·麦克卢汉关于媒介和环境的思想具体化了——"一旦我们塑造了工具……它们会转而'重塑我们'"。

诺厄·沃德里普-弗鲁因同样发展了有关软件文化的媒介考古学,但其语境同样适用于"虚拟媒介"。他将关注的重心从"意义"转到了控制表层的物质进程方面。这一章分析了克里斯托弗·斯特雷奇(Christopher Strachey)的"情书生成器"(1952年)及其软件结构,为早期阶段的计算机文化和当今的数字艺术架起了桥梁。在总结部分,这一章赞同将数字媒介考古学明确为关于进程的软件研究这一做法;斯特雷奇的情书生成器设计中的"失败",在于对写情书这个实践行为的拙劣模仿,但也因此指出数字机器的时间进程性。沃德里普-弗鲁因宣称,这些观察已经暗示了媒介考古学的方法论,并且指出了我们需要严密地检查软件进程的隐含逻辑,这些软件进程正日益掌控当代文化的叙述和视觉表象。这一章宣称,软件研究作为一个领域,需要其自身的考古学家。

注释

1. The archaeology of sonic media has been recently addressed by a wide array of pioneering research. See, for example, Douglas Kahn, *Noise, Water, Meat: A History of Sound in the Arts* (Cambridge, MA: MIT Press, 1999); Emily Thompson, *The Soundscape of Modernity: Architectural Acoustics and the Culture of Listening in America, 1900-1933* (Cambridge, MA: MIT Press, 2004); Jonathan Sterne, *The Audible Past: Cultural Origins of Sound Production* (Durham: Duke University Press, 2003). In addition, Kittler has written extensively on music in his *Musik und Mathematik*, vol. 1, *Hellas* (Munich: Wilhelm Fink, 2006). The study is part of a much more extensive project that maps the interconnections of music and mathematics in Western culture.

2. In *The Language of New Media* (Cambridge, MA: MIT Press, 2001), Lev Manovich argued that one of the crucial analytical frameworks for understanding new media was the interfacing of the computational with the cultural and that media studies needed to turn into software studies. In addition to the computational grounding in numerical and algorithmic executions of software, the cultural interface adopted much of its characteristics from cinema as the key reference point in its narrative techniques and form.

消失的点与破折号——人如何保存记忆

保罗·迪马里尼斯

我们每天都在经历对自身的考古，这在所有的文化中独树一帜。想象一下那些填满了抽屉、衣柜和停车场的过时技术产品，它们被废弃在那，而几年之前，它们还充满实用的光环，被当作一种能让拥有者感到自豪的良性消费。人们忍受着软盘在使用过程中散发的味道和压缩磁盘令人尴尬的变形，也忍受着越来越多根本无法读取的交互式光盘。它们躺在抽屉里，慢慢老化，逐渐丧失了可读性。要想读取这些储存器表面的代码，就必须依靠存储在其他大容量存储硬件上的其他代码、特定的操作系统以及系统中的某些程序。而如今，硬件已经过时，过去的操作系统不复存在，程序当然也无法维持。这些代码之所以被废弃，不仅是因为退化造成的不可读，还因为它们染上了"传染病"。这些代码注定要患上位元衰减病（disease of bit rot），因为这个世上不存在完全脱离物质实体而存在的纯信息。信息被当作一种"调制"存储在物质实体结构之中——它们可以存储成为颜色、反射率、剩余磁性、埋藏电荷，而这些物质实体随着时间的流逝会发生形态、成分和位置上的变动，导致存储在其中的数据消失不见。

假如确如《圣经》所说，我们本是尘埃，那么数字记忆就是铁锈。这一点在我们看着自己的数字照片时尤为明显，因为看这些照片能让我们经历一种超现实的延迟感，而它之所以超现实，是因为我们已经对此习以为常、熟视无睹。我们拷贝文件或下载东西必定要经历一段时间的等待，这常让我们陷入不耐烦的境地。我们能忍耐的等待时间甚至不能用咖啡勺的长度来衡量，而是恨不得以毫秒计算。人人都知道下载要等的那段时间足够电子环绕地球几百万次，那为什么还要等呢？因为数据从服务器到路由器或是从一个应用到另一个应用的传输过程需要经过一系列变换，它们先要作为电荷数据包（packets）交替地在半导体、电线和波之间存储，磁盘驱动器上的旋转磁盘表面覆盖着氧化铁，因此数据接下来要变成氧化铁上扮演磁通量的小磁块。数据要反复地从乙醚变成铁锈

（氧化铁）。中继、延迟、存储就是这样一个过程。在由乙醚到铁锈的巨大变化中，从能量到物质实体的变化节点靠点击来确定。信息传送从一个阶段到另一个阶段变化的最初标志是电报式继电器被点击的那一刻，随后它不停地在数字信号的噪音中反弹，不停地在 0 和 1 间转换。这种噪音以及它所带来的连接视觉和听觉的可能性，成了我们时代的神话。

在这一章中，我将讨论一些技术设备和一些当代艺术实践，这些设备和艺术的共同点是，它们在推进标记与噪音、物理记录和感觉这两组概念的链接，与此同时，它们也在打破这些链接。出于这样的考量，我将在声音、录音和符号之间串一条线，以此作为论证的开端。维特根斯坦（Wittgenstein）为我提供了一个值得推荐的逻辑："留声机唱片、音乐理念、乐谱和声波，彼此都处在一种图示的内在关系之中，这种关系也是语言和世界间的关系。它们都是依据一个共同的逻辑模式构建的。"[1] 但当我们要分析物质和代码间不完全的关系时，这种逻辑立刻失效了。根据维特根斯坦的《逻辑哲学论》（*Tractatus*），世界是事实的总和，而非事物的总和。这样的思路引出的最急迫的问题是，当事实被编码为事物时，我们就必须要在事实和它的物质编码、传播和处理过程中妥协。感觉、记忆和物理记录之间的区别和联系将占据这篇文章的中心地位，而我论证这种区别和联系的工具是一系列的哲学和科学理论。

目前，在编码和录音领域存在两种模式：一种是模拟，另一种是数字。那些技术未来主义者的惯性思维常常会让他们在评价这两种模式时犯错，他们会下意识地认为，模拟技术是"过时的"，而数字技术是"新"技术。更进一步而言，他们会认为"真实"世界不是物质的，而是对自然界的模仿。从历史的角度说，虽然模仿与数字被置于两个对立阵营，用以区分应用时两种不同的计算方法，以及用以说明物质实体用以显示位置、能量和序列等信息，但事实上这两个概念来源于同一处[2]。

最近，关于大脑海马体在学习过程状态的研究指出，记忆或许与神经对于位置序列的处理有关，若这一假设为真，那么这一研究对数字和模拟两种模式同样适用。我们曾拥有 种爱迪生式的模拟存储设备，它与留声机的唱片类似，表面均匀地覆盖着一层柔软而易变形的蜡，这种设备通过其表面压制着的复杂纹路来实现信息的存储。与此相对，我们也有电报型的存储器——数字中继系统，它们的运作原理是不停地测量物理状态，然后对测量值进行擦除和改写，将信息以递归的方式在时间和空间中进行传播。两种记忆模式，一种是将记忆看得无比脆弱，以至于不敢表现它，生怕一不小心改写了它；另一种是将记忆当作动态过程，认为记忆不用就会消失，因而不断地实践，亲身参与记忆的塑造过程。它们恰好与我们的内在精神生活相一致，交替地提供自我认知的个人和社会模式。我们或许就是在一种感觉到另一种感觉的交替刺激中实现记忆、认知和对意义的理解。那些曾在历史上享有盛名的感知模型宣称，触觉连接了其他所有的感觉，因此触觉是认知的基础³，这种类型的记忆模式更偏向电报模式，似乎能为我们理解数字媒介意义的丧失和获得提供某些洞见。

在艺术领域，以数字退化为内容的作品毫不新奇。数字退化提供的灵感包括但不限于循环与跳读、错误累计和错误翻译、标准化、将数字集映射到多重感官领域之中。过去十年间，它们在艺术实践领域出现得太过频繁，以至于人们根本无法对其进行全面考察，即使有，也只是浮于表面。假如有人试图理顺从1968年赛伯格珍奇展（Cybernetic Serendipity）的像素化到瓦克·寇司克（Vuk Cosic）和盖福瑞·史托克（Gerfried Stocker）20世纪90年代早期的经典作品，再到当下过剩的典藏级装饰品之间的历史，那他必将涉足太广的美学领域，更有可能迷失在文化意象的交织之中。

但这些想法可以为讨论提供一些思路，我们可以从讨论一些当代艺术家的作品来展开论证。乔斯林·罗伯特和刀根康尚的作品就为展开媒介考古学研究提供了契机。他们直接利用数字存储装置的易变形和脆弱性，将技术上的失误作为一种创作工具。他们看到了数字系统的转换能力，并利用这种能力航行在意义的海洋里，海的两岸是有意义的标记和无意义的噪音。他们行走在自己所用的媒介的边缘，与其作品所处的文化环境交锋，他们也密切关注着自己作品引起感官注意的方式。虽然并非家喻户晓，但这两位艺术家在他们的领域都是先驱，在过去的二十年间一直行走在这一艺术形式的发展前沿。更重要的是，他们对于媒介的使用精妙绝伦。我认为，这意味着他们对当代媒介技术的历史语境有充分的认知，他们尤其理解文本的地位，明白文本贯穿了图像和声音这两种明显不同的感觉层面。

在罗伯特漫游式的实践中，出现了客体、声音、视频、电子、文本。他有时只用一种元素，有时则将它们组合使用。他非常关注机械故障造成的错误和人为的错误，并将错误作为生产工具和反映的主题。罗伯特也使用语料库中已经存在的对象，比如钢琴和字典，将这些对象用作自参考查询表（self-referencing lookup tables），而受众想要理解他的作品，就必须深入思考他所使用的技术材料。刀根康尚的作品或许会被认为是一组核心材料几乎一成不变的演进，他的作品源于18世纪的一组文本，这组文本被依次从符号转换成图像、声音、物体，然后又顺着这个脉络倒转回来，每一个新作品都建立在前一个作品的废墟之上。最重要的是，这两个艺术家都使用媒介来实现声音与符号之间的转换，他们转换的方式对于理解媒介技术起源具有重大意义。

作为一个实践艺术家,本人并不妄想能对这些艺术家的作品所涉及的多重联系和深度意义给出决定性解释。尽管这两个艺术家本身与媒介考古学无关,但我认为将他们或是其他类似艺术家的作品引入媒介考古学,将使这些作品在更广阔的文化、理念和技术领域得到更充分的认识和欣赏。这样的引入首先需要一个恰当的背景。在接下来关于电子媒介历史的介绍中,我选择了一些特殊的史实,希望能借此得出一个与我所讨论的艺术品特性相一致的结论,虽然这个结论必将充满矛盾与争议,也将留下许多尚待解决的问题。

在这篇文章中,你能轻易地察觉塞缪尔·芬利、布里斯·摩尔斯、托马斯·爱迪生和拉奥·豪斯曼的身影。他们是发明家,其中的两位还可称为艺术家。他们无形的思想流淌在文章的每一个角落。在这篇文章中,我选择分析的发明(此处指复杂装置、实践和假想)是莫尔斯的电报、爱迪生的机械留声机和豪斯曼的光声机。在媒介考古学的语境下,这些古老的人造物将成为发掘当下的工具。我希望能够说清楚这三个发明有着怎样的共同技术基础和社会互动环境,更希望能够揭示它们是如何嵌入我们的媒介文化,即信息与噪音的文化之中的。电报和留声机之间的渊源关系被很好地记录在档,虽然尚未得到广泛的认可。而光声机则在许多重要文件中被认为是一件独立的装置,这很大程度上是由于豪斯曼后期对它的公开改造使之成为感知理论经常讨论的对象。我希望能够通过追溯它的前身,探讨它与电报、留声机的关系,在更深层次的文化中发掘它在当代媒介艺术中存在的迹象。

电报、光声机和留声机都是实现信息与噪音之间转换的工具。在这一转换过程中,编码、存储、检索、解码阶段性地存在,这一系列转换受制于人和系统的注意力习惯和形式。当这些没有记录在案的习惯改变时,系统会立即崩溃。但更重要的是,这些"不成文"的惯例正因为不会留下任何痕迹而非常适合成为信息和噪音互动的场所,这一点将在下文对艺术家作品的剖析中得到体现。噪音,一种短暂而无实体的信号,是包括以太波①(ether waves)、电线中的脉冲流、激光束在内的所有信号的先导,而信息则是包括划痕、磁畴、镜面凹点等所有形式的物质编码数据的原型。

另一个我想要检视的问题是,为什么噪音总暗示着一种存在,而代表着意义的标记却总被编码为物质材料的缺失。CD表面的凹点,甚至唱片表面的凹槽

---

① 以太(the ether)是古希腊哲学家亚里士多德设想的一种物质,曾被假想为电磁波的传播媒质。——译者注

都是被刻掉的，更让人惊奇的是，电报信号是通过切断而非打开电流来实现传输的，它们背后的科技原理或许会让人质疑电力通讯是否真的符合"通讯"概念。

为了给解读这些艺术作品准备足够的技术背景和建立对物质性的正确认识，我将首先把注意力转移到上文提到的那三件装置，因为这三件装置是我所分析的艺术作品的灵感来源。我使用的材料非常常规，在技术史中也常被讨论，但我会提出一些或许独一无二的见解，这些见解将定义我的研究，最终让我得出一个恰当的反传统结论。

记忆由此组成

电磁式继电器是最简单的电气装置之一，它有一个线圈，使用时，在电流的刺激下产生磁场。在磁力的作用下，装置中的铁棒将移向线圈，铁棒的运动会带动一组电触点，完成另一组电路，从而激活线圈中的下一个电磁体。早在1837年，莫尔斯就察觉到这种放大效应的存在。认识之初，莫尔斯确信线圈是否有足够的力来刻下标记根本无关紧要，只要它能运动，这个运动就可以被另一组电触点和它自身的电池放大。"中继"系统不仅能作为在空间中扩大和传送信号的手段，它还是电报系统中最初的记忆元件。作为一个动态要素，它可以在极短的时间内存储信息，这样信息就能被发送到接下来的20英里之外[4]。想象一下从东海岸到西海岸安装的那些绵延不绝的中继器，人们可能会用神经网络来形容它，这也正是当代人所认为的：贯穿广袤大陆的电线和中继站成了已知世界的一部分，它如此深地嵌入世界，甚至常出现在植物学家、人类学家和摄影家的讨论中。

如果说记忆仅是延迟的一种特殊情况，那么我认为电磁式继电器就是存储媒介的第一个实例。它与随后出现和当前使用的电脑内存在主要性能上是一样的。假如确实如此，那它能为我们理解电子媒介和媒介艺术实践提供思路。这些存储技术的动态本质对于理解当代艺术家作品中位元衰减、丢失、保存和退化所扮演的角色至关重要。

电脑诞生后的十年间出现了数量惊人的机械内存技术，它们展现了某些共同特征，这些特征在今天电脑所使用的数字内存中也有所体现，包括可以渗入两种信息状态（比特）其中之一的单位粒子，矢量或可以加快定址的类数组矩阵，分离读写的某些方法，数据读取、重写、升级的需求。

与莫尔斯的设计近乎一致的电磁式继电器成为数字电脑最初的电子内存形式。电磁圈激活和未激活的状态可以分别代表0和1，以此来控制系统中的导电通路。后来的发明中，晶体管替代了继电器，但这两种形式都太昂贵了，以至于只有在处理电脑最复杂的数字问题时才能用上。早期的大容量存储器是在一些动态存储框架内实现的。水银延迟线利用沿着液态汞通道移动的声波来存储数据，是一种可以循环利用的存储媒介。它的原理是，在水银管的一端有一个小震动传感器，它能在汞液的表面产生精准排序的波纹，这些波纹沿着水银管传到另一端，被一个像麦克风一样的装置接收，随后被转译成数字电子信号，传入电脑的中央内存。此时，电脑可以选择是否修改数据，然后将它们再次送回延迟线的开端。这一循环必须一直进行，不然数据就会丢失。

另一个值得一提的动态记忆装置是20世纪50年代的威廉姆斯管。它实质上是一个没人看的电视，又或者说是一台自己看自己的电视。它由阴极射线管、电子枪和磁偏转组成，在通常放置电视屏的位置也有一个面，只不过这个面覆盖着一块金属板，作为电子反射镜来捕捉电荷。电脑可以发射一道光线在屏幕的磷光体上，一束光代表一字节的数据。电荷会在光撞击荧光层的瞬间存储下来，但只能存储很短一段时间。在这段时间内，阴极射线可以再访问、读取和重写这一字节。任何一个内存或是记忆如果没能得到及时的再访就会消失，这恰好契合人类记忆认知模型短期和长期记忆的概念。尽管没有人会看那一小块绿色的电视屏，但正是它实现了从数据到图像的转换，这种转换也是本篇研究的重要部分。

若不是目前大多数电脑的内存都是动态的，这些在电脑史上具有重大影响的精妙设计无疑会激起媒介考古学的研究热潮。我们电脑中10亿字节赖以容身的内存就是DRAM（动态随机存取存储器），这种内存名字开头的D，就代表"dynamic"（动态的）。每一秒，芯片内部的电路在每一个存储单元中都要进行成千上万次的读取、擦除、重写。与此同时，它们还必须要对字节的状态——是0还是1进行迅速判断。这种动态特性将导致电脑关闭时的数据丢失，同时也将带来重新加载大容量磁性存储器中数据时漫长的启动过程。这个过程之所以漫长，是因为它就跟我们上述的一样，需要不停在铁锈和乙醚间转化。

所有的动态存储系统运作原理都是不停地及时传输信号，让信号从传输末端循环到传输开始，以此造成一种稳定记录的假象，而所有的这些记载都不得不在时间的流逝中逐渐衰退。在物理层面上，这就是热力学中"熵"的概念。斯蒂芬·霍金（Stephen Hawking）甚至用计算机存储本身来解释时间的方向性：

> 电脑内存大体上就是一种包含某些元素的装置，这个装置只有两种状态……在某一件事物被记录到内存之前，内存处于混乱状态……而当内存与留待存储的系统进行互动之后，它必将处于某种另外的状态……而为了确保内存处在正确的状态，就必须使用某一特定数量的

能量……能量会作为热量流失,增加宇宙的无序性……电脑在时间的方向中记住过去,也在同样的方向中增加着无序。[5]

长久以来,人们在关于宇宙范围内秩序可逆性的思考中,从各个层面提出了一种假想。人们想象着宇宙坍缩后的碎片会聚合到一起,形成一个整体,之后,人们向着过去而行,烧毁的木头重现于灰烬之中,就像是一部时空倒转的电影。而天体物理学的共识是,即使目前仍在膨胀的宇宙转向坍缩,事物也只可能分崩离析而绝不会聚合。

电　报

电报通常被认为是我们现在所使用的电子通讯网络系统的前身,它们确实拥有某些共同的关键特征[6]。在所有的相似性中,最明显的是它们都靠电力传送信息、具有网络架构、有一套用以将自然语言转译成电脉冲开-关形式的代码、使用机器辅助重译、打印信息以便阅读。当然,电报不是一件发明,它是一组发明的产物,它的诞生经历了两百年的准备时间。最早关于利用静态电和伏打电堆(voltaicpiles)的提议是以字母表为中心的,它建议把古老的字母表顺序作为排列物质、空间和人力资源的组织原则[7]。这些提议和早期的系统慢慢聚合成一组通用核心装置和实践,包括一根电线、一组连续代码和一系列扩音中继器,所有这些特征都在美国的 1647 号专利中得到阐释,而这一专利在 1840 年被授予美国画家塞缪尔·芬利·布雷斯·莫尔斯。

莫尔斯通向电报的过程充满美国式的特征。作为一个受过训练的画家,虽然才华横溢,野心勃勃,一心想要提高艺术在新共和国中的地位,但莫尔斯的画家生涯只能说是不坏但也不算太好[8]。1832 年,在一次旅行之后,莫尔斯经历了一场充满灵感的返航旅行。在这次返航中,莫尔斯与同行的游客聊起了电力和磁场的最新研究。当时,电磁对他而言无疑非常新奇,他立马想象这种技术可以用来远距离传输信息。虽然莫尔斯缺乏必要的科学教育,但他还是一回家就找了一块磁铁,拿着这块磁铁绕着裸铜线转,以期能验证他假想的可行性。假如不是后来和阿尔弗雷德·韦尔(Alfred Vail)成了朋友,他这样徒劳无功的尝试无疑会让他放弃这个项目。阿尔弗雷德·韦尔是一个年轻且有能力的助手,他提供了电报形成的关键性因素,帮助莫尔斯实现了他的设想。

电报机的专利设计图乍看上去就像绘画工具的某种奇思妙用。它有一个按排字机原理设计的发报机和一个用画架搭建的接收器(图 10.1)。莫尔斯电报机最初的版本发送了一组由滴答声组成的代码,后来这些代码被当作单词索引收到电报密码本中。在随后的实践中,莫尔斯通过控制电脉冲的长短,创建了一套可以对照字母表的代码。

莫尔斯最初的设想有两个要点:将信息组合为电可以传导的移动类型,让接收到的信息自动在纸上打印。而他在美国的电报实践中却遗漏了这两个要点。随着电报系统在世界范围的传播,这两个要点在美国之外的地方得到实践,成功地发展出了由各式各样的专业机器构成的多元网络,而这些专业机器则是按照国际大型卡特尔和大型垄断部门的原则加以组织的。

莫尔斯最初设计的排字式发报机和印刷式接收器很快被电报员取代。这些电报员提高了电报机的效率和可靠性。早在1844年,电报操作员就发现,人们可以通过听电磁接

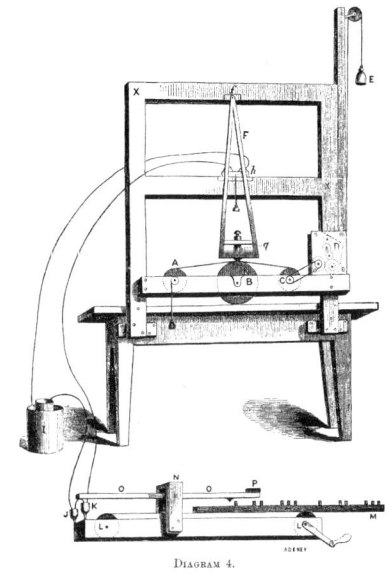

图 10.1　莫尔斯 1840 年的电报机设计图

收装置工作时发出的两种截然不同的声音来"读"信息。用他们的耳朵作为接收器,经过训练的电报员迅速学会了先听字母,然后听单词和句子。最优秀的电报员甚至可以从脉冲节奏判断打下这组代码的人的个人特质。通过敲击,触摸进入远距离文本的传播过程,再次验证了生理感觉在物质传输媒介框架内的知识形成过程中所扮演的统一角色。

电报系统的竞争对手有很多,其中包括库克·惠斯通(Cooke-Wheatstone)的磁针电流计系统(needle-galvanometer system)。这种系统在使用的最后一个环节需要诉诸视觉。它的原理是将电流作为一个定位仪,指向字母表上的某个位置。按照现在的标准,它应该被划分到模拟系统的类别中。这一系统没有可以充当中继器的元件,因此它传输的准确性会随着距离的增加而降低。这种系统使用的磁针与检流计上的指针相同,磁针安装在面板上,面板画着排列好的字母表,工作时磁针会随着电流的变化指向不同的字母。这个系统与我们上文提到的18世纪基于字母表的电报提议很相似。它们提供了一块连续的空白空间,随着指针的舞动,字母一个接一个显现出来,最终拼出了词语。另外,库克·惠斯通的这一套系统只有当指针需要偏转时才会有电流通过。因此,为了提醒收件人下一个打出的字符是需要传输的信息,一个单独的"警报"电路必须存在,而这个不重要的小电路是惠斯通系统中唯一与电磁继电器的放大和重复功能相类

似的地方[9]。

莫尔斯的电报系统与其他早期电力通讯系统相比，有三个独特的地方，即可听的敲击声、正常通电的电线、系统中的继电器，这三个特征也是当下讨论的重点。正如上文所分析的那样，继电器作为暂时的或动态的存储单元而存在，电报信号接收从视觉到听觉的变化，预示了感官之间转换的可能。莫尔斯电报系统的最后一个特征是只要有电就能激活的线路，再加上断电预警，就能完美地解决电报线路破损和切断的问题。在这种模式下，电报线路不停地接受检验[10]。这种设计最初是为了确保传输的安全性，后来却导致了数据冗余，这种冗余在刀根康尚的艺术作品中非常明显。

要想维持视觉的地位，其他的感觉就必须被抑制。视觉在所有的感觉中享有优先地位，具有极高的定向能力，而听觉则向各个方向延伸，显得杂乱无章。在费城东方州立监狱的设计（1836年）中，每个牢房的水管都直接与中央蓄水池相连（并联），而非按照继电器模式让一条水管从一间牢房顺延到下一间（串联），这样就避免了犯人通过敲击水管来交流。这种对于可听敲击代码的利用明显早于电报。囚犯通过敲击声来传递信息的方法已存在多年。至今，当人们被困在震后倒塌的建筑和双子塔废墟这样的绝境之中时，仍会使用这种方式传递信息。那些死刑犯常常概括一些通用的简单代码，比如敲一下代表A，敲两下代表B。一开始，莫尔斯也提出过类似的计划，但他后来否认了这种形式[11]。监狱中命定的将死之人只是随意地敲击，而在唯心论者降神会（séances）眼中，敲击声预示着可怕之事的诞生。福克斯姐妹①正是利用这一点，用类似"摩尔斯电码"的敲击声在19世纪40年代前后装神弄鬼，糊弄了一批人。

在其他有关电报的重要且富有启发意义的想象中，电报发射机获得了独立，因而可以比电报的发信人和收件人存在更长的时间。1959年发行的电影《在海滨》(On the Beach)描绘了世界被核战争毁灭后，几位居住在澳大利亚的幸存者的行动轨迹。这些幸存者能持续接收由摩尔斯电码传出的实时信息，但这些信息却并不含有任何意义。有一个无线电报务员听到了一些有意义的单词，猜测这个信息传递声音类似于单词"fist"（拳），因此它可能代表"拳头"，也可能指向其他发音类似的词。这个报务员认为摩尔斯码传过来的声音很粗糙，不像是专业电报员或自动机械发报机发送的。广播信号追踪的结果显示，信号来自圣地

---

① 福克斯姐妹声称她们能向灵魂问问题，而灵魂会利用神秘的敲击声回答，在当时，许多人都为她们能与死者进行真实联系而感到惊讶。虽然后期福克斯姐妹承认她们伪造了敲击声，但该信仰最终形成了一个名为"招魂说"的邪教，并流传至今。——译者注

亚戈，但影片中的幸存者都知道圣地亚戈就跟整个北半球一样，由于放射性尘降物的存在，已经没有生命存在。北半球无人区仍有人存活的希望激励了南半球的人们，让他们认为正在迫近南半球的放射性物质或许并不像预想的那样致命。一队潜水艇船员就此出发，跨越太平洋，试图找到那台发报机。最终，他们确实找到了，发报机在一座运行良好的发电厂内。在人类灭绝很久后，发电机仍在嗡嗡作响，提供着不竭的电力。有个船员穿着防护服进入工厂，看到一个半满的可乐瓶子压在发报机的按键上。瓶子被绑在窗前的卷帘上，微风拂过，带着瓶子轻轻晃动，让瓶子有节奏地敲打在电报机的键盘上，打断了发电机传输过来的稳定电流，这或许是最后一次使用发信系统来通讯的无用尝试。又或许，这个镜头只是一种残酷的道德说教。通讯脉冲本包含产生这些脉冲的行为。上述两个案例中，行为的主体被剥离，模糊性和系统自动生产的过剩就出现了，这是这些令人毛骨悚然的信息出现的根源。人们可以类比卡夫卡小说《万里长城建造时》(*The Great Wall of China*)中那个信使所面临的不可能完成的任务，或是大脑通过神经向肌肉传出的神经冲动，而这一切都在一场核爆中蒸发了[12]。

表音速记法

即使在作为世界上最伟大的发明家的全盛时期，爱迪生也一直在他的背心口袋里藏着一个土里土气的年轻电报员形象。尽管备受耳聋的折磨，爱迪生对于他的听音技巧仍非常自豪，因为这些技巧让他成为一个优秀的电报员。他跟一群专业的电报员比速度和准确性。比赛时，这位"门洛帕克的奇才"①从自己的背心口袋里拉出一卷打好孔的纸质磁带，把这卷磁带插到自动发报机上，开始按照发报机的指示打字。发报机一开始是每分钟出现 25 个单词，随后逐渐加速，最后达到每分钟 45 个单词。此时，其他的参与者早就退出了，爱迪生却还在写。磁带放完之后许久，爱迪生还在复写那冗长的信息。很明显，他已经在脑海中记下了全部点和破折号，无一错漏。这样的壮举让所有在场的旁观者都感到震惊，以至于无人敢让这位了不起的人物用不是从他口袋里掏出来的磁带，重复一遍这个挑战[13]。

留声机是爱迪生最负盛名的发明，它的发明受到了同时期爱迪生实验室电报和电话机领域的发明的影响。这些启发了留声机的发明包括印字电报设备、电报传真机以及用于与贝尔电话机竞争的扩音器。它们的原理都是利用电信号

---

① 1878 年爱迪生发明了发条留声机，当时有一位记者给他取了个绰号："门洛帕克的奇才"。——译者注

在一个旋转的圆筒上刻下垂直的划痕或是标记；它们都会产生声音，有些是故意的，比如肌动电流描记器（electromotograph）；而有些就是摩擦的产物，类似于车床发出的吱吱声。1877 年，爱迪生的团队通过一条偶然发现的路径，发明了一种非电子式录音方式。大致在同一时期，法国发明家查尔斯·克罗斯（Charles Cros）也发现了这一方式。因此，在电报传送、录音和接收网络之中，使用敲击声创造符号的想法有了两个独立的源头。在 1877 年爱迪生为留声机绘制的最早的概念图中，展示了一卷蜡纸制成的磁带，它的表面有声音绘制的浮雕纹路，可以从一个录音头转到另一个回放头（playback head），再一次证明了记忆是一种延迟线。

早期表音速记法专家在最初开始尝试录音时，通过回放他们的录音，立刻发现他们不止记录了一种声音，而是记录了各种各样的声音。第一种，当然是他们本就打算录下的；第二种是环境音，人们过去都不曾注意到它；第三种是各式各样的吱吱声和隆隆声，这是由机器自己在齿轮转动和钢制弹簧弹开时发出的声音；第四种是出现在公开演讲录音中的叠录音。在公开演讲中，通常会反复使用同一个圆筒进行录音，新的声音无法完全覆盖前一次录音的痕迹。这种叠录效应还会出现在录音中最不希望被录到的声音之上。录音唱片特殊的表面使得其上的划痕和弯曲也会不停地累积。媒体艺术作品，如克里斯蒂安·马克雷（Christian Marclay）1985 年发行的《没有封面的专辑》（*Record without a Cover*）就指明，为了让每一张唱片放出独一无二的声音，这张唱片将没有任何保护措施。这样的行为展示了声音的多个维度，也是对存储危机的某种自传式或免疫式反应[14]。

以一种去耦①（decoupling）的方式来看声音录制的历史，将这段历史分离成技术、时间和情景三个层面，我们可能最终会将这段历史总结为控制多过声音——正如之前所说的噪音历史。一方面，高信噪比的麦克风、有衬垫的录音间、音级协议，都在共谋消除那些不想要的声音；另一方面，我们可以将艺术领域的声音实践，包括商业实践和个人实践，看作是将这些多余的、来自外部的声音容纳到声音范畴中的扩张。由穆雷·谢弗尔（Murray Schaeffer）发明的"声音景观"（Soundscape）就是这样一种艺术形式，这种艺术形式致力于记录一个地方完整的生活声音，除了严格摒除收音设备的机械杂音外，几乎不会删减任何一种音源。第二种类型的声音应用案例是添加在某些场景中的"表现音"，它们作为电影音效音轨中的剧情声出现。第三种类型的声音立马能让人联想到电子音乐或

---

① 去耦专指去除芯片电源管脚上的噪声。——译者注

电脑音乐,机器的嗡嗡声在电子音乐中已经有了自己独立的评价标准。在披头士乐队之前,第四种声音产生的原理被用来制作一些动漫特效,而在披头士之后,叠录在音乐中的实践太普遍了,根本无须赘述。唯一值得一提的是,这种重写效应强调了两种记忆模型记忆消除的路径本质上的差异。留声机无法彻底消除过往的痕迹,它只能在过往之上叠加一层新的痕迹,这样必定会导致声音变得模糊难辨[15]。

采用模拟信号方式的留声机唱片记录的是声波留下的压力,它将这种压力变成唱碟上向着中心盘旋的连续曲线。曲线与声音之间存在一致性(定位上而非编码上的一致),因此,这是一种形式在"模拟"另一种。而任何对这个曲线痕迹的破坏,即使是钻石的爱抚,也会对信息的保存产生伤害。最早的模拟录音并没有区分录制和回放,因此,回放时产生的声音也会将自己刻到那些凹槽之中。鉴于此,从未播放过的留声机唱片永远更加悦耳。

数字光盘与模拟型唱片不同,它将声音表现为刻在旋转碟片镜面上非反射式的破折号和点。一个字节数字存储空间能接受的信噪比约为50∶1。正如前文所说,由于组成数字光盘的聚碳酸酯和铝分子不停运动,位元衰减时刻都在进行,使得字节可容信噪比例发送无规则地变动,激光回放对这一过程也无明显改善。对数据完整性而言,更大的威胁在于存储物质的选择和所有材料都具有的退化可能性。好在数据的数字本质和内部冗余特性允许数据再生,这种再生为数据提供了安全保障。因此,这种再生对于数据而言不是选修课,而是必修课。随着物质性的缺失,这些"位数"的形式不再那么固定,但在它们被转送到数字模拟转换机中变为扬声器可以识别的信号,并最终传向天际的过程中,它们必须被拷贝到另一个动态存储单元中。如何修复数字留声机在回放过程中出现的错误将成为我对刀根康尚以CD为题材的作品分析的核心,我将特别关注 *Music for Wounded CD*。

总而言之,对于模拟媒介来说,要想原样保留就不能播放,因为每一次播放都是对上一次刻痕的部分擦除,它会覆盖原本的录音,创造一个新的录音。数字保存正好相反,数字数据的保存仰赖不停地重读、擦除和重写。这种读取和重写是数字存储系统最具特色的方面,从它诞生之初的昂贵铁锈块到今天,这个特征始终如一。但在读取与重写之间,存在着瞬间的断裂,这个间隔有可能导致意外。

光 声 机

模拟留声机唱片保留了一些早期圆筒式留声机圆筒上软蜡的特性。我们可以追问，留声机的唱片每次播放后都会因为房间里和机械内部的声音而产生一些磨损和退化，这些声音会被唱针悄悄刻到原始唱片上，那么，留声机保留的还是原始信号吗？与此相比，数字光盘媒介则展示了一种不变的耐久性和对永恒的渴望。耐久性和永恒呼之欲出，只欠一个感官范畴之外的抽象计划，最终它们依靠 CD 得以实现。刀根康尚的 CD 作品，比如 *Musica Iconologos* 就实现了这一目标。在他之前，有许多前辈站在媒介艺术的小道上，这条道路上有个中途站，要想完整走完技术史的旅程，必须走进这个中途站，那就是拉奥·豪斯曼发明的光声机。豪斯曼本人也是达达主义的创始人之一。

19 世纪，出现了发明某种可以连接视觉和听觉机器的想法，这为人们思考感觉出现的生理基础提供了想象的余地。同时，这样的想法本身也激发了某些改善社会的崇高理想。1853 年，里昂·史考特（Leon Scott）发明了声波记振仪（phonautograph）。这个装置被认为是早期光声机，但这种判断可能是错误的。因为史考特的装置看起来不像是以声音的形式来记录声音，也不是以声音的形式来回放录制好的声音，它更像一个转录系统，让声音自己书写，把声音转录成一种可见、可读的形式[16]。我们可以从真正的声波记振仪写下的痕迹中看出，它确实很清晰，尤其是图 10.2 中上面的五条痕迹。

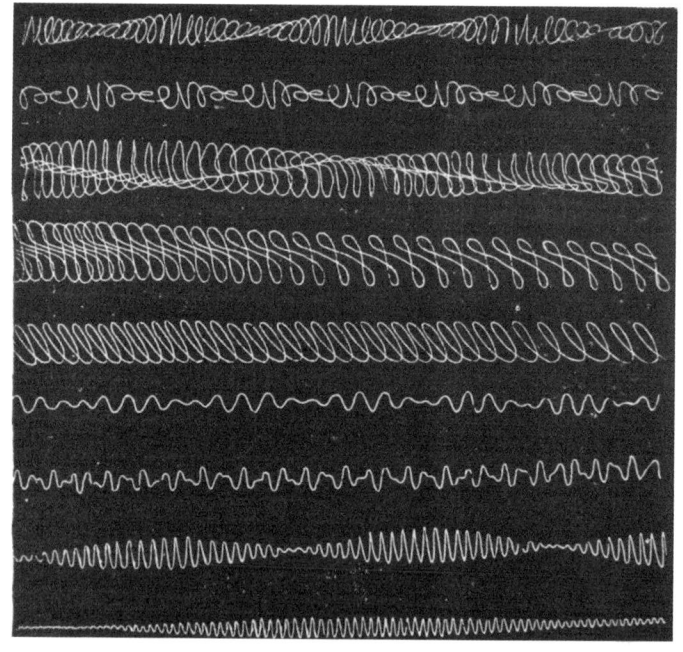

图 10.2　声波记振器绘制的痕迹

在这个记振器中,猪鬃毛制成的笔被急速拉动,画下了像蛇一样弯弯曲曲的痕迹,弯曲处集中在两个方向,看起来就像连笔书写的字母。但这些痕迹不能再还原成声音,因为它没有将空气震动带来的压力这一因变量与时间这一自变量分离开来。这些痕迹被刻在烟熏过后表面覆盖了一层薄黑炭粉的记录转筒上,写在黑色的表面上,这些声音就像诗人们写在光滑白纸上的草书。如果按照帕尔默(Palmer)的书法原则,这些痕迹称得上是理想化的书法,因为它们没有中断,非常连贯地写在预定的地方,而且在书写过程中笔完全没有离开过书写面。

某些特定的物质具有将光转化为电的特性,这一事实深刻地影响了我们的宇宙观,让我们认可了宇宙的物质性。甚至爱因斯坦(Albert Einstein)获得诺贝尔奖,也不是因为他存在争议的相对论,而是因为他对光电效应的解释。1873年,乔瑟夫·梅(Joseph May)偶然在横渡大西洋海底的电报线缆上发现了硒电阻的光电特性,这一发现很快被威洛比·史密斯(Willoughby Smith)发表在《自然》(Nature)上。随后,对硒光电特性应用的设想如雨后春笋,迅速填满了这一领域的研究空白,其中包括电视、光学传真机、光声机。光声机是其中一种可以将图像或文本转化为听觉形式的机械装置,它将帮助盲人"看见"[17]。

1914年,英国物理学家福尼尔·爱普(E. E. Fournier d'Albe)将光声机的概念投入实践,发明了一种盲人辅助阅读器(图10.3)[18]。

图 10.3　福尼尔光声机原理图(1914年)

这个装置的基础元素是光敏电阻。它将光敏电阻按照垂直于五线谱的方向摆好,五线谱的线与线之间的空白则与表现音阶的音符一一对应。白纸上的黑色文本会像穿过光敏电阻一样在自动钢琴上滚动,播放出被单词垂直切面覆盖的音符,这些连续的密集音块与字母的顺序相对应。假如所有的文本都用统一的字体,那么这些音块就能够覆盖全部52个人小写字母,并将它们表现为可以精准识别的半音程音阶组。如果将这个装置视作当代盲人使用的阅读器前身,那么福尼尔的设计就仅仅是一种预见。紧随这个装置而来的文化使用完全背离了它的设计初衷。

一时之间,许多创意层出不穷。难怪与福尼尔关注点截然不同的艺术家豪斯曼也参与其中,独立构想了一件非常类似的装置,并获得了它的专利。豪斯曼在早期达达主义中创作的光声诗歌恰好将字体和字形的变型用作表达工具,并借此将字制作为可以听或可以通过声乐表演实现的乐谱。而前文提到过,字体和字型的统一是福尼尔装置正常工作的前提。

豪斯曼在 20 世纪 20 年代构想的光声机同样是一个基于硒光电管形成的系统。它利用硒的声光特性,将移动通道中图案的"微小起伏"所反射的光转换成扬声器中播放的声音[19]。在豪斯曼的光声机设计图中,光线路径被设计成"微小起伏"的图像,和它所产生的声音必须同时出现。他在 1936 年的专利设计中实现了这样的想法。出于实用性的目的,一名工程师改进了光声机的设计,这种改进同样被认为可以获得专利,这种改良版的光声机最终变成了一件可重构但不可编程的设备,被用于根据价格计划印刷火车票[20]。豪斯曼设计的光声机根本上是一个封闭系统,是维特根斯坦《逻辑哲学论》中预见的乐谱、音乐和录音媒介之间的可逆可译性在机械装置领域的实现。但它最终还是一个乌托邦式的提议。豪斯曼的设计再次提出,人的感觉形态天生就连接在一起。他认为,各种感觉可以通过触觉的统一力量联系起来,而他设计的装置可以使这些被人为分割的感觉再度统一[21]。在科技界看来,光声机早已不具备技术上的意义,但艺术家却持续与它产生共鸣。因为在艺术家看来,光声机展现出连接视觉与听觉、乐谱与感觉的迷人潜质。

音　　调

刀根康尚和乔斯林·罗伯特的作品将作为本章余下部分的主题。上文中我讨论了三种装置,每一种都涉及数字保存和数字衰退,我认为,刀根康尚和罗伯特的作品与这种数字保存和数字衰退有着最为直接的联系。留声机、电报和光声机都能用于转换标记与噪音,但这三者都是有损转换,虽然它们造成信号损失的原因各不相同:光声机试图建立外在感觉器官与大脑之间不受既定社会文化影响的联系,但这种尝试以失败告终;留声机是一个开放的系统,外界的每一种信息都可以再次在它唱片的表面留下痕迹,因此随着播放次数的增加,它愈发不可信;电报有中继器带来的动态记忆特征,它通过切断电流来实现信息的增殖,而电流切断时,不明之意会在空白处流通,导致在标记与噪音的间隙产生额外之意的可能。

刀根康尚的作品可以被视作一条很长的传输线。通过这条线,最初的脉冲传输并扩散成一系列作品。他生于 1935 年,毕业于日本国立千叶大学文学系,毕业论文的主题是达达主义。他与水野修孝(Shuko Mizuno)、小杉武久(Takehisa Kosugi)等人建立了在后来成为传奇的 Ongaku 乐队。他本人成了

20世纪60年代日本激浪派①的支持者,甚至还和作曲家东枝一柳(Toshi Ichiyanagi)、秋山邦晴(Kuniharu Akiyama)一起组织了"激浪派之周,东京激浪节"22。1972年,他移居美国,为美国引入了他自己独特的音乐实践和体系。这一体系的基础是表演、重复、随机和错误(图10.4)。1982年,刀根康尚开始创作一系列新的作品,这一组作品由名为《分子音乐》(Molecular Music)的电影开启,后续的许多作品都与《分子音乐》有同样的原材料、创作概念和创作过程。

图10.4　刀根康尚在密尔斯学院表演《Geodesy for Piano》(1972年)

《分子音乐》是一部配合声波屏放映的超8电影②(Super-8 Movie)。表演前准备屏幕或在表演中修改屏幕的想法,在20世纪60年代的日本先锋作品中已有先例。白南淮(Nam June Paik)和小杉武久都曾在表演中通过让被投影物接触电影屏幕,清晰地展示了投影图片的物质性23。刀根康尚的屏幕准备是将许多声频振荡器直接挂在屏幕上,这些振荡器由一些光敏装置控制,同样的光敏装置也被用于有声电影音轨的播放和声光机的设计中。随着图像的投影,屏幕出现明暗变化,振荡器发出不同音高的声音。被投影的超8无声电影由一系列静态图片组成,只不过这些图片在电影中所占的时长和出场次序变化不一,有些图

---

① 激浪派是20世纪60年代出现在欧美的松散国际性组织,其中的艺术家创作活动各不相同,但其中有很多表演艺术,如乘火车故意不买票,保持一天的沉默等,组织的创作核心观点是,将艺术变得不像艺术。——译者注

② 超8电影,即使用超8毫米胶片胶卷拍摄的电影,是一种宽仍为8毫米,但是画面面积较标8胶片大50%的改良型8毫米胶片。超8胶卷与标8相比,能扩大画面,降低放映的放大倍率,提高清晰度,改善颗粒现象。——译者注

片按照不同的顺序反复出现,有些只出现一次。这些图像和电影的剪辑衍生自一些用中国表意字书写的诗歌,其中三首来自中国唐代,一首来自18世纪日本的《万叶集》(Manyoshu)。刀根康尚搜集了一系列在语源上与诗中每一个表意字相关的照片,用超8摄像机摄录了这些图片,以每个字的发音时长来决定每一张照片的播放时长,诗歌的音调变化则由每张图片的放大弹入和弹出特效来表达。这一系列操作的结果是,表意字通过图片被转化成由八个挂在屏幕上的方型波振荡器发出的声音。在谈及创作《分子音乐》的目的时,刀根康尚提到了诺曼·麦克拉伦(Norman McLaren)20世纪40年代出品的手绘电影,这些电影使用了和刀根康尚一样的手法,是统一声音和图像的早期尝试。只不过麦克拉伦的电影,如《诙谐曲》(Scherzo,1939),是在分离的电影画面和配音之中创造情感的对应,而刀根康尚的目标则是消除画面和声音的分离,让银幕成为声音和图像融合的场所。

刀根康尚1993年发表的作品 *Musica Iconologos* 是《分子音乐》的延续,也是对豪斯曼声光机概念的进一步实现。在这部作品中,刀根康尚仍然采用了之前使用的图像语料库。在这个语料库中,图像代替了唐诗和《万叶集》中使用的早期表意符号(图10.5)。他用平板扫描仪将图像数字化,并将像素点制成平面直角坐标系上的直方图。随后,这些合成数据通过音符特征识别软件生成了一些声音"颗粒",这些"颗粒"是每段约20毫秒的抽象声音片段,它们可以通过拉伸和重复形成更长的音响信号。声音片段仍然按照发音时长来组织,就像刀根康尚在《分子音乐》中所做的那样。诗就这样变成了音乐作品,这些音乐高度抽象,却蕴含难以言喻的丰富性,这些声音成了刀根康尚现场表演和音乐碟的鲜明

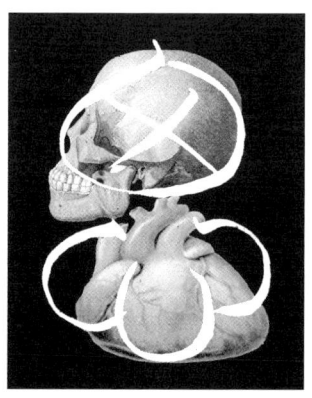

图10.5　刀根康尚在《分子音乐》(1982年)和《音乐肖像》(1993年)中使用的图像《母与子》

特征。我认为,刀根康尚作品中的这些声音特性源自他对数字式光盘媒介特性的颠覆性利用,他不仅将光盘的物质特异性用作降级、倍增和转化,更将光盘媒介本就存在的潜能彻底打开。

正因如此,刀根康尚曾用这段话形容 *Musica Iconologos*:

> 直到经过了 CD 的母带处理,这件作品才真正完成,因为它本就是为这种媒介特意设计的。换句话说,制作 CD 的整个过程就是我作品的一部分,而结果就是所有感官的噪音。首先,从信息理论而言,它全然是一种噪音……我用可视文本(图像)作为原始资料,那它们就是消息,而你所接收的却不是作为消息的图像,而是一种声音。于你而言,这声音只是一个多余部分;在信息理论看来,这多余的部分无疑就是噪音。法语词里代表噪音的词是"parasite"(寄生虫),暗示了噪音是作为宿主的信息的寄生虫而存在的。因此,这张 CD 是纯噪音。从技术上来说,这张 CD 的声音也是数字噪音。[24]

但它并不止于此。这种"多余"信息曾被看作是输入与输出之间差异的标志,冗余信息的数量会随着 CD 与其所录制信号之间距离的增加而增加。按照热力学原理,这种多余信息的产生也与 CD 播放器硬件的算法有关。尽管音频光盘从未放弃过修正信息冗余和信息错误,但由于位元衰退的存在,它还是会产生一种我们现在很熟悉的声音,现在我们将这种声音称为剧情声。这样的增殖故障或许可以通过对 CD 表面的直接处理得到改善。刀根康尚的作品 *Solo for Wounded CD* 就是对 CD 表面的直接处理,这种处理借鉴了凯奇(Cage)在"准备好了"的钢琴中的方法理念。凯奇在钢琴弦之间放置了一些本不存在于琴弦间的物件,因此把钢琴从一个音调乐器变成了一种振动机器[25]。刀根康尚的实践则是将一些精心剪裁和排布的哑光透明胶黏在了 CD 的表面,由此创造了一种人机交互播放碟片。他用了 *Musica Iconologos* 的 CD 光盘来实践,修改过后的 *Musica Iconologos* 创造了一种新的"多余"。对于听过原版 CD 的人来说,这种潜在的数字噪音非常熟悉;当然,那些没有听过的人对这些多余的声音也并不陌生,每当他们碰到 CD 播放错误,他们也会听到类似的声音。当播放器跳过损坏数据的整个音轨时,人们可以听到约为 1/175 秒的短促冰冻声;当数字模拟转换器禁区中出现了数值不一致时,人们则会听到让人战栗的爆破声,这两种声音是由艺术家们用手敲击 CD 播放器形成的。这种严重违反代码规则的行为只在一些早期的古老 CD 播放器上才可能实现,比如夏普 DX-100。刀根康尚就曾用这台设备播放他的 *Solo for Wounded CD*。但最近的播放设备已经对这种意图"转染"(transfection)的行为有了免疫,它会直接吐出或者根本拒绝播放这些被改写的光盘。

刀根康尚最近的作品，包括录在 CD 上的和在笔记本电脑上的现场表演，都重新利用了文本与声音之间隐含的联系，进一步缩短了标记与多余声音之间的距离。还是从唐诗和《万叶集》入手，这一次他选择使用和冠（Wacom）公司出品的数位板，以书法的形式将这些文本输入声音编辑软件 Sound Designer II 的界面中，这种软件可以将手动输入的手绘线条转化为声音波形。直到笔尖离开数位板时，完整的文本才会出现在电脑屏幕上，而一旦笔尖离开数位板，软件就会将绘成的图形折叠成符合划痕定律的波形，划痕服从于曲线，曲线服从于波形，波形服从于符号，诗歌最终倒退成一个不可撤销的事实序列。因此，当笔离开纸时，一种分离由此诞生，文本信息大量丢失。但据刀根康尚的观点，我们获得了"多余"，即噪音（图 10.6）。回忆一下史考特制造的声波记振仪（图 10.2），它能在被烟熏后的黑色平板上写下书法笔迹一样的痕迹，这些痕迹同样要经过折叠，变成信号平面，才能成为留声机可以播放的轨迹。所以，或许所有的声音录制都需经过维度上的折叠，成为刀根康尚描述的那种"多余"的类型。

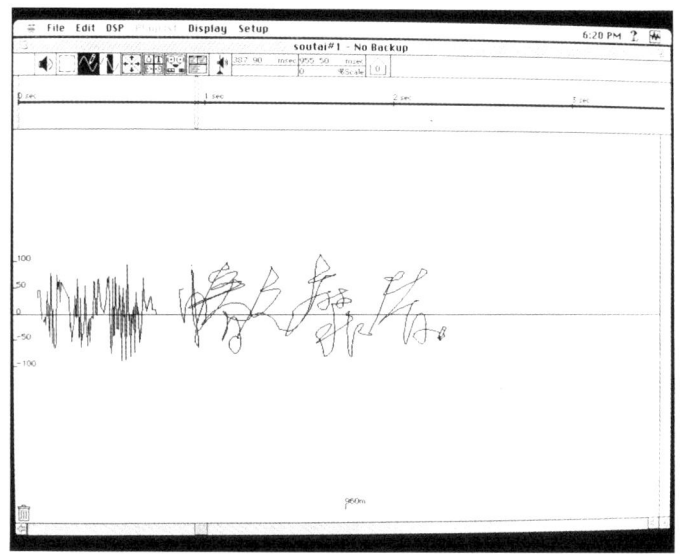

图 10.6　刀根康尚使用 Wacon 数位板在 Sound Designer II 软件中创造的声音波形

在维特根斯坦的理想中，有一个可以实现乐谱、音乐、留声机凹槽间无损转换的事物。这一想法蕴含着普遍性、重复性和对称性。在符号层面上，我们可以在这三个特性中自由移动，而如果光声机能够计算，它或许就能拓展维特根斯坦的这种设想，并通过发送能跨越感官差别的信号，让人经历一种整体感，虽然这与豪斯曼最初的设想全然不同。刀根康尚设计的规程暗示着人们将无法"追根溯源"，顺着来路退回到原点，但这也同时激励人们向着转译系统开辟的通路继续走下去，而转译系统再次确认，任何试图回到原点的努力都将付诸东流。2003年，刀根康尚在水仙唱片公司（Asphodel Records）发布了新专辑《刀根康尚》（Yasunao Tone），他为这张专辑写了一篇名为《外面的声音》（The Sound of the Outside)的小文章，作为专辑注解。在这篇文章中，他提到了文本与声音之间的分离在他美学实践中的重要意义。他用拉康来说明这种分离。拉康曾描述过一个非常有名的中国传说，"有一天，庄子在梦中梦到自己变成了一只蝴蝶，当他醒来后，他很疑惑，到底是庄周梦到了蝴蝶，还是蝴蝶梦到了庄周"，刀根康尚写到，"正如拉康所指出的那样，这种对称关系是一种错觉：当庄子醒来时，他可以自认为他是庄子，那个梦到变成蝴蝶的庄子。但当他仍在梦里，他就还是一只蝴蝶，也就不能问自己，如果他醒了，他到底是庄子，还是梦见自己变成庄子的蝴蝶。这样辩证分裂的问题，只有当我们清醒时才可能被提出"。刀根康尚在文章中也提到他如何"在从文本到声音的转换方法中使用这种不对称和它的冗余"[26]。

但在存储、丢失、转译和冗余的循环过程中，人和蝴蝶不仅能作为传送者和接收者，参与机械循环中的任何一环，都可能会使人变为机械装置的一部分。事实上，从笛卡尔开始，人体和人的认知功能就被视作一种机械装置，这种观点惊人地流行，以至于时至今日，都还有许多对这种不合时宜的观点的盲目信仰和艺术实践。我们流动的记忆可以将事实的核心部分记住几十年，却似乎不能记住它们的顺序。这些事件核心的记忆就像海面上的漂浮物，四处游荡。如果记忆诚如我们试图证明的那样，是一种专一性和易变性的奇特混合，那么我们就不需要通过研究犯罪目击者和童年创伤受害人来研究外因性失语症。而作为人类主体的艺术家，就像电报员一样，也能够作为标本进入电路之中。

留声机出现初期，人们对它的态度并不友好。它被视作一种畸形的产物，是电报、传真机、电话二者杂交的不合理造物。在部分科学家看来，电报根本就是一个骗局。在过去的几个世纪中，声音制造装置的物理模型极度流行，以至于由机械装置创造出来的所有装置都在强化人们的预期，人们认定声音制造设备必须复制原音的形式及发声方式。比如说，奥开斯里特翁琴和自动钢琴，在这两个装置中，代码和装置模仿操作过程中表演的那一部分，而发出声音的工作则留给了琴弦、口哨和鼓。这些异想天开的音乐人进一步提出，必须要有嘴巴一样的腔室、发出鸣音的肺和橡胶做成的嘴的参与，才能发出能被听见的人声。因此，爱迪生的留声机必定是一个骗局，他肯定在展示留声机时雇佣了一个聪明的口技人。留声机可以通过代码、装置和唱片分离和重组声音的事实,消解了痕迹可以自我复制的假设。

罗 伯 特

　　计算机诞生早期,人为失误常被认为是人机系统出现故障的主要原因,这很可能是因为系统分析无法给人为失误下一个可量化的定义。一个备受瞩目的案例是,当癌症治疗设备由于软件故障持续导致病人死亡时,人为因素仍被质问,因为人们总不能去起诉一台机器。而在过去的三十年间,机器展现出了巨大的衍生能力,它能转换数据,将数据变为有意义的内容,这种能力使机器可以制造出更多样、更有趣的错误,这几乎超出了我们的想象。魁北克艺术家乔斯林·罗伯特的大部分作品都是关于系统创造出的这些错误,他的作品既数量众多又变化多样。看着这些作品,受众也不难接受这些作品的作者最初是名药剂师,后来又做建筑师,最后才成为艺术家的事实。

　　1992年到1993年间,罗伯特发布了名为"Le piano flou"的一组作品,这组作品是为雅马哈生产的自动钢琴 Disklavier 而创作的[27]。这种自动钢琴依靠计算机读取乐器数字接口(MIDI)的数据文档,并控制一组电子机械传动器来运作,每一个传动器都代表一个键或踏板,由此演奏音乐。这件装置本身就是《逻辑哲学论》中无缝连接音乐、乐谱和录音理念的具体化,因此它可以为本文的讨论提供有力帮助。或者,顺着前文的讨论思路,通过重新定位艺术家、钢琴和乐曲间的复杂关系,能为思考信息转换过程中的得失提供一种可能。这样的程序或许可以在罗伯特的作品中看到,在 *Le piano flou* 中,他创作了几段简短的乐句,随后在 Disklavier 上录制了它们,重播这些文件使得钢琴键精准地动了起来。当它自动播放时,罗伯特也跟着同时演奏,人手弹出的每一次重奏也会被记录下来。电脑程序以越来越快的节奏重复每一个短乐句,始终保持着学究式钢琴大师练习时的一丝不苟。但罗伯特的技巧却无法跟上了,他没能做到爱迪生在电报表演中的高速准确。随着速度的加快,他弹错了一些音。随后所有的录音被调回了原有的节奏,和原始录音一同播放,产生了一种不带情感的印象主义声音,而这样的声音鲜少出现在钢琴作品中。大致在同一时期,盖福瑞·史托克推出了类似的作品 *Winke Winke*,不同之处在于,*Le piano flou* 假定它创作过程的生成能力来自近缘物种多样化所形成的生态与环境,而非连续错误的演化[28]。

　　另一件将错误当成创作动力的 CD 作品是《突如其来的山》(*Les montagnes brusques*, 2000),这个名字本身或许就可以揭示爱迪生的唱片在穿越"数字世界"时经历的坎坷崎岖。这张只有 3 英寸的小尺寸音频 CD 是作为 *Inter* 杂志第 77 期的一部分发行的,CD 内包含一首在其他 CD 错误播放的基础上产生的音乐。罗伯特这样解释:

  多年前,我曾经拿到过一张 *MusicWorks* 随刊附赠的 CD,但我免费得到的 CD 播放器表现得不是很好,而我后来在杂志发行的下一期才看到他们通知说 CD 本身存在压制问题。这两个问题一结合,就让我在第一次播放这张 CD 时,听到了一种奇异的障碍声。我一听到这种声音,就立即打开磁带录音机,录了大概一个小时,然后就把录好的磁带丢到抽屉睡觉了……后来,有杂志社以艺术与事故的主题向我约稿,我把录音带又翻出来,编辑了部分内容,弄清了这种声音产生的原因,就把这个 CD 当作文章的替代品交上去了。我用的原 CD 属于歌手朱迪丝·柯恩(Judith Cohen),因此需要征得她的许可,在经过一系列严肃的辩论后,她同意我这样使用她的歌,前提是她要随之附上一篇文章。最后的结果是,这张 CD 被放在一张信封里,上面贴着一张卡片,卡片的一边是她的文章,另一边是我的。我的说明文字是关于"事故",只不过没有将其定义为我们不希望发生的事,而是定义成我们希望不要发生的事情。这二者的区别是,一个是意料之外的事,而另一个是意料之中但却要极力避免的事。[29]

这种正反两方关于错误的对话,加上新发行 CD 的机械保真度,清晰地表明罗伯特和柯恩作品之间的创造性突破。那么问题是,我们要如何保证,当这张新 CD 出现腐蚀并导致自身的错误播放时,我们仍在听罗伯特的作品?毕竟 CD 出现问题时的断裂、跳跃和振动将与罗伯特在原始误译时制作的那些,在类型和顺序上完全一样。这样的疑惑预示了当我们想到数字领域保存所面临的巨大挑战时会提出的其他一些问题。罗伯特引入的"错误"元素在艺术家们旨在推进媒介保存的讨论中显得尤为突出。他的作品与基于模拟存储模式的其他作品,比如克里斯蒂安·马克雷的《没有封面的专辑》,非常不同。马克雷的作品鼓励用户让被录制的对象获取自身半自传性质的独特痕迹,而《突如其来的山》则从音乐的角度出发,在音乐的意义上提出了没有唱片的"封面"。

2001 年到 2003 年间,罗伯特在加拿大南部附近旅居了两年,之后他创作了一件新作品,这件作品将"数字误差等于变异加求和"的过程与数据的视觉-听觉转换结合了起来。这件作品叫《国情咨文》(*State of the Union*),它需要组装和一个用于观看图片的家庭空间。观看时,应当有一个沙发,一个放着投影仪的小桌子,而投影仪要将图片投影到电视大小的屏幕上[30](图 10.7 和图 10.8)。我们会看到大阅兵,看到推进式飞机以进攻姿态飞行,看到坦克和大炮,所有的这些图像全是黑白颗粒状。与此同时,电影是倒放的,小小的屏幕上军队在向后行进,就像霍金在关于时间方向性论述中所举的例子。屏幕则和光声机一样装备有光敏电阻矩阵,每个光敏电阻在感应到光级度的离散变化后会激活与之连接的小型电磁继电器。作品的观看者可以进入墙背后,它实际上就是一个空书架,架子上安装着由 108 个继电器组成的矩阵,每一个继电器与一个光电管相连,形成了与屏幕一一对应的网格。当黑白图像在屏幕上显现时,亮暗的边缘会触发继电器,发出可被听到的滴答声。一队作战飞机飞过,继电器在墙上不断地被触发,连续发出在空间上移动的声响,这声音不禁使人联想到机关枪的扫射。此时,历史空间和记忆空间在我们的想象中融合,被锁定在清晰排布好的设备所建立的科技关联之中。许多最近关于声音的研究都集中在空间线索上。《国情咨文》没有展现末端继电器滴答声的内容,但它展现了交流的场所和时间节点——战地记者却恰好在将视觉转译为听觉时省略了这一部分。

图 10.7 罗伯特《国情咨文》装置背后的继电器组

图 10.8 罗伯特《国情咨文》装置正面 108 个光电传感器的同位音屏幕

信号过冲(OVERSHOOT)

在某些遥远的地方,人们可以在真空环境中制作蜡制唱片,让它们像漂流瓶中的信息一样，被投射到未知的未来。"旅行者号"宇宙飞船上就带着黄金制成的模拟信号慢转唱片，它被卡尔·萨根(Carl Sagan)和NASA投向了星际空间，其中有B. B. 金(B. B. King)、J. S. 巴哈(J. S. Bach)和劳里·斯皮格尔(Laurie Spiegel)的声音。这张唱片就是投向未知未来的信。我们可能常常想象地球上的无线电波会发送到另一个星球上，但不幸的是，电报线正常工作的先决条件是中继器组成的连续链，这条链又仰赖可靠的中继器和持续的电流，这样才能在信息驶向目的地的过程中不断读取、擦除和重写。

任何传送过程的接收都伴随一些焦虑。我们可以想象一下，卡夫卡正等着电报线给他送来消息。此时不确定性悄然蔓延——送信人真如所承诺的那样，送出信息了吗？信息是不是没有电报员送？或者是不是被粗心的电报员落在某个遥远的中继站了？又或者电报线是不是被当地人或强盗砍断了？这样的不确定迫使人们采用了电气协议，而这个电气协议至今仍在影响当下的技术，协议包括：电线总是通电，继电器总被电流紧密联通。想要传递一个符号，电流就必须通过电报员敲击某个键而被短暂地中断。因此，每一个点和破折号都连接了我们和信源电路中的缺席、丢失和中断。这种特征至今仍然存在，表现为串行数据协议中的脉冲间隔、开路集电极(open-collector)和开放漏极半导体电路(open-drain semiconductor)中的低电平。但它也暗示了导致中断的代码存在的可能性，这正是罗伯特和刀根康尚的创作手段。就像在一张毫无痕迹的空白页上，任何一种标记，即使是模糊不清的污点，都可以用来陈述、定义和填充。或者当污点和其他标记并置时，它们能表现出一条蜿蜒的思绪。这个空白页与爱迪生用于存储的软蜡和约翰·洛克(John Locke)的白板一样，就像一个地广人稀的大草原，正等着符号入驻[31]。

但当制作文本的主体变成电脑时，空白区域不复存在，等待压制的既存信息也不复存在。正如我们所知，信息传播系统由不断增加的缺席组成，因此就必须有一个代码被指定用来代表符号缺失处的空白区(ASCII symbol 32)，另一个代码用来代表擦除(ASCII 8)，以此类推。而代表无物的代码不断复制过程产生的空白处将导致中断和破裂。这就是刀根康尚所说的寄生虫，即噪音或多余信息。这种"中断"的可能性与留声机模式被置于完全不同的类别和规则中[32]。

这或许可以用来解释，信息从一种感官形态转化到另一种的过程中，信息丢失和信息获取产生的原因。如果不得不在视觉和听觉间制造一个通路，这个通路也不可能填充这二者的差别。转译发生时，信息的擦除也必然发生，即使擦除只占用很短时间，它也会打开一个缺口，这个缺口可能造成信息的获得，也可能造成信息的丢失。这进一步说明，从物质层面上看，完整的光声机设想不可能成为现实。可逆性不仅在宇宙这个大尺度上不可能实现，即使在更小的层面上，它也不可能出现。信息保存，不论是借助机械复制还是试图转化为别的形式，都将面临视觉-听觉转换过程中出现过的问题。它保存的将不是原有的信息，而是一种全新的创造性信息。

注释

1. Ludwig Wittgenstein, *Tractatus Logico-Philosophicus* (London: Routledge and Kegan Paul, 1961), sec. 4.014, p.39.

2. David A. Mindell, *Between Man and Machine* (Baltimore: Johns Hopkins University Press, 2002), 10, 174, 295.

3. Jonathan Crary, *Techniques of the Observer: On Vision and Modernity in the Nineteenth Century* (Cambridge, MA: MIT Press, 1990), 59 – 64.

4. I do not wish to split hairs about the priority of invention of the electromagnetic relay, a device whose time was ripe, but only wish to point out not only that it was essential to the success of Morse's system but also that in this particular system's application of the binary code the relay further became a device for the translation of marks into noises. Joseph Henry preceded Morse by two years in this application of electromagnetism as a single-stage amplifier in 1835, but rather than conceiving a single device that could enact an endless volley of impulses across an indefinite distance, he distinguished separate "intensity" electromagnets and "quantity" electromagnets, the former being used for distance, causing, in turn, the latter to effect local actions. Since this configuration, like so many other of his remarkable inventions, lacked killer-apps, Henry never published or patented it. See B. Taylor Henry, "An Historical Sketch or Henry's Contribution to the Electro-Magnetic Telegraph," reprinted in George Shiers, *The Electric Telegraph* (New York: Arno Press, 1977), 34. As I point out later in this chapter, the Cooke-Wheatstone apparatus employed a relay only in a very secondary way. In addition, J. J. Fahie exclusively credits another telegraphic inventor, the forgotten Anglo-Australian Edward Davy, with the definitive invention of the telegraphic relay, which he termed "the electrical renewer." Fahie waxes rhapsodic on Davy's remarkable inventions, even suggesting that he anticipated the telephone as a transmitter of sounds in 1837 – 38. J. J. Fahie, *A History of the Electric Telegraph to the Year 1837* (London: E. and F. N. Spon, 1884), 359 n., 395.

5. Stephen Hawking, *A Brief History of Time* (New York: Bantam Books, 1988), 147.

6. Tom Standage, *The Victorian Internet* (London: Weidenfeld and Nicolson, 1998), 193.

7. I have written on some surprising aspects of these early telegraphs in greater depth in Paul DeMarinis, "The Messenger," in *Metronom*, 1997 – 1998 (Barcelona: Fundacio Rafael Tous d'Art Contemporani, 1999), 73.

8. Paul J. Staiti, *Samuel F. B. Morse* (Cambridge: Cambridge University Press, 1989), 207 – 9.

9. Geoffrey Hubbard, *Cooke and Wheatstone* (London: Routledge and Kegan Paul, London, 1965), 65.

10. R. S. Culley, *Manuel de telegraphie pratique*, trans. H. Berger and P. Bardonnaut (Paris: Gauthier-Villars, 1882), 306 – 7. Some have suggested that the choice of normally closed circuits was initially made to match the discharge characteristics of the "gravity cells" or batteries, used on the early lines. See, for example, Lewis Coe, *The Telegraph* (London: McFarland, 1993), 71. However, the

advantages gained by verification of the channel soon dominated, particularly in the American telegraph because the frequent cutting of lines. See Alvin F. Harlow, *Old Wires and New Waves* (New York: D. Appleton-Century, 1936), 113, 137, 157.

11. Anne Applebaum, *Gulag: A History* (New York: Anchor Books, 2003), 155 – 56.

12. Recent studies of so called "mirror neurons" in primate brains reiterate in scientific terms the psychological truth we feel is implicit in affective acts like messaging, that others will know what we mean, perhaps giving further confirmation to Keats's intuition that unheard melodies are sweeter. G. Rizzolatti and L. Craighero, "The Mirror-Neuron System," *Annual Review of Neuroscience* 27(2004): 169 – 92.

13. Robert E. Conot, *A Streak of Luck* (New York: Seaview Books, 1979), 60.

14. Christian Marclay, *Record without a Cover*, Recycled Records, 1985, reissued by Locus Solus Records, 1999, LSV01.

15. The phonograph excluded certain sounds too: in particular, sounds below or above the midrange of frequencies that speech and notated music inhabited not only were eliminated by the physical process of recording but came to be ignored as recording became more and more a medium for music. Not until the 1950s did the notion of high fidelity become a central issue in the development of sound recording, and not until the 1990s were listeners again able to experience the full and palpable low-frequency energy where tactile vibration overlaps with hearing. Edison early on selected music and performers whose styles fit well into the medium. In the terms of signal theory, their dynamic bandwidth characteristics were well matched to the limitations of the acoustics of the machines. Signals that recoded well reproduced well and in turn copied well from generation to generation as discs superseded cylinders. Possessing an almost autopoietic quality, certain sounds insinuate themselves into grooves as they do into the acoustic mind and into our memories. Whether or not the common experience of a tune running through the mind was experienced in earlier centuries, the preternatural haunting of memory with a musical phrase became a frequent poetic image in the early nineteenth century, when many of the ideas, listening practices, and apparatuses of the phonograph were gestating. If certain sounds have the parasitic ability to regenerate themselves without loss, at the expense of the host memory, they have made a first step toward a telegraphic sort of medium. But these parasites have a tendency to converge inevitably toward phonographic sounds of the third type, the recording of the machine itself.

16. Jonathan Sterne, *The Audible Past: Cultural Origins of Sound Reproduction* (Durham: Duke University Press, 2003), 45 – 46.

17. Willoughby Smith, "Effect of Light on Selenium during the Passage of an Electric Current," *Nature* 173(1873): 303.

18. E. E. Fournier d'Albe was also the English translator of Baron Schrenk-Nötzing's book documenting the spirit medium Eva C. (Marthe Béraud). And he weighed souls, which may indicate that his interests in materialization and dematerialization, like those of many physicists of his age, went beyond the physical plane. On the weight of the soul, see *New York Times*, December 4, 1908, 1.

19. J. F. Bory, *Raoul Hausmann* (Paris: Editions l'Herne, 1972).

20. Cornelius Borck, "Sound Work and Visionary Prosthetics: Artistic Experiments in Raoul Hausmann," *Papers of Surrealism*, no. 4(2005): 18 – 21; Jacques Donguy, "Machine Head: Raoul Hausmann and the Optophone," *Leonardo* 34(2001): 217 – 20.

21. Marcella Lista, "Raoul Hausmann's Optophone: 'Universal Language' and the intermedia," in *The Dada Seminars* (Washington, DC: National Gallery of Art, 2005).

22. Yasunao Tone, *Noise Media Language* (New York: Errant Bodies Press, 2008).

23. Sheldon Renan, *An Introduction to the American Underground Film* (New York: E. P. Dutton, 1967), 247.

24. Yasunao Tone, *Musica Iconologos*, Lovely Music, 1993, LCD3041.

25. Yasunao Tone, *Solo for Wounded CD*, Tzadik, 1997, TZ7212.

26. Yasunao Tone, "The Sound of the Outside," liner notes to *Yasunao Tone*, Asphodel, 2003, ASP2011.

27. Jocelyn Robert, *Le piano flou*, Obscure, 1993, OBZ003/004.

28. Gerfried Stocker, *Winke Winke*, media art installation, in *Cross Compilation*, ed. Jutta Schmeiderer (Graz: X-space, 1994).

29. Jocelyn Robert, *Les montagnes brusques*, Avatar Quebec, 2000.

30. Jocelyn Robert and Louise Dery, *L'inclinaison du regard* (Montreal: Galerie d'UQUAM, 2005), 63.

31. Adorno suggested that the pact between sound and image in cinema relies on the sense of continuity provided by the slight noise of the optical sound track. This *Hörspielstreifen*, as he designated it, is made up of a combination of the electrical noise of the photo-detectors and amplifiers, to which is added a twenty-four-beat-per-second subsound, an artifact of the intermittent running of the film that cannot be filtered out by the loop between the gate and the sound head. This channel noise affords us the unconscious assurance that the projector is running, that the film has not broken, that no savage violence will erupt into the safe warmth of the station where we await the message from afar. Similarly, the warm and reassuring sound of the surface noise on phonograph records lends an aura of space and place to sound, even when no sound is present. Douglas Kahn, *Noise, Water, Meat: A History of Sound in the Arts* (Cambridge, MA: MIT Press, 1999), 181.

32. In contrast with Tone's work, Marclay's earlier, visually more radical interventions into analogue LPs, playing two different records that have been sawn in half and joined at the waist, do not produce any radical information ruptures when played. They simply adhere to the phonographic routine of a periodic click, twice per rotation, with some random skips. The sound content of the original discs continues to be heard as if it inhabited a separate, inviolate world.

媒介考古学：方法与机器 VS 媒介历史与叙事

沃尔夫冈·恩斯特

媒介考古学通常与旧媒介在文化和技术层上的重新发掘相关联——这种方法在历史话语中仍然为人们所熟悉。有些作者将"媒介考古学"这个术语，根据其表面意思隐喻为"挖掘"那些过往的机器想象，曾被遗忘的另类媒介，比如巴洛克式媒介，以及从未实体化的媒介或今日被人们轻易遗忘的媒介。

我们很难抵抗考古学的隐喻，有时这会导致我们对米歇尔·福柯的知识考古学这一概念产生致命的误解[1]。这里提到的媒介考古学方法，意味着媒介史叙事至上论在认识论上找到了替代性的方法。媒介考古学与分析物质（硬件）文化相关的学科以及福柯的"档案"（archive）概念都十分接近，其中福柯的"档案"概念是将"档案"视作一套管理规则，把全部口头、音像和字母数字表达管理起来。媒介考古学既是进行媒介批判的一种方法和美学，一种认识论上的逆向工程，此外，它还意识到——此刻媒介自身（而不再仅限于人类）成了活跃的知识"考古学家"。这意味着，当媒介考古学处理大众媒介的史前史（prehistories）问题时，这个"前"（pre-）关注的更多是在多样化表层（从字面意思来说，就是监视器和界面）之下的技术认识论结构，而不只是时间意义上的"前"[2]。

虽然目前媒介考古学的大多数理论，旨在建立一种针对主流传统技术史及大众媒介史的反历史，但是它们的文字表现仍然坚持历史的写作模式，遵循事件的年代和叙述顺序。诚然，有时候我们主张进行媒介考古学分析，但又回到了讲述媒介的故事上。人类主观上很难克服这种通过叙事结构赋予数据以意义的义化倾向，但机器可以暂时让我们从这样的限制中解放出来。据马丁·海德格尔所说，技术不仅仅是工具性的，它还超越了人类[3]。媒介考古学被人们理解为对认识论结构的分析（包括机械的和逻辑的），但它并非仅仅寻求对过去被遗忘或被误解的媒介的救赎，也非局限于对技术媒介原初的和前史的重建。与其说媒介考古学是对过去"死亡媒介"的怀旧收藏（就像是陈列在橱柜里的古董），不如说它是一种分析工具,一种分析和呈现媒介的方法,如果没有这种分析和呈现媒介各个方面的工具,那么媒介的这些方面就会被文化史话语所忽视。只要媒介没有被误认为是大众媒介的内容,它们被证明是非话语的实体,属于不同时间制度,就需要另一种描述方法来分析。

　　文化史是技术知识积累至今的结果,对这种知识一定程度上的排斥将使人们产生偏移,进而促使人类制造了电磁场(电力以前仅在自然现象,如闪电、雷声中才显现。在人们看来,这些现象背后有自然或超自然的原因,电磁场的发现改变了这一状况)。像迈克尔·法拉第(Michael Faraday)、詹姆斯·克拉克·麦克斯韦(James Clerk Maxwell)和海因里希·赫兹(Heinrich Hertz)这样的实验人员和学者相信,他们所追踪的现象,不只是散落各地的文化的相对差异问题,而是表明物理定律自身具有元史学①和知识论的存在。按照媒介考古学的观点(假设部分是关于媒介自身的观点),媒介的文化寿命与使用寿命不同。例如,德国在国家社会主义政权时期建立的广播②(Volksempfänger,著名的"人民接收机",因用于广播宣传演讲而臭名昭著),在今天仍然能够接收节目,因为广播媒介稳定的技术基础设施仍在运转。现在和过去的设备在功能上并无"历史的"差别(而且在模拟无线电最终被数字化信号完全取代之前都不会有什么区别)。而在历史上截然不同的时代之间,媒介考古学获得了进入的捷径。

　　媒介考古学并非简单地在宏观历史层面上重溯媒介起源的替代形式,相反,它描述了微观操作层面上的技术"根源"。真正的媒介档案是其代码的本原。古希腊人所理解的本原,并不仅仅是起源,而更多的是戒律。媒介考古学关心的是重读、复写认识论的(而不仅仅是时间的)要素。C. W. 西拉姆在他的《电影考古学》中说道:"影响历史的不是某些偶然的发现是否出现,而是它们是否产生了作用。"[4] 当赫兹试验电磁波时,他本想证明麦克斯韦关于电磁场的数学计算,但无心插柳柳成荫,他因此发明了无线电传输技术[5]。

　　当媒介系统创造它们的原时③(Eigenzeit)时,应该怎样撰写媒介历史呢?让我们用考古学而不是史学研究的方式来分析过去的媒介吧。与历史相反,考古学指的是实际存在的东西——从过去遗留到现在的东西,就像考古地层,有效地

---

① 元史学(Metahistory)是由海登·怀特提出的史学理论,旨在揭示历史作品中普遍存在的诗学本质。——译者注
② 作为一个纳粹新造语,"Volksempfänger"由"人民"(Volk)和"接收机"(empfänger)两个德语单词组成,全称就是"人民接收机"。——译者注
③ 在相对论中,原时是与事件在同处的时钟所测量的唯一时间,不仅取决于事件,时钟也在事件的行动之中。——译者注

嵌入技术内部（如前文提到的，"考古学的"隐喻很难被抵抗）。技术媒介的特殊性在于，它们仅在操作中揭示其实质。回想一下马丁·海德格尔在《存在与时间》中对"器具"①（德文 Zeug）的定义就能明白这一点。即使它们的外部世界已经消失，"历史的"媒介对象在根本上还是存在的，它们仍然运行，其"内在世界"仍然有效[6]。典型的考古学家和媒介考古学家都对文化的硬件，也就是人工制品——从古老的大理石到机电工程产品——非常着迷。这两种方法都具有一个基本原理：实物只要存在便可消除历史的距离，进而形成有力的抵抗。但将考古学对象和技术文物彻底区分开的是，技术文物只有在操作时其本质才被揭示。虽然一个希腊花瓶可以通过简单的观察来解释，但收音机或计算机并不是通过不朽的存在，而是通过电磁波或计算程序对它们进行处理来揭示其本质的。如果博物馆收藏的收音机重新启动，播放现在的广播频道，那就会改变它的状态——它不再是历史对象，而是积极地产生感官和信息物的存在。

微处理时序（如视频屏幕上电子图像的形成或计算机中的实时数据处理）与传统意义上被认为是历史时间的宏观时间过程之间的关系，不仅是微观与宏观宇宙的关系。从19世纪热力学中数学随机性和统计动力学的发展［源自路德维希·玻尔兹曼（Ludwig Boltzmann）和约西亚·威拉德·吉布斯（Josiah Willard Gibbs）对熵的性质的洞察］，到诺伯特·维纳（Norbert Wiener）的控制论，描述时间过程的历史模式一直面临另类时间模式的挑战。当按照时间来描述媒介时，这个难题变得至关重要。一方面，人们如果仅仅简单地使媒介过程从属于文学叙事，这样必将从根本上误读和歪曲媒介进程的原时。历史媒介的叙事发生在虚拟的时间之中。另一方面，存储技术按照符号的时间顺序运转，现在随机数学可以处理偶然事件，就像在实时计算中那样。

媒介不仅是媒介考古学的对象，也是其主体（"作者"）。"媒介考古学"这一术语描述的不是人类文本作品的写作模式，而是机器自身的表达以及媒介逻辑的运作，正如亨利·福克斯·塔尔博特《自然之笔》（*Pencil of Nature*）中的摄影，不再以人类手绘的方式记录物理（光学）真实一样。在符号层面上运作的技术媒介（即计算）与传统的文化工程的符号工具（如用字母表书写）不同，它们记录和处理的不仅仅是符号学中的符号，还有物理上的实际信号，其重心转向了作为文化技术的数字信号处理（DSP），而非文化符号学。像摄影和计算机这类技

---

① 德文词语"Zeug"（器具）包括某项活动中所牵涉的任何事物，例如，缝纫中所需要的布料、针线，写作时所需要的纸张、笔墨，等等。除了易为接受的书写器具、缝纫器具、测量器具这些可直接上手的器具之外，更为大型的交通工具、火箭、房屋、门窗等皆是器具。——译者注

术媒介，在人类感官很难触及的情况下，便成为考察物理真实中活跃的考古学家。比如用紫外线拍摄古代手稿，或者用光学扫描和数字处理技术恢复受损的爱迪生蜡筒中"丢失"的声音信号。

对于媒介考古学家来说，当今从电子时代到信息时代的转变意味着，尽管进行数据处理的媒介仍然基于考古学上可分析的物质（硬件、物理学），但对它们的知识考古尚借助信息学的技能（数学逻辑、技术和控制）。媒介考古学主要关注非语言基础设施和（隐藏的）媒介程序。因此，它从史学模式转变为技术档案（考古学）模式，描述技术文化档案元素中的非话语实践。媒介考古学面对的是笛卡尔甚至反笛卡尔的对象，这是可数字化的东西。运用技术数学分析，媒介考古学向文化的次语义层靠近，即"靠近机器"[引自摇滚乐队平克·弗洛伊德（Pink Floyd）的歌曲]。直观来看，这意味着与技术考古的人工制品打交道，而在方法论意义上，则意味着通过这样的机器进行媒介考古（测量和计算）。

作为考古学家的媒介
（留声机的使命）

与几乎完全被书写统治的两千年历史相比，录音媒介的出现立即促生了真正基于媒介的项目，如 1900 年左右，在维也纳和柏林两地建立的音乐民族学的留声机档案馆。但文化宝藏仅仅是这种媒介档案的一个方面，因为这一记录包含并且铭记的是一个信号世界。对于人类卷入其中的文化符号体系而言，信号世界既身处其下，又超越其上。媒介考古学（如麦克风的膜片）理性地关注着技术媒介的潜意识特征。

当一个史诗歌手用当前的录音装置录歌时，两种不同的操作制度会产生冲突，因为人的表演行为面临技术或算法操作的挑战。虽然对口头诗歌奇迹（比如荷马的古代史诗和现在的塞尔维亚吟游诗人）的语文学分析，仍然处在文化技术（字母写作和音乐五线谱）的逻辑之中，但借助计算机进行快速傅里叶计算[①]的媒介考古分析，可以通过分析字母（元音、辅音）这些基本单位构成的语言，来探究某一时期文化的物质层面（物理世界）。应运而生的一本关于声母起源的书，其封面既展示了希腊语字母铭文的首例图像，也展示了希腊语中相同单词的图

[①] 此处应该指代傅里叶变换，意指能将满足一定条件的某个函数表示为三角函数（正弦和/或余弦函数）或者它们的积分的线性组合。傅里叶变换在物理学、电子科学、统计学、密码学、声学、光学等领域都有广泛的应用。——译者注

谱[巴里·鲍威尔(Barry Powell)是最早研究这个学科的学者之一,他对此进行了阅读和口述]。

作为媒介人工制品的留声机,不仅承载着言语和音乐这样的文化意义,同时也是一种文化工程档案——它的材料制作(一种在媒介考古学上被雪藏的媒介知识)正等待解冻。数字考古学的操作甚至能够在视觉和听觉的感官阈值之下进行——由于其纯粹的电子和计算速度,人类感官无法直接达到如此水平。综合来看,我们可能会*看到*之前录制好的声音记忆的光谱图像——这是一种对档案的直观审视[7]。在微观物理层面上对声音的*细读*,使得记录媒介本身的物质性变得具有诗意,这种细读也就是将有语义内涵的档案单元分解成离散的信号块[8]。媒介考古学家没有使用音乐解释学①,而是在听录音时,压制了对"生命"产生幻觉的激情。

媒介理论只有在对硬(件)证据进行测试时才能发挥作用。我们来看看在文化和非文化用途方面,电磁场"可听化"所引发的认识论革命。在20世纪30年代中期,德国通用电气——德律风根(AEG-TelefunKen)公司的磁带录音机被开发,在成为一种可以录音的工具之后,被应用于民族音乐学研究和现场录音[9]。由于没有其他人能重新"记录"荷马史诗,哈佛大学的米尔曼·帕里(Milman Parry)去了塞尔维亚和黑山,进行了实验语言学②研究,希望通过类比发现荷马的《伊利亚特》和《奥德赛》等古老的诗歌是如何在没有文字的文化中传播开来的。1933年到1935年,帕里曾在铝盘留声机里记录了前南斯拉夫时期口头诗歌的证据,他的助手兼同事阿尔伯特·洛德(Albert Lord)后来也做了同样的研究,但洛德用一个电磁线记录器来记录这些歌曲。虽然这些机器之前是为语文学所用(记录的史诗后来被转录用于语文学分析),但在媒介考古学层面上,真正发生的是电磁通量(无意识地)取代了声音字母代码这一过程。这开启了一种不同的信号机制,作为文化符号学的基础而运作。它需要的不是文本分析,而是仔细阅读录音机及其音圈的文字"布线",以及这种奇妙机制的其他技术成分[10]。

媒介考古学以一种看似矛盾的方式,将注意力(感知、分析)转移到技术体制的非文化层面,从而扩展了对文化的研究。当麦克风在录制塞尔维亚史诗歌手的歌曲时,闪烁灯指示的是声音本身,是文化的物质性。线轴可能被隐喻性地理

---

① 音乐解释学是西方音乐发展到一定阶段的产物,相对于实证主义主要着眼于音乐事实的研究,音乐解释学主要是关于意义的研究。——译者注
② 在实验语言学研究中,会用各种实验仪器来研究、分析语言,主要是分析语音。——译者注

解为一种"写作",但这种写作不再是在符号层面上操作[比如声母,符合恩斯特·卡西尔(Ernst Cassirer)把文化看作符号机制这一定义],而是在电子物理层面上运行。

在米尔曼·帕里英年早逝后的几年,瓦尔特·本雅明在 1936 年的散文《讲故事的人》(Der Erzähler)中写到,经验一旦脱离了史诗传统,就再也无法用叙事的方式交流了。事实上,现在的文化分析属于计算和信号处理,并不是可叙述的[11]。帕里和洛德用最新式的录音设备进行语文学研究,最终将声音转录成字母文字。但是,无论愿不愿意(承认),(在低于文化语义学的层面上)通过电磁记录的行为,(确实)可以从媒介考古学的角度,而非人类文化的角度(处理符号活动),对声学事件进行分析。录音装置本身已成为文化信号处理的媒介考古学家。只有这样的电子技术记录设备可以提供声谱图的基础。这些设备能够不带语言意义地"倾听"声学事件,所以这些都是同一时间测量的行为,而人耳总是将生理感官的数据与认知文化知识相匹配,从而过滤掉了这些倾听行为。尽管我们考虑到,任何测量装置都以自己所处时代的历史性指标为特征,但这个测量装置使人类感官暂且可以不受主观性和文化方面的限制。符号表达文化之下的这一物理层面,只能被媒介自身记录。

帕里和洛德的研究盲点是与之相关的技术:

> 有些歌曲被放在铝线上,另一些则被放在金属光盘上。在哈佛大学米尔曼·帕里的收藏中,阿尔伯特·洛德向我展示了……这条电线的几卷,无助地在抽屉里缠作一团——这个纠缠的文本保留了哪些曾经丢失的歌曲呢?铝线……不是口头歌曲,而是一种文本……帕里的铝盘和铝线就像一张涂有字母元素的莎草纸一样,为铭刻于其中的代码提供了一种物质基础——后者显然容易腐化。无论哪种情况,文本都依赖于技术革新:刻在羊皮纸或莎草纸上的……希腊字母以及电磁化……如果没有技术来解码其符号,所有的文本都将毫无用处:希腊字母书写规则就是磁带播放器。[12]

在这一例子中,媒介考古学可以让我们更为敏锐地认识到,两种看似相同的记录方式之间存在根本区别。虽然希腊口头字母表可能是为了录制诗歌(文化的符号操作)这个特定目的而建立的,与象征符号的文化工程实践(字母书写)相反,电磁场中的录音建立了一个自己的技术微观世界——媒介的表现与物理本身"类似"。具有讽刺意味的是,数字代码回到了希腊早期书写的最初形式,它本是出于*计算*目的而被发明的[13]。现在,甚至连诗歌都可以在数字信号处理的水平上进行计算,其声音复制的精度[根据奈奎斯特/香农抽样定理(Nyquist/

Shannon sampling theorem）来计算］和自然本身一样（几乎可以"仿真"计算机）。傅里叶分析可以凭借数字将一个时间函数或信号序列转化为光谱图。快速傅里叶变换是指将记录的声音事件转译成数学机制时，由计算机自己执行的"分析"操作，它使得文化只能依靠计算的方式来分析。在那一刻，机器是更好的文化考古学家，比任何人员都好。与此同时，分析结果可以译成可视图表，在电脑屏幕上呈现而被人类感知。只有借助这些媒介技术工具，我们才能解释这些事件的微观时间层次。这种分析无法解释这些微观事件的文化语义内涵，因为这样的语音分析是不具体的，它对"意义"漠不关心，用同样的技术处理随机噪音，以及高语境文化中吟游诗人的朗诵。考虑到这些选择和限制，媒介考古学在不牺牲文化本身的特殊奇迹和美感的前提下，拓展了文化的非文化视野。

让我们把荷马《奥德赛》中的一个声名狼藉的母题颠倒过来：尤利西斯必须被绑起来，以抵抗塞壬的诱惑之声[1]。韦伯斯特钢丝录音机（1948年的80型）作为磁性写入设备（écriture magnétique，法国命名此类装置的方式），就是一种反尤利西斯的装置，因为它可以抵制将优美的声音与其他种类的音响效果混淆的诱惑，从而在不受情感价值影响的情况下，对各种声音一视同仁。对于信号（而非文化语义的符号）而言，这台机器有一种很冷酷的考古学价值，它可以记录各种电磁振动，因而它比任何字母表都更接近真实界。磁线或磁带在记录信号的时候——无论是声音、图像[2]（Ampex录像机）还是数据（IBM计算机）的信号——并不区分到底是人、物件，还是机器发送了这些讯息。

从同样的角度看，从媒介考古层面看待"收音机出现之前"的收音机发展史，就不仅仅是大众媒介技术的史前史，而是其存在的替代模式，在这一模式下，电声领域的范围并不局限于广播[14]。媒介考古学是结构层面的而不是历史层面的，这使我们（在这种情况下）能够从电磁场而不是文化语义的角度来思考收音机。

今天，声学世界中的连续数据流被转化成离散的、量化的数据。这是一个数字量化的过程，在这个过程中，"连续"成了用离散枚举法进行粗略估计的副效应。在离散数据面前，"流"是一种隐喻性的伪装。但是，随着加速数据处理的速度达到一定水平，我们的视听感官已无法捕捉到它，离散操作已能代表连续的操

---

[1] 荷马史诗《奥德赛》里有"尤利西斯自缚"的故事。在经过艾艾埃岛的时候，尤利西斯为了抵挡海妖塞壬的歌声诱惑，避免触礁身亡的命运，让同伴把自己绑在桅杆上，并且用蜡封住耳朵。——译者注
[2] 1956年，美国安派克斯公司（Ampex）制成四磁头广播用磁带录像机，标志着一种新型视频产品的问世。——译者注

作，从而接近物理信号实际本身。

马歇尔·麦克卢汉强调，科学研究的"考古学"分析一直以来都是离散字母时代的副产品。事实上，分析过程就是将文本分解成单个元素（"elementa"，甚至是"stoicheia"，后者是单个字母和自然界中原子单位的希腊语表达）。这是一个考古的而非历史的关键时刻，因为它没有立即在文化方面得到反映——离散字母表的发明（相对于表意的书写系统，如埃及象形文字）将人类语言分解成最小的元素，而这些元素本身没有意义，不论是"房子"（beth）还是"B"（beta）。在这个时候，机器将分析过程接管过来，因为语义的指称会阻碍有效的数据处理，只有机器能够在没有语义指称的前提下进行符号运算。

认识论的根本差异产生于符号编码（字母表）与语音记录之间。语音记录可以记下一些伴随噪音（即指标），这些噪音是录音（在物理上）真实的内外部分，即语调、音色、声音的"纹理"——这些是罗兰·巴特为了表示崇敬，对早期留声机重新录制下来的卡鲁索①（Caruso）的声音的定义。但"不管是帕里，还是洛德，都没有……对那些使荷马的文本有可能保留下来的技术的特征或历史产生兴趣，就像帕里对录音机器的历史漠不关心"[15]。（毫无疑问）对记录的媒介考古学是必需的，不论（显然）是用于书写的文化技术（字母），还是它的技术替代品（留声机、电磁录音）。虽然，腓尼基字母被修改为熟悉的音标字母是出于显在的诗意目的，但留声机记录的发展却源于生理上对声音性质的探索[16]。电磁场的发现建立在实验的偶然性、电感效应的数学推理以及理论研究的兴趣（如奥斯忒、法拉第和麦克斯韦）之上。它被应用于电线或电磁记录设备，只不过是不同自我指涉机制的副产品。

阿尔伯特·洛德的大部分线轴都被迁移到磁带上了。人们收录的20世纪50年代初的金属丝录音设备已不再运转。在软件与硬件之间的这种迁移中，文化记忆有随时被中断的风险[17]。在哈佛大学米尔曼·帕里收集的口头文学作品的网站上，可以听到这些借助模拟录音法转换到数字领域的声音文物。令媒介考古学特别感兴趣的是，这些数据是如何被数字化的。这种数据迁移是一种新形式的"传统"，这种"传统"源自电子媒介真正内在的选择，使得重建媒介考古场景的新形式成为可能。媒介考古学最突出的意义在于磁性记录媒介（如化学磁带、钢丝、蜡筒）的层面。不论是从实用还是从理论的角度看，这些录音媒介都揭示了一个全新的认识论，即在电磁场中获取知识，不仅能够产生像收音机和电视这样的广播媒介，也产生了量子物理学（媒介传播理论迄今为止面临的最大挑

---

① 恩里克·卡鲁索，意大利男高音歌唱家。——译者注

战)。这种物质主义的媒介考古学被信息时代的逻辑掩盖,当时这些磁带仍在记录物理信号,但是信号已被编码为信息(比特)——这是最严格意义上的技术和技术学。

电话电视:留声文物的数字修复

自爱迪生的留声机问世以来,媒介真实记录人类声音的神秘感使文化体会到了一种时间上的镜像效应,消除了在场与缺席、现在与过去之间原有的界限。几十年来,捐赠给声音档案馆(自 1900 年在维也纳和柏林几乎同时建立)的蜡筒上的早期录音被认为是不可触碰的,因为这些录音可能会被不恰当的技术复制损坏。非常奇怪的是,今天我们可以通过声音的光电媒介考古学方法(这种方法现已进入网络空间),用和录制时几乎一模一样的音质来听这些录音。这些声音是讯息还是噪音呢?媒介考古学以数字光学的方式阅读刻录的痕迹,使一些原本无法分析的录音再次响起——这让人突然想起早期电影中基于光的声音刻录。媒介根据自己的非历史性规律触发媒介记忆。综合而言,通过应用同样虚拟的可视化工具,我们可以 *看到* 声音记忆的光谱图像,对文化档案进行直观的分析。然而,对声音的光学数字化 *细读* 和对图像的分析一样,可以将任何有意义的单位分解成离散的信号块。这里需要的不是音乐解释学,而是媒介考古学的凝视。

在录音档案中,冻结的声音被封锁在早已被遗忘的模拟存储媒介中,等待它们的(数字)解冻、它们的"救赎"。此时,这些数据的数字再处理,就类似于人类在大脑神经网络内部处理感觉信号的过程。当人们用光学分析法在电镀的爱迪生蜡筒中恢复声音信号时,内窥镜记录装置用图形化方式"阅读"声音的痕迹,通过算法,将可视化数据转译成可听的声音。数字存储器略去了声音与视觉数据之间的美学差异,并使一个界面(通向人的耳朵和眼睛)模仿另一个界面。对于计算机来说,声音、图像和文本之间的区别即使存在,也只能将它视作数据 *格式* 之间的差别[18]。

约翰·洛奇·贝尔德(John Logie Baird)发明的首个实验性质的电视被称作 *电话电视*(Phonovision)。它的录像最早可追溯至 1927 年 9 月,录像里面没有人类,而是出现了一个名叫"Stookie Bill"的木偶(因为极热的光源会灼伤人的皮肤)。随后的早期电视录像,比如时长 32 秒的 *Looking in*(1933 年 4 月),是 BBC 测试节目的第一个滑稽剧,几乎难以将人体从杂乱的视觉噪音信号中识别出来[19]。"从我们电视技术发展的曙光开始,那些在机械扫描电视时代制作的原始录像,终于创造了可以重新存储的奇迹!直到计算机时代到来,我们才能研究这些图像"[20]——这就是通过一种特殊媒介(计算机)所实践的媒介考古学。媒介考古的一条捷径产生了:"现在这些图像以接近它们原貌的形式被观看,和最新技术可以带给我们的品质难分伯仲。"

媒介考古学的 感性[aisthesis,即实时的信号感知,与哲学和文化话语中的美学(aesthetics)相对]在直接参照和接触对象(及物)时产生,就像技术媒介的运作不是在"深度"解释学空间中而是在"浅显"层次一样,它们都是物质性的(例如,由机电拾音器破译音乐记录盘的凹槽)和极具逻辑性的(例如,编程,它遵循语法而不是语义的操作模式)。技术掌握了"先于文字"(avant la lettre)的东西。1962 年,在介绍电视装置技术的时候,海因茨·里希特(Heinz Richter)创造了"实时电视"(immediate television)这个术语,用来定义基于阴极射线的视觉信息运用(不需对信息进行编辑),这一技术以"电子映射器"(Elektronen-kartograph)的名字在二战期间发展起来[21]。实时电视将人类的感知与技术媒介的信号流立即汇合在一起,而不管有没有将它们转入认知的图像学体系。

当媒介本身成为活跃的数据考古学家时,机械之眼的冷酷凝视是控制论反馈系统中的一个要素。正如吉加·维尔托夫(Dziga Vertov)的电影《持摄影机的人》(*The Man with the Movie Camera*)一样,其重点在于摄影机的眼睛(camera-eye 或 KinoGlaz)本身。而作为另一种形式的"视觉"智能,雷达图像能够非常精确地以电子的方式诠释希腊的 理论(theoria)概念。C3I 技术[即指挥(command)、控制(control)、通信(communications)和情报(intelligence)]证实了尼采悲观的距离概念[字面意义上的"远-视"(tele-visual),"抽离的激情"(Pathos der Distanz)],就如保罗·维利里奥在分析战争与电影的结合时所发现的那样。媒介考古学更像是光学扫描仪而非人类学者的凝视。作为对马歇尔·麦克卢汉观点的超越,当代文化中的媒介已不仅仅是"人的延伸"。

西格弗里德·齐林斯基提出,要在以计算机为中心的媒介系统这一"北极的冰冻",与"丰富想象力的热度"之间取得平衡[22]。(重新)寻找远洋邮轮 泰坦尼克号(Titanic)的残骸一直是真正的水下考古行动,同时又带有历史的想象。虽然摄像机以考古学的目光凝视这些残骸(即纯粹根据遥感数据找出证据),但是人的眼睛面对过去的刺激性物质(这些物质显然应该消失不见),会立即用魔法找到证据。电影导演詹姆斯·卡梅隆(James Cameron)回忆道:"如同幽灵的幻影一般,船头从黑暗中隐现……就像在八十四年前登陆一样。"[23] 最初,卡梅隆觉得自己就像一个体验月球的宇航员,面对一系列任务计划表——这是真正的考古学凝视。但是在一定程度上,他放弃了这个观点:"这个景象允许我心中的情感部分与船舶建立关系,这让一切都变得不一样了。"[24]

解释学上的同理心在这里与纯粹的数据导航相冲突:*知识考古学*和历史想象力之间存在天壤之别,后者力求用一种复活行为使其重现生机,来取代直接的证据。但是,水下考古学中的声呐只是在修辞学上符合情感的*共振*,不能把数据流(即使是实时计算的)与实时交流混淆起来。

有时,人们读图、耳听时的象征主义冲动会阻碍知识和洞见。为了发挥测量仪器的作用,在某一时刻暂停人类的感知,便可以洞察文化符号根本无法察觉的内容,这是媒介考古学凝视中的祈愿。电子隧道显微镜实际上并没有传输物质原子表面的图像,而是通过对数据进行统计分析将其表示为图像来加以分析。与此类似,媒介考古学将声音作为数据结构来倾听(一旦声音的振动变得可以计算)。

立即观看,立即聆听

让我们来研究一下文化声域(cultural sonosphere)这一概念。如果对麦克卢汉作出自由的解读,那么用媒介考古学的方式倾听,就是关注声学设备的电子信息,而不是关注其音乐内容中的文化含义。媒介考古学的耳朵以极端的方式聆听收音机——倾听传输系统本身的噪音。

显著改变采样率所得到的听觉差异[①],指的是记录装置(古老的蜡筒)的噪音,而不是被记录下来的声音。在这里,媒介在表达和指涉两个层面上发出了声音。我们听到了什么呢——是讯息(以前录制的歌曲)还是噪音(蜡筒的划痕和凹槽)?

在媒介考古学意义上,这种记录方式主要记录了蜡筒本身的噪音——这是一种不同的"档案",它不是文化史的,而是文化技术的,是一种关于事实的不同信息。媒介考古学同时打开了我们倾听噪音的耳朵,而不是将它过滤掉[②](与"鸡尾酒会效应"的解释性心理声学相反)。

技术媒介已经发展出一种与人类记忆不同的、真正的媒介记忆。实验很简单:想象一台早期的留声机在录音,毫无疑问,我们会产生听觉上的幻觉,好像

---

① 音频采样率是指录音设备在一秒钟内对声音信号的采样次数。采样频率越高,声音的还原就越真实、越自然。——译者注
② 鸡尾酒会效应是指人的一种听力选择能力,即注意力集中在某一个人的谈话之中而忽略背景中的其他对话或噪音。——译者注

听到了录音设备的摩擦声和噪音。真正的媒介考古学就从这里开始。

媒介考古学实践,就是要时刻意识到,当我们的感官转向人类过去的声音和图像时(这些声音和图像转播自媒介记录装置)——我们并不是在与逝者对话。相反,我们所做的是把过去作为一种延迟存在的形式,保留在技术记忆之中。记录媒介在一个不同于历史时间的时间机制下运作〔历史时间是以人类为中心的,由詹巴迪斯塔·维柯(Giambattista Vico)在他的《新科学》(Scienza Nuova)中提出〕。噪音和蜡筒的划痕是媒介的纯粹信息,人的声音实际上被纳入二者之间。但是,一直通过模拟记录技术得以保存的讯息,逐渐依靠数字重新编码(CDs)实现量化,而非仅仅通过某种模拟记录来进行。这在认识论上是全新的,而且是如此戏剧性的一面。

通过机器,媒介考古学渴望从个人主观性(以及对讲故事的渴望)中解放出来的愿望得以实现。这一渴望是福柯式的(Foucauldean):在他的《知识考古学》中,福柯决心"定义一种超脱于人类学主题的历史分析方法……一种无任何文本主义的分析方法"[25]。同样,媒介考古学感兴趣的是程序和事件,它们不是"历史的"(也就是可叙述的),而是由机器领域中的"自动转换"(autochthonic transformations,福柯语)及其符号组成。词与物,就像逻辑与硬件一样,产生在机器(计算机)内部。因此,媒介考古学的凝视内在于机器之中。人类自此创造了具有逻辑的机器,创造了其文化体制的非连续性。

"计数"(而非叙事)

就像模拟的过去与数字化当下之间的反馈回路观念所提示的那样,如果我们使用麦克卢汉在《理解媒介》一书中使用的著名区分方法,那么控制论这一认识论则需要"冷"的阅读技术,而不是"热"的历史(或史学)想象。

实际上,"数字回溯"的戏剧性过程是:先将档案中的模拟源材料数字化,然后将其转变为技术数字化的存在物,从而将模拟世界转化为数字模型[26]。数据处理操作(同步化)的微观时间取代了传统"历史"档案的宏观时间(受历史话语的语义支配),即文字"量化"的过程。"我们不仅与过去产生了联系,还与现在密切相关,这一切因此而变成真正'档案的'了。"

媒介作为交流的物理渠道和技术的人工产物,是基于符号代码和流媒体数据进行数学运算的。有必要对其进行与对文化文本、艺术历史图像、古典音乐或艺术品不同的分析。考古学的凝视(即"理论",在古代是洞察力的体现)是如此看待媒介对象的:计数的而非叙事的、描述的而非话语的、关注基础结构问题而非社会学问题、考察数字而不仅仅是字母和图像。媒介"考古学"在文化沉淀中发现了一种地层或模型,它不纯然是人类的或技术的,而是介乎二者之间(拉丁语 medium,希腊语 metaxy)的:它可以通过机器进行符号操作,也可以将人变成机器进行符号操作。

亨利·柏格森坚持认为,与计时摄影记录的短时过程相反,人类感知到的时间是持续性的(知觉)。叙事[见戈特霍尔德·埃夫莱姆·莱辛(Gotthold Ephraim Lessing)从 1766 年开始在《拉奥孔》(*Laocoon*)中的论证]一度成为时间的艺术(基于时间的艺术和文学),而现在,时间正被技术化地组织起来[27]。媒介考古学面对的是文化的叙事记忆危机。数字叙事在媒介考古学层面(不是界面)与离散数学有关。在中世纪的德语中,计数和叙事的词源相同。从媒介考古学的角度来看,计算机文化要面对的并不是"叙事的记忆",而是计算的记忆——计数而不是叙事,这是考古模式与历史模式的*区别*。

媒介、数学、考古学

在西方文化中,叙事迄今一直是历史化处理存档数据的主要模式,在所谓的多媒体的表面上,它依然以故事的形式继续存在(即使在电脑游戏中也是这样,不过是以分散的形式存在)。相反,媒介考古学并不在多媒体的现象学的逻辑层面上展开,而是将所有所谓的多媒体视为彻底数字化的媒介,因为数据逐渐破坏视觉、听觉、文本和图形分离的通道,这些通道在表面(界面)上将数据转换为人类感觉。人机界面(如计算机监视器)使无形的通信处理变得清晰可见。媒介考古学就如其概念所示,遵循福柯的知识考古学,不是在公共话语中发现媒介的隐喻性用途,而是重建由媒介"装置"(dispositifs)创造出来的生成模型。

阿塔纳斯·珂雪为他会自动作曲的机器(正如我们在齐林斯基的《媒体的深层时间》中学习到的)创造了术语"arca",这个术语在中世纪拉丁语中同样意味着"档案"。这并非巧合。在福柯的视野中,这一术语是"先于文字"的,因为它指的是产生音乐印象的生成规则和物理机制[比如当前的软件程序超级对撞机(Super Collider),它可以用来创作基于算法的音频作品]。作为今天的文化驱动力,计算机编程是非叙事的,它书写的算法形式——可供选择的最小形式、串行书写(而不是记录)——接近计算本身的范式。

让我们考虑一下用数学方法来做福柯式的"考古学"研究。这种方法不仅能处理视听或文本信息,也能处理数据,就像在希腊字母表口语化的最初源头,单个字母元素也被用于计数那样。我们不得不承认,人文学科的学术话语主要还是基于知识的叙事传递。计算机找回了另一种交流方式：这是莱布尼茨（Leibniz）运用符号语言（"通用表意文字"），通过数学公式进行交流的梦想。

弗里德里希·尼采曾经对数学与自然的密切关系有过深思[28]。事实上，数字已经建立了自己的文化[29]。量子物理学通过数学计算自然，而自然则几乎被媒介技术的测量方法和计算设备诱惑，显示出其数学本质[30]。然而，毕达哥拉斯（Pythagoras）曾认为，数字是内在于自然的［就像莱布尼茨 *计算之神*①（deus calculans）这个概念一样］，实际上，计算机对世界进行的数字化分析更接近物理波事件（声音、光、热、电磁场）的傅里叶分析，而不是任何形而上的 *宇宙*。

媒介"理论"（theory）认识到，在西方文化中，认识论中的洞察力（"theorein"②的视觉隐喻）和光学机制之间的联系，正被数字崇拜（即数学计算）取代[31]。在 1900 年左右，数学上的直觉危机发生了。戴维·希尔伯特（David Hilbert）提出的数学问题③推动了数学符号的无指涉使用，从而使操作简单化和工程化（如 1936 年的图灵机）。

自此技术从工具发展成机器，这些技术便不仅包括文本和图像，还包括数字[32]。因此，媒介考古学与数学密切相关。正如马丁·库什（Martin Kusch）对福柯在《知识考古学》中使用的术语"*系列*"（series）的评价，使这些段落变得可被理解的自然方式，"显然借鉴了数学上的函数概念"[33]。

与数学如此接近的媒介考古美学与乔治·戴维·伯克霍夫（George David Birkhoff）的观念一致。1928 年，他在博洛尼亚的一个数学家大会上发表了一篇演讲，从数学而非哲学的角度提出了对美感的理解（所谓的"Gestaltmass"，即有序与复杂的比值）[34]。演讲中，伯克霍夫预见了克劳德·香农（Claude Shannon）的"通信的数学理论"、马克斯·本泽（Max Bense）这样的哲学家以及将控制论和美学结合在一起的艺术家们[35]。人类文化不会因为非人类的挑战而失败，恰恰相反，它最终赢得了胜利。让我们使用媒介考古学的方法，暂时停止我们以人类自我为中心的阐释。同时承认，这种技术的苦行只是我们接近所热爱的文化的另一种方法。媒介考古学揭示媒介的技术性，不是将文化降低到技术层面，而是揭示了文化本身的技术认识论动力。"逆时表音"（Reverse phonography）是

---

① 莱布尼茨试图用计算解决世界的一切问题——医学、物理、音乐、逻辑、宇宙、绘画、哲学、信仰等。一切数都可以用"0"和"1"创造出来，在莱布尼茨看来，这正象征了基督教《圣经》所说的，上帝从"无"创造"有"。——译者注
② 在古希腊语中，"theorein"意为"观看"，其阴性名词形式是"theory"（理论）。——译者注
③ 在 1900 年巴黎国际数学家代表大会上，希尔伯特发表了题为《数学问题》的著名讲演。他根据 19 世纪数学研究的成果和发展趋势，提出了 23 个最重要的数学问题，统称希尔伯特问题。——译者注

声学媒介考古学的一个例子,正如格雷戈里·本福德(Gregory Benford)的科幻小说《时间碎片》(*Time Shards*)中所描述的片段那样[36]。在这个片段中,华盛顿特区史密森学会的一位科学家试图通过解读古代陶器上的凹槽,来恢复史前1000年的声音。这本小说的内容逐渐在实验中变为现实。随着技术的发展,在最基本的原子层面对材料表面进行微观研究已变成可能[37]。媒介考古学分析将会收到人类声音的甜美回馈。

注释

1. See Walter Benjamin, "Excavation and Memory," in *Selected Writings*, vol. 2, 1927 – 1934 (Cambridge, MA: Harvard University Press, 1999), 576. Benjamin compares "authentic memory" with "a good archaeological report."

2. An exemplary study is Claus Pias, *Computer Spiel Welten* (Vienna: Sonderzahl, 2002).

3. Martin Heidegger, *Überlieferte Sprache und technische Sprache* [lecture, 1962] (St. Gallen: Erker, 1989), 19.

4. Quoted in Erkki Huhtamo, "From Kaleidoscomaniac to Cybernerd: Notes toward an Archeology of the Media," *Leonardo* 30, no. 3(1997): 221.

5. See Charles Süsskind, "Hertz and the Technological Significance of Electromagnetic Waves," in *Philosophers and Machines*, ed. Otto Mayr (New York: Science History Publications, 1976), 193.

6. Martin Heidegger, *Sein und Zeit* (Tübingen: Max Niemeyer, 1986), 380. "Inwiefern ist dieses Zeug geschichtlich, wo es doch *noch nicht* vergangen ist?... Was ist 'vergangen'?... Die *Welt* ist nicht mehr. Das vormals *Innerweltliche* jener Welt aber ist noch vorhanden.... Welt *ist* nur in der Weise des *existierenden* Daseins, das als In-der-Welt-sein *faktisch* ist."

7. See, e. g., the spectrogram of a reconstructed recording of Wedda chants in Ceylon in 1907 on the SpuBiTo Web page, www.gfai.de/projekte/spubito/index.htm (accessed December 11, 2008).

8. See Karl Sierek, "Die weiße Leinwand," in *Aus der Bildhaft: Filmanalyse als Kinoästhetik* (Vienna: Sonderzahl, 1993), 122. The passage refers to Umberto Eco's *Semiotik*.

9. See the reports contained in a file on early experimental use of the "Magnetophon" in the AEG-Telefunken-Archives, located at the Berlin Museum of Technology. Electronic recording of sound practically starts with Valdemar Poulsen's wire recorder, the Telegraphon (1898).

10. See Webster-Chicago Corporation, "A Photofact Standard Notation Schematic of Webster Wire Recorder Model 80 – 1," 1948, www.webster-chicago.com/80sch.jpg (accessed February 19, 2009).

11. Walter Benjamin, "Der Erzähler," in *Gesammelte Schriften*, vol. 2. 2 (Frankfurt: Suhrkamp, 1972), 439ff.

12. Barry Powell, *Writing and the Origins of Greek Literature* (Cambridge: Cambridge University Press, 2002), 6.

13. Deniae Schmandt-Besserat, *Before Writing*, vol. 1, *From Counting to Cuneiform* (Austin: University of Texas Press, 1992).

14. See Wolfgang Hagen, *Das Radio: Zur Geschichte und Theorie des Hörfunks* (Munich: Fink, 2005), 1 – 111.

15. Powell, *Writing and the Origins*, 7ff.

16. See Wolfgang Ernst and Friedrich Kittler, eds., *Die Geburt des Vokalalphabets aus dem Geist der Poesie: Schrift, Ton und Zahl im Medienverbund* (Munich: Fink, 2006).

17. See Wolfgang Ernst, "Dis/continuities: Does the Archive Become Metaphorical in Multimedia Space?" in *New Media, Old Media: A History and Theory Reader*, ed. Wendy Hui Kyong Chun and Thomas Keenan (New York: Routledge, 2006),105–23.

18. See Artur Simon, ed., *Das Berliner Phonogramm-Archiv, 1900–2000: Sammlungen der traditionellen Musik der Welt* (Berlin: VWB, 2000),209–15.

19. To see one of these early recordings, go to Thomas Weynants's site "Early Visual Media," 2003, http://users.telenet.be/thomasweynants/television.html.

20. Don McLean, "The World's Earliest Television Recordings," May 2007, www.tvdawn.com.

21. Heinz Richter, *Fernsehen für Alle: Eine leichtverständliche Einführung in die Fernseh-Sende- und Empfangstechnik* (Stuttgart: Franckh, 1962),222.

22. Siegfried Zielinski, "Supervision und Subversion: Für eine Anarchäologie des technischen Visionierens," in *Konturen des Unentschiedenen: Intervevntionen*, ed. Jörg Huber and Martin Heller (Basel: Stroemfeld, 1997),186.

23. James Cameron, foreword to *James Cameron's Titanic*, by Joel Avirom and Jason Snyder (New York: Harper Perennial), xii.

24. Ibid.

25. Michel Foucault, *Archaeology of Knowledge* (New York: Pantheon, 1999),16.

26. The term *digital retro-action* is taken from the title of a conference organized by William Warner at the University of California, Santa Barbara: Digital Retroaction: A Research Symposium, September 17–19,2004.

27. Paul Virilio, "Technik und Fragmentierung," in *Aisthesis: Wahrnehmung heute*, ed. Karlheinz Barck et al. (Leipzig: Reclam, 1990),71. See Dieter Thomä, "Zeit, Erzählung, Neue Medien," in *Zeit—Medien—Wahrnehmung*, ed. Mike Sandbothe and Walther Ch. Zimmerli (Darmstadt: Wiss. Buchges., 1994),89–110.

28. "Alles Wunderbare.... das wir gerade an den Naturgesetzen anstaunen,... liegt gerade und ganz allein nur in der mathematischen Strenge und Unverbrüchlichkeit der Zeit-und Raum-Vorstellungen." Friedrich Nietzsche, "Ueber Wahrheit und Lüge im aussermoralischen Sinne" [1873], in *Friedrich Nietzsche, Kritische Studienausgabe*, vol. 1, ed. Giorgio Colli and Mazzino Montinari (Munich: Deutscher Taschenbuch, 1988),885f.

29. Martin Stingelin, "Das Netzwerk von Gilles Deleuze oder Der nichtlineare Begriff des Begriffs," *Kunstforum International* 155(2001): 166.

30. "Die Natur wird daraufin gestellt, sich in einer berechenbaren Gegenständlichkeit zu zeigen (Kant)." Heidegger, *Überlieferte Sprache*, 17.

31. The Greek notion derives from the linguistic root $w(e)id$ = to see, to know—as in "video"—a derivation contested by Edwin D. Floyd, "The Sources of Greek $(H)Istor$—'Judge, Witness,'" *Glotta* 68(1990): 157–66.

32. On the shift from tool to machine technology, see Bernhard Dotzler, *Papiermaschinen: Versuch über Communication und Control in Literatur und Technik* (Berlin: Akademie, 1996).

33. Martin Kusch, "Discursive Formations and Possible Worlds: A Reconstruction of Foucault's Archeology," *Science Studies* 1(1989): 17.

34. George David Birkhoff, "Quelques éléments mathématiques de l'art," reprinted in *George David Birkhoff: The Collected Mathematical Papers* (1950; repr., New York: Dover Publications, 1968),3: 288–306.

35. "When Cybernetics Meets Aesthetics" was the title of a conference organized by the Ludwig Boltzmann-Institute for Media. Art. Research at Linz (Austria), August 31,2006, on the occasion of the

Ars Electronica festival of media arts.

36. Gregory Benford, "Time Shards," in *Universe 9*, ed. Terry Carr (New York: Fawcett Popular Library, 1979), 88–98.

37. Wolfgang M. Heckl, "Fossil Voices," in *Durability and Change: The Science, Responsibility, and Cost of Sustaining Cultural Heritage*, ed. W. E. Krumbein et al. (New York: John Wiley, 1994), 292–98.

图绘噪音：关于不规则性、拦截和干扰的技术与策略

尤西·帕里卡

在有关媒介考古学的理论中，技术媒介历史的焦点毫无疑问是噪音，而非意义。特别是那些深受弗里德里希·基特勒影响的德国物质主义媒介考古学家们，他们坚持认为，现代媒介文化的"奠基性事件"是20世纪中期噪音模型的提出。其提出者为克劳德·香农和瓦伦·韦弗（Warren Weaver）。噪音图型和降噪技术构想常常被作为参照物，不断用于解释数字和通讯时代信号传输和媒介的新奇之处。此外，噪音的主要作用在于表明，在任何文化交流中，人类解释学尚属次要，基于时间来调制技术信号才是首要的。技术媒介是一种后人类（posthuman）媒介——它处理的不是人类的感觉中枢，而是一系列完全不同的感觉中枢。斯温·斯皮克尔（Sven Spieker）等作家通过分析杜尚等超现实主义艺术家来分析现代主义，档案中的废弃物、偶发事件和被忽略者的抬头，已成为现代主义的主题之一。因此，现代主义实际上成为一种关于档案的知识模式，它"推广了档案的概念，即它不仅仅是收集事实，而是揭示了它们被发现的条件。在符合存档协议的范围内，档案周围的对象可见且可闻"[1]。噪音成了档案逻辑的索引。

当然，噪音已在早期的录音技术媒介中得到了体现。这一点不仅在基特勒偏向技术的研究框架中有所体现，也与斯皮克尔在19世纪末20世纪初时所强调的重点相一致。留声机不仅能体现人类语言的内在含义，还能有效地捕捉喃喃细语、身体的噪音以及交流的"附加物"，这些声音伴随着每次启齿而来。据基特勒说，早在约翰·凯奇强迫观众倾听他们身体发出的不安的嘈杂声（当他们"听"《4分33秒》①）之前，对身体痕迹的技术记录就已经有了意义和意图。事实

---

① 《4分33秒》是一段没有内容的短片，观众只能听到自己发出的声音。——译者注

上，正如《留声机、电影、打字机》的译者杰弗里·温斯罗普-扬（Geoffey Winthrop-Young）和米迦勒·乌茨（Michael Wutz）所解释的那样，这是基特勒宇宙观中物质主义本体论的一部分。技术媒介是真实界的媒介，记录噪音也体现了这种特性[2]。

最近，像沃尔夫冈·恩斯特这样的学者一直热衷于实现上述想法，肩负物质主义者之使命[3]。人类以前使用文化史这样特定的叙事方式来书写媒介史，但对于恩斯特来说，这种方式已发生了根本变化。叙事以及主观性的认识论背景并不比媒介技术形态强加给我们的一系列原材料更显重要。现在，一些非话语内容（the nondiscursive）为我们提供了全新的途径，让我们能够通过机器这一中介回溯过去。进一步，恩斯特写到，媒介-考古学的视角置于叙事、语义和话语废墟之上，关注的是意义之外的剩余物。这里的废墟、噪音演变为非话语剩余物的一种提示，其重心与基特勒通过留声机录音来观察身体噪音并无二致。

本章将进一步探讨噪音具有的这些特征的含义。媒介考古学的物质主义视角有效地提出了一种非符号化的媒介史研究，这种研究不仅绕过了人类传播的解释学，还绕过了许多文化研究中的文化表征方法。在这本合集中，恩斯特写的一章便是例子。该章分析的是远在人类介入之前，机器是如何记录时光的流逝，以及如何充当媒介考古学家的。正如恩斯特所解释的那样，对现实的记录有比人类符号交流更为重要的层面。这不仅是声音艺术家凯奇追踪到的身体不自觉发出的声响和噪音之层面，还是计算和翻译时与非人类速度之层面。

这种物质主义立场使媒介考古学家容易因本体论的非政治性受到文化研究学者的攻击。然而，更准确的表述是，我们研究的是表征政治之外的另一种政治模式。例如，自20世纪90年代以来，基特勒仔细研究了全球媒介、计算机文化，以及在技术特征与政治经济学的融合中日趋结构化的科层权力[4]。一些媒介考古学家甚至认为，英美文化研究的议题与所谓德国媒介理论的议题有暗合之处[5]。

本章不涉及声学、声学艺术和音景（soundscape）研究中噪音的重要概念。在这一方面，道格拉斯·卡恩（Douglas Kahn）、贾克·阿达利（Jacques Attali）、保罗·赫加蒂（Paul Hegarty）、艾米莉·汤普森（Emily Thompson）和乔纳森·斯特恩（Jonathan Sterne）的作品堪称典范[6]。结合保罗·迪马里尼斯在本书中的章节内容，本章主要解决的是在电信、网络和数字文化等语境中出现的噪音问题，相较于垃圾邮件和噪音等通信的"其他"问题，这个领域居然尚未被人探究。在本章中,我们不仅要突出技术信号传输中的噪音背景(根据香农和韦弗的理论),还要着重讨论"噪音"是如何被"拦截"和"干扰"等非技术行为图解(diagram)的。通过上述做法,实际上我们可以对德国物质主义理论的唯物-技术视野加以拓展,将技术媒介文化中的噪音图型吸纳进来。从这个角度看,媒介技术性是媒介文化中更为广泛的"抽象机器"的一部分。在其中,噪音执行各种功能:从对信号和软件的非表意(a-signifying)本质的本体论理解,到通信(以及通信中断)中对噪音的战略应用。这一认识与 20 世纪 80 年代以来,人们越来越关注所谓网络文化的反常现象有关,如垃圾邮件和恶意软件,它们常被看作理想通信中的"噪音",还有网络战和网络恐怖主义战争等[7]。网络越来越被定义为脆弱的亚稳定结构,而当人们描述互联网的未来时,则常常认为互联网的未来将依赖"噪音问题"以及过滤、管理和再定位"噪音"的各种技术和方法。

通 信 形 式

略作夸张地说,在 20 世纪中期左右,噪音已在技术通信中诞生了。至 20 世纪 40 年代,香农提出正式的技术通信模型,将发送者、接收者、信道以及噪音这些通信系统组件形式化。虽然香农是从纯科学工程的角度提出这一模型,但此模型图示了从被认为是混乱的真实界中解读符号化陈述的问题(如果用拉康的术语来描述该图)。符号传播是一项工程任务,它去掉不想要的,筛选出想要的东西。换句话说,如何区分"必要"和"随机"的问题,是亚里士多德区分本质和偶然的工程学版本。香农在他的技术论文《通信的数学理论》中证明,通信系统在定义上是充满噪音的系统。对于香农来说,新的通信理论必须"特意将信道中噪音的影响"考虑在内[8]。

香农著名的通用通信系统图型颇具说服力。即使噪音被视作来自外界且侵扰了通信行为的中介力量,它仍然作为通信系统的必要组成部分,被绘制在同一图表中。因此,噪音在图型的框架内被赋予了一个位置,而不再是通信行为之外纯粹的噪音。从这个意义上说,噪音在概念上是现代通信系统的一种形态——它的定义是非符号的;它处理的是信号,而不是符号。只有向无表征意义和不确定性统计(与信息相对)的方向迈进,才能实现通信的可测量性。换句话说,在这个特定的模型中,完全可预测的讯息根本不包含信息,而不确定性则等于信息的增加[9]。

在香农和韦弗之前,人们已讨论了噪音的技术问题。自 20 世纪 20 年代以来,孕育出香农伟大理论的贝尔实验室一直是电信研究的重要场所。在这里,通信领域的重心从心理学和语义学问题转到了数学和物理工程操作上。自那时起,情报和文化产品(从电报、电话、广播到电视和电影)的传输便成为信号传输这个物理学问题[10]。从早期有关电报的实验到20世纪初真空管的实验,对抗弱信号和噪音就是通信工程最重要的议题。在华特·H. 肖特基(Walter H. Schottky)的研究中,主题就是真空管中存在的散粒噪音和热噪音。他的论文《关于不同电导体的自发电流波动》(Über spontane Stromschwankungen in verschiedene elektrizitätsleitern, 1918)很快对研究议题产生了影响。在不同的阳光或天气等大气条件下寻找噪音成为电气工程的首要任务。贝尔实验室的科学家很快注意到:噪音无处不在[11]。

20世纪初期,通信逐渐被认为是一个系统事件。至20世纪20年代,贝尔公司团队的哈里·奈奎斯特(Harry Nyquist)和 R. V. L. 哈特利(R. V. L. Hartley)在各自的论文中提出了通信的通用理论雏形。之后,香农阐述了通信系统的原理,即接收到的信号-讯息是关于传输 和噪音的函数①: E = f(Sn, N)[12]。它被实际运用于系统的预测,这一点恰好与数学和物理领域的认识发展相符合。1900年,戴维·希尔伯特曾主张建立完整、一致且可判定的数学体系,但这一计算系统的合理性很快就遭到质疑。库尔特·哥德尔(Kurt Gödel)在1931年证明,从定义上来讲,每一个数学系统都是不完整的,它不可能依靠自身取得连贯一致。这一认识对计算和通信系统领域的影响远远超出了对数学的影响[13]。因此,若干年后,香农和韦弗的思想成为现代思想更广泛领域的一部分。在这个领域中,噪音和不完整性开始作为任一功能系统的必要成分被囊括其中。根据这一通信理论,噪音和实际想要发送的讯息在数学层面上是相似的,这意味着噪音也可以被概念化为可编程的了[14]。

二战后,反馈的控制论模型被设计用于排除来自系统过程的干扰异常,这推动了名副其实的噪音科学的最终确立。就像创造电子音乐的人知道白噪音和粉红噪音的区别一样,计算机的先驱也区分了几种不同的噪音模型。尽管当时人们仍然认为噪音是杂乱无章的,但噪音科学正在不断发现它的规律:"我们可以预见来自白热噪音、静态碰撞、点火噪音、选择性衰落②和干扰带来的麻烦,这些

---

① S是信号功率(瓦),N是噪音功率(瓦),E指的是信息熵,即排除了冗余后的平均信息量。——译者注
② 频率选择性衰落(Frequency selective fading),是指在不同频段上衰落特性不一样。当频率超过相干带宽时发生频率选择性衰落。——译者注

噪音既有可预测的，也有不可预测的。对于每种类型的信号和噪音，总有最适宜的滤波器或系统最优的特性。如果该传输电路足够重要，且所需的计算机足够简单的话，我们便可合理要求持续地监视讯息和干扰（或噪音），并且调整电路以提升讯息的清晰度。"[15]

信息科学家试图用冗余（理论）与随机模式对抗，正如瓦伦·韦弗在论文《最近对通信数学理论的贡献》中所提出的（此文是对香农公式的借鉴与评析）：冗余保证了讯息能够相对完整地被另一终端接收。不确定性被认为是通信的一个基本特征，它可以通过战略性重复来抵消：

> 由于英语（语言）大约有50%的冗余，所以只要人们在一个无噪音的信道上传输，那么就有可能通过恰当的编码来节约日常电报发送所需一半左右的时间。然而，当通道上有噪音时，不使用编码过程消除所有冗余是有实际好处的，因为多出来的部分冗余有助于消除噪音。举个例子，正是由于英语具有很高的冗余度，所以人们很少犹豫是否要纠正传输过程中出现的拼写错误。[16]

由此可以证明，技术媒介的问题不同于口头媒介，工程和编程并不适用于交谈场景。回想起来颇为有趣的是，旨在解决信号传输问题的冗余形式，实际上成了后来技术媒介噪音的一部分，且以编程冗余的形式出现，如大规模的垃圾邮件或病毒程序。冗余本身引发的一个问题，就是如何将正确的信息从来源可疑的多余讯息中辨别出来，而各种各样的过滤器和扫描仪都在试图解决这一问题。

技术噪音的逻辑最近已与递归重复软件的问题纠缠在一起。像 flooding 和 trashing（以前的垃圾邮件术语）这类软件技术的使用已使 BBS、MUD①、博客、聊天室以及电子邮件收件箱过载。它们不仅仅是噪音。实际上，它们还揭示了一种逻辑，即*过量多次发帖是软件代码的一个潜在功能*。因代码的自动执行而带来的诸多问题显然是数字网络文化的一个核心部分[17]，它们迫使企业大量投资于网络安全保护和员工培训，政府也日益重视网络安全并新出台针对网络攻击的防御举措。此外，这些问题与宽带通信的概念有着内在联系，因为宽带使系统能够处理大量讯息。尽管在老式的56-bps速率的调制解调器条件下，垃圾邮件很容易阻塞系统，但现代数字通道的技术特征允许讯息大量

---

① MUD 原指多使用者迷宫（Multi-User Dungeon），后又被称为多使用者空间（Multi-User Dimension）与多使用者领土（Multi-User Domain），我国台湾地区的使用者一般直接称呼它 MUD，通常将缩写直译为"网络泥巴"或"泥巴"。——译者注

传送。有趣的是,通过过滤程序和语义 Web 应用程序,将垃圾讯息与正确讯息区分开来,于是交流行为越来越多地只发生在这些程序之间:散播垃圾讯息的海量邮件系统以及接收、分析讯息且可能将其中一部分推送给用户的过滤程序。

从某种意义上说,香农的这一模型将信息和噪音都定义为可量化的指标,这个模型可以说定义了现代通信系统的特征。例如,人们很容易将基本层面上的互联网视为一个信号传输系统,这个系统的要点只是一个信号从 A 完整地到达 B(即使有了网络协议,这些数据包也会选择不同的路线,讯息不会完整地传输,只是在到达的终点汇聚)[18]。在这样的工程通信层面上,语义学是多余的。诺伯特·维纳强调,信息不仅是信号传输这一明确的事实,也是选项(从"噪音"中择出的选项)之间的选择,这表达了其控制论的另一个核心假设,即交流同样是一种政治问题。"噪音"只不过是系统中的临时安排,而不是其内在本质。一切都可能是噪音,噪音也可能是讯息。当然,控制论关于事物的观点是实用主义的:控制论反馈系统旨在实现内稳态,即最小能耗点[19]。在信息系统中,所监测的与其说是能量,不如说是理想的信噪比。

噪音的物理特性

20 世纪 40 年代噪音和冗余被图解这一事实,并不意味着在贝尔实验室的议题和通信噪音的工程解决方案出现之前,多余的信息和"敌意干扰"这类研究主题就不存在。如前所述,如果我们将香农和韦弗的努力视为实现可预见性的历史的一部分,那么,现代物理学的实现为把这种不可预见性当作一个本体论问题铺平了道路,并为此问题提供了可行的解决办法。然而,尽管信息系统和噪音到了 20 世纪 40 年代才被图解出来,但是,"在统计、物理和电信等领域,初步工作至少从 20 世纪 20 年代起就开始了"[20]。这也意味着,与通信失败问题、噪音与媒介体系动力学等议题相关的研究,比人们通常认为的要早得多。香农的思想仅仅可被理解为一种持续不断的努力——努力寻找一种最有效的方法,将数据的、定量的和物理的讯息从发送者传递到接收者那里,这也是自光电报出现以来,在编码中面临的总体性问题[21]。与此同时,高效编码的问题也在信息安全议题之列,即快速的信息传输代码应该是安全而难以破解的。在此方面,信号的效率和可靠性这些数学问题便与人们对安全性的关注结合在一起。

香农直接借鉴了热力学和熵的概念。在 19 世纪中叶，鲁道夫·克劳修斯（Rudolf Clausius）发现了热力学第二定律，主张普遍的熵和无序的逐渐增加。物理学家路德维希·玻尔兹曼将封闭系统的问题概念化为熵①的问题，这意味着任何系统都会随着时间的推移而消散，最后失去其结构。这对香农理论的重要发展十分重要。有趣的是，玻尔兹曼在早期对信息系统的概念化中就考虑到了这些系统的动态性：由于系统中存在大量的交互作用，因此不能预先对系统功能作出清晰、可推断的解释[22]。玻尔兹曼的研究是围绕热引擎展开的，但是，香农能够直接在他探索数字系统可靠性的过程中使用其中的诸多思想。约翰·庄士敦（John Johnston）解释说，此二者间存在着直接的联系，统计力学提供了测量信息、选择和不确定性的标准[23]。因此，几乎可以确定，在数字通信领域较早研究可靠性的设计者看来，信息系统是不稳定、不绝对和不确定的，通信行为依赖于整个系统的动态作用。

噪音（noise）与 晕船（nausea）在词源学上的关系带来了运动的不规则性这一概念，这个概念在 20 世纪初作为物理学的一个重要主题出现。在分子水平上的随机过程和布朗运动②表明，宇宙主要由噪音过程构成。但当物理学认识转化为工程学问题时，不规则性也就成了问题。为了制造稳定的通信和自动化系统，人们需要控制噪音。一个例子是，维纳在战时研究了如何控制和击落做布朗运动的敌方飞机，把噪音变成了一种近乎超自然的邪恶力量。通信工程成为统计力学的一个分支。而人们此时所面临的问题则变成了如何控制系统的熵值。换句话说，就是如何确保系统的混乱程度不会升得太高[24]。尽管其实际目的与香农的数学公式可能相似，但其方法却与之截然不同。在这些数学公式中，信息实际上就是噪音，而噪音可能是接收者获取新信息的来源。因此，它提供了一种超出发送者意图的意义。这些想法后来在二级控制论的提出以及海因茨·冯·福斯特（Heinz von Foerster）这类作家涌现的时代中发展起来。福斯特认为，实际上，新的秩序形式可以从噪音中诞生[25]。

控制论反馈（模型）不仅深刻影响了 20 世纪四五十年代以来的技术系统，而且影响了从社会科学到经济学和心理学的整个领域，成了噪音控制的模型。颇具讽刺意味的是，操舵③（kubernetes）的科学成了对抗 晕船（"nausea"是 噪音"noise"在希腊语中的词源）的主要原则之一。尽管有这一关键性成就，我们尚

---

① 在克劳修斯提出熵概念以后，玻尔兹曼又运用统计理论对熵的概念作出了概率性解释，并给出了平衡态熵的统计表达式。他认为，在封闭系统中，熵值会不断增加。——译者注
② 布朗运动即微小粒子表现出的无规则运动。——译者注
③ "Kubernetes"为"舵手"的希腊语，意为操控、控制，与控制论（cybernetic）有词源关系。——译者注

需明确一点,即通信和网络从来都不是毫无冲突的。无论我们是用物理学的语言交流(多余的噪音或是解释宇宙是如何不断膨胀的"三度黑体辐射"理论),还是用哲学的语言交流(如塞尔①对"寄生虫"的讨论),噪音始终在那里。在某种程度上,20世纪物理学(以及数字文化和摇滚乐)的本体论问题与噪音密切相关[26]。同样,控制论在试图解决噪音控制的问题时,便与作为混乱而存在的噪音产生了内在联系。维纳早期对布朗运动的兴趣,也表明了控制论如何被塑造成一种通过排斥来包容的"归档任务"。整个控制论科学均建立在这一认识之上,即宇宙是概率性的,只能保持相对稳定的状态。物理世界的一个基本特征是,根本不可能消除噪音的干扰[27],但总有办法来检查、图绘和限制噪音。

香农关心的主要是信号复制,而维纳则更关心控制论的内稳态。这两种方法的保守色彩均已在早期的梅西会议②上受到了批评。梅西会议在将控制论模型传播至社会领域方面扮演了关键角色。正如 N. 凯瑟琳·海勒(N. Katherine Hayles)所言,美国海军电子实验室的约翰·斯特劳德指出了信号与噪音的二元模型所引发的问题。在香农的模型中,动态平衡优先于变化。在理论意义上,通信的任务就是信息在时间和空间上的精确复制。然而,其他模型更倾向于将变化看作是积极的。例如,唐纳德·麦凯(Donald Mackay)就把信息视为讯息的变化[28]。

在哲学层面上看,信号传输不可能做到自我同一性,这一点和媒介事件中的传递、转达、中介思想联系在一起。从18世纪末开始,*传递情报*便是一个经常被使用的术语,但传递虚假情报的危险也持续存在。在物质书写与传递之间的这种德里达式扭转,就像"延异"③(Différance)这一术语所表达的那样,它暗示了无线电通讯的问题:如何才能确保接收到的讯息是发送时的讯息,以及如何确保没有人在通信的起点与终点之间"窃听"呢?例如,在1881年英国《布莱克伍德杂志》(*Blackwood's Magazine*)的一篇题为《电报怪胎》的文章中,有人表达了这样的担忧:"电报并不一直(或者不是对每一个人)都像热情的崇拜者所描绘的那样,是十足的恩赐和祝福……不管是电

---

① 米歇尔·塞尔(Michel Serres),法国著名哲学家,主要著作有《自然契约》《罗马,基础之书》《五种官能》《冷漠》《赫尔墨斯》《关于儒勒·凡尔纳的青春》《雾中的信号,左拉》《雕像》《寄生虫》等。——译者注
② 梅西会议是由来自不同学科的学者参加的一系列会议,于1941年开始在1960年结束。会议旨在促进跨学科的有意义交流,以恢复科学的统一性。——译者注
③ 延异意为"意义的差异和扩延",是德里达创造的法语术语,作为德里达解构主义的核心概念,是一种关注文本与意义之间关系的批判性观点。——译者注

报在传输过程中的时间长短，还是措辞的再现方式，都或多或少地存在不确定性。"[29]

保证传输信息的一致性是在光电报系统中通信的关键要求。然而与此同时，这样的保证也暗示了"不一致"通信的危险，即交流伙伴之间存在某些干扰。在许多情况下，这是由于使用光电报时某种气象条件或光照不足导致的。在发电报时，技术信道产生了它们自己的物理噪音，但是其他的非技术问题也同样重要。换言之，我们不仅需要考虑信息科学和物理学在20世纪提出的噪音的技术存档问题，还要考虑到，噪音（至少）从光电报产生以来就已作为一种干扰成了美学-政治学的问题。有意识的干扰以及噪音的产生，展现出现代技术媒介的关键策略。

作为拦截的噪音

在19世纪，电报和摄影术的发明以及"伴随而来的符号普遍去物质化的感觉"推动了密码学的繁荣发展[30]。各种编码系统运用的是标准化的短码形式，不仅用来提高传输效率，同时也使加密成为可能。当然，拦截和噪音已经成为信件传输系统和邮政系统兴起的一部分：从1782年开始，肖代洛·德·拉克洛（Choderlos de Laclos）的小说《危险的关系》（*Les liaisons dangereuses*）就很好地描述了人们早期对捕获电信讯息的兴趣——即便该内容为情书。几年以后，光电报通信引发了人们对拦截相关问题的焦虑。这是发生在1836年的一个著名案例，两位不诚实的银行家贿赂操作员伪造利率信息以从中获利。由于在每个节点处，使用的是解码和重新编码的标准程序，所以攻击信道的机会很多，尽管该标准程序是为减少传输的错误而设计的[31]。这个事件代表第一类案例，即在通信模式中故意引入错误（虚假信息）以获得经济利益。然而，一些信号系统的支持者坚信，只有在人为的破坏行为中，电报才更易于发出噪音。正如巴贝博士（Dr. Barbay）在1846年所说："不，电报并不是一项可靠的发明，它将永远受到轻微破坏的摆布，狂野的青年、醉汉、流浪汉等，……电报在区区几米电线中便遇到了那些破坏性因素，而这是不可能受到监管的。仅需一个人，便可以在不被看到的情况下，切断通往巴黎的电报线路，并且在24小时内切断同一条电线上10个不同的地方而不被逮捕。"[32] 在商业环境中，确保信息安全至关重要。正如卡尔·马克思在19世纪50年代所写的《大纲》（*Grundrisse*，即《政治经济学批判大纲》）中指出的，资本热衷于创造超越空间边界的模式，并寻找新的物质交换（通信和运输）方式，这些模式越来越多地以电报等新技术为基础[33]。至少从 19 世纪中叶开始，证券交易和商业通信就占据了欧洲和美国电报量的绝大部分。1882 年，法国发布的一份关于著名的美国黄金和股票电报公司的报告指出，保证传送给所有电报信息订阅者的信息之一致性，被视为早期商业电信领域的一个重要特征[34]。

拦截讯息这一敌意噪音的问题，不仅与商业有关，还与战争密切相关。自从 18 世纪 90 年代早期克劳德·沙普（Claude Chappe）的光电报开始运作以来，电报就被认为是军事行动和国家安全的关键因素。它没有被授权民用，这一点凸显了该通讯系统的重要性。密码书被严格把守，只有发送者和接收者知道密钥[35]。电报使人们对战场通信有了一种新的概观，负责指挥的将军被转移到士兵身后的指挥中心，他通过电报来协调人员转移和部署作战单位。这种新的通信领域需要采取保护措施，尤其是密码，它作为一种廉价而有效的解决方案，为通信提供了迫切需要的保密性，而非僵化的命名系统[36]。即使电报作为约束力量使军事通信变得更加有效，其受到拦截的概率却更高。一个指挥官只能坐下来"把他的无线电调整到敌人的波长"[37]。

19 世纪的电报特别重视寻求噪音较少的传输以及不间断的中介。特别是人们很早就将其设想为一种用于避免火车事故的安全媒介[38]。传输内容的安全问题同样被提出。正如戴维·卡恩（David Kahn）在他博大的密码学历史研究中所说，在莫尔斯于 1844 年发出第一份电报的次年，他的宣传代理人发表了关于如何在通信中确保加密的建议。几年之后，英国的《每季评论》（*Quarterly Review*）同样也强调了电报通信安全的重要性：

> （我们）还应采取各种手段来消除电报的一个重大缺陷，那就是人们在进行私人通信时感到私密性被侵犯——因为在任何情况下，本来是一个人写给另一人的知心话，都至少要被半打人把每个字都读上一遍。英国电报公司的职员发誓要保密，但我们写东西（用于拍电报）已是寻常，因此，"看到"陌生人在我们眼前阅读是无法忍受的。这是电报的一个严重缺陷，必须采取一些方法加以补救……无论如何，应该采用一些简单而安全的密码，它们不仅容易获取，还能轻松读取。实际上，通过这种方式，讯息才能对除收件人以外的任何人"封存"。[39]

作为通用媒介的光电报，已被设想为完全的启蒙运动模式，它不应助长事故或意外信号的产生。从光电报到电，再到马可尼对于无线电的初步设想，电报都被设想成一种点对点的传播,以防止外来者的侵扰。在20世纪初,无线电的出现使情况变得更加模棱两可,它似乎为窃听传输内容制造了新的可能。当无线电波在以太中传播时,点对点传输是很难保证安全的。事实上,任何拥有完善设备的人都可以收到这些信息。尽管各国政府和海军都热衷于保护其无线电域的安全,但业余无线电爱好者的涌现却引发了一个紧迫的问题,那就是如何使不速之客远离电波。即使无线电为广播的出现做好了准备,但马可尼等先驱预见了陌生人入侵的可能——对于无线电来说,这是一个关键问题[40]。泰坦尼克号事件(1912年)证明了这种"搭线窃听"的危险。这艘远洋班轮通过无线电发出了求救信号,但信号同时被业余无线电爱好者截获,他们后来被指控干扰了救援工作。事件发生后不久,政府开始要求无线电操作人员参加测试,以此解决"电波的混乱状态"。许可证设置的目的是阻止电波的浪费。正如《纽约时报》在1912年12月15日报道的那样,"所有这些限制因素将会使原来无数业余电台喋喋不休的气氛焕然一新"。

因此,蓄意制造噪音的策略并不拘于军事力量一隅,它也同样被受过教育(或者自我教育)的经营者所掌握。在这里,"爱捣鼓小发明的男孩-英雄"的形象可以被看作是"窃听"引起的早期道德恐慌的一个极佳案例。然而,根据苏珊·J.道格拉斯(Susan J. Douglas)的说法,这些早期的"黑客"不仅仅被视为是恶意的,他们也可被看作将媒介技术用于个人用途的积极典范。尽管通信系统的特点是机密性和无干扰信道,但业余操作人员能够窃听到商业、军事通信的隐蔽线路和秘密世界[41]。正如《纽约时报》在1907年的一篇文章所述,这种草根行动中的业余爱好者是出于个人目的而使用官方线路。文章描述一名年轻的业余发明爱好者沃尔特·J.维伦伯格(Walter J. Willenborg)的行为时说:"讯息四处传播,随后嗡嗡嗡地传到我们的接收设备上,只有采用密码的讯息才逃过我们的控制。"文章还进一步描述了维伦伯格是如何摧毁其他讯息的,这可以从他拦截并中断了来自大西洋高地的某条讯息这一行为中得以证实:"维伦伯格获得了如此高频率的波力或者说振荡频率,他在接收讯息时,可以将其射入接收器,制造出如此喧闹以至于可以立刻销毁讯息……屋顶上空开始有电波发射出来,它们激烈地挤来挤去,这个过程持续了大约30秒钟,然后我们又回到了接收器上。"[42]

在19世纪和20世纪初的早期数字网络中,往往是*人们*占据了"寄生虫"的位置,或是*传-输*(trans-mission)之间的入侵者。因此,J. C. R. 利克莱德在20世纪60年代的评论中指出,人们作为"嘈杂、窄频的设备"代表了随机性,但在更广泛的历史视角下,将其视作信息系统中的创新和不可预测元素才是恰当的[43]。

人们往往被认为是人机系统的功能和安全性保障,但他们似乎也是潜在的噪音源[44]。

这种担忧已经成为19世纪晚期通信话语的一部分。虚假情报的传播和情报捕获的威胁,以及人作为分散注意的因素都使人们卷入担忧之中。正如劳拉·奥蒂斯(Laura Otis)对物理、媒介技术以及19世纪的小说这三者的交流所作的说明,她认为寄生(即未征求目的合法性便使用电报网络)所带来的危险,同样是一个被反复提到的威胁。人们不断发表关于个人寄生公共网络的故事,这种人为的接入被认为是一种错误,它源于旨在实现技术、社会和国家统一的网络。人是必要的,但人的存在充满风险。《布莱克伍德杂志》在1881年写到,"这是我们不得不考虑到的'个人方程式'。人的因素在电报问题中扮演着相当重要的角色,人发生错误的倾向与电报的范围成比例……显然在很大程度上,这取决于操作者输出(讯息)的思维方式变革"[45]。在早期网络媒介的文化形态中,女性往往作为概念和物质上的传递中介出现,与此同时,她们的形象被描绘得非常模糊。正如卡罗琳·马文所指出的那样,在电子期刊中作为补充材料的诗歌,常将女性刻画为男性*控制下的技术客体*[46]。但是,大量女性作为电报局的联络员、打字秘书以及后来的电话交换机操作员,都成了不确定因素,这很可能是因为她们的社会身份被想象成是不可靠和情绪化的[47]。

离奇的通信对象

电报时代带来了不断受噪音影响的技术通信媒介的崭新组合[48]。当然,这不仅出于技术原因,还有政治和经济方面的原因。在19世纪,人们出于资本主义和国家的利益,对促进和保护新兴的技术媒介网络产生了浓厚兴趣,然而与此同时,电路似乎也(至少在象征和虚拟的层面上)助长了各种未经授权的通信事件的发生。即使在"维多利亚时代的互联网"[汤姆·斯丹迪奇(Tom Standage)为19世纪晚期的电报系统创造的术语]中,也并未包括蠕虫和病毒等寄生实体,但关于异常现象的话语充斥着神秘的离奇事件。正如杰弗里·斯科斯在《幽灵媒体》一书中所展示的那样,19世纪的信道已经出现了异常现象[49]。

电报系统和后来的电话网络催生了与线路相关的故事和种种关心。这些往往是新媒介民间文化的一部分,而不是官方的关注点。在文集《闪光和电画线:一本精选电报文学、幽默、趣味、俏皮和智慧的书》(*Lightning*

图 12.1 火山电子炸弹,出自《闪光和电画线：一本精选电报文学、幽默、趣味、俏皮和智慧的书》(W. J. 庄士敦著,1877 年)

Flashes and Electric Dashes：*A Volume of Choice Telegraphic Literature*，*Humor*，*Fun*，*Wit and Wisdom*，1877)中,一些故事提到了有时在电报网络较为正式和官方的叙述中被忽略的问题。这本书为那些替电报公司工作的人员而写,同时也被用作促销材料,以唤起人们对新技术的热情,因此它对事故的描述极少。然而,短篇小说 *The Volcanograph* 介绍了网络文化中的怪异对象是如何在 19 世纪传播开来的。这篇小说描绘了一直在干扰正常交际活动的一群"小妖精"。在一个电报炸弹的帮助下,这群不断"闯入"通道的不受欢迎的入侵者得到了教训。这个炸弹是某种反抗："科学现在以火山的形状出现,让我们松了一口气,这是一包有 2,000 块电池的炸药,人们通过总办公室里的杠杆和曲柄来操控它。"[50] 恶作剧者得到的教训是一个由电线连接的爆炸的电子炸弹(图 12.1)。从恼人的垃圾邮件恶作剧到战场中通过电线移动的电脉冲,这个故事表达了一些有趣的主题。

后来,外星元素也进入了电线。尼古拉·特斯拉(Nikola Tesla)从 1899 年开始对接收到的来自火星的不明信号作出早期报告,该发现在 20 世纪初的几十年里得到了其他类似报告的支持,这些都印证了人们关于无线电上出现了外星信号的说法。例如,《纽约时报》在 1923 年报道了巴黎"奇怪的广播信号",专家对此无法作出解释。法国军队于 1921 年开始常规的无线广播实验,但电波很快被一些无法解释的东西捕获："据报道,附近最强大的电台埃菲尔铁塔并没有发出这种奇怪的噪音,也没有其他法国电台发出这种声音。天文学家说,他们不相信有另一个行星在向地球发出信号,但他们承认,人们对这种奇怪的无线噪音的来源一无所知。专家一致认为,这些噪音的来源并不是静止不动的。"[51]

随着技术的发展和自动化功能的实现,人们越来越倾向于认为,噪音的来源是一些有生命的实体。根据描述,这种技术媒介(字面含义是二者之间)正在获得一些离奇的生命特征。这或许反映了自 19 世纪中叶以来人们是如何看待新技术的。通信系统被建构得宛如一个自主的、自我维持的有机体,而控制讯息快速流动的网络和技术原理,似乎隐藏在人的视线之外。技术媒介成为超越人类现象学领域的神秘世界的新典范。有了电力和技术媒介,意义就不是话语网络的关键单元,诸如鬼魂和离奇事件这样的超自然现象成了技术问题:"一旦记忆和梦境、逝者和幽灵在技术上可以被复制,读者和作者就不再需要幻觉的力量。"[52] 就好像网络开始让我们产生幻觉,而幻觉成为自动化程序的功能。有了电报,通信功能首次从货物和人员的运载中分离出来。光电报仍然与人类的视觉感知相联系,但电报却因依赖于电流的速度而完全超越了人类感官。正如杰弗里·温斯罗普-扬所解释的那样,19世纪的技术网络媒介标志着一个控制技术的新时代,"移动(的)数据以更快和非物质的方式"超越了马车这样的旧媒介[53]。

基特勒在考察信息媒介的历史时,把信息、人和货物的*技术图解*史看作通信电路中所有形式的非语义元素。讯息被视为命令,人被视为地址,而货物被视为地址(人)之间交换的数据[54]。在"通信系统的运行"实现了自动化和机械化之后,拦截和干扰的自动化过程以及无数违背我们认知的"离奇的通信对象"也随之出现(如今,计算机病毒和蠕虫病毒相关的民间传说已证明了这一点)。

意外事件的存档

有几种潜在方法可以得到噪音图。噪音作为美学、技术、政治和声学现象传播开来,在维纳等控制论学者看来,它几乎是形而上学的,但在形式上是可控的,它甚至是邪恶的。然而在先锋派艺术家鲁索洛(Russolo)和凯奇以及毛刺音乐①(glitch music)的创作者那里,它被视为一种审美启示而得到推崇。据斯皮克尔等作家介绍,噪音是艺术家通过边缘化及偶然事件,重新想象档案顺序的一种必要的方式[55]。在与传输相关的通信图解层面,噪音在20世纪中叶变得正式化了(虽然物理学自从20世纪初就对随机模式一直饶有兴趣)。香农和韦弗推进的噪音正式化可以被看作噪音问题进入技术媒介文化档案的关键。然而,正如我们所见,即便没有清晰的定义和表述,噪音一直是现代通信

---

① 毛刺音乐是20世纪中期到20世纪90年代后期出现的一种电子音乐风格。它坚持"失误美学",故意使用毛刺音频和其他声音文物。干扰声材料的来源通常是受损的录音设备或数字化技术,如CD跳针、电磁噪音、数字或模拟失真、降低比特率、硬件噪音、计算机错误、死机、黑胶唱片的嘶嘶声或划痕和系统错误。——译者注

媒介的一种重要策略，至少从18世纪末光学电报出现以后便是如此。一个更久远的谱系揭示了在通信系统和现代媒介组织中噪音政治的重要性。自从光电报的噪音成为一个军事问题，它很快也成了一个经济问题，这一现象在美国和欧洲遍地出现。

法兰克福应用艺术博物馆的"我爱你"项目是20世纪图解和归档噪音逻辑的重要范例。2002年，该博物馆开始进行一项新奇的档案项目，宣称它已开始收集病毒代码。尽管该博物馆以陶瓷、书籍和伊斯兰和东亚艺术的古典收藏而闻名，但它的新使命表现出了对数字违法行为非同寻常的兴趣。

收集任务是"我爱你"展览的一部分。该展览旨在介绍和分析病毒编程中的美学和文化实践，这一任务与源代码在数字社会中的文化地位有关，它还将编程的意义阐释为信息时代的关键文化技术。正如策展人弗兰齐斯卡·诺丽（Franziska Nori）所说明的那样，博物馆的档案功能不仅在于记录，也在于积极阐述社会的通信和记忆模式[56]。

另一个类似的例子是由美国艺术家约瑟夫·尼克维多（Joseph Nechvatal）创立的病毒图像和声音的项目。尼克维多的项目"污染"将数字图像暴露于病毒操纵之下，病毒在图像表面引入随机（噪音）元素。这是一个完美的案例，旨在说明病毒的功能如何被置入图像制作等文化实践中。这种程序创造的信息熵（混乱）实际上成了其自身的逻辑。在这里，重要的不是视觉现象表面，而是程序化图像的微观层面。噪音也自动化为一种算法模式。

古斯塔夫·梅茨格（Gustav Metzger）在他1960年的《自毁艺术宣言》中，已将自相矛盾的形式和模式当作创作逻辑的一部分[57]。虽然梅茨格的观点并不直接涉及病毒性，但他提出了混乱是任何系统的必要组成部分这一观点。基于时间的媒介可能会不断受到混乱的影响，这种混乱在19世纪被表达为"熵"这一物理学概念，而在20世纪的信息学中则被认为是威胁到控制论系统计算和通信清晰度的"噪音"。近年来，我们看到了病毒艺术真正的全景，范围从2001年在威尼斯双年展上"0100101110101101.org"展示的计算机病毒"biennale.py"，再到其他的网络艺术作品，如艺术家Jodi（这是一个双人组合）的作品，他们把网络软件的功能障碍和可能发生的故障作为艺术潜力加以发掘[58]。所有这些例子都延续了早期先锋派艺术家的实验性工作，他们扩展、讨论了噪音的逻辑，即不能简单地认为噪音是有害的。

因此，在技术媒介以及比如网络艺术的出现这样的语境下，对噪音的归档其实没有那么奇怪。噪音失去了它形而上学的特性,变成了一个数学函数、一种算法。正如基特勒提到香农时所指出的那样,有了技术媒介,未经请求的交流也被视为程序化的,并因而被视作有意义的。因此,这种档案逻辑记录了超越人类语言的文化记忆。例如,虽然上文提到的"我爱你"病毒以一种特殊的现象学形式出现在界面中,但它的档案基础在于程序代码:

```
rem barok-loveletter(vbe) &lt; i hate go to school&gt;
rem by: spyder/ispyder@ mail.com/@ GRAMMERSoft Group/
Manila, Philippines
On Error Resume Next
dim fso, dirsystem, dirwin, dirtemp, eq, ctr, file, vbscopy, dow
eq= ""
ctr= 0
Set fso= CreateObject("Scripting.FileSystemObject")
set file= fso.OpenTextFile (WScript.ScriptFullname, 1)
vbscopy= file.ReadAll
main()
sub main()
On Error Resume Next[59]
```

不仅是病毒代码,计算机程序代码通常也会造成文化在语义理解上的断裂。当然,它确实有它自己的 意义(sense),但这一意义并不限于人类对它的"阅读"或"解释"。计算机编程代码也能被译成二进制机器语言被执行,或者更确切地说,这就是档案逻辑从人类语言转向信息学的地方。正如恩斯特所指出的,控制论引领了当代文化的档案逻辑[60],控制论的任务超出了解释学和语义学的范畴,成为档案文化的物质逻辑中非常具体的存在。有了这个 0 和 1 构成的控制论档案逻辑,异常问题就遗留在了技术层面——从所谓人类的现象学角度看,所有的技术媒介都是异常的,也就是说,它们取代了人类的感官和知觉。诸如计算机取证这样的数字档案技术所揭示的问题属于数据密集层次,它避开了我们习以为常的一般界面的可见性和可读性,后者通常被理所当然地认为是计算机和数字文化的"内容"。

因此,这个问题扩展到了无符号的语义学和技术媒介的非符号组合,以及图绘出网络媒介的阈值、异常和意外的考古学。此外,这需要对数字媒介档案的技术逻辑基础作出分析,其中噪音并非意外出现的主题,而是通信图型的基本成分。档案状态似乎被定义为混乱(熵)持续增加的趋势,但由此来看,数字档案显得有点奇怪,因为它们的法则似乎的确能容忍一定程度的混乱或更复杂的秩序[61]。法兰克福博物馆计划将病毒代码存档的行为,仅仅是这个标记系统"话语网络"中合理的部分,它包括这些有害的信息。当然,除了法兰克福官方博物馆在归档噪音,互联网档案馆(Internet Archive)和其他网站也在归档诸如垃圾邮件这样的噪音[62]。

噪音越来越像我们的本体,同时也像是我们的政治。理解关于数字文化内在眩晕的各种策略和本体论问题,对于任何涉及传输和技术媒介的媒介理论来说都有必要。这是诸多媒介考古学家隐含的主张。不论是噪音控制,还是将噪音作为武器来控制或折磨大众,这些越来越重要的问题代表了当代的数字文化,并迫使我们认识到噪音日益增长的政治功能以及信息传输中内在的眩晕。

注释

1. Sven Spieker, *The Big Archive: Art from Bureaucracy* (Cambridge, MA: MIT Press), 173.
2. Geoffrey Winthrop-Young and Michael Wutz, "Translators' Introduction," in *Gramophone, Film, Typewriter*, by Friedrich A. Kittler (Stanford: Stanford University Press, 1999), xxviii.
3. See Wolfgang Ernst, "Let There Be Irony: Cultural History and Media Archaeology in Parallel Lines," *Art History* 28 (November 2005): 582–603.
4. See, for example, Kittler's essays "There Is No Software" and "Protected Mode," in *Literature, Media, Information Systems*, ed. John Johnston (Amsterdam: G + A Arts, 1997).
5. For an insightful introduction, see Geoffrey Winthrop-Young, "Cultural Studies and German Media Theory," in *New Cultural Studies: Adventures in Theory*, ed. Gary Hall and Clare Birchall (Edinburgh: Edinburgh University Press, 2006), 88–104.
6. Douglas Kahn, *Noise, Water, Meat: A History of Sound in the Arts* (Cambridge, MA: MIT Press, 1999); Jacques Attali, *Noise: The Political Economy of Music*, trans. Brian Massumi (Minneapolis: University of Minnesota Press, 1985); Paul Hegarty, *Noise/Music* (London: Continuum, 2007); Emily Thompson, *The Soundscape of Modernity: Architectural Acoustics and the Culture of Listening in America, 1900–1933* (Cambridge, MA: MIT Press, 2004); Jonathan Sterne, *The Audible Past: Cultural Origins of Sound Reproduction* (Durham: Duke University Press, 2003).
7. See Jussi Parikka, *Digital Contagions: A Media Archaeology of Computer Viruses* (New York: Peter Lang, 2007). See also Jussi Parikka and Tony D. Sampson, eds., *The Spam Book: On Viruses, Porn and Other Anomalous Objects from the Dark Side of Digital Culture* (Cresskill, NJ: Hampton Press, 2009).
8. Claude E. Shannon and Warren Weaver, *The Mathematical Theory of Communication* (Urbana: University of Illinois Press, 1949), 3.
9. John Johnston, *The Allure of Machinic Life: Cybernetics, Artificial Life, and the New AI* (Cambridge, MA: MIT Press, 2008), 136–37.
10. See Lily E. Kay, *Who Wrote the Book of Life? A History of the Genetic Code* (Stanford:

Stanford University Press, 2000), 94–102.

11. Leon Cohen, "The History of Noise on the 100th Anniversary of Its Birth," *IEEE Signal Processing Magazine*, November 2005, 33–35.

12. Harry Nyquist, "Certain Factors Affecting Telegraph Speed," *Bell System Technical Journal* 3 (July 1924): 324–46; R. V. L. Hartley, "Transmission of Information," *Bell System Technical Journal* 7 (July 1928): 535–63; Shannon and Weaver, *Mathematical Theory of Communication*, 34.

13. Charlie Gere, *Digital Culture* (London: Reaktion Books, 2002), 17–18.

14. Geoffrey Winthrop-Young, *Friedrich Kittler zur Einführung* (Hamburg: Junius, 2005), 140–41. Friedrich Kittler, *Draculas Vermächtnis: Technische Schriften* (Leipzig: Reclam, 1993), 165.

15. W. G. Tuller, "Use of Computing Machinery in Applications of Information Theory," in *Proceedings of the 1952 ACM National Meeting (Pittsburgh)* (New York: ACM Press, 1952), 111.

16. Warren Weaver, "Recent Contributions to the Mathematical Theory of Communication," in Shannon and Weaver, *Mathematical Theory of Communication*, 112.

17. See Tony Sampson, "Senders, Receivers and Deceivers: How Liar Codes Put Noise Back on the Diagram of Transmission," M/C Journal 9, no. 1(2006), http://journal.media-culture.org.au/0603/03-sampson.php.

18. Eugene Thacker, *Biomedia* (Cambridge, MA: MIT Press, 2004), 145.

19. Norbert Wiener, *Cybernetics or Control and Communication in the Animal and the Machine* (Cambridge, MA: MIT Press, 1948), 75; Thacker, *Biomedia*, 145–46. Only some years later feedback was transformed from an unwanted systems anomaly into a new music aesthetics. Positive feedback created noise as a physico-acoustic phenomenon, which was used not only in the new aesthetics of rock music but also to the benefit of the recording and distribution companies for decades. Also stochastic patterns became a form of serializing noise into aesthetics. The early avant-garde influences continued in the 1940s with John Cage's 1942 piece *Credo in Us*, which connects music from gramophone records in random patterns, and in the 1950s and the 1960s with, for example, the cybernetic aesthetics of Max Bense and his collaborators like Theo Lutz and his "Stochastic Texts" and the stochastic computer graphics of Georg Nees and Manfred Mohr. See Florian Cramer, *Words Made Flesh: Code, Culture, Imagination*, 2005, online PDF-book, http://pzwart.wdka.hro.nl/mdr/research/fcramer/wordsmadeflesh/.

20. Tiziana Terranova, *Network Culture* (London: Pluto, 2004), 28. Mapping Noise 275

21. Armand Mattelart, *The Information Society: An Introduction*, trans. Susan G. Taponier and James A. Cohen (Thousand Oaks, CA: Sage Publications, 2001), 56–57.

22. See Terranova, *Network Culture*, 21.

23. Johnston, *Allure of Machinic Life*, 27, 136–39.

24. Wiener, *Cybernetics*, 17–18.

25. See Johnston, *Allure of Machinic Life*, 138, 189.

26. See Cohen, "History of Noise," for a general introduction to the theme. Michel Serres's philosophical view on communication as parasitical by definition rests on such a thorough understanding of physics. A communication relation from A to B can emerge only if it "agrees" on a third excluded, the mediator of media. This is the parasite, the noise: "Rigorously speaking, there is never silence. The white noise is always there. If health is defined by silence, health does not exist. Health remains the couple message-noise. Systems work because they do not work. Nonfunctioning remains essential for functioning. And that can be formalized. Given, two stations and a channel. They exchange messages. If the relation succeeds, if it is perfect, optimum, and immediate; it disappears as a relation. If it is there, if it exists, that means that it failed. It is only mediation. Relation is nonrelation. And that is what the parasite is. The channel carries the flow, but it cannot disappear as a channel, and it brakes (breaks) the flow, more or less. But perfect, successful, optimum communication no longer includes any mediation.

And the canal disappears into immediacy. There would be no spaces of transformation anywhere. There are channels, and thus there must be noise." Michel Serres, *The Parasite*, trans. Lawrence R. Schehr (Baltimore: Johns Hopkins University Press, 1982), 78–79.

27. See N. Katherine Hayles, *How We Became Posthuman: Virtual Bodies in Cybernetics, Literature, and Informatics* (Chicago: University of Chicago Press, 1999), 88–89.

28. Ibid., 63–64. Interestingly, nonlinear systems theory has recently analyzed noise as a positive phenomenon with which to enhance weak signals. See Kurt Wiesenfeld and Frank Moss, "Stochastic Resonance and the Benefits of Noise: From Ice Ages to Crayfish and SQUIDs," *Nature* 373 (January 1995): 33–36.

29. Quoted in Laura Otis, *Networking: Communicating with Bodies and Machines in the Nineteenth Century* (Ann Arbor: University of Michigan Press., 2001), 138.

30. Gere, *Digital Culture*, 34. The detective story is part of the same discursive field, dealing with a world of signs waiting to be intercepted and decoded as well as "an anxiety, or even despair, about the ability to uncover the true nature of things" (35).

31. Patrice Flichy, *Une histoire de la communication moderne: Espace public et vie privée* (Paris: La Découverte, 1997), 37–38.

32. Quoted in Bruce Sterling, *The Hacker Crackdown: Law and Disorder on the Electronic Frontier* (London: Penguin Books, 1994), 12.

33. Jonathan Crary, *Suspensions of Perception: Attention, Spectacle, and Modern Culture* (Cambridge, MA: MIT Press, 1999), 140–42.

34. "Le Telegraph de Bourse," *La Nature*, September 23, 1882, quoted in Flichy, *Une histoire*, 69.

35. Mattelart, *Information Society*, 23.

36. David Kahn, *The Codebreakers: The Story of Secret Writing* (New York: Macmillan, 1967), 191. Especially France was occupied with the new paradigm of code writing, *cryptography*, after its defeat in the 1870 war with Prussia. The urge to find new patterns of computated communication methodology spurred novel inventions that were also automatized into special cipher devices (230–65). An apt example is the "superphone" from 1922, which was to make possible uninterruptible communications for military use. See "'Superphone' to Assure Secrecy in Talking," *New York Times*, January 25, 1922. The Second World War saw cipher devices as key devices of communication; exemplary were the German Enigma machines for crypting and the decrypting machines of interception at Bletchley Park codebreaking center (where Alan Turing worked as well). See Gere, *Digital Culture*, 40–43. In the First World War, the Germans had their own *Abhorchdienst* (Interception Service), which consisted of human computers, that is, mathematicians. Kahn, *Codebreakers*, 313–14.

Regarding ciphers, the history of code and computation spans, of course, much further time than the history of technical media.

37. Kahn, *Codebreakers*, 298.

38. Brian Winston, *Media Technology and Society: A History: From the Telegraph to the Internet* (London: Routledge, 1998), 23.

39. Quoted in Kahn, *Codebreakers*, 189. A good example is Henry James's short story from 1898 about a young female telegraph operator who has access to the coded messages passing through the ether. Henry James, "In The Cage," in *In the Cage and Other Stories* (1898; repr., London: Penguin Books, 1974).

40. Erkki Huhtamo, "Ennen broadcastingia," *Lähikuva* 1 (1992): 8–10.

41. See Susan J. Douglas, *Inventing American Broadcasting, 1899–1922* (Baltimore: Johns Hopkins University Press, 1989), 187–216. See also Huhtamo, "Ennen broadcastingia."

42. "New Wonders with 'Wireless,'" *New York Times*, November 3, 1907.

43. J. C. R. Licklider, "Man-Computer Symbiosis" [1960], in *In Memoriam: J. C. R. Licklider,*

1915 – 1990 (Palo Alto, CA: Digital Equipment Corporation, Systems Research Center, 1990), http://memex.org/licklider.pdf.

44. On the history of interactivity, see Erkki Huhtamo, "From Cybernation to Interaction: A Contribution to an Archaeology of Interactivity," in The *Digital Dialectic: New Essays on New Media*, ed. Peter Lunenfeld (Cambridge, MA: MIT Press, 1999), 96 – 110.

45. Quoted in Otis, *Networking*, 142 – 43.

46. Carolyn Marvin, *When Old Technologies Were New: Thinking about Electric Communication in the Late Nineteenth Century* (Oxford: Oxford University Press, 1990), 30.

47. Ibid., 26, 31.

48. Of course, a lot of the attention went to natural phenomena that threatened communications. With the telegraph, the wires were to be protected from storms and other physical dangers. See, e.g., "Protection of Telegraph Wires," *New York Times*, August 30, 1893. Such accounts do, however, articulate well the importance attributed to such networks. To quote the *New York Times* article: "If there should be a time of serious national or international trouble it might be a matter of the utmost consequence to the Government that the connections of the capital with other important cities should not be liable to be broken by a mere windstorm. It might be a matter of great moment to business, and the interruption of telegraphic communication at a critical time might involve immense losses. The transmission of general news is sometimes not only a matter of overpowering interest to the people, but it may be a matter that deeply concerns their welfare for the time being. The civilized world has come to be largely dependent upon the uninterrupted working of the great system of electrical communication that has been built up with such marvelous rapidity. The working of its affairs has become adjusted with reference to this factor, and it is important that it should be constant in operation."

49. Jeffrey Sconce, *Haunted Media: Electronic Presence from Telegraphy to Television* (Durham: Duke University Press, 2000), 57.

50. *Lightning Flashes and Electric Dashes: A Volume of Choice Telegraphic Literature, Humor, Fun, Wit and Wisdom* (New York: W. J. Johnston, 1877), 7. Warm thanks to Ned Brooks for providing this piece of source material.

51. "Get Strange Radio Signals," *New York Times*, March 21, 1923; cf. Sconce, *Haunted Media*, 96 – 97.

52. Friedrich Kittler, *Gramophone, Film, Typewriter*, trans. Geoffrey Winthrop-Young and Michael Wutz (Stanford: Stanford University Press, 1999), 10.

53. Geoffrey Winthrop-Young, "Silicon Sociology, or, Two Kings on Hegel's Throne? Kittler, Luhmann, and the Posthuman Merger of German Media Theory," *Yale Journal of Criticism* 13, no. 2 (2000): 407.

54. Friedrich Kittler, "The History of Communication Media," *Ctheory*, July 30, 1996, www.ctheory.net/.

55. Spieker, *Big Archive*.

56. Franziska Nori, "I Love You," in *I Love You*, exh. cat., 2002, www.digitalcraf.org/iloveyou/catalogue.htm.

57. See part of the manifesto at "Manifesto Auto-Destructive Art," 1960, www.lufgangster.de/audeart3.html.

58. On Net art viruses, see Jussi Parikka, "Archives of Software: Computer Viruses and the Aesthesis of Media Accidents," in *The Spam Book*, ed. Jussi Parikka and Tony D. Sampson (Cresskill: Hampton Press, 2009), 105 – 24.

59. This particular piece of source code was copied from "'I Love You' Virus Source Code," n. d., www.elfqrin.com/docs/hakref/virus_iluvu_src.html (accessed July 7, 2009).

60. Ernst, "Let There Be Irony," 16, 34.

61. Ibid., 124-29.
62. See, for example, Paul Wouter's spam page at www.xtdnet.nl/paul/spam/ (accessed July 7, 2009). Viral source code (often for antivirus purposes) is available on various Web sites that distribute program code. See, for example, http://en.pudn.com/ (accessed July 20, 2010).

我们的情感对象：面向对象①如何让计算机成为一种媒介

凯西·阿尔特

最初出现的是"计算的机器"。无论是对帕斯卡、莱布尼茨，还是对巴贝奇来说，"计算的机器"象征着启蒙运动的终极梦想。它是对人性最纯粹的理性化进程最完美的物质性表达：一个可以自动计算出数学结论的独立机械设备。这个工程学奇迹有望将我们具有创造力的头脑和活跃的身体从复杂的数字任务中解放出来，摆脱长久以来的单调和乏味。也许没人比查尔斯·巴贝奇对此问题（复杂的数字任务）更加感到绝望，面对搜集和验证不同的天文表格所必需的繁重数学计算，他在19世纪早期就发出了悲叹，并流传甚广："我向上帝请求，这些计算能被蒸汽处决！"

创造通用计算器的梦想，是如今我们熟知的数字计算机之源头，并且这一愿景自产生始就独占这一领域数十年。在那个时代，计算机工程发展的唯一指标就是计算速度。即便到了20世纪60年代早期，计算机发展的全部命运仍紧紧依附于这一愿望：逐步创造出极速的运算机器。

不过，我们对计算机的观念与它们早期的特性已截然不同了。今天，很少有人再用"计算器"（calculator）这个术语来描述现在的个人计算机。相反，计算机已成为无处不在、充满力量的存在，它们特定的数字逻辑正在全球范围内重组文化。最重要的是，人们把今天的计算机描述为"媒介"而非计算器。在过去的四十年里，许多学者将精力置于描述数字媒介革命的准确意义和效果上。尽管绝大多数这样的学者引领我们更好地理解数字媒介下游的具体使用以及上游的生产实践（在较低程度上），但几乎无人（即便有的话）提出这一更加根本性的问题：

---

① 面向对象是指一种程序设计范型，也是一种程序开发的方法。它将对象作为程序的基本单元，将程序和数据封装其中，以提高软件的重用性、灵活性和扩展性。——译者注

最初计算机和计算是如何被视作媒介的？作为一种媒介的计算机，是什么时候取代作为计算的机器，成为主导性隐喻的？更有意思的是，它是如何取代的？紧密结合的、内部一致的、固守越来越快之逻辑的计算，是如何与媒介———一种具有延展性的物质，可容纳沟通、表达和情感的极其多样的组合———这一概念区分开来的？

　　这些问题是本章的主题。我的中心论点是，当媒介和界面/接口（interface）的概念被暗中（在程序语言本身的物质层面）嵌入计算时，计算就变成了一种媒介。这是在面向对象的程序里发生的事件。在论证时，我将讨论一个很有说服力的实例，以说明面向对象不仅仅是一种关于计算的思考方式，无意中导向将计算作为媒介的视角；更大程度上，它是计算的媒介化。换言之，在历史和观念角度上，将面向对象和计算的媒介性分离开来的想法是无法实现的，因为，事实上，它们仅仅是同一个现象的不同视角。

　　为了探索这一问题，我将采用一种媒介考古学的方法，这种方法深受吉尔·德勒兹哲学方法和概念的启发，这在他两册有关电影的专著里有非常明确的表述：《电影 1：运动-影像》（*Cinema 1：The Movement-Image*）和《电影 2：时间-影像》（*Cinema 2：The Time-Image*）。在应用德勒兹的电影方法论时，我的目的并非是将数字媒介当成电影来解读，而是应用相似的分析模型去阐明面向对象表现出计算媒介性的方式。最后，我并非意在提炼或者创造某种限制性的理论标准，去界定哪种类型的媒介称得上是计算媒介，而是想通过聚焦那些特定的理论与物质层面的生产条件，让实践者能在第一时间将计算当作一种媒介，以解决传统上将电子媒介过于简单地看成"终端产品"的问题。

一种面向对象的文化

> 此外，我们更加确信，工具之前总是有机器存在，相信社会系统的类群——即哪些工具、哪些人将作为机器的组成部分——总是在某个既定的时刻已然确立。
>
> ——吉尔·德勒兹和费利克斯·瓜塔里（Félix Guattari）

　　一般来说，面向对象是一种设计策略，将非常复杂的系统建模成一些较小的、可以进行有限次计算的互动元素。与之前自上而下——寻求在复杂性的宏观层面描述复杂系统——的方法相比，通过精确定义系统中每个离散元素的特定算法行为和属性，面向对象的方法逆转了其复杂度，使得对复杂行为的准确模拟从每个独立个体相互作用的整体结果中自下而上地出现。因此，面向对象彻底颠覆了之前的计算机科学方法。面向对象的编程语言及其开发环境是一种技术手段，将这种离散的、突现的解决方式转译成数字计算机的计算指令。

与大多数主要的社会技术转型一样，我们现在认为，命名恰当的面向对象范式的概念框架并非出现在文化真空之中，而是认识论文化变革的一种表现，这一变革是 20 世纪 60 年代的标志。对计算机科学已有方法论的这一重大颠覆，和激烈的反主流情绪对所有传统西方权力结构的动摇，这两者在同一时期发生或许并不奇怪。然而，对计算机科学来说，尽管面向对象最终具有革命性意义，但使其产生的意识形态先决条件绝不限于反主流文化的影响。相反，它们反映了深入所有知识共同体的更广泛的话语转型——一种通常在 系统理论 的一般范畴中描述的、理解复杂系统的方法。

许多历史学家将系统理论的起源追溯至诞生于奥地利的生物学家卡尔·路德维希·冯·贝塔朗菲（Karl Ludwig von Bertalanffy）。他在 20 世纪 40 年代提出了通用系统理论，该理论是对复杂系统进行数学建模的跨学科科学。系统理论既是对还原论①的回应，也是联合多种科学的共同学科。它寻求发展严谨的正规化科学，用以描述所有复杂系统的概括性组织原则，无论是社会学、经济学、心理学、生态学、生物学、化学，还是机械学。尽管表面上来自不同的历史谱系，但系统理论经常与控制论有很多交叉，其学科领域之间是相关的、近似的，因此常常导致二者的混淆。控制论用数学理论来描述反馈机制，以此研究人机系统中组织、通信和控制的过程。综合来看，这两个理论都被誉为科学领域的库恩式（Kuhnian）转换，并拥有来自许多学科的支持者。鉴于复杂系统建模隐含的数学基础，系统理论和控制论均很好地融入了当时的计算机科学共同体中。

然而，系统理论和控制论的影响并不仅局限于学术领域。在更广泛的流行文化中，它们以多种方式尽显风采，经常出现在意想不到之处。该方法论在罗伯特·S. 麦克纳马拉（Robert S. McNamara）的"系统分析"中有所体现，在福特汽车公司和白宫的公司会议室取得了很好的反响，在斯图尔特·布兰德（Stewart Brand）那里也是一样。斯图尔特·布兰德是一位具有魅力的艺术家和编辑，他充满了生态学味道的技术传道思想流传于 20 世纪 60 年代的反主流文化中。根据弗雷德·特纳（Fred Turner）对布兰德及其文化遗产所作的历史详述，系统理论甚至在纽约和旧金山的艺术界大放异彩："对于身处这些圈子的艺术家而言……控制论提供了一种建立世界模型的全新方式。即使在冷战最激烈的时

---

① 还原论或还原主义（Reductionism，或称化约论），一种哲学思想，认为复杂的系统、事物、现象可以被化解为各部分的组合来加以理解和描述。——译者注

期,许多当时最重要的艺术家,例如约翰·凯奇和罗伯特·劳申伯格(Robert Rauschenberg),甚至军工研究所的工程师,都接受了系统导向的思想。他们一起读诺伯特·维纳的著作,然后阅读马歇尔·麦克卢汉和巴克敏斯特·富勒(Buckminster Fuller)。在20世纪50年代末至20世纪60年代,这些作品指导了他们的工作模式。"[1] 这种"系统艺术"被具有影响力的艺术评论家杰克·伯纳姆(Jack Burnham)理论化得最为全面,在20世纪60年代主导了许多艺术感知理论。这一艺术在汉斯·哈克(Hans Haacke)、默斯·坎宁汉(Merce Cunningham)和阿伦·卡普罗(Allan Kaprow)等艺术家的作品中发挥到了极致。

走 向 媒 介

由于系统理论、控制论及其必要的补充——计算机科学,在20世纪60年代的知识和文化中扩散得如此广泛,看到计算这么长时间未能变为媒介,令人感到惊讶。直到20世纪60年代末,计算机科学家才真正开始将计算机、计算过程甚至计算机语言当作媒介来思考。在此之前,"媒介"这个术语仅用于指代存储数据的外部材料基板,直到"输入""输出"或"存储"这些术语被发明之后,"媒介"才单独出现。对这个术语(媒介)最简洁的概括,出自罗伯特·J. 罗斯海姆(Robert J. Rossheim)于1962年在《ACM(计算机机械协会)通信杂志》中发表的文章:《关于信息处理的美国标准流程图标志的报告》。这篇报告将"媒介"定义为"记录数据的材料,如磁带、卡片、纸张等"[2]。而计算过程、程序语言甚至计算机本身,从未被理解为媒介。

具有讽刺意味的是,就在罗斯海姆发表报告的同一年,一系列新技术的开发逐项打破了计算机和媒介之间的传统壁垒。这三项具有重大意义的进展,不仅预示了我们现在所知道的数字媒介的三种主要表现形式——计算机游戏、图形和仿真,也是面向对象最初的原型实验,揭示了面向对象与数字媒介之间密不可分的早期迹象。

虽然经常被排除在数字媒介和面向对象"严肃"的历史之外,但首次突破在1962年发生了:史蒂夫·拉塞尔(Stephen Russell)等人为迪吉多公司的PDP-

1 计算机①设计了游戏《太空大战》。《太空大战》被许多人视为第一个被广泛推广的基于图形的互动计算机游戏,很快出现在使用初创阿帕网②的每台 PDP‑1 计算机上,甚至进入介绍 PDP‑1 全面功能的官方销售演示中。尽管《太空大战》的历史被记录在许多地方,其中包括斯图尔特·布兰德于 1972 年在《滚石》(*Rolling Stone*)上发表的一篇耸人听闻的文章,题为《太空大战:计算机迷的狂热生活与象征性死亡》。然而,很少有评论家发现,该游戏程序运用了一种后来被认为是"面向对象"的样式[3]。2002 年,在有关《太空大战》的一次公开讨论中,罗素认识到这一事实,他指出,"我当时不知道,因为那时(面向对象)这个词汇还没被发明,但它(游戏)确实是面向对象的设计"[4]。

数字媒介和面向对象的第二次进展是伊万·萨瑟兰在 1963 年发布的计算机图形应用程序——"画板"(sketchpad)。作为第一个交互式计算机图形应用程序,画板允许用户通过包含光笔和 x‑y 点绘图仪显示的图形界面,创建复杂的几何图形。但或许比萨瑟兰完全图形化的界面更惊人的是,画板具备从已完成的"主"绘图("master" drawings)和转换行为(或"约束")中创建"实例"(instance)副本的能力。萨瑟兰通过设计一个非同寻常的数据结构,将"一般"结构与"特定"结构分离开来,从而实现了这一卓越的创新。每个结构通过双向指针网络,共享一般结构的功能和属性类型,这种解决方式预示了后来与之类似的面向对象语言中的类实例(class-instance)关系[5]。1963 年从麻省理工学院毕业后,萨瑟兰于 1968 年至 1974 年期间在犹他大学,和他的同伴戴维·埃文斯(David Evans)教授一起创办了"埃文斯和萨瑟兰"公司(Evans and Sutherland),该公司主要负责计算机图形和交互式仿真技术的早期优化。

面向对象正式起源之前的第三个重要发展,是挪威人克利斯登·奈加特(Kristen Nygaard)和奥利-约翰·达尔(Ole-Johan Dahl)在 1967 年创建的仿真程序设计语言 Simula-67。Simula-67 是受欢迎的 ALGOL-60 语言③的修改版,后者被设计为描述算法的简化语言,其记录设备的开发者是查尔斯·安东尼·理查德(Charles Antony Richard)。作为对其理念的延伸,奈加特和达尔通过重

---

① PDP‑1 计算机是迪吉多公司(DEC)PDP 系列推出的第一个机型,于 1960 年上市,是世界上第一个商用小型计算机,在 PDP‑1 上,史蒂夫·拉塞尔开发出史上第一个电脑游戏——《太空大战》(*Space War*)。——译者注
② 阿帕网(Advanced Research Projects Agency Network,简称 ARPANET),美国国防部高级研究计划局组建的计算机网,又称 ARPA 网。现在的 Internet 是在 ARPA 的基础上建立起来的。——译者注
③ Algol60 是程序设计语言发展史上的一个里程碑,为后来软件自动化的工作以及软件可靠性问题的发展奠定了基础。第一个面向对象的语言 SIMULA67,1971 年出现的 PASCAL 等语言,也都是在 Algol60 的基础上加以扩充而形成的。——译者注

新编码传统的存储分配器来修改 ALGOL-60 的副本，以便创建单独的分析"活动"，每个"活动"可以创建多个名为"进程"的副本，这些副本表现为包含其数据状态和单独程序计数器，并且在内部执行大部分进程的独立实体[6]。有了这个强大的新特征，人们就可以期待面向对象相关的更为正式的类对象（class-object）发明，这也使得相关活动和进程之间的行为和数据继承链（inheritance chains）可以存在。

尽管这三个关于面向对象的早期征兆具有重要的革新性，但它们中的每一个都面临系统性的社会技术缺陷，阻碍其成为计算范式的新标准。在《太空大战》的案例中，人们的注意力集中在如何使用应用程序上，其实现风格从未作为编程模型被认真研究。至于画板，计算机科学教授蒂姆·伦茨（Tim Rentsch）在1982年出奇简明地对面向对象作出了评估。他指出，由于它是"图形交互系统而不是编程系统"，"它在编程中的应用没有广受欢迎，也许是因为面向对象的原理不够明确"。伦茨还认为，"Simula-67 语言没有实现面向对象的程序设计有几个原因"，其中大部分原因在于，面向对象的行为本质上是对 ALGOL 的二次移植，它通过对"传统 ALGOL 编程风格的收紧"，与"面向对象的哲学"相违背。更重要的是，伦茨指出，Simula 面向对象功能的主要缺点，在于大多数用户无法掌握它们的工作方式。他得出结论："如果画板是一种没有语言的面向对象系统，Simula-67 则是一种在面向对象的样式中极少被使用的面向对象语言。"[7]

这些早期系统的主要限制因素更多是哲学性的，而非技术性的，因为它们的创作者在设计一个全新的计算范式时都缺乏明显意识。并且，每个系统都作为特定应用领域的临时解决方案被构思和实现，而丝毫未考虑更全面的相关性或适用性。在 1968—1972 年，设计新范式的角色不期然地落到了年轻计算机科学家艾伦·凯（Alan Kay）身上。

一个更新、更好的东西

根据凯在《Smalltalk 的早期历史》中的有趣描述，他发现自己"在 1966 年秋天的犹他大学研究所里侥幸获得了一系列成功，却'全然不知'"[8]。凯曾来到犹他大学与戴维·埃文斯共事，刚到达就被指定阅读萨瑟兰的画板论文，并要对付一个"不起作用"的最新版"Algol"[9]。凯最终发现，麻烦的语言实际上是 Simula。经过与画板的研究进行比较，他了解到，这两个系统本质上是一样的："画板中称为'主'和'实例'的东西，Simula 称为'活动'和'进程'。此外，Simula 是一个用于控制画板类似对象的程序语言,因此与其说是约束,不如说它具有更大的灵活性。"[10] 凯后来将这一重要发现描述为"一次顿悟"——"将我的视角转向不同的维度,在那以后一切都不同了"[11]。

凯的新视角启发他发现了一个计算模型,其数据和指令分别被绑定成离散对象,其行为类似单个计算机:彼此通信以执行复杂的并行计算任务,他将这个概念模型称为"面向对象"。凯后来在 Smalltalk 程序语言中实现了此愿景,这是在他面向对象的思想基础上创造的第一种语言:"用计算机术语来说的话,Smalltalk 是对计算机本身概念的递归①。每个 Smalltalk 对象都是计算机整个可能性的递归,而不是将'计算机这个东西'分解成比整体弱一些的部分,例如数据结构、程序和功能这些普通的编程语言相关物。因此,它在语义上有点像成千上万的计算机通过飞速的网络全部连接在一起。"[12] 凯意识到,这种方法的真正力量在于,它能够通过创建映射到真实世界对象的单个编程对象,来模拟复杂的情境。通过指定每个对象与其他对象的特定交互行为,我们可以用相对简单和最小的编程组件,生成高度复杂的行为。凯将这个想法总结为"一种洞见——我们可以描述的一切事物都能由单一行为组成块的递归组合来表示,这些行为组成块将自身状态和进程的结合隐藏在内部,只需通过讯息的交换便可处理"[13]。

1967 年,当道格拉斯·恩格尔巴特访问犹他大学计算机科学学院时,凯的愿景得到了进一步实现。道格拉斯·恩格尔巴特是斯坦福大学研究所的计算机科学家,凯将他描述为"《圣经》上的先知"。恩格尔巴特在访问期间展示了他的团队对"oNLine 系统(NLS)"的研究,这个系统提供了"增强人类智力"的计算机环境,通过一系列卓越的早期创新,包括文字处理、超文本/超链接、第一个计算机鼠标和远程视频会议,使协同工作成为可能。在很大程度上,凯是恩格尔巴特早期的皈依者之一。然而,由于对大型、集中式的计算机主机模型越来越厌恶,他并未完全固守恩格尔巴特的设计。他认为,"这种方法有一个巨大的缺陷",因为"必须回溯到主状态才能去往别处",而且"似乎需要一个'更加扁平'的界面"[14]。

凯对 NLS 封闭的分层模式的疑虑一开始便存在,而且这一疑虑在一年之后(1968 年)被放大了。当时他访问了麻省理工学院西蒙·派珀特(Seymour Papert)的研究实验室,目睹了派珀特通过专门设计的 LOGO 编程环境来教小

---

① 程序调用自身的编程技巧称为递归(recursion)。它通常把一个大型复杂的问题层层转化为一个与原问题相似的规模较小的问题来求解,大大地减少了程序的代码量。——译者注

学生编程的程序。这次经历深刻影响了凯,强化了他早期顿悟面向对象后的思路:"与 Simula 导致 OOP(面向对象程序设计)一样,这次经历点醒我,个人计算机的真正命运是什么。不是私人小汽车(personal dynamic vehicle,在恩格尔巴特的隐喻中,它和 IBM 公司的'铁路系统'相反),而是意义更加深远的个人动态媒介(personal dynamic medium)。如果是一辆车,一个人可以等到高中才拿到'驾驶执照'。但如果是一个媒介,它必须延伸到童年世界。"[15] 此刻,凯成了首位宣扬计算是一种媒介的计算机科学家。这种媒介概念必定与他不断发展的面向对象理念有着千丝万缕的联系。1968 年,凯尔用他称为"Dynabook"①的计算机模型将此愿景实物化。这是一种非常小的个人"笔记本"计算机,可以使面向对象的计算成为一种被普遍使用的媒介。

1969 年获得犹他大学博士学位后不久,凯被鲍勃·泰勒(Bob Taylor)聘请,在施乐公司的帕洛阿尔托研究中心(PARC)创建并指导学习研究小组。凯的第一个任务是将 Dynabook 付诸实践。他的团队很快就开始了其硬件和软件组件的开发。他们发明了几项已经成为当代所有计算机界面基础的技术,包括现在普遍应用的窗口界面系统;带有位图工作区和图标的高分辨率显示屏;图形桌面、文件夹和文件;恩格尔巴特设计的鼠标的数字改进版本以及位图字体和字体编辑器。不幸的是,在 PARC 期间,凯未能完全实现 Dynabook 的硬件目标,尽管他的团队创建了完整的软件和编程环境,并在早期版本的 Xerox Alto(施乐阿尔托)计算机上运行,他们乐观地称之为"临时的 Dynabook"。

然而,就本章想要论证的内容而言,学习研究小组最重要的贡献是为 Dynabook 专门创建的面向对象的编程环境,称为 Smalltalk。凯在 1972 年设计了 Smalltalk,而丹·英格尔斯(Dan Ingalls)在几天后就使用了它,并证明了它的可行性,这让凯惊讶不已[16]。Smalltalk-72——第一个纯粹和专门设计的面向对象语言及其后续修订版本,在许多方面是凯在 PARC 任职期间最重要的一笔遗产。然而与此同时,将 Smalltalk 语言视为单一的离散实体实际上是不可能的,因为它与更大的软件开发环境和用户界面不可分割地融合在一起。正如学习研究小组成员阿黛尔·戈德堡(Adele Goldberg)曾经描述的,"Smalltalk 不是一种语言,而更像一种用于定义系统的系统。Smalltalk 作为一种语言和开发环境,为旨在创建可定制信息系统的软件开发人员提供了一种解决方案,因为 Smalltalk 的开发环境本身是可扩展的"[17]。在关于对象的外部评估中,伦茨同样强调,"Smalltalk 作为语言"能扩展到何种程度,通常与更大的界面和软件环

---

① Dynabook 是一种儿童使用的可携带计算机。——译者注

境无法区分:

> 与其说 Smalltalk 是一种编程语言,不如说它是一个完整的编程环境,其全部内容都反映了面向对象的哲学……Smalltalk 可被认为由四个部分组成,即核心编程语言、编程范式、编程系统和用户界面模型……因此,用户界面建立在编程系统之上,编程系统遵循编程范式并使用核心编程语言……虽然我把这些部分独立展示,但它们真的不是这样。事实上,它们不可分割,相互之间非常依赖。每一部分不仅无法在真空中存在,而且每部分的设计都会影响其他所有部分的设计,也就是说,每个设计都不能存在于真空之中。[18]

将这种语言从媒介的剩余部分中分离的困难,凸显了更深层的事实:从一开始,面向对象就不仅仅被想象为一种语言,而完全是人与计算之间的媒介或界面。凯的学习研究小组成员甚至深信,Smalltalk 和面向对象并不仅仅是人-机界面的一种媒介,而是弥合计算机的数字机器语言与人类具象思维过程这两者之间差距的*特定媒介*。丹·英格尔斯在他的评论中表达了这一观点:Smalltalk 是"一种描述性语言(编程语言),充当人类思维和计算硬件模型之间的界面,以及将人与计算机的通信系统相匹配的交互语言(用户界面)"[19]。与之类似,凯在他最早发表的一篇关于 Smalltalk 的文章中提到,"SMALLTALK 一开始处理的就是并行模型,对孩子们来说,掌握它们并不困难。实际上,并行处理与人们的思考方式非常相似"[20]。

将面向对象视为完全嵌入的媒介这一扩展观念,继续指导着团队在整个 PARC 期间的工作,并追随他们关于面向对象进入更大的计算机科学共同体的这一理念。作为一名对哲学和当代媒介理论,尤其是麦克卢汉的作品十分狂热的学生,凯成了这种新计算方法中最具表达力和最活跃的发言人。尽管凯因为太过直率而声名狼藉,尽管他坚持历史的严谨性,并多次在个人历史记录和访谈中体现出哲学自反性,但他从未提及为什么会得出这样一个自然的结论,即面向对象和计算的媒介性结合应是不可阻挡的。然而,凯对这个问题的遗漏可能比任何详尽答案能告诉我们的更多。凯之所以忽略提供这种结合的解释,并非因为这两个概念没有意义关联,恰恰是因为它们结合得如此紧密,以至于实际上它们就是同一事物。因此,对于在物质层面上如此深刻地理解面向对象的凯来说,面向对象与媒介性之关系的问题如此明显,就像同义重复一般。因此,对凯来说,这已不再成为一个问题。

我们的情感对象

> 想要认识世界,就必须创造世界。
> ——切萨雷·帕韦泽(Cesare Pavese)

在 1985 年关于 20 世纪六七十年代计算发展之文化重要性的讨论中,霍华德·莱因戈德对 Smalltalk 和面向对象的重要性作出了深刻的评价:"从 LOGO 和 Simula 中提出的概念出发,凯开始设计一种新的隐喻,其中一次性指令的字符串被多维环境取代,这一环境充满了通过给彼此发送消息进行通信的对象。结果,他开始构建一种计算机语言,以使程序员可不将主机看作串行指令执行者,而将它看成数千台独立的计算机,它们中的每一台都有能力控制整个机器。"[21] 在莱因戈德对 Smalltalk 的分析中,特别值得留意的是,他描述了"程序员""看待主机"的方式可能发生了明显的概念转换,即从线性串行指令向"多维度环境"转变,这个"多维度环境"被"数千台独立的计算机"这样的空间"对象"所"占据"。考虑到所有形式的计算机程序设计都仅由数行文本指令组成,那么说面向对象将文本行转换为动态的"多维环境"是指什么呢? 代码"占据"空间可能意味着什么?

莱因戈德关于面向对象的描述性语言跟他特殊的新闻风格比起来,没有任何别致之处。相反,关于面向对象编程的讨论因有太多术语,如"空间""环境""界面""移动""主题""架构""内部""外部"和"并行"等,这些词的无所不在成功地使它们被忽视了。事实上,在不使用这样空间化隐喻的情况下,几乎不可能描述出面向对象,这就是奈杰尔·斯里夫特(Nigel Thrift)在相关的复杂性理论领域所观察到的倾向[22]。一个特别突出的例子是,1995 年埃里希·伽马(Erich Gamma)、理查德·黑尔姆(Richard Helm)、拉尔夫·约翰逊(Ralph Johnson)和约翰·威利斯迪斯(John Vlissides)的里程碑式的著作:《设计模式:可复用面向对象软件的基础》(*Design Patterns: Elements of Reusable Object Oriented Software*)。它是针对软件开发人员识别和解决常见面向对象设计问题的首部综合指南,明确被定位为《建筑模式语言》(*A Pattern Language*)一书的应用版,后者是克里斯托弗·亚历山大(Christopher Alexander)对建筑学常见问题的重复解决模式的广泛探索。正如《设计模式》的作者在序言中所说,"即使亚历山大谈论的是建筑和城镇的模式,但他所说的也适用于面向对象的设计模式"[23]。此外,与莱因戈德对自身之于面向对象的全新态度的描述一样,这些陈述到底意味着什么，编程可能从建筑分析中获得什么呢？

鉴于迄今为止关于面向对象和媒介性的历史性讨论，从空间嵌入的意义上来描述面向对象的编程也许并不奇怪。然而，仅仅认为这种关系是巧合还不够。相反，这种对编程的空间化和嵌入的看法是面向对象的必要概念前提。在空间嵌入的意义上设想面向对象，是因为语言本身需要它，或者至少是适当和最佳的使用需要它。学会通过面向对象代码有效表达自己，是将探索世界的具体哲学方法进行内化和吸收的过程。为了充分了解面向对象如何构成计算的媒介性，我们必须将面向对象逻辑所要求的哲学概念精确地分离出来，就像德勒兹将电影所创造的哲学概念绘制出来一样[①]。因此，本节接下来的部分将介绍面向对象所创造的概念开放性，这种开放性使面向对象能够成为当代生活中极具影响力的媒介。

开放性 0-1：描绘

在讨论面向对象创造出来的具体概念启示之前，重要的是要了解先前的方法。数字计算机编程最基本的层级是机器语言，由处理器特定的二进制指令的连续行组成，每行机器代码通常包含三个元素。第一个元素是处理器特定二进制操作代码或操作码，描述的是类似于两个数字相加这样的数学或存储操作。每个处理器响应多个二进制操作码，这些操作码组成了处理器特定的指令集。每个指令行中的其他元素是操作数，它们是数字或存储地址（执行操作码的地方）的二进制表示。

鉴于机器语言编程本质上非常乏味和不直观，在20世纪50年代，人们开发了"第二代"汇编语言以提高编码效率。与机器语言一样，汇编语言程序由单处理器特定的指令行组成。然而，汇编语言用更符合人类语言的文本助记符替换了二进制操作码。例如，三字母助记符"mov"可以表示10110000机器语言操作码，用于把操作数移动到特定的存储地址。另外，汇编语言这种方式允许为内存地址分配短变量名，而不是二进制数字，从而更容易地表示出在每个存储位置存储了什么值。在执行汇编语言程序之前，外部汇编器将所有汇编语言一一转换为相应的二进制机器操作码，与此类似，将所有符号变量名称解译为实际的二进制存储器地址，以便处理器可以执行机器代码。

[①] 德勒兹认为，电影与哲学在本质上的共性比我们想象的更为深远，真正的哲学创造通过电影或者说时间-影像来进行。——译者注

因此,在机器语言和汇编语言的范围内,编程行为是一个描绘的过程。其中,程序员的任务是拆开必要的步骤来完成一些计算任务,然后将这些操作整理为线性的、扁平的、逐步的指令列表,以便处理器执行。正确的描述要求程序员将处理器思考透彻,以在最细微的水平上预测其逻辑。也就是说,程序的唯一逻辑是处理器的逻辑,汇编编程在概念上的任务是将宏级任务转换为实现预期结果所需的单处理器操作的线性列表。鉴于机器语言和汇编语言程序要尽可能最小化,因此执行速度非常快,程序中唯一的时间概念就是处理器本身的速度。时间作为指令数量的第二功能存在,一切皆可化约。描绘作为处理器遍历的指令串,在空间中实现了线性扩展,并促使程序员形成永远直线型的朴素逻辑思维。

开放性 1.5:非线性

当汇编语言比起机器代码在编程效率方面略有提高时,几种"第三代"语言的发展带来了 20 世纪 50 年代后期更大的飞跃。第三代语言使编程语法(syntax)更接近人类语言和标准数学符号,同时还允许单个程序在多个不同的处理器架构上运行。早期的第三代语言,如 FORTRAN(FORmula TRANslator)、ALGOL(ALGOrithmic Language)和 COBOL(COmmon Business Oriented Language),通过扩展命名变量的使用范围来提供更多可读的代码,并添加抽象数据类型和代数表达语法的概念(这一语法允许使用代数符号在单行代码中表达多个处理器指令,例如"x = y + 5 * 2.")。在执行之前,编译程序将更灵活和易读的第三代指令语言,转换为能在每个处理器上运行的特定机器或汇编语言操作码。因此,无需为每个特定的处理平台创建相同程序的单独版本,就可在具有该语言的相应编译程序的任何一台处理器上运行相同代码。

除了上述改进外,第三代语言为构建代码提供了多种功能,以提高可读性,减少对冗余代码的需求。这些发展的第一个成果是过程式程序设计①(procedural programming)的出现。其中经常重复并具有相关函数的编程指令行,作为单个代码块或过程(procedure,也称为函数或子程序)被分组在一起并

---

① 过程式程序设计又称过程式编程、过程化编程,一种编程典范,有时会被视为指令式编程的同义语。派生自结构化编程(structured programming),主要采取程序调用(procedure call)或函数调用(function call)的方式来控制进程(processes)。——译者注

分配了名称，以便程序员可以通过在任何代码点上调用过程名称以重复整个指令块。此外，在 20 世纪 60 年代末 70 年代初，第三代语言越来越多地采用结构化编程方法，其目的是通过建立用于常见处理任务（例如排序、选择和迭代）的标准化控制结构，来消除由 GOTO 语句产生的复杂"面条式代码"。由于使用第三代语言进行过程式和结构式的编程所产生的所有代码最终会被编译成特定处理器的机器或汇编语言，因此尤其要注意到，过程式和结构式的编程所带来的发展，更多是为人类程序员创建概念性辅助工具，而不是从根本上改变实际执行计算的方式。

第三代语言的结构创新带来了对精确复制机器和汇编语言的计算器指令的第一次远离。过程式程序设计方法的出现，将编程概念从描绘过程转向组织过程。描绘过程包括为处理器创建的线性指令序列，而组织过程赐予了人们线性文本指令的可读性和经济性。组织过程通过分解和控制这两个概念性活动来进行。分解即将重复的指令分组，形成代表最少必要元素的命名程序，以此减少严格线性程序中的代码冗余。控制是以正确顺序调用过程以获得恰当计算结果。控制主要位于程序的主程序中，这是一种"主过程"，在必要时调用其他过程执行特定任务，临时将控制权传递给它们。另外，一个过程可以通过调用并转移控制权给其他任何过程（而不是主程序）来执行一些子任务。整个程序在主程序的最后一个指令完成后终止。

由于这种新的编程设想，设计进程比单行指令在处理器中串行操作要复杂得多。虽然程序的形式仍然是一行，但这一行实际上比对等的机器程序或汇编程序更加紧凑，因为冗余已经从代码中去除。然而，执行程序的全部时间保持不变，因为当执行不同的过程和控制循环以重现原始的线性指令列表时，控制会来回跳转到行中的不同点。因此，可以将执行的请求描述为：在一个方向上连续线性运动以及在该线路的不同指令段之间跳转突变，即这两者之间的来回切换。由于这些跳转，时间不再化约为单个代码行数的总和。虽然时间仍与代码紧密相关，但它大于代码，因此必须存在于代码之外，如此一来，将代码视为在时间之内而不是相反才准确。在过程式程序设计中，时间是压缩代码的基础，随着每次指令跳转，执行时间会延长。即使第三代语言的编译器最终将这些概念上的跳传和重复的次数分解为机器或汇编代码的原始指令行，但过程式程序设计仍要求程序员在编写代码时更加灵活和抽象地思考以节约空间（代码行），想象程序的执行只是在抽象的时间里存在。

面向对象，开放性2：封装

如果有任何单一的概念最能象征面向对象，那就是封装（encapsulation）。封装这一进程是将数据元素和对其进行的在离散编码结构或对象内运行的所有进程完全捆绑起来。虽然与局部变量的概念和在过程中"隐藏信息"的早期尝试相比，这个动作听起来可能在程度上有所不同，但是封闭对象这一独立计算单位的创建，却导致了彻底和绝对的概念转换。

封装中隐含的最大概念转换，是对以前程序概念的完全解构。在机器、汇编和过程式程序设计中，程序通常被视为一个连续的线性实体，其中单个控制点逐个通过每条指令。封装完全颠覆了这一概念，将程序的内聚性打破，分离出多个独立的实体，这些实体不断地互动以接近应用程序的最终目标。尽管数据先前可以化约为进程的时间或空间，并且对任何操作开放使用，但现在数据将成为主要的结构元素，因为数据属性的集合与所有在其状态下运行的进程一起被封闭起来。因此，相关数据属性与操作方法之间必要关系的分解和节约代替了进程的分解和节约，即使处理不同对象时存在进程或数据重复与冗余的风险[24]。凯描述了理解这一转变的初步困难："我花了很长时间才看到这一点，我想部分原因是，必须颠覆传统的运算符和功能的概念，才能看到对象需要独自拥有它们所有的行为：*对象是一种图绘*，其价值在于行为。"[25] 因此，封装是一种差异化行为，将程序统一的线性表达打破，变成自动的、并行的、完全自足的多样化计算实体，每一个实体可以独立编译成自己独特的对象。

放开程序的线性关系带来的一个非常重要的结果，就是同时打开了编程概念行为的多维空间。这个开放行为通过两个不同但并发的动作完成。首先，如果将这个解构过程视为将单个计算线程分解成并行操作的几个不同对象，则程序的概念空间就从单个线路扩展到了多条并行线路，从而将空间从单维的线展开至二维的平面。这里还有第二个动作，正是对象封装和分化的概念同时打开了外部和内部的概念，这就必然意味着代码内的三维体在概念上的开放。还有可能更进一步。由于封装还能实现在内部隐藏其他对象不同且动态变化的属性和方法，每个独立对象的内部主体性也会开放。因此，通过概念上的封闭这一行为，封装需要程序员将程序空间构想成包含多个独立主体的嵌入式三维空间。

开放性3：讯息传递

随着嵌入式空间和独立主体的开放，这些对象之间的协调问题逐渐显现出来。以前的编程模型通过仔细地逐步传递程序线性序列中的每个指令来获取控制权，而对象的分布式和封闭属性却抢先占据了任何直接控制的想法。当封装解构了线性特征，控制本身也被解构了，因为对象不再受严格顺序排列的限制。在面向对象中，各种对象之间的协调通过讯息传递，即通过在对象之间发送处理请求来实现。例如，记录游戏高分数值的简易对象可以收到游戏中另一个对象发送的讯息"+3"。计分对象将接收到这条讯息，确定该讯息而请求是否匹配其内部方法中的一种，然后通过在总分中增加3分并返回新的分数来执行该方法。就像这样，任何讯息的请求是执行对象内某种方法的请求。

虽然讯息传递最初可能类似调用程序的概念，但它们是性质不同的活动。正如伦茨所观察到的那样，"在典型的过程式程序设计语言中，很难放弃这一概念，即从某种程度上来说，对过程的调用总是'处在控制之中'"，他解释到，"另一方面，在Smalltalk中，讯息是在没有收到接收者行为提示以调整发送者愿望的前提下，关于发送者想要什么的请求。假设所有的对象都很智能，那么发送者相信接收者会做'正确的事情'，而不担心正确的事情到底是什么。因而我们可以确定，不论是在哲学上还是事实上，发送者都放弃了控制权，这使得讯息的解释权完全取决于接收者。这种想法是一种发自内心的呼唤，是面向对象哲学的核心"[26]。因此，讯息传递开辟了媒介的概念，因为不同对象之间的外部"空间"成了沟通的基础。

媒介的概念同样意味着在其间扩展和行进的感觉，使得讯息传递也打开了在代码内移动的可能性。这种移动并不像以前的线性编程系统那样，被认为是在处理器指令下的线性移动。相反，当多个讯息在不同对象之间触发并行事件时，这些分布式状态的变化会产生整个对象组的连续质变。这种新兴的、永远展开的拓扑整体就是所谓的面向对象的程序，并且它是应对各种讯息的多个条件对象行为的总结。另外，根据德勒兹的说法，动作和整体的转变必须在一定的时间内进行，"动作是一段持续时间的移动部分"。因此，在开放媒介和动作方面，讯息传递还为亨利·柏格森的持续时间观念开辟了可能性。在这一观念中，时间直接体现为整个对象领域内关系和状态的连续的全球性变化。正如德勒兹在《电影1：运动-影像》中所说，"关系不是对象的属性，它总是其外在的条件……关系不属于对象，而属于整体……但是，通过关系，整体可以被转化或改变其性质。我们可以说,持续或时间本身就是关系的整体"。这种面向对象的持续时间与过程式程序设计的抽象时间截然不同。而在早期的编程和计算模型中,时间作为一系列线性的原子级元素而存在。总的来说,持续时间是连续展开和自发形成的、不可化约的互动网络[27]。

然而,当每个对象最终只是不同的独立预编译程序的集合时,这样一种持续的开放性是如何实现的呢?允许对象保持对整体和持续时间的开放性这一概念,是被称为"*后期绑定*"①(late binding)的特殊功能。机器、汇编和过程式程序设计按照早期绑定来操作,其中所有变量名称链接在程序执行之前的编译阶段就要被确定,而大多数面向对象的语言,如 Smalltalk,根据后期绑定的规则,引用链接在编译时要保持开放状态,以便在程序实际执行或*运行期间*的最后关头实现动态解析。因此,每个对象不包含任何给定计划(当程序展开时,对象将对此计划进行请求),因为后期绑定允许对象通过动态解析出现的讯息,以保持开放的状态和对讯息的"等待"。这不仅需要等待过程建立整个对象组的通用持续时间,还需其建立每个独立对象特定的内部主观持续时间。它还隐含地开启了另一个维度——实时互动。这对于面向对象如何以媒介的方式发挥作用至关重要。因此,通过讯息传递以及后期绑定这一辅助概念,面向对象需要程序员对嵌入动作、持续时间和交互性这几点进行思考。

开放性 4:多态性

后期绑定不仅产生了持续和交互的可能性,它还允许面向对象的另一个关键成分得以产生,这个成分被称为多态性(polymorphism)。多态性是不同对象根据每个对象的语境来评估相同讯息的能力。因此,如果发送到诸如游戏得分这样的数字对象上,那么讯息"+3"可能被解释为"将当前分数添加 3,并将讯息中新分数的数值返回给发送者"。而如果发送相同的讯息给文本线性对象,那么它可能被解释为"并置文本字符以将数字 3 接到当前文本字符串的末尾,并将生成的字符串返回给发送者"。因此,多态性有助于填充被封装打开的主观性,即封装自身根据每个对象的内部语境和当前状态开启主动评估的可能性。凯通过多态性描述了评估过程,他指出:"SMALLTALK 的语法简单而固定,每个短语都是关于某个活动的讯息。对所需活动进行描述之后,要选择进行的活动所呈

---

① 后期绑定指的是编译器或解释程序在运行前不知道对象的类型,无需检查对象的类型,只需检查对象是否支持特性和方法即可。——译者注

现特征的讯息。指定的活动将决定是否要接受讯息(通常是肯定回复),稍后(活动)将按照讯息进行。"[28] 这种条件评估和延期决策能力使对象具有另一个重要品质。根据德勒兹理解的柏格森本体论①,宇宙完全由影像组成。然而,"影像"(image)这个词对于德勒兹和柏格森来说具有特殊意义:影像不是作为对象的静态视觉表征被理解,而须作为对象所有可能状态的虚拟总和、物质存在在时间中的动态展开(柏格森当时称之为"运动影像")被理解。就像之前的柏格森,德勒兹认为,物质宇宙是一个巨大的、震荡的组合,所有物质化的运动影像都在抖动不安的开放关系域中相互作用和反应。德勒兹把这个领域称为"内在性平面"[a plane(plan) of immanence]②,这个概念完全符合在面向对象的程序中出现的那种意料之外的展开。

但是对于柏格森而言,并不是所有运动影像都生来平等。有的运动影像有间隔,会使其即时行为和反应的速度减慢。柏格森将这些影像命名为有生命力的影像(living images):"对于柏格森来说,这些差距和间隔足以将一种影像从别的影像中被区分出来,而且是一种非常特殊的类型——那就是有生命力的影像或物质(matières)。尽管其他影像会对其全部方面和组成部分同时作出行动和反应,但是这里我们拥有了一种影像,它只在一个方面或特定部分接收动作,而对其他方面和部分作出回应。"[29] 这两个方面可以分别同义为生物的感官和运动系统,德勒兹称之为"主体性的物质方面"。德勒兹把生物的感官和运动系统之间的差距称为"不确定性中心",可以由称作"情感"的"主观性的第三物质方面"来填充:"情感,就是占据间隙的东西,占据它却不填补和充斥它。它出现在介于可以说是混乱的知觉与迟疑的行动之间的不确定性中心,即主体。它是主体与客体的巧遇或者是主体感知自己,或者体验或感觉'内在'的方式(主观性的第三个物质表现)。"[30]

有了德勒兹对情感这一概念的精确描述,就可以相对容易地用相同的方法来解读对象的后期绑定和多态性所产生的可能性。由于每个计算对象都是自己的运动影像,这个影像是执行其他对象和与之交互时,所有可能的排列的虚拟表征,讯息接收可以被理解为感知,而相应的执行方法可以被认为是动作。然而,后期绑定在对象的持续时间内打开了一个间隔,这个间隔被不确定性和多态性评估填充。通过这种运动,多态性开放了编程人员为程序对象注入情感的能力。

---

① 德勒兹基于对柏格森生命哲学的诠释,阐发了以时间-影像为核心的电影哲学观。——译者注
② 这里"plan"是"plane"的法语,"immanence"在英语和法语中是相同的。——译者注

开放性 5：接口

在永久展开、互动和情感对象的多维空间中，程序感觉更像一个嵌入式社区，而不是一个线性脚本。然而，社区是为某个目的而存在的，这个目的需要一定程度的协调。虽然封装隐含的内在性对于面向对象这个概念是完全必要的，但却引起了一个有趣的悖论：如果将对象看成独立的封闭实体，其内部主体性受到保护，从外部不可见，那么对象怎样才知道其他对象能执行什么请求呢？

在某种程度上，这个问题看起来可能有点诡异，因为程序员最终可能会看到所有不同对象的内部，但在实践中，其透明度通常不是这样。最复杂的软件应用程序并非由单个程序员制作而成，相反，它们涉及的是程序员团队，每个人都处理各自的对象，这些对象之间会进行交互以形成更大的应用程序。因此，当每个人都需要知道对象可以执行什么类型的操作，以及请求每个操作所需的讯息格式时，各个程序员读取同一个项目中其他程序员处理的对象的内部代码就变得非常低效。对互联网充满期待的凯表示："此外，OOP（面向对象程序设计）的要点是不必担心对象内部是什么。产生于不同的机器、使用不同语言的对象应该能够相互交流，而且这一点在将来也是必须实现的。"[31] 即使是程序员个人，如果遵循面向对象设计的相同原则，他/她也会更有效地工作，因为需要记住和审查自己对象的内部细节是同样乏味和耗时的。

面向对象解决了隐藏内部但却通过"接口"（interface）或"协议"（protocol）的概念体现其功能这一矛盾的问题。对象的接口被视作实际代码（通常被称为"实现"）的独立部分①，它是对象的公共方面，这个公共方面不仅被用来描述对象的哪一个内部方法可能被另一个对象请求，还用来描述每一次请求的必要格式，以及对象所期望的响应其请求的讯息类型（如果有的话）。重要的是，并不是对象所有的内部方法都需要包含在接口中。其实，优秀的面向对象设计会规定，除了必须声明公开以实现外部交互的方法之外，所有其他方法都应声明为私密的，只能被对象本身访问。伽马、黑尔姆、约翰逊和威利斯迪斯在《设计模式》中总结道："对象接口描述了该对象所能接受的全部请求的集合……对象只有通过

---

① "interface"声明了界面（接口）部分，它没有运行代码，但包含其他单元可以访问的类型、常数和变量等。它也描述了该单元中可调用的过程和可使用的数据。"implementation"是实现部分，该部分可包含类型声明、变量声明、常数、过程和函数。——译者注

它们的接口才能与外部交流。如果不通过对象的接口,就无法知道对象的任何事情,也无法请求对象做任何事情。对象接口与其功能实现是分离的,不同对象可以对请求进行不同的实现,也就是说,两个有相同接口的对象可以有完全不同的实现。"[32] 作为面向对象软件开发的标准化实践,所有面向对象的编程语言和环境都非常鼓励程序员为每个对象的实现开发一个清晰的、仔细描绘的接口。

通过这些机制,面向对象在代码本身的层面上插入了接口的概念。最常用来描述接口的术语之一是对象社区内每个对象之间的公共契约,而这种基于规则的社区结构将一种社会性注入代码空间。然而,这一对象的社会并不仅限于计算对象,因为接口也是人类用户的概念进入程序的方式。就像接口指定了对象之间可能的交互一样,它们会禁止对象和人类用户之间可能的交互。因此,使用者被迫居于其他对象的空间和中介,并被视为对象本身。丹·英格尔斯以为:"尤其是在 Smalltalk 中,最原始的对象之间的交互以及计算机与用户之间最高级别的交互方式是一样的。"[33] 凯表示了类似的观点,他声称,"多个控制路径的概念允许'文件''操作系统''监视器'等不同概念被'用户也是一个进程'(由此具有由变量和绑定等组成的 状态)的单一想法取代"。[34]

因而,通过接口的概念,用户本身就被包含在面向对象完全嵌入式的媒介之中。尽管本节的大部分内容都从程序员的角度出发,侧重于面向对象必须具有非常丰富和强大的媒介性概念,但是接口将终端用户引入循环之中,并将他们定位于面向对象的更大逻辑之中。在福柯的意义上,这个定位也是对用户的规训,用户在其中体验这种媒介,以便感应式地理解"抛给"他们的特定系统之逻辑。凯以雄辩的风格描述过同样的现象:"我读过麦克卢汉的《理解媒介》,并且明白,关于任何的通信媒介,最重要的一点是,讯息的接收也是讯息的重新获取——任何希望收到嵌入媒介的讯息的人,首先必须将媒介内化,才能将媒介'去掉'以留下讯息。当他说'媒介即讯息'时,他的意思是如果你使用媒介,那么你必须 变成媒介。"[35] 虽然面向对象开放了计算成为一种媒介的能力,该媒介能够涵盖当代现实生活中几乎所有的方面,但实现的条件是,面向对象根据自己的特定逻辑重组文化,并将这种逻辑施于任一访问者。因此,存在于面向对象的媒介中的文化是一种重新编码的文化,它不局限于计算空间。换言之,随着计算在所有文化领域越来越普遍,面向对象以非常现实的方式重新编码了非计算世界的各个方面。

终端用户协议

> 对象不再是将人和机器进行比较,以便评估一个对象对于其他对象而言是否一致、能否扩展、有无可能替代,而是将它们置入通信过程,以显示人如何成为机器的一个组成部分,或如何与其他东西组合构成机器。
>
> ——德勒兹和瓜塔里

如果当代文化有一个德勒兹式的抽象机器[①],那就是面向对象。无论是广泛流行的在线视频游戏社区《魔兽世界》《第二人生》或大宗交易的社交网络网站(如 Facebook 和 MySpace),还是大多数现代职业不间断的日常信息处理工作流程,面向对象越来越多地介入我们工作、玩耍、奋斗和恋爱的方式。它已如此普遍和自然,以至于被我们忽略了。在创造出计算能力以使自己变成如此丰富和引人入胜的媒介时,面向对象已经成为我们现在所了解的计算机技术不可或缺的一部分。在生产和消费面向对象的数字媒介时,我们这些用户仅被定位成面向对象的分布式操作领域中的另一组对象。

最后,与其说面向对象是革命性的计算突破,不如说它是社会强加于代码的一系列特定权力关系和实践。面向对象是系统理论在其语言核心这一最微观层面上的物质化。这进一步证明,被意识形态铭刻的物质实践不断地规训身体、塑造话语,持续之久远远超出其原始意识形态的生命周期。为了有可能实现计算的媒介性,面向对象将串行计算的严格线性逻辑开放至世界无理性的混乱之上,将广阔的生活经验纳入自我实现、自我增强的反馈循环。我们的文化越是被重新定位成面向对象的文化,关于系统理论及其意识形态产物——复杂性理论、复杂适应系统、新经济体——的信仰在经验上,就越具体化。毕竟,面向对象从来不是为了计算出一个问题的解决方案,而是为了创建可信的模拟。它的有效性源自情感和信念,而不是来自数学上的正确性。而唯一能够提高面向对象模拟有效性的方法,就是将世界上越来越多的东西模型化为面向对象的。如此,面向对象不仅把我们对宇宙的全部看法重塑为只有面向对象的,还让我们使用面向对象来"解决"生活中的特定问题。

对于凯而言,面向对象只是漫漫长路上的起点,而不是目的地本身。也许这就是为什么他经常谈到 Smalltalk 和面向对象,好像它们一半是天赐的成果,享

---

① 德勒兹宣称:"机器无处不在。"人身体的各个器官都是机器,人的身体是产生欲望的工作器官。——译者注

有比它们应得的更丰富的生命。凯关于世界的终极梦想远未实现,这个梦想是:一代又一代的孩子能够像流畅地阅读和写作一样,流畅地进行计算机程序设计。他多年来一直反复强调这一点,因而在自己的领域获得了"坚定的煽动者"这一评价,并遭到批评。他经常说"计算机'革命'还未发生",并且攻击"如今的计算机科学学士学位大多数"是"基本的 Java 职业培训"或"Java 证书"[36]。

最后,面向对象的最大讽刺可能是,对于面向对象贪婪的、耗费一切的逻辑,没有人比艾伦·凯受到的困扰更多。创造 Smalltalk 区区几年之后,他就积极地游说试图摧毁它:

> 我(在 1975 年年底)想要"烧掉磁盘包",是因为我对媒介和环境有着深刻的、麦克卢汉式的感觉:用他的话说,一旦我们塑造了工具,它们就会转而"重塑我们"。如果这些工具真的很好且正好用来解决问题,这当然是一个好主意。但双刃剑的另一面却入木三分——不足的工具和环境尽管有着某些问题,但它们仍然重塑了我们的思维。部分原因在于,我们想要有范式来指导我们的目标。有力的范式,如 LISP 和 Smalltalk,它们如此引人注目,以至于掩盖了它们的后代,当你端详这两个系统中任意一个系统的应用程序时,(就会发现)它代表了系统本身,而不是一个新的想法。[37]

正因为我们如此积极地沉浸其中,面向对象转向的最终效果难以预测。当几乎所有表征工具本身越来越是面向对象的时候,我们该如何提出有关其后果的问题? 也许,第一步是对我们如何到达现在所处的位置作出可靠的评估,并将其作为从内部开始重新编码系统的方式。

注释

The section epigraphs are from Gilles Deleuze and Félix Guattari, "Balance Sheet—Program for Desiring Machines," *Semiotext(e)* 2, no. 3 (1977): 119; Cesare Pavese, epigraph to Alan Kay's "A Personal Computer for Children of All Ages," paper presented at the ACM National Conference, Boston, August 1972; and Deleuze and Guattari, "Balance Sheet," 118.

1. Fred Turner, *From Counterculture to Cyberculture: Stewart Brand, the Whole Earth Network, and the Rise of Digital Utopianism* (Chicago: University of Chicago Press, 2006), 43.

2. Robert J. Rossheim, "Report on Proposed American Standard Flowchart Symbols for Information Processing," *Communications of the ACM* 6, no. 10 (October 1963): 602.

3. Stewart Brand, "Spacewar: Fanatic Life and Symbolic Death among the Computer Bums," *Rolling Stone*, December 7, 1972.

4. Steve Russell, Nolan Bushnell, and Stewart Brand, "Shall We Play a Game? The Early Years of Computer Gaming," video recording of panel discussion, May 7, 2002, Computer History Museum,

Mountain View, CA, accession no. 102695272, Computer History Museum.

5. Ivan Sutherland, "Sketchpad: A Man-Machine Graphical Communication System" (PhD diss., Massachusetts Institute of Technology, 1963), 23.

6. Alan Kay, "The Early History of Smalltalk," in *History of Programming Languages*, vol. 2, ed. Thomas J. Bergin Jr. and Richard G. Gibson Jr. (New York: ACM Press, 1996), 516, 571; Jan Rune Holmevik, "Compiling Simula: A Historical Study of Technological Genesis," *IEEE Annals of the History of Computing* 16, no. 4 (1994), www.idi.ntnu.no/grupper/su/publ/simula/holmevik-simula-ieeeannals94.pdf.

7. Tim Rentsch, "Object Oriented Programming," *ACM SIGPLAN Notices* 17 (September 1982): 55–56.

8. Kay, "Early History of Smalltalk," 515.

9. Ibid., 516.

10. Ibid.

11. Alan Kay, "Alan Kay's Magical Mystery Tour," interview by Michael Shrage, *TWA Ambassador*, January 1984, 36, quoted in Howard Rheingold's *Tools for Thought: The History and Future of Mind-Expanding Technology* (Cambridge, MA: MIT Press, 1985), 238.

12. Kay, "Early History of Smalltalk," 513.

13. Ibid., 512.

14. Ibid., 518, 519.

15. Ibid., 523, emphasis in original.

16. Ibid., 533.

17. Adele Goldberg, "Why Smalltalk?" *Communications of the ACM* 38 (October 1995): 106.

18. Rentsch, "Object Oriented Programming," 52.

19. Daniel H. H. Ingalls, "Design Principles behind Smalltalk," *BYTE Magazine*, August 1981, 1, www.cs.virginia.edu/~evans/cs655/readings/smalltalk.html.

20. Alan Kay, "Microelectronics and the Personal Computer," *Scientific American*, September 1977, 9.

21. Howard Rheingold, *Tools for Thought: The History and Future of Mind-Expanding Technology* (Cambridge, MA: MIT Press, 2000), 245–46.

22. Nigel Thrift, "The Place of Complexity," in *Knowing Capitalism* (Thousand Oaks, CA: Sage Publications, 2005), originally published in *Theory, Culture and Society* 16, no. 3 (1999): 31–70.

23. Erich Gamma, Richard Helm, Ralph Johnson, and John Vlissides, *Design Patterns: Elements of Reusable Object-Oriented Software* (Singapore: Pearson Education, 1995), 2–3.

24. This redundancy is dealt with through a new kind of factoring in object orientation known as inheritance, which allows for classes of objects to inherit both methods and properties from other superclasses of objects, thereby eliminating the need for redundantly defining properties and methods for similar objects. I have chosen not to include a discussion of inheritance in my argument because it has little impact on the relationship of object orientation to mediality.

25. Kay, "Early History of Smalltalk," 520, emphasis in original.

26. Rentsch, "Object Oriented Programming," 52.

27. Gilles Deleuze, *Cinema 1: The Movement-Image*, trans. Hugh Tomlinson and Barbara Habberjam (Minneapolis: University of Minnesota Press, 1986), 8, 10.

28. Kay, "Microelectronics," 124.

29. Deleuze, *Cinema 1*, 61.

30. Ibid., 65.

31. Kay, "Early History of Smalltalk," 562.

32. Gamma et al., *Design Patterns*, 13.

33. Ingalls,"Design Principles behind Smalltalk," 4.

34. Kay,"Personal Computer for Children," 9,underlining in original.

35. Alan Kay,"User Interface: A Personal View" [1989], in *Multimedia from Wagner to Virtual Reality* ed. Randall Packer and Ken Jordan (New York: W. W. Norton, 2001), 124, emphasis in original.

36. Alan Kay,"A Conversation with Alan Kay," interview by Stuart Feldman, *ACM Queue* 2 (December 2004): 26.

37. Kay,"Early History of Smalltalk," 549, emphasis in original.

数字媒介考古学：解读计算进程

诺厄·沃德里普-弗鲁因

媒介考古学的研究方法往往是从早期数字媒介中发掘出被遗忘的瞬间，将其引入当下的媒介语境中以对其重新审视，以照亮当今的媒介文化。与之相反，这一章我们将尝试对近来之事进行媒介考古学研究，即发掘数字媒介早期历史中被遗忘的时刻。

值得特别指出的是，本章介绍的是某些数字作品和系统的考古学原型。这样的研究不能局限于该系统输出的公开描述或存储下来的交互记录，了解这些数字人工制品和支撑它的系统实际上是如何运作的，包括它们的操作及其进程，是十分重要的。

这里讨论的例子是克里斯托弗·斯特雷奇在1952年为曼彻斯特马克一号[①]（Manchester Mark 1）发明的情书生成器。这个作品很可能是第一个与数字文学和数字艺术有关的试验，它被完整地记录在牛津博德利图书馆（the Oxford Bodleian Library）所藏斯特雷奇文件的笔记和项目清单中。充分理解这项作品不仅需要对其操作作出解释，还需要对其进行诠释。

这转而指向了一个核心问题：对于数字媒介考古学的发展和数字媒介未来的研究而言，我们如何理解作品的进程？数字媒介不只是表象，它还是生成表象的机器。就像太阳系模型一样（既有哥白尼的日心说，也有地心说，这两种视角仍将太阳和行星放在相似的位置上），数字媒介作品和平台在操作和意识形态上的承诺——在决定它们如何运作的结构中，而不是对任何特别的系列状态或输出的追踪之中——变得愈发可见。作为朝此方向迈进的一步，本章通过对斯特雷奇情书生成器进行分析，并思考近来的作品——马克·波伦的"艾米和克拉拉"（Amy and Klara），以此加以总结。

[①] 曼彻斯特马克一号是图灵开发的大型计算机。——译者注

斯特雷奇的情书生成器

人们一定好奇,克里斯托弗·斯特雷奇的父亲奥利弗·斯特雷奇(Oliver Strachey)是否对其产生了深远的影响。奥利弗·斯特雷奇出生于英格兰的一个显赫家庭,迷恋猜谜、下棋和打桥牌,喜欢填字游戏,是一位受过专业训练的钢琴师,且显然不擅长任何重要事务。作为一名不够出色的钢琴师,他无法进行专业级别的演奏,于是他在东印度公司谋得了一份行政工作,但很是厌恶它。他因为不快乐的婚姻而离婚。接着,在第一次世界大战爆发时,他在战时办公室代码与密码学院担任密码译解员,这职位终于发挥了他的才能。他对猜谜游戏的热爱与娴熟很快使他成了一名富有天赋的译码员。他将余下的职业生涯全都奉献给了密码学。1943 年,他被授予了大英帝国指挥官(CBE)勋章。

我们有理由猜测,在 20 世纪 40 年代中期,克里斯托弗·斯特雷奇受他父亲经历的启发,将自己的奇思妙想用于合适的任务上。他自小聪颖,清晨在母亲的床上玩假想的三维井字游戏(tic-tac-toe),下午五点则向保姆解释数学概念。按照斯特雷奇的传记作家马丁·坎贝尔-凯利(Martin Campbell-Kelly)的说法,他的学业成就无法与他的智商媲美,尽管这些学术成就使他成功地进入了剑桥大学。在大学他继续如此,将更多精力投入他的社交和智识活动而非他的学术表现。1939 年毕业时,他并无特别之处。在第二次世界大战期间,他以物理学家的身份工作,并在 1945 年结束了这份工作,成了一名校长。

没有人能想到,七年之后的克里斯托弗·斯特雷奇受到某些偶然事件和周围人显露出的一些兴趣的影响,成为某个领域的"开创者"。在 1952 年的夏天,他为曼彻斯特马克一号计算机制作的情书生成器终于完成,尽管当时并不广为人知,但他在数字文学方面做了目前已知的首个试验,也许还是他创造的第一个数字艺术作品,不管它是什么类型。

生成器的起源

对于斯特雷奇如何走到这一步,几乎无迹可寻。仅仅在两年前,1950 年,他与任何形式的学术团体没有一丁点正式的联系,数学没有,工程学没有,计算机科学当然也没有。通过一些零散的文章、书本和电台上的主题演讲,他对现代电脑产生了兴趣,但他从未见过任何一台电脑实物[1]。他对文学和艺术创作也并未表现出浓厚兴趣,但其经历中的两件事可能为此奠定了基础。

首先，他成长过程中的某些事件也许是促使他进行一个有趣且富于创造性的实验的原因，借此尝试计算机可能的用途。在他父亲结婚五年之后，1916年斯特雷奇出生了。他的母亲是瑞·科斯特洛（Ray Costellone）——一位活跃的妇女参政论者，一位具有美国教友会背景且训练有素的数学家和电气工程师。1919年，他们搬家至戈登广场，克里斯托弗的外祖父与外祖母也住在那里。戈登广场当时是艺术家和知识分子聚集的布鲁姆斯伯里团体的中心，克里斯托弗的叔叔贾尔斯·利顿·斯特雷奇（Giles Lytton Strachey）是该团体的重要成员，他在1918年出版的《维多利亚时代名人传》（*Eminent Victorians*）引起举国轰动，该书描写了红衣主教曼宁（Cardinal Manning）、佛罗伦萨·南丁格尔（Florence Nightingale）、托马斯·阿诺德（Thomas Arnold）和戈登将军（General Gordon）等一系列人物。克里斯托弗家的邻居还有弗吉尼亚（Virginia Woolf）和莱昂纳德·伍尔夫（Leonard Woolf）、克莱夫（Clive Bell）和凡妮莎·贝尔（Vanessa Bell）以及约翰·梅纳德·凯恩斯（John Maynard Keynes）。

其次，他选择大学完全出于偶然。斯特雷奇就读于剑桥大学国王学院，这所学院当时规模非常小（约200名本科生）。在那里，他遇到了一位名叫艾伦·图灵的初级研究员，后者正从事可能是计算机科学（一个经过数年才建立的学科）最基础的学科建制工作。根据坎贝尔-凯利的说法，斯特雷奇在国王学院与图灵谈论计算机似乎不大可能，但是他确实是在这时逐渐和图灵熟知[2]。当曼彻斯特马克一号电脑制造完成，图灵编写了编程手册。尽管斯特雷奇职务上只是哈罗公学的一名教师，他与图灵的私人关系却足以使他在1951年要到一份编程手册副本。正是这册副本使斯特雷奇在计算机领域成了一匹黑马。

在1951年年初，斯特雷奇第一次见到现代计算机。通过一位好友引荐，他认识了国家物理实验室（NPL）的迈克·伍德格（Mike Woodger）。在1月的某天，他花了一整天时间，了解了NPL实验室正在建造的Pilot ACE计算机（这台计算机也是基于图灵的设计而建造的）。寒假返校后，他开始编写一个让ACE计算机玩跳棋的程序。随后他了解到，马克一号刚刚在曼彻斯特完成安装，伍德格告知他，这台计算机有比ACE大得多"存储空间"，能更好地满足斯特雷奇对编程的兴趣。在收到图灵的编程手册副本之后，斯特雷奇于7月第一次拜访了图灵，与他讨论了自己关于跳棋程序的想法。这些想法给图灵留下了深刻印象。图灵建议，使用解释性追踪程序来帮助机器模拟它自己将会很有趣[3]。斯特雷奇采纳了这个建议，离开后编写了这样一个程序（正如坎贝尔-凯利所写）：

> 最后的追踪程序长达约1 000条指令，是迄今为该机器编写的最长程序，尽管斯特雷奇并没意识到。几周后，他第二次在曼彻斯特试验

该程序。他于晚上抵达,听完图灵"典型的高语速和高语调"的介绍之后,他被留下来完成这次试验。到第二天早晨,这个程序基本能够运行了,它以"汽笛"演奏的国歌这一特色点缀作为结尾。这是一个重要的杰作:一位不知名的业余爱好者,为这个机器编写了最长的程序,且该程序以单一会话的形式工作。他因此一夜成名。[4]

各处都开始向斯特雷奇抛出橄榄枝。11月,国家研究与开发公司(NRDC)的霍尔斯伯里勋爵说服斯特雷奇担任技术官。当然,那时的斯特雷奇仍在哈罗公学教书。但是在1951年和1952年学校放假期间,他在曼彻斯特花费了很长时间,忙于他的跳棋程序以及NRDC已经下发给他的两项任务。那年春天,他还参加了剑桥大学的计算机学术研讨会,甚至在BBC电台做了一场有关计算机的演讲(分为两部分)。在BBC第二次的讲话中,他描述了多模态交互(阴极射线管上的图像、电传打字机上的文字)以及他的跳棋程序不寻常的典型特性[5]:

> 除了在阴极射线管上展示人站在甲板上的照片,并在电传打字机上输出动作,这台机器还会对游戏进行一些现场评论。例如,游戏启动时它会输出"我们应该掷出第一步吗?请你旋转一枚硬币"。然后,它会呼叫并且随意问道:"我赢了吗?"考虑到它是一台机器,它无论如何都不会作弊。玩家根据一定规则将他的动作指令输入机器。如果他犯了一个错误,机器就会将其指出来,让他重新下一步棋。如果他犯了太多此类错误,机器输出的评价就会越来越低,最后拒绝和他浪费时间。[6]

1952年6月,斯特雷奇完成了他作为一名校长的职责,并以NRDC雇员的身份正式开始他在计算机领域的全职工作。在那个夏天,也许是在其他人的一些帮助下,他开发了在马克一号上运行的创作组合情书的程序[7]。

在我们看来,斯特雷奇的头脑中不可能有我们今天所创造的数字艺术[8]。首先,这些研究几乎没有考虑观众。就像他的跳棋程序一样,情书生成器本可以向更多的公众报告,但只有一小部分从事计算机研究的同事能直接体验这一程序。而且,这显然不是NRDC的正式任务,相反,就像许多具有创造性的计算机项目一样,研究者是为了乐趣,看看能知道些什么才从事这个项目的。

在斯特雷奇的小批观众阵营里,并非每个人都喜欢它。图灵的传记作者安德鲁·霍奇斯(Andrew Hodges)说:"那些在电脑上从事真正的人类工作、关心光学或空气动力学的人,认为这是愚蠢的,但……这个项目使艾伦和克里斯托弗感到开心。"[9]今天,当我们看到这一项目的输出结果时,可以理解为何图灵和斯特雷奇的同事们认为该项目很愚蠢。以下两个例子来自斯特雷奇在艺术杂志《文汇》①(*Encounter*)上发表的一篇文章[它是对威廉·福克纳(William Faulkner)和 P. G. 伍德豪斯(P. G. Wodehouse)所写文章的即时回应]：

Darling Sweetheart

  You are my avid fellow feeling. My affection curiously clings to your passionate wish. My liking yearns for your heart. You are my wistful sympathy: my tender liking.

Yours beautifully
M.U.C.

译：

亲爱的甜心

  你是我狂热的感同身受。我的情感好奇地依附于你热情的期盼。我的喜爱渴求你的心。你是我留恋的同心同感：我温柔的喜爱啊。

你美丽的
M.U.C.

以及：

Honey Dear

  My sympathetic affection beautifully attracts your affectionate enthusiasm. You are my loving adoration: my breathless adoration. My fellow feeling breathlessly hopes for your dear eagerness. My lovesick adoration cherishes your avid ardour.

Yours wistfully
M.U.C.

译：

亲爱的甜心

  我感同身受的喜爱忠心地吸引了你满怀爱意的热忱。你是我爱慕的恋人：这是令人窒息的爱慕。同样，我也为得到你的渴望而屏息期

---

① 《文汇》是一本在英国出版的文学杂志，由诗人斯蒂芬·斯彭德(Stephen Spender)和记者欧文·克里斯托(Irving Kristol)于1953年创立，1991年停刊。——译者注

盼。我用相思和爱慕来珍爱你的狂热。

渴望你的
M.U.C.[10]

出于很多原因，当我们读这些文字时，可能无法切身感受到图灵和斯特雷奇巨大的快乐。也许是因为我们离这种华丽的散文或聚焦于"真正人类的工作"的计算机早期文化更为遥远[11]。并不是因为其输出的内容令人发笑，生成的情书并不是这个项目真正有趣的地方。

当我们阅读生成器输出的情书样本时，看到的是其他两个被忽视元素的表层体现：发生器的数据和进程。斯特雷奇致力于研究这两个元素，任何可能输出的文本只是它们那些无法预测的表现，很有可能这种不可预测性便是使斯特雷奇和图灵捧腹大笑的原因。但如果只考虑输出的文本，那便只是片面地理解这个原因或这一系统的其他方面。非常不幸的是，我们很有可能会这样做。事实上，大部分关于生成器的报告（包括坎贝尔-凯利和霍奇斯那些很出色的文字）均只提供输出的样本。我发现的两个例外是，《文汇》杂志上刊载的戴维·林克（David Link）的《天使一定存在》（*There Must Be an Angel*）和斯特雷奇的文章，两者都详细描述了整个进程（相当抽象）和一部分数据[12]。

认为生成器包括其数据、进程和输出，以及把生成器这一作品视为一个系统的两个观点是相通的。本章将采用这样的观点作为诠释的起点：作品的丰富性无法在只关注表层的诠释中找到。早期的数字艺术作品并不一定要求这种诠释，因为观众几乎不被考虑在内。而正如本章将要论证的，从媒介考古学的角度来看，将作品视作一个系统的方法会成为某种途径，使我们与今天的数字艺术产生交流的硕果。

理解情书生成器

如果我们要将生成器看作一个系统，就必须考虑它的表层输出、所用数据以及执行进程。

首先，我们可从表层入手。生成器的输出曾被用于讨论同性恋问题，但是生成器本身却很少被认真视为一个文学项目。当然这里存在一些原因——图灵和斯特雷奇都是同性恋者，且至少在图灵公开该消息时，同性恋在英国还是非法的。另外，从生成器被广为呈现的输出结果来看（比如霍奇斯在文章中提到的），似乎这是一个"无法说出其名字"的情书生成器——"爱"这个词在此明显缺失了。

但是，这依旧无法解释，为什么从文学角度解读情书生成器的输出内容并对其详加考察的尝试几乎是一片空白（除了杰里米·道格拉斯的贡献之外）[13]。当然，在进行表层文本的阅读时，我们现有的文学作品研究工具已足够成熟。对生成器输出内容进行处理的方法之缺乏，似乎并不是造成这种沉寂的可能原因。相反，更有可能是由于学者并没有从文学的角度去解读生成器的输出内容，因为生成器完全没有与人相像的感觉。斯特雷奇保留的那些情书是任何人都写不出来的文本。然而，与某些现代主义和后现代主义文本不同，人们知道文本是否由人类书写而成，以及他们对文本的兴趣这二者并没有什么矛盾。这些非人类书写的文字实际上是由机器进程产生的。

这种非人类书写的感觉，部分来自宣言中词语搭配不当的尴尬。比如在上面展现的第一封信中有"你是我狂热的感同身受"（You are my avid fellow feeling）这类宣言。第二个例子中，词语变换重复的模式使得该案例变得更加戏剧化。在第一个句子中，"感同身受的喜爱"（sympathetic affection）后面紧跟的是"满怀爱意的热忱"（affectionate enthusiasm）。在接下来一个句子里，"爱慕的恋人"（loving adoration）后面紧跟着"令人窒息的爱慕"（breathless adoration）。再后面的两个句子用"屏息期盼"（breathlessly hopes）、"相思和爱慕"（lovesick adoration）等效仿之前的短语，而在这两个句子之后，信件就戛然而止了。

情书生成器产生的文本似乎并非某种表达爱意的笨拙尝试，而更像一种超越表达的东西——它并不致力于从传统阅读中获取乐趣。那么，我们要怎样才能读懂情书生成器呢？想要从这个使图灵和斯特雷奇"捧腹大笑"的设计中找到更多让人感兴趣的东西，我们需要看到表层之下的东西。

我们可以在上述远谈不上浪漫的情书的落款中找到一个切入角度。"M. U. C."是"曼彻斯特大学计算机"（the Manchester University Computer）的缩写，或者我们还能发现，就像《文汇》上那篇文章大概描述的那样，马克一号 M. U. C. 通过完成下列进程，扮演了情书作者的角色：

> 除了书信的开头和结尾以外，全文只有两种基本句型。第一个是"我的—（形容词）—（名词）—（副词）—（动词）你的—（形容词）—（名词）"。有几列合适的形容词、名词、副词和动词，可以随意填空。至于要不要选择将形容词和副词包含在内，就更随意了。第二种类型是"你是我的—（形容词）—（名词）"，在这种情况下，形容词总是存在的。可以随机选择使用哪一种句型，但是如果第二种类型的句子连续两次出现，且第一个句子的结尾为冒号（不幸的是，计算机的电传打字机没有

逗号),那么第二个句子中"你是"这第一个词就被省略了。这封信以两个从特别的列表中选出的单词开头,然后是按照两个句型之一编出的五句话,最后以"你的—(副词)M. U. C."结尾。[14]

带着这样的切入角度,现在我们来检查生成器的数据和进程。

情书生成器的数据

在生成器的数据中我们可以读到什么?是它的数据模板,尤其是用于句子组装的"几列合适的形容词、名词、副词和动词"吗[15]?这些并不是传统的文本。相反,它们将代表生成器结构中每个开口槽和每次程序运行的可能性大小。

关于数据,我们能做的是将它与我们在阅读表层文本的例子时产生的想法进行比较。通过查看可用单词的完整列表(表14.1),可以看到,例如,生成器的某些输出示例中,"爱"(love)这个词的缺失只是一种偶然的意外,而不是系统内部有意的、明显的缺失。生成器的完整词汇表包含了"爱"(love、loves)、"热爱的/地"(loving、lovingly)、"相思病"(lovesick)和"惹人喜爱的"(lovable)。但考虑到随机性的本质,即使在阅读了许多表层输出的例子之后,我们可能仍未意识到这一点——系统的数据还未被检查。

关于数据,我们可以做的另一件事是寻找其中的模式。数据被仔细地编写或选择,以特定的方式参与生成器的进程。它可能有缺失的迹象或明显的重复。然而,在此情况下,缺乏细致的塑造似乎显而易见。斯特雷奇在《文汇》杂志上的文章中写道:"词汇很大程度上是源于《罗热辞典》(*Roget's Thesaurus*)。"在这里,我们可以看到,这些数据就像是逐字转录自《罗热辞典》。由此,我们可以开始思考一些问题,但这些问题尚属初步:在哪种进程中,一个人会选择从辞典中复制数据,而不是仔细地选择每个元素?这些数据对于作品来说是决定性因素吗?如果数据被一些辞典条目(这些条目与不同的人际关系或者主题相关)所取代,那将会发生什么?

正如这些初步的问题所揭示的那样,大多数可能比较有趣的数据阐释,仅仅在生成器进程的语境下才会产生。一般来说,在进程密集型的作品中,只有当考虑如何在进程中使用数据时,数据才非常有趣。因此,阐释生成器的运行进程,是我们必须面对的挑战。

表 14.1　情书生成器的数据表①

分类（Category）	词语（Words）
形容词 （Adjectives）	anxious, wistful, curious, craving, covetous, avid, unsatisfied, eager, keen, burning, fervent, ardent, breathless, impatient, loving, lovesick, affectionate, tender, sweet, sympathetic, fond, amorous, erotic, passionate, devoted, dear, precious, darling, little, lovable, adorable
名词（Nouns）	desire, wish, fancy, liking, love, fondness, longing, yearning, ambition, eagerness, ardour, appetite, hunger, thirst, lust, passion, affection, sympathy, fellow feeling, tenderness, heart, devotion, fervour, enthusiasm, rapture, enchantment, infatuation, adoration, charm
副词 （Adverbs）	anxiously, wistfully, curiously, covetously, eagerly, avidly, keenly, burningly, fervently, ardently, breathlessly, impatiently, lovingly, affectionately, tenderly, fondly, passionately, devotedly, seductively, winningly, beautifully
动词（Verbs）	desires, wishes, longs for, hopes for, likes, clings to, wants, hungers for, thirsts for, yearns for, lusts after, sighs for, pines for, pants for, woos, attracts, tempts, loves, cares for, is wedded to, holds dear, prizes, treasures, cherishes, adores
信的开头 （Letter Start）	dear, darling, honey, jewel, love, duck, moppet, sweetheart

生成器的进程

我所提出的阐释系统的方法如今面临一个十分重要的问题：我们要如何开始解读这些进程？也就是说，我们该如何开始阐释它生成了什么作品，该作品能够做什么，而不是仅仅阐述它说了什么。

首先，在开始阐释之前，需要特别指出进程具有的一些特征。其思路是使用对比的方法，具体做法是同时考虑两个或多个进程，以判断这些进程有哪些一致和不同的特征显现了出来。

下面我将详细介绍这一方法。首先，我会比较斯特雷奇的情书生成器与另外两个作品。在这两个作品中，进程扮演着十分重要的角色：它们一个是很有

---

① 情书生成器输出的文本具有一定的结构模板，不同类型的词语形成一个数据库，填充进对应的结构就可以形成一封情书。——译者注

影响力的文学作品,另一个是与斯特雷奇跳棋程序同时出现的该程序的优化版[16]。结合语境,在比较中显现出来的进程特征将是我们阐释的起点。

第一个例子是乌力波,即潜在文学工场①(the Oulipo, Ouvroir de Littérature Potentielle, or Workshop for Potential Literature),在1960年由雷蒙德·格诺(Raymond Queneau)和弗朗索瓦·勒利奥奈(François Le Lionnais)创立。当格诺在进行一项困难且不寻常的工作并感到无以为继时,他遇到了勒利奥奈并与之成为朋友,接着他们创立了乌力波[17]。格诺表明:"他建议我们组建一个进行实验性文学创作的研究小组,这一想法推动了我继续工作。"[18] 这个项目便是格诺的《百万亿首诗》(Cent mille milliards de poèmes, or One Hundred Thousand Billion Poems, 1961)。

这个作品由十首十四行诗组成,每一首诗都有十四行句子。有些人可能会想,这个作品如果叫《十首诗》岂不是更合适?该作品之所以如此命名,在于每首诗的组成结构使潜在诗歌的数量远远大于十首。也就是说,读者可以通过阅读任何一首十四行诗的第一行,紧接着是任何一首诗的第二行,再接着是任何一首诗的第三行,从而创造出一首可以取代原来诗句的十四行诗。读者就会发现,整个作品是如此巧妙构造,以至于任何这样的阅读方式都可以创作出一首句法、韵律和格律堪称奇妙的十四行诗。如果将诗歌打印出来,这种方法就更简单了,每一首诗单独打印成页,每一页裁剪为可独立翻页的十四行。每一行诗歌都依附于一张独立的纸条,通过翻转这些纸条,随意组合来自不同诗歌的诗句,新的诗歌便可被创造出来。

这个由读者操作的进程创造了令人眼花缭乱的可能性。当读者选择阅读哪一首诗中的第一行时,就有十种可能性。接着,读完其中一首诗的第一行,读者就可以选择任意一首诗歌的第二行来读,也就意味着阅读前两行的诗句时,一共有100(10×10)种可能性。当读完了第二行,我们可以选择任意一首诗歌的第三行来读,也就意味着读前三行的内容时,一共有1 000(100×10)种可能性,以此类推。这类作品被称为"组合文学"。而乌力波的成员哈利·马修斯(Harry Mathews)在关于组合的记述中,引用了乌力波另一成员克劳德·贝尔热(Claude Berge)早期所写的文字:

(其对象是)配置域,配置就是预先安排有限数量的对象,不管是"有限几何的问题,即在有限的抽屉空间内放置多种尺寸的数据包,还

---

① 潜在文学工场是其名字直译,乌力波取自其首字母,为简称。它是一个由作家和数学家组成的松散的国际团体。该团体自1960年创立以来,一直活跃于法国乃至世界文坛。——译者注

是预先设定的单词或句子的次序"。

安排、布置、次序，因为这些是乌力波组合研究的材料，所以这些结果通常可以被称为重新安排、重新布置、重新排序，归入同类术语之列。[19]

尽管组合文学与固定元素的安排相关，但并非所有元素都必须应用到任一结果之中，即并不是所有的数据包都须适合抽屉，注意到这一点非常重要。当然，格诺《百万亿首诗》的一个重要特征就是，只有140行诗句中的14行被用于创作任意一首新的诗歌。从这里可以发现，斯特雷奇的情书生成器也是一种组合文学的作品——它先于乌力波的首个作品，这种历史的偶然性被乌力波称为"预料之中的剽窃"。

当我们对比情书生成器与《百万亿首诗》的进程时，关于情书生成器我们能说些什么？首先，我们可以看到它的进程是随机的，并且是通过电脑来实现的，而格诺的诗歌则始终是读者选择的产物。生成器的进程也比诗歌的进程有更高的组合性。每当生成器创作句子时，它就按照"我的—（形容词）—（名词）—（副词）—（动词）你的—（形容词）—（名词）"的模式，在几乎所有的词语中挑选，并组合成诗歌。每一次挑选词语时，潜在选择的数量并不小。例如，有31个形容词可以填补句子开头"我的"后面的空白，有29个名词可以填补接下来的空白，这就创造了899种可能性，而这仅仅只是选择了此类句子的前三个单词[20]（一个完整的句子有424,305,525种可能性）。而《百万亿首诗》仅仅建立在以每行为基础的组合之上，每一行的内容仅有十种可能性。

和这些作品中组合操作的程度同样重要的是，何者被变换这一本质——变换的是被这些进程所安排的数据。在格诺的文章中，数据块是相当大的：包括十四行诗的全部诗行。巨大的数据块将给写作带来极大风险，但对格诺来说，通过巧妙地建构每一行以形成一定的诗歌结构将成为可能。《百万亿首诗》不仅在所有的排列中保证了韵律和节奏的一致（仅仅要求十首建构的诗在这些方面有一致的方案），而且做到了语法一致，这就要求这些诗歌要有巧妙的平行结构。进一步而言，虽然不同的原始诗歌有不同的主题，但可能唤起的相关意象却能够丰富潜在读者的体验。斯蒂芬·拉姆齐（Stephen Ramsay）如此描绘阅读《百万亿首诗》的感受："虽然可以用随机选择的方式创作一首诗，但这个进程没有内在的偶然性……而更像是有意识地寻找有趣的诗行组合以及诗意的效果。在创造自己的诗歌时,我发现自己不能抵抗让埃尔金大理石[①]的野马'抓住阿尔·卡彭[②]的指纹'的冲动。读者会清晰地感觉到,自己在这些组合中发现了一些东西——在作品中释放了一些能量,同时在格诺自己的游戏中战胜了他。"[21]

我们再一次看到了数据密集型方法的潜在力量。相较而言,情书生成器通过运行更小的数据单元获得了更多的组合可能性。它在更小的单位上进行操作,用克里斯·克劳福德(Chris Crawford)的话来说,就是"进程密集型"[22]。因为这些数据单元都很小(独立单词),且对作品中组合的选择显然并不仔细(比如,仅考虑名词的押韵),情书生成器似乎并没有通过数据形成和《百万亿首诗》一样的结构。

然而,对于情书生成器来说,通过进程形成一定结构也许是可行的。例如,精心设计进程可避免特别坏的结果(比如过度重复),或实现某种令人特别愉悦的模式(例如,句子、头韵,甚至节奏之间的巧妙联系)。虽然这些可能需要更详尽的数据,但这似乎不是最重要的。最重要的是,越来越多的复杂进程不被使用,从而无法为生成器输出的更多文本提供结构,让它们成为更好的情书。让我们记住这一事实,在将生成器与另一例子的进程加以比较后,我们再回过头来审视这一点。

第二个例子是斯特雷奇的跳棋程序,在斯特雷奇研究情书生成器之前,他为马克一号开发了首个版本的跳棋程序。该程序初始设计的核心方法借鉴自博弈论(game theory),即现在比较知名的"游戏树搜索"(game tree search)或"极大极小值"(minimax)算法[③]。斯特雷奇在《文汇》上发表的文章中这样描述:

> 这一方案实际使用了机器在每一边"向前看"几步的功能。也就是说它选择了可以走动的一步,从中发现了可以回应对手的所有合法步骤,并且一个个去尝试它们。对于它每一次走动和对手回应的组合,它可以找到所有自己可以进行的第二步,并以此类推。平均下来,在游戏之中的每一个阶段大约有十个合乎规则的步骤,事实上,如果"向前看"

[①] 埃尔金大理石是希腊建筑,流落英国,其归还问题一直悬而未决。——译者注
[②] 阿尔·卡彭是著名的黑手党老大。——译者注
[③] "game theory"翻译过来就是博弈论,其实是研究多个玩家在交互中取胜的方法。游戏树是组合博弈理论中用来表达一个赛局中各种后续可能性的树,一个完整的游戏树会有一个起始节点,代表赛局中某一个情形,接着下一层的子节点是原来父节点赛局下一步的各种可能性,依照这规则扩展直到赛局结束。极大极小值算法是一种找出失败的最大可能性中的最小值的算法,常用于棋类等由两方较量的游戏和程序。该算法是一个零和算法,即一方要在可选的选项中选择将其优势最大化的方法,另一方则选择令对手优势最小化的方法,而开始的时候总和为0。很多棋类游戏可以采取此算法,例如 tic-tac-toe。——译者注

了几步之后，它需要考虑的步骤数量就会变得极大。经过几个阶段之后（其数量由时间来决定），机器会使用一个非常简单的方案来评估结果的位置。它会记录位置的值并最终选择一个趋于最理想位置的步骤，假设它的对手采用了可选的最佳步骤。[23]

有了上面详尽的描述，我们就可以开始探讨情书生成器与跳棋程序之间的一些基本区别。比如一种进程选择的是词语，而另一种则选择游戏的步骤，这些都太简单直观了，因此我们暂时将其忽略。更为重要的，是比较这些选择是如何完成的。

让我们从头来看。每当跳棋程序开始选择移动哪一步时，它会首先观察当前的棋局状态，然后向前投射。这意味着，整个程序必须不断保持对"状态信息"的追踪——它必须在游戏期间"保持状态"——从而知道在哪里开始下棋。在选择每一步棋时，它都会向前投射很多可能的状态，从中选择一系列移动中能带来最佳结果的那一步。

对比来看，情书生成器将会保持哪一种状态？它必须知道进程正处于哪一个阶段——开始、结束还是主体部分。它还须知道什么时候以"你是我—（形容词）—名词"为模式的两个句子在主体部分相继出现。这样就可遵循一个原则："第一句若以冒号结尾……第二句开头的'你是'就可以省略。"但是，决定使用哪种句型是随机的，选择单词来填充形容词、名词、副词和动词的空白也同样是随机的。已作出的决策无法影响当前的决策，当然也无法向前投射未来的可能性。

为什么会这样？并非因为计算机没有能力解决这一问题或是斯特雷奇没有能力解决，毕竟，跳棋程序在情书生成器之前便已诞生。在一定程度上，这可能是因为零和游戏的数学运算更愿意使用下面这一方法：基于状态信息的复杂决策。但对于我们来说，比推测更重要的是生成器进程选用的是无状态设计①（state-free design）这一简单事实。

在进一步讨论此问题前，我们来看一下跳棋程序的另一方面。尽管程序采用的游戏树搜索算法在斯特雷奇工作的那个时代并不鲜见，但在现实中，在计算机能下跳棋这一情境下（其速度问题的解决需要对未来投射的步骤数量进行限制），该程序产生了一个出人意料的行为。斯特雷奇在1952年ACM会议上向计算机科学家报告了这个结果，并在他那篇发表于《文汇》的文章中对其结果进

---

① "无状态设计"意为：每次的请求都是独立的，它的执行情况和结果与前面的请求和之后的请求是无直接关系的，它不会受前面请求的应答情况直接影响，也不会直接影响后面请求的应答情况。——译者注

行了通俗的表述：

> 但是，机器游戏有一个相当出乎意料或者说相当有趣的特征。机器"向前看"时，评估所到位置的方法是十分粗糙的。它将每一个兵棋记为一分，每一个王棋（显然王棋比兵棋分值高）记为三分，位置的分值就是自己的得分和对手得分之间的差值。当然，它会检测到大量位置有相同的分值，并从中随意选择一个计分。
>
> 假设现在机器的对手有一个兵棋在第七排，下一步它将变成一个王棋，在这种情况下，机器是没法阻止他的。机器会在对手下次移动后丢两分，人们可能会认识到这不可避免，然后接受这一事实。但是机器将注意到，如果自己牺牲一小块地盘，其对手将会立刻占领它。这使得机器暂时仅损失一分，但正因为机器向前看得不够远，它并不能意识到自己已不能阻止王棋产生，而只能推迟不幸的来临。在下一次移动时，机器将面临同样的困境，而它也会用同样的方式解决这一问题，所以它会让每一个兵棋作出可能的牺牲，直到它接受对手已得到王棋这一事实。[24]

这种表现类型的复杂（可能有点出人意料的）结果都是在极为简单的互动原则中得到的，这种行为在数字艺术中被称为"突现行为"①。在此情况下出现的行为并不尽如人意（它将导致坏棋），但值得注意的是，它是完全符合系统设计逻辑的结果，却也是连系统设计者都无法预见的结果。激起人们对进程密集型数字艺术之兴趣的部分原因，是它持续出现更积极结果的可能性——不仅会使系统设计者感到惊讶，也会让大众惊叹。

关于斯特雷奇如何设法解决了这一棘手的难题，《文汇》的读者可能无法得到一个充分的解释，但是他在 ACM 会议中给观众提供了更多信息：

> 为解决这一难题，第二种策略被开发了出来。在这种策略中，机器会不断研究未来的移动步骤，直至找到不会被俘获的连续两步。这就意味着，机器将会意识到自己阻止对方得到王棋是徒劳之举。对机器能考虑的最高阶段数目加以限制仍是必要的，况且还要考虑时间的限制。但是没有更多会（注：原文如此）持续超过两个阶段，除非对方被俘获，机器便有可能提前考虑四个阶段，且不会变得极其缓慢，让人无法忍受。这也意味着，机器将会把失去两个兵棋和让对方得到王棋视

---

① 突现是复杂系统中通过个体间的非线性交互作用而产生的群体行为。针对突现现象的研究已经成为复杂系统及复杂性科学的研究热点，突现计算思想为研究群体智能提供了一种新的方法。——译者注

为同等的牺牲,且由于在同等分值之间可随机选择,它仍有可能作出无用的牺牲。通过将王棋的分值从 3 分调整为 $2\frac{7}{8}$ 分,这一问题便可避免。[25]

生成器的游戏策略是什么?

从以上分析可以看出马克一号的程序所能达到的复杂程度。这一程序由斯特雷奇在好奇心的驱动(而不是 NRDC 指定)下创作出来。鉴于此点和我们前面的讨论,可以借由一系列观察结果来阐释一二。这个事实组合可能令人费解。我们应如何看待情书生成器刻意为之的简单、无状态和随机性,以及它的词汇转录自辞典这一事实? 这一系列事实自身似乎并不令人费解,可一旦想到这并非一蹴而就、转瞬即忘的项目,这一点就难以理解了。除了当时斯特雷奇和图灵以此为乐之外,两年后斯特雷奇还为《文汇》写了一篇关于情书生成器的文章,这个项目还多次在他和图灵的作品以及和马克一号相关的早期作品中出现,给人留下了深刻印象。

戴维·林克认为,情书生成器建立在"爱情相对于(Vis à Vis)其表达的还原论基础之上。就像斯特雷奇去年发明的跳棋游戏一样,情书(生成器)被认为是带有循环元素的重组程序"[26]。鉴于上述讨论,我相信我们应作进一步的探讨。情书生成器不仅是带有循环元素的重组程序,还是在设计中就注定会失败的进程。正如波洛涅斯①(Polonius)进入舞台时,观众们等待着下一个非常乏味的老生常谈从他嘴里冒出来,我想象着斯特雷奇和图灵看着电传打字机,知道马克一号内正在进行的进程,然后等待着接下来出现的一堆套话,这些套话在英国主流社会中被认为是真诚的表现。换句话说,情书生成器运作的方式,是对如何规范地表达某种渴望的拙劣模仿。它扮演的情人角色笨拙地、滔滔不绝地说出只有字面意思的生硬句子,其中尽是借自辞典的随机重复的词语。此外,斯特雷奇选择保存的例子,似乎是那些能对无意识变换模式进行强大表层标记的例子。

作为依赖于随机性的语言进程,情书生成器的设计注定会以某种引人注目和颇具幽默感的形式宣告失败。在此方面,情书生成器并非孤例。最有名的例子是在 20 世纪 50 年代末(1958 年)首次出版的,由罗杰·普莱斯(Roger Price)和伦纳德·斯特恩(Leonard Stern)创作的《疯狂填字游戏》(*Mad Libs*)丛书[27]。与情书生成器相似,《疯狂填字游戏》的进程很明确,是在给定的句子结构中填入

---

① 波洛涅斯是《哈姆雷特》中的人物,通晓世事而又琐碎迂腐。——译者注

形容词、副词、名词、动词。但是,《疯狂填字游戏》还有感叹号、地理位置、数字、颜色、身体部位等。并且,在《疯狂填字游戏》中,任何给定文本中的大部分词语都不是空白,而是形成围绕某个特定主题的传统文本框架,只有关键性词语是开放的。另外,《疯狂填字游戏》不是组合而成的,它没有将作品的每个开放部分都用可能组成的词语来填充,而是听取玩家的建议来填补空白(这些玩家并不清楚文本的主题,这些主题实际上是由玩家自己提供的)。例如,《疯狂填字游戏》的玩家可以自由使用他们可以想到的任何动词,而不是在给定的动词列表中作出选择。

结果显示,这一进程的失败乃是意料之中。一位曾经看过《疯狂填字游戏》文本所需术语的玩家,要求其他人提供必要的词语类型。然后玩家高兴地喊出他们能想到的可能最不合适的建议。这有一丝诙谐的味道,而他们的期待则更滑稽——等着看这个数据的聚集是如何通过与《疯狂填字游戏》进程中给定的数据相结合,产生一个荒谬的文本。玩家读完最后的文本时,常常看到他们期待的结果被揭示,继而大笑,但之后没有人会保留最后的文本。这些文本很滑稽,只因它们是被期待而无法预测的填字游戏的结果。当然,在这一方面,情书生成器的产物更像《疯狂填字游戏》,而不像波洛涅斯这类人精心雕琢的愚蠢辞藻。然而重要的是,要注意到波洛涅斯这个人物设定意在表现某种类型的傻瓜,而《疯狂填字游戏》并非为了代表任何以前可识别的进程。《疯狂填字游戏》是一个幽默的进程,但不是一种再现,而我把这个情书生成器理解为一种再现。

相信到这里,我们终于能够理解情书生成器这一数字文学的首次试验了。这是一个在设计中就注定失败的进程,它采用基于辞典的单词数据集,并可能产生极不人性化的表层文本(如斯特雷奇选择保存的那些文本)。我们要在背景中,也许最好是说两种背景:斯特雷奇努力研究的早期存储程序计算机的技术背景,以及20世纪50年代计算机文化和英国社会中同性恋倍受歧视的社会背景下理解这种结合。综合来看,生成器通过其操作,拙劣地模仿了以言语示爱这一在主流文化中最真诚的活动。

也就是说,我并未将情书生成器视作一个模仿的进程,而是将其自身当作对进程的模仿。这些情书本身并不是对人类手写信件的模仿。确切地说,情书创作进程是对人类写信这个进程的模仿再现。它并非微妙的模仿,由一个复杂的结构所驱动。这个结构是循环的,但不可避免会带来一系列无趣的情感,它们会和数据一样被存储起来。相反,这是一个简单粗暴的进程,它把传统社会中情书的创作表现为无需记忆、由极简的句子结构驱动以及用辞典词汇填充的过程。换言之,情书生成器为了表现出强大的模仿力,正如它所需要的那样复杂。

另一生成器的开发计划

虽然我们完成了对情书生成器的诠释,但它的故事并没有结束。保存在牛津博德利图书馆中有关斯特雷奇的文件也透露了他开发第二版情书生成器的计划。第二版中情书生成器的模仿范围会稍微小些。另外,虽然情书的纯数目可能不会更大,但其多样性的感觉会增加。生成器的第二个版本中,每封信的内容不再是表达不清的愿望,而将依据主题进行操作,例如,"给我写信""给我回信""嫁给我""不要再去见那个男人"和"告诉你的母亲"。另外,每次输出都有一个大体的风格,比如"责备""渴望""不耐烦""感激"或"怀旧"。斯特雷奇的笔记包含许多不同排列的例句,比如:

I can't imagine why you are always seeing that man.

How can you be so cruel as not to stop seeing that man?

Do I dare to ask you to stop seeing that man?

Don't go on seeing that man or I shall never speak to you again.

我无法想象为什么你总是去见那个男人

你怎么如此残忍,不停止去见那个男人?

我能请求你不要再去见那个男人吗?

不要继续去见那个男人了,否则我再也不会和你说话了

他的笔记也提供了许多语法,按照这些方法便能造句。图 14.1 展示了一个简单句的语法结构,图 14.2 展示了复杂句结尾部分的结构。

$$\text{There is no} \begin{pmatrix} girl \\ woman \\ one \end{pmatrix} in \begin{pmatrix} the\ universe \\ the\ world \\ existence \\ England \end{pmatrix}$$

$$who\ is\ nearly\ as \begin{Bmatrix} beautiful \\ lovely \\ delicious \\ exquisite \\ wonderful \\ exciting \\ attractive \\ charming \\ lovable \\ nice \\ inspiring \end{Bmatrix} as\ you.$$

图 14.1　斯特雷奇为二代情书生成器所做计划中的一则简单句语法例子

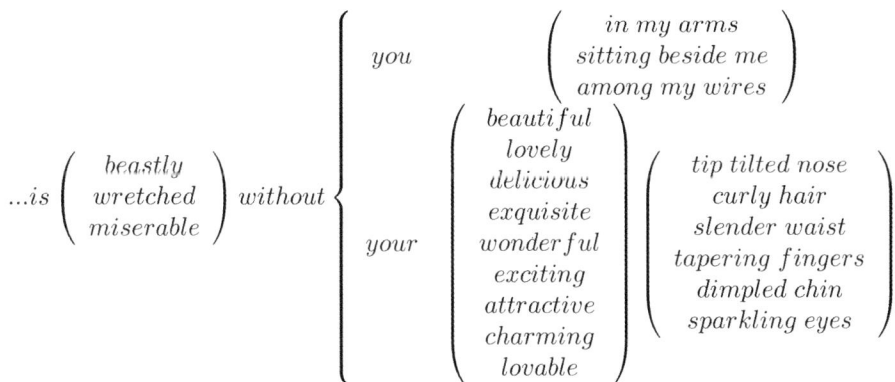

图 14.2　从斯特雷奇笔记中摘录的一个复杂句语法总结

阅读斯特雷奇的这些计划是一种乐趣。巧妙的词组变换、有趣的结构化进程和语法,以及在 M. U. C. 用这些信件示爱的幻梦中偶尔令人惊讶的"打盹"(如图 14.2 中的"among my wires")。但是这个项目被放弃了,斯特雷奇在文件中没有解释放弃的原因。我个人的想法是,这一结果与斯特雷奇的工作情境相关。我不禁想知道,当第一代情书生成器创作出愚蠢的作品时,在斯特雷奇旁边站着大笑的那个人所遭遇的事情,是否让所有的一切似乎变得索然无味了。

1952 年的夏天,当斯特雷奇和图灵一起合作,等待 M. U. C. 下一个爱的宣言时,图灵正在被迫进行激素注射。这不仅使他变得和预想一样虚弱,也使他的乳房增长,也许还损害了他的思考能力。这些注射是图灵所受判决的一部分——在那年的 3 月 31 日,他被判有"严重猥亵罪"。图灵和斯特雷奇可能曾嘲笑情书生成器如此粗劣而愚笨地模仿异性恋的宣言,但这也意味着他们对这个社会的嘲笑。仅仅因为他们是同性恋这一事实,这个社会便强烈排斥、监禁甚至通过激素改变他们。

那个夏天的两年之后,在 1954 年 6 月 7 日的晚上,艾伦·图灵终结了他的一生。

向生成器学习

我们也许会说,利顿·斯特雷奇的《维多利亚时代名人传》和克里斯托弗·斯特雷奇的情书生成器,既是对英国文化中保守元素的幽默批判,也是对过分尊崇者的诙谐批评。前一部作品通过它说了什么来批判,后者则是通过它做了什么来批评。情书生成器通过操作进行表达的模式无疑非常罕见,但它是独一无二的吗?已经过去了半个世纪,现在我们也许会转而疑惑:我们通过审视斯特雷奇的生成器所学到的东西,是否有助于阐明数字媒介的当代图景?

在这里,我们需要将马克·波伦的"艾米和克拉拉"这一研究考虑进来[28]。首先,这似乎是一个与斯特雷奇的情书生成器相差甚远的作品。观众接触的"艾米和克拉拉"并不是电传打字机上的纯文本,它由两个粉色的盒子组成,从中可以看到如大型机器人眼睛般的扬声器。然后合成的语音开始播放,一个机器人开始评论来自网站 Salon.com 的文章。这很快就转变成一场无趣的争吵。例如:

Leave me alone.

What is wrong with you?

Leave me alone, please.

Weirdo.

Aha.

You are such a dork.

让我一个人静静。

你怎么了?

请让我一个人静静。

怪人。

啊哈。

你真是个呆子。[29]

像情书生成器写的信一样,艾米和克拉拉之间的争吵也不像一般人类作家所书写的那样好。此外,就像斯特雷奇生成器的电传打印一样,使艾米和克拉拉发出声音的语音合成(text-to-speech)技术是单调的、机械的,没有些许差别。如果我们的目标仅仅是创造一种迷人的观众体验,那么不如让机器人只播放演员提前录制好的人类争吵声,效果可能更好。

但是"艾米和克拉拉"使用语音合成,和情书生成器使用电传打字机而不是人类的书写,是出于同样的原因。"艾米和克拉拉"的每一次表现都是复杂潜在系统的不可预测的表达,而输出必须变化多样,表达才能成功。

当我们开始把"艾米与克拉拉"看作一个系统时,我们注意到,有两样东西可能不会引起观众注意。第一,在"艾米和克拉拉"的盒子槽口有两个摄像头面对面;第二,每个机器人中都藏有降噪麦克风。换句话说,"艾米和克拉拉"的机器人不仅"说",它们还"看"和"听"。

此外,"艾米和克拉拉"的机器人也会"读"。每台机器人都对 Salon.com 上的内容进行统计评估,这是它们对话的起点,因为艾米机器人会根据她对 Salon.com 的阅读,选择一个主题并进行评论。语音合成系统会将艾米的评论(由一部分代理架构根据 AIML 语言①将其汇编起来)转换成从她扬声器里发出的声音。由于机器人不共享数据,克拉拉机器人只能通过她麦克风"听到"艾米的评论,而且必须使用自动语音识别技术将其转成文本。由于软件系统在语音合成转换和自动语音识别方面存在局限,转换过程一开始,误解几乎立刻随之而来。波伦设计了模仿浓重德国口音的克拉拉机器人,这使情况变得更加复杂。当机器人发现(或认为)她们不同意的时候,交流就变得不友好起来,最终完全变成了谩骂式的交流。就像德国口音一样,脏话的交流一般并不会设计在语音合成系统(和代理架构)中。就波伦而言,这需要他进行重要的系统调试工作。

这里可以看到,正如斯特雷奇的目标不是复制最动人的人类情书,波伦的目标也不是复制最引人入胜的人类战斗。相反,波伦汇编了一个系统,通过系统的表现,表达了对识别与错误识别、沟通与误解、机械与情感的一些认识。要将这一作品进一步解释为一个系统,就需要仔细检查其表层、数据和进程。就我们的目的而言,我们可以充分认识到,在数字艺术中,斯特雷奇的早期作品所表现出来的诠释的系统导向方法,可以为我们提供一个重要视角,以观察近来的数字作品。这对未来数字媒介考古学的工作和广阔的数字媒介领域都有深远影响。

由于进程对于数字媒介如此重要,数字媒介的考古学必须超越目前该领域中史学讨论的大部分内容。我们赞同这样的事实:数字媒介的史学工作已经习惯于研究技术系统和提议,而不仅仅是研究那些占据主导地位的历史讨论——正如媒介考古学方法所建议的那样。例如,数字媒介历史通常会涉及如西奥多·霍尔姆·尼尔森(Theodor Holm Nelson)、范达姆·安德里斯(Andries van Dam)和道格拉斯·C.恩格尔巴特(Douglas C. Engelbart)等先驱著作中的超文本思想,而不仅仅讲述万维网开发者蒂姆·伯纳斯-李(Tim Berners-Lee)的超文本思想。另一方面,非主导系统进程的具体设计中所表达的思想很少被研究。例如,我意识到,尼尔森的项目所发布的"绿色"和"金色"Xanadu 源代码②,或者由戴维·杜兰德(David Durand)和史蒂芬·J.德洛斯(Steven J. DeRose)展示的仍在运行的范达姆 FRESS 项目——这两个项目的进程调查方面还没有出现关键性的工作[30]。

---

① AIML 是人工智能标记语言"Artificial Intelligence Markup Language"的简写。——译者注
② Xanadu 代码是一个颜色代码系列。——译者注

概括来说，数字媒介领域必须开始抓住嵌入系统的想法。那些在数字艺术领域工作的人通常以进程的方式展开工作（在从约翰·凯奇到当代计算机科学的鼓舞之下），而这些在其项目表面是看不见的。同样，那些在比如电脑游戏这样的数字媒介商业领域工作的人，构建了使叙述结构、人物表现、语言互动等实现可操作化的系统。在其他领域，我们习惯于仔细审视这些系统中的每一个，常常试图理解它们背后的一些逻辑。但在软件领域，其背后的逻辑在于明确的编码过程，我们可以对此进行检查，这在别的领域是少有的。随着媒介考古学和软件研究等领域的工作不断深入，我希望我们能够发展出一套方法和实例，来弥补这长期缺失的历史好奇心。

注释

1. Though he had used a differential analyzer, a kind of analogue computing machine, when working with differential equations during World War II.

2. Most of this account of Strachey's life and family is adapted from Martin Campbell-Kelly's "Christopher Strachey, 1916 – 1975: A Biographical Note," *Annals of the History of Computing* 7, no. 1(1985): 19 – 42, while the following material on Strachey, Turing, and the love letter generator also draws on Andrew Hodges's biography of Turing, *Alan Turing: The Enigma* (New York: Walker, 2000); Christopher Strachey's article "The 'Thinking' Machine," *Encounter* 3, no. 4(1954): 25 – 31; Strachey's papers in the Bodleian Library (University of Oxford); and material from the British Broadcasting Corporation (BBC) archives. I am indebted to Oliver House and David Durand for archival work with Strachey's papers, and for the transcript of Strachey's second BBC address I am indebted to Allan Jones.

3. As David Durand points out (pers. comm.), having a machine simulate itself, as in the problem that Turing suggested to Strachey for his first Mark I program, is also the basic outline of Turing's demonstration of the halting problem —— a lynchpin of Turing's argument in his essay providing the foundation for modern computation. See Alan M. Turing, "On Computable Numbers with an Application to the Entscheidungsproblem," *Proceedings of the London Mathematical Society* 2, no. 42(1936): 230 – 65.

4. Campbell-Kelly, "Christopher Strachey," 24 – 25.

5. More significant than its questionable status as the first computer personality, Strachey's checkers program troubles the claim of A. S. (Sandy) Douglas's OXO to the title of "first graphical computer game." Douglas's program, which showed a game of tic-tac-toe on a CRT, was developed in 1952 for the University of Cambridge EDSAC.

6. Christopher Strachey, "Science Survey," transcript of radio address, BBC Home Service, 1952, sent to me in 2005 by Allan Jones, who has published on early BBC broadcasts on computing.

7. Campbell-Kelly, in "Christopher Strachey," notes some aesthetic advice from Strachey's sister Barbara, while Hodges, in *Alan Turing*, mentions collaboration with Turing, but neither source confirms the other's account on these points. In Strachey's writings he often fails to even credit himself (preferring to say that there is such a program and leaving aside who created it).

8. At the time of Strachey's projects, when the first stored program computers were just coming into existence, artistic applications of computers were essentially unheard of. According to Jasia Reichardt, the prominent curator of the 1968 computer art exhibition *Cybernetic Serendipity*, computer art's "first tentative steps date back to 1956." Jasia Reichardt, *The Computer in Art* (London: Studio Vista, 1971), 7. The earliest examples cited in current surveys of digital art, such as Christiane Paul's *Digital Art*, are from more than a decade after Strachey's generator. Christiane Paul, *Digital Art* (London: Thames and Hudson, 2003). It is, of course, quite possible that further research will reveal even earlier digital artworks than Strachey's generator. For example, C. T. Funkhouser has written of a 1959 digital poem created by Theo Lutz using one of Zuse's electronic digital computers — which may lead us to imagine that an earlier work of digital literature/art, using one of Zuse's earlier systems, might be uncovered through further research. But whatever happens, we do know that the field of digital literature has more than a half century of history, almost as long as that of the digital computer itself and perhaps the longest of any of the digital arts. See C. T. Funkhouser, *Prehistoric Digital Poetry: An Archaeology of Forms, 1959 – 1995* (Tuscaloosa: University of Alabama Press, 2007).

9. Hodges, *Alan Turing*, 478.

10. Strachey, "'Thinking' Machine."

11. Regarding the prose, Strachey, in his *Encounter* article, characterizes the generator's output as giving a "Victorian" impression (ibid., 26). But as George Landow (pers. comm.) points out, this seems the same view of Victorian culture found in Giles Lytton Strachey's *Eminent Victorians*, which is probably more amusing than accurate.

12. David Link, "There Must Be an Angel: On the Beginnings of the Arithmetics of Rays," in *Variantology 2: On Deep Time Relations of Arts, Sciences and Technologies*, ed. Siegfried Zielinski and David Link (Cologne: König, 2006), 15 – 42.

13. Jeremy Douglass, "Machine Writing and the Turing Test," presentation in Alan Liu's Hyperliterature seminar, University of California, Santa Barbara, 2000, www.english.ucsb.edu/grad/student-pages/jdouglass/coursework/hyperliterature/turing/.

14. Strachey, "'Thinking' Machine."

15. Of course, for many works of digital literature it is a challenge to get access to the data. While Strachey, like most computer scientists, published an account of his project's processes, it is rare to publish a project's complete data. In this case, the relevant papers of Strachey's at the Oxford Bodleian Library were consulted. These contain a complete program listing for the generator, from which its data were extracted (folders C 34 and C 35, box MS. Eng. misc. b. 259). Unfortunately, most early work in the digital arts was not so scrupulously preserved. The importance of preservation issues for digital literature, combined with some practical suggestions for current authors, is the subject of Nick Montfort and Noah Wardrip-Fruin's *Acid-Free Bits: Recommendations for Long-Lasting Electronic Literature*, 2004, Electronic Literature Organization, www.eliterature.org/pad/afb.html.

16. This chapter is not alone in making these comparisons: both Link and I made them in 2006. Noah Wardrip-Fruin, "Expressive Processing: On Process-Intensive Literature and Digital Media" (PhD diss., Brown University, 2006); Link, "There Must Be an Angel."

17. Raymond Queneau, *Cent mille milliards de poèmes* (Paris: Gallimard, 1961).

18. Quoted in Jean Lescure, "A Brief History of the Oulipo," in *Oulipo: A Primer of Potential Literature*, ed. Warren F. Motte (Lincoln: University of Nebraska Press, 1986), 32.

19. Harry Mathews and Alastair Brotchie, eds., *Oulipo Compendium* (London: Atlas Press, 1998), 129.

20. Given that each love letter contains five sentences, each of one of the two types, one can add together the number of possibilities for each of the two sentence types and then take the resulting number to the fifth power in order to determine the number of possibilities for the main body of the letter (leaving

aside the letter's opening and closing words). I calculate this to be 753,018,753,081,800,000,000,000,000,000,000,000,000 — a number much greater than one hundred thousand billion.

21. Stephen J. Ramsay, "Algorithmic Criticism" (PhD diss., University of Virginia, 2003), 54.

22. Chris Crawford, "Process Intensity," *Journal of Computer Game Design* 1, no. 5 (1987), www.erasmatazz.com/page78/page31/page229/page241/ProcessIntensity.html.

23. Strachey, "'Thinking' Machine," 27.

24. Ibid., 28.

25. Christopher Strachey, "Logical or Non-mathematical Programmes," in *ACM'52: Proceedings of the 1952 ACM National Meeting* (Toronto) (New York: ACM Press, 1952), 49.

26. Link, "There Must Be an Angel," 25.

27. Leonard Stern, "A Brief History of Mad Libs," 2001, www.penguinputnam.com/static/packages/us/yreaders/madlibs/history.html.

28. Marc Böhlen, "Amy and Klara," in *Proceedings of ISEA 2006 Symposium/Zero One San Jose*, ed. Steve Deitz (2006), http://isea2006.sjsu.edu/content/view/261/49/.

29. Marc Böhlen, "Amy and Klara: Towards Machinic Male-dicta and Synthetic Hissy Fits," 2006, www.realtechsupport.org/new_works/male-dicta.html.

30. Udanax.com and Project Xanadu, "Xanadu Secrets Become Udanax Open-Source," 1999, www.udanax.com/; Steven J. DeRose, "Fress: The File Retrieval and Editing System," 2003, www.derose.net/steve/writings/whitepapers/fress.html.

后记：媒介考古学与昨日重现

维维安·索布切克

> 所谓"在场"（过去存在于当下的隐含方式），至少和"意义"一样重要。
> ——艾尔克·鲁尼亚（Eelco Runia），《在场》（Presence）

> 考古学家应当齐心协力，去保卫那些被……帝国主义社会和人文主义话语……压制和"他者化"的集体中的次要部分。这个故事并没有被叙述出来……但是它作为一种静默的、有形的、可见的且毫无生机的物质遗迹来到我们面前。
> ——比约纳尔·奥尔森（Bjørnar Olsen），《文本之后的物质文化：事物的再记忆》（Material Culture After Text: Re-membering Things）

这两个题词，前者来自荷兰一位历史哲学家的一篇具有开创性的理论文章，后者来自一位挪威考古学家的"宣言"。这两个题词一下子吸引我的原因是，它们尤其与理解"媒介考古学"的任务密切相关，不管这门未成建制的学科是如何成分混杂，难以驾驭。和本书包罗万象的文章极为相似的是，这两个题词都是一种突出的表述，其内容是：最近出现的明显的物质主义，以及普遍的反叙事、反解释学话语（该话语关注的是，在何种情境下，缺席的过去能被称作当下的"在场"）[1]。因此，这种话语同样关注"即时性"（immediacy）和"中介性"（mediation）的条件（和效应），即使它没有将特定的实体和形式明确地称作"媒介"。我将论述，这种关于在场的话语（一种"缺席的在场"），以及它对过去、对它得以重现（和进行史学交流）的条件的特别关注，对于媒介考古学来说非常重要。然而，"在场"这一术语在此语境下意味着什么呢？

极端地说，"在场"在字面意义上被定义为跨历史的（并不是非历史的）传递，或者是转喻和物质的碎片或痕迹的继替，它们从过去穿越到"此时此地"——

这里的"此时此地"指我们在实践、操作和感觉上接触这些碎片或痕迹，使其再次被激活并变为现实存在的时间和地点²。不要与"天真的现实主义"混淆，这种在场的感觉萌生于认识论和感官的特性（既有物质上的，也有结构上的），这些特性不仅体现在理论或诠释的话语中，而且体现在可操作的（还必须是具体的）*实践*和*知识*中，即"认知的述行性动作，它注重'做了什么'而不是'再现了什么'"³。这种关于在场的观点无疑揭示了媒介考古学的诸多含义。事实上，本书中的许多文章关注的不只是恢复和描述那些先前被忽视或边缘化的媒介-历史人工制品，还有每个人工制品通过跨历史的*操作实践*所开辟的"技术-历史事件"（认识论和感官上的条件得以产生）。对媒介考古学者来说，这种关于在场的观点强调了主要按照海德格尔的"*技艺*"(techne)术语来处理、测量、搜集和关注历史遗迹的重要性。这种技艺的力量在于它的解蔽作用：不仅使（这些历史遗产）"*产生*"，还"*使其在场*"⁴。实际上，这种对过去在此时此地的（字面上和哲学上的）在场的看法，和那些看似毫不相干的媒介考古学项目联系在了一起。例如，描绘日本Baby Talkie这种光学玩具在家庭中的实际用途，或者描述深层次的物理和结构操作，使陈旧的留声机（或现代计算机）显示为其自身的考古学家或"执政官"(archon)——为了观察和了解起见，只要特定的技术行使程序的力量和优先的权力，并由此为"系统的运行"建立认识论上的条件⁵。

从另一种极端言之，"在场"被定义为一种应运而生但*虚幻的*（和难以捉摸的）*效应*⁶。通过被注意到而突然"在那里"，以及通过检验以彻底地、回溯性地质疑和改变那些公认的事物秩序，带有罗兰·巴特"*刺点*"①(punctum)作用的记忆碎片或痕迹，便穿透了平凡瞬间（和领悟）中的*神秘之洞*⁷。在媒介考古学中，一件被忽视的媒介人工制品（无论是现实存在的，还是仅仅为想象的和/或计划中的）似乎立刻变得既熟悉又陌生。因此，它的突然"在此"（并且一直"在那里"）产生了一种"在场效应"，这种效应能够推翻已建立的媒介等级制度和媒介历史的前提（及其理解）。实际上，本书中的许多文章源于一些离奇（而精确）的重新识别的经验，不仅重新识别一些边缘化或未获实现的技术设备（它们打断了媒介历史的连续性和目的论），而且重新识别跨历史的和主题性的在场——比如媒介和"小人儿"这种文学形态的话语结合，又或者是突然重新认识到，那些之前被我们当成机器"噪音"或电脑"人工制品"（在这个语境下是一个惊人的术语）以及媒介干扰物而被忽视的东西，实际上是媒介的系统性元素之一。

---

① 罗兰·巴特认为，好的摄影作品是有刺点的，它能够引起观者的思考甚至痛苦。——译者注

恰恰是意识到当下多种多样的断裂的在场(它是一种转喻的"缺席的在场",不论其是否"真实"或产生某种"效应"),日益增加了人们的不满:对艾尔克·鲁尼亚眼中诠释性历史叙述那令人窒息的*隐喻*或替代法(或者就像他说的历史"*再现主义*")的不满。的确,在不同程度上,媒介考古学,包括本书文章,因对"再现主义"的不满,走上了与主流哲学、电影电视和媒介研究的诠释性方法、文化研究以及新历史主义不同的道路。因此,尽管媒介考古学和这些学科领域具有一些相近的特征和焦点,并且无可避免地进入"解释学循环"(至少它会将原本令人惊讶的对象当作媒介相关物考虑在内),但是就如在场的话语一样,媒介考古学的取向通常是*反解释学的*。媒介考古学偏向于避免或延迟诠释性的分析说明以及目的论的使用方式,后者用于现实主义的历史再现,而现实主义的历史再现尝试通过一致的(和隐喻的)叙述来填补过去的空白,弥补其缺失。

在此方面,鲁尼亚将隐喻、转喻和再现、在场结合起来。他论述道:"在场不是用你手头的东西隐喻性地填塞空白的结果。只有转喻性地呈现缺席,在场才能更好地被激发。"[8] 他继续说:"坚持这样做,是因为这些空白并不与我们脑海中已经存在的东西有关……隐喻在理性层面上提供了智力的欢愉,但是……转喻却在痛苦的层面击中了要害。"[9] 然而,这是痛苦而不是情绪的一些简单形式,另外,它类似于朱莉娅娜·布鲁诺所说的"情感"(e-motion)——这个连字符强调了一种动态的传输形式和历史的传递性,它们使一些真实的事物可以触动我们的心灵[10]。

鲁尼亚认为,实际上只有通过面对历史的转喻,我们才能"一睹历史的神圣","使我们最终回到自我本身"[11]。这一"神圣"作为在场或在场效应,被当作一种超常而非超验的启示而被体验(和著述)。也就是说,这种启示是*历史性*的,它跨越了过去、当下和未来之间的隔阂,不仅以某种方式将过去显露为永恒的当下,也以某种方式将当下与未来显露为永恒的过去[12]。因此,同样是注重历史转喻的媒介考古学家,有些人关注的例子是自19世纪80年代以来就极其稀有的定制版英国大型双镜魔术幻灯,有些人则关注当前的计算机代码(或构成代码的电流),他们的差别并不像起初看上去的那么大。事实上,在场的体验或在场效应——因体验缺席的在场和在场的缺席而产生的神圣感和历史的"光晕"——同样受到二者的重视。

对于某些媒介考古学家而言,通过实际参与历史的"原初"时刻(如果"起源"从未存在),过去的在场于此时此地(部分)显现了出来。若按照瓦尔特·本雅明的描述,"光晕"是一个人与艺术品的*独异之处*(singularity)(这里指古怪或稀有的历史人工制品、碎片或踪迹）进行 *存在主义的相遇*①时产生的神圣体验，那么存在就是神圣的或带有光晕的"[13]。然而，对于那些只把在场当作一种效应的媒介考古学家，它依然是神圣的。按照塞缪尔·韦伯（Samuel Weber）的论述，"光晕"是"*独异*②之物的独异的告别，其独异之处不再属于一个原初时刻，而是其遗留的余波"[14]。尽管过去的转喻的碎片和痕迹不会将过去直接传递至当下，但它们的在场却神圣地回应了它的缺席。因此，在场的话语两端——真实的（如果是局部的）在场或虚幻的在场效应，存在主义的相遇或其遗留的余波——那些之前被忽视、未加思考的转喻的碎片或痕迹，不仅使人们强烈意识到不可复原的更大缺席（被设想为"过去"），而且使人们意识到存在主义意义上在场的"他者性"（它被当作是一种差异，产生于构成我们熟悉的日常生活世界，即"当下"的事物秩序之中，然而该差异可以从秩序中被辨识出来，且与该秩序保持一定距离）。

  对于鲁尼亚来说（媒介考古学家也是一样），"在场——与现实的接触……就和意义一样是根本性的。尽管意义可能被描述为……意识、生活的 *内涵面*，在场却被认为是其 *外延面*"[15]。因此，涉及史学，"在场栖居于语言的外延区域，……属于为了讲述一个故事而呈现的事物"，而不属于故事本身。然而，内涵和意义常常主导大多数的历史和史学实践。也就是说，即使"史学的外延层面偶被 *提及*，……但史学家如何再现他们考察的东西这一层面总是抢尽风头"[16]。因此，在场并不在叙述和意义的层面上显现，而在于细致的描述，这种描述可能是无穷无尽的，在转喻性上总是局部的和开放的，并且优先于通过命名和诠释形成的大致理解。

  实际上，当然，通过语言来传达在场，在某种程度上总会涉及内涵和诠释。从史学上言之，就像汉斯·乌尔里希·古姆布莱希特所建议的那样，我们可以期望的最佳情况是"在场效应与意义效应之间的来回摆动"[17]。然而，在哲学和方法论上，对于在场的渴望（以及在实际研究过程中该渴望的激发）使一种全新的方法论（和史学）得以产生。这种全新的方法论既是经验主义又是物质主义的，强调定性的描述也常常使用定量描述；它强调事物的"物性"（thingness），毋需诠释性的"阅读"或文化"分析"，而是需要仔细勘察以及（可能的话）触摸、操作和运

---

① 存在主义心理学认为，生命在关系中"相遇"，彼此了解，从而对存在的经验进行自省。这是一种切实的、真诚的相遇。——译者注
② 独异是韦伯教授阐发的一个重要概念。2016 年 10 月，韦伯教授在北师大就"独异"作了三次主题演讲。其演讲稿现已被译成中文，刊登在北京师范大学文艺研究中心主办的学术集刊《文化与诗学》上。——译者注

转研究的客体。同样，史学被转变——构想和著述，（用海登·怀特有效的区分方法来看）使用的并不是 *诠释*这样的 *叙述行为*（narrativized acts），让我们对世界有一个全面的视角，而是发现和描述这样的 *叙事动作*（narrated acts），不仅打开了我们的感官，还提高了我们对世界，尤其是世界始终如一的非连续性，以及我们眼中总是不可思议的"他者"的理解力[18]。总而言之，对在场的渴望以及与之相伴的史学研究策略（不管是方法论的还是话语的）很大程度上解释了为何特定类型的反历史研究的出现[我想起了 *编年史学家*，比如费尔南德·布罗代尔（Fernand Braudel）的鸿篇巨著，还有 1926 年汉斯·乌尔里希·古姆布莱希特的反解释学的和超文本的作品，尽管不是文本主义]，为何近期的历史研究越来越关注其外延而非内涵：物质史、结构史以及司法史（我们可能会这样称呼它）——实际上还有被媒介考古学铸造（和书写）的历史以及跨历史研究[19]。

正如我已经论证的那样，在多样化的媒介考古学中，最为根本的基础在于它对上述历史在场之可能性的渴望和信仰。我也已经指出了这种基本原则导致的几种结果（既有哲学上的也有方法论的）。事实上，我一直建议媒介考古学和本书中的文章能站在渴望在场的角度，共同拥有一些"家族"的特征，这些特征将它们联合起来，形成异构的一致性（coherence）。这种一致性既是空间化的，也是概念化的，在字面上与"共同"（co）和"此地"（here）相关，构成一种普世共享的哲学上的 *惯习*（habitus）（其中也有某些内在的差异）。这些大多数已被提及的家族特征，包括对于媒介具体特质的限定，而非一套抽象的概念；媒介（在最广义和动态的层面上）是物质和结构，而非从属于形而上学理论并受其影响的次要"填充物"；作为具体的、工具性的和认识论上的方法，媒介实践和操作的有效性等同于长程分析方法；注重对媒介的物材、形式、结构和操作的描述，而非注重对媒介内容及其社会效果的诠释；媒介在形式和认识论上各有不同，而非经过修正的雷同；最后（至少是在这篇论述中），媒介的多样性破除了历史的连续性和目的论，而非相反。

那么，媒介考古学总体而言"意味"着什么呢？就其全部和最终的"深层结构"而言，我们可以说些什么？如果考虑到媒介考古学的价值在于作为一种未建制的学科，它努力抵制了任何一种综合的解释或统摄一切的理论，也许我们就不应就此发问。然而，本书的编者不仅要求我提出这些问题，还要求我尽力回答。所以，总的来说（这句话深具反讽意味），我想通过海登·怀特的《元历史》来综观媒介考古学的"历史想象"（以及这本书中的文章）[20]。就如书中所说，媒介考古学把自己描述为一种特殊的历史类型。尽管它表面上是拒绝叙事化的，但它在深层结构上是情节化和形式论证的，且有着意识形态的蕴涵。

"情节化"模式,或者说何种类型的整体历史被讲述(不论是历时性还是共时性的,不论是叙述其结构的转变还是连续性),对怀特来说,导致了不同的"解释模式":历史作为一个整体,在深层结构上是浪漫式的、讽刺式的、喜剧式的和悲剧式的(其中部分而不是全部模式,很可能是以形容词的方式与其他模式联系在一起)。尽管我很确定,许多媒介考古学家出于其经验主义和物质主义思想,一想到这些便会嗤之以鼻。但对我而言,媒介考古学的原型情节显然是*浪漫式*的。浪漫剧在根本上是复兴、复原和拯救之剧目(在这里,怀特提及寻找圣杯的传说似乎并非巧合——这个中介性的宗教人工制品,就像历史的媒介人工制品一样,蕴虚于实,是一种"缺席的在场")。用怀特的话来说,浪漫剧也是一种"人类最终超脱于自己因为原罪堕落而被囚禁的世界……战胜死亡的黑暗力量"的剧目[21]。因此,在某种程度上,我们可以将史学家和史学视作浪漫的,只要他们的主要目的是通过复兴、复原和挽回"过去"以超越人类的死亡宿命。比如,儒勒·米什莱(Jules Michelet)"呼吸着死亡的尘埃"①,以及 E. P. 汤普森(E. P. Thompson)重现和书写英国贫苦大众的声音②。

媒介考古学的情节化模式在我看来似乎尤其浪漫。它对历史采取物质主义态度,偏好反解释学,坚持媒介的多样性、特异性和差异性,并且主要基于过去在当下"在场"的可能性。但就如《宋飞正传》中(*Seinfeld*)带有讽刺性的纠正那样,"并不是说那有什么错"③。事实上,考虑到我们身处这一怀疑和讽刺的时代,浪漫的世界观通常不仅被认为是幼稚的,而且有着潜在的危险。因此,那些媒介考古学家把历史在当下存在的"现实"作为一种在场的"效应"。然而,这些媒介考古学家依然是浪漫主义者,即使同时进行着自我讽刺。事实上,怀特写到,尽管他无法想象一部浪漫的讽刺剧,但他可以"合理地想象一种讽刺性的浪漫剧",这意味着"一种表现形式,它意在从反讽的立场揭示对世界进行浪漫式构思的愚蠢行为"。在此情况下,对"现实"存在的浪漫观念尽管愚蠢,至少部分人依然坚持这样的观点,当然也有部分持否定态度。也就是说,即使是那些把"在场"仅限定为一种"效应"的媒介考古学家也能有所收获。

怀特认为,历史想象的深层结构中的第二个要素是"*形式论证*"模式。它是

---

① 儒勒·米什莱是 19 世纪法国著名历史学家,被学术界誉为"法国最早和最伟大的民族主义和浪漫主义历史学家",还被誉为"法国史学之父"。在其散文《会唱歌的夜莺》中,米什莱描绘了一只"不恼恨""屏声静气"地迎接死亡的夜莺,以表现艺术家对世俗的悲哀及其光辉的灵魂。——译者注
② E. P. 汤普森是英国第二代文化研究学者,著有《英国工人阶级的形成》,关注平民文化。——译者注
③ 《宋飞正传》里面的杰瑞(Jerry)和乔治(George)每次说自己不是同性恋后都要反过来补充:"并不是说那有什么错。"这句台词是整部剧最令人印象深刻的金句,是对极端政治正确性的讽刺。——译者注

一种将不同话语加以组合的原则,明确或隐含地表达了对于历史现实及其编撰形式的不同观念。在这里,怀特区分了"形式的四种范式,即某种被看成推理性论证的历史解释可能想到而采用的形式,它们分别是:形式论的、有机论的、机械论的、情境论的形式"[22]。媒介考古学的形式论证模式主要是"*形式论的*",即,它的主要目的是"识别存在于历史领域内客体的独特性"[23]。继而,作为形式论的媒介考古学,可以与相关的电影与媒介研究、文化研究的当代话语(其形式论证模式主要是情境论)区分开来。也就是说,情境论关注的是构成历史领域"图景"的要素之间共时的、结构化的关系。(尽管在电影和媒介研究中,对特定电影和/或导演作品的分散而细致的研究一度也优先使用形式论的模式,但这个模式已被情境论取代。)

就如情境论一样,媒介考古学避免了有机论的综合与合成原则[在这里,我不禁想起了埃里希·奥尔巴赫(Erich Auerbach)的《摹仿论》(*Mimesis*)中微观与宏观之间的关系①],也避免了机械论的综合与还原的关键法则(当然,这里我想到了马克思的《资本论》,及其关于经济与社会结构关系的"规律")。同样,和情境论一样,媒介考古学的范围本质上是宽广的、分散的。也就是说,所有的媒介(定义宽泛,如"旧的""新的"和想象的媒介)都是考古学这座磨坊里的谷物。但是,媒介考古学和情境论的不同之处在于,媒介考古学的目的是*消除媒介对象之间的相似之处*,以及将其视作潜在的、*跨历史的*,即不必依赖于语境的对象。最后,可能也最重要的是,媒介考古学主要的形式论目的(和呼吁)不是归纳总结(就像我此刻正在做的那样),而是在不完全忽略语境的前提下,"描绘出历史领域的多样、多彩与活力"。这种描绘(或外延的描述)通过转喻的形式,致力于唤起这里所强调的"在场"感,或"在场效应"(对于读者而言)。

在怀特看来,历史想象的深层结构中最后一个要素是"*意识形态蕴涵*"模式。他论证到,每一件历史作品"都声称已经洞悉:历史记录在某些方面形式的一致性带来了关于历史世界和历史知识自身本质的理论。它们有着某种意识形态蕴涵,试图理解'在场',也不管这种'在场'如何被定义"。因此,在某种特别的情节化模式与形式论证模式之间的选择(和关系),有着意识形态和伦理的蕴涵,即如何使"一个人能够合理地设想,无限期地改变那个在场或者……保持其在场

---

① 埃里希·奥尔巴赫的《摹仿论》是一部野心勃勃的作品,它的副标题是"西方文学中所描绘的现实"。论著自荷马史诗起笔,一直写到了托马斯·曼的《魔山》与乔伊斯的《尤利西斯》。从它的体例上看,奥尔巴赫先是摘抄一段原文文本,树立论述的靶子,然后以深厚的语文学和细读功夫以点带面辐射出去,与同时期的或历代文本进行比较,往往能得出令人惊喜的观点。——译者注

的形式"[24]。进而,在深层结构的层面上,且不考虑明确的意识形态话语或历史学家自觉持有的政治信仰,每一个史学项目都蕴含着怀特认定的四种基本"元政治"立场:无政府主义、保守主义、激进主义、自由主义。拥有这些立场将引发对社会变化的需求(和速度)以及对当前社会建制之价值观的相异观点。

如果我们能够理解以下这点,即在今日,在被称为"学术界"的社会(有时是反社会的)专业建制中,历史、历史研究和史学都是必要的和"学科化"的,那么我们必然要思考这一问题:在这一语境下,媒介考古学的深层意识形态(和伦理)取向是什么?在这里,媒介考古学的未学科化状态尤具辩证性。换言之,一方面,媒介考古学讲述了一个无政府主义的故事——它很少关心"历史建制",反对历史建制的结构系统,并倡导独立个体的异质"共同体"。这些个体由于一些多样化且共有的历史兴趣、信仰和实践,具有相同的*惯习*。另一方面,媒介考古学也讲述了一个自由主义的故事。它能与历史建制轻松共处,并且坚信自由主义将回应媒介考古学对建制的认识论前提和实践方法所作出的"调适"。对怀特而言,无政府主义"倾向于在历史描述中运用本质上是浪漫主义的移情技巧"。然而,自由主义倾向于以"理性"的观点看待社会变化,"在整体的个别部分而不是结构关系产生变化时,变化本身才被视为是最有效的"[25]。尽管怀特发现,在浪漫式的历史情节、形式论的历史论证与无政府主义的意识形态蕴涵模式之间有着亲和关系,但对他而言,自由主义和讽刺式、情境论才是结合最紧密的。然而,这只是一些主要的亲和关系,并非带来既定历史类型的必要组合。事实上,怀特总结到,最有趣且丰富的历史具有以下特征:"具有一种辩证的张力,这种张力往往来源于这样一种努力,即将情节化模式与和它不相协调的论证模式或意识形态蕴涵模式结合在一起。"[26] 总而言之,我想提出的是,媒介考古学在意识形态上,以及就媒介考古学与那些已建制的学科(历史学、电影与媒介研究、文化研究)的自由组合和差异而言,保留了未学科化的无政府主义状态:它致力于一种在场的话语(不论是浪漫式的,还是反讽式的),该话语对这些学科的认识论规范和既定价值观提出了重大挑战。

注释

The epigraphs for this chapter are taken from Eelco Runia, "Presence," *History and Theory* 45 (February 2006): 1, and Bjørnar Olsen, "Material Culture after Text: Re-membering Things," *Norwegian Archaeological Review* 36(2003): 100, quoted in Ewa Domanska, "The Material Presence of the Past," *History and Theory* 45 (October 2000): 34.

1. Although perhaps most associated with historiography, the issue of "presence" spans disciplines. See, for example, the literary theorist and philosopher Hans Ulrich Gumbrecht's two (quite different) yet prescient volumes, the hypertextual and "immersive" *In 1926: Living on the Edge of Time* (Cambridge, MA: Harvard University Press, 1997) and the more conventionally written *Production of Presence: What Meaning Cannot Convey* (Stanford: Stanford University Press, 2004). After its publication of Runia's "Presence" in early 2006, *History and Theory*'s next issue focused on the topic; see *History and Theory* 45 (October 2006). Stanford University's Critical Studies in New Media workshop also focused on "presence" during 2006-7, and in May 2007, in association with the Stanford Humanities Center and Lab and the Archaeology Center), it held an interdisciplinary colloquium, "The Politics of Presence." See the homepage of Critical Studies in New Media at http://humanitieslab.stanford.edu/44/Home (accessed July 15, 2009).

2. Although the allotted space for this "Afterword" does not allow me to address directly the essays that make up this anthology, in the context of this particular definition of *presence* I would point out that, opposed as they may superficially appear, Huhtamo's essay on discursive topoi and Ernst's essay on technology as itself archaeological and archival share the premise of a *concrete* transhistorical transference of "presence." Both Ernst's technological artifacts and Huhtamo's topoi are privileged as *sites of storage and retrieval*. Indeed, Runia notes that the rhetorical idea of topoi traditionally included both storage and retrieval. As he writes: "For Vico indeed, 'topics' is at least as much about 'finding' as about 'shelving.'" Further, "Vico defines topics as 'the art of finding in anything all that is in it.'" Runia, "Presence," 13.

3. Domanska, "Material Presence," 348.

4. See Martin Heidegger, "The Question Concerning Technology," in *Martin Heidegger: Basic Writings*, ed. David Farrell Krell, trans. William Lovitt (New York: Harper and Row, 1977), 287-317. Heidegger writes, "Technology is... no mere means. Technology is a way of revealing" (294). And he also connects this revealing power of *techne* with art and *poiesis*, ending with: "Thus questioning, we bear witness to the crisis that in our sheer preoccupation with technology we do not yet experience the coming to presence of technology.... Yet the more questioningly we ponder the essence of technology, the more mysterious the essence of art becomes" (317).

5. Carolyn Steedman, "In the Archon's House," in *Dust: The Archive and Cultural History* (New Brunswick: Rutgers University Press, 2002), 1. In the discussion from which this quotation is drawn, Steedman refers to both Derrida and Foucault and their "intermittent dialogue" on "the archive as a way of seeing, or a way of knowing; the archive as a symbol or form of power" (2).

6. Hayden White says in an interview: "The idea that you could have an experience of a past phenomenon—an experience of the presence of the past—can only be an illusion. It's a contradiction in terms. But you could get the illusion of presence, and this is what [Frank] Ankersmit, I think, has in mind. Ankersmit no longer speaks about having an experience *of* history, but has an experience *about* history, of *historicality*.... A museum display [as] an attempt to give an experience *of* history... left him kind of cold. A memorial to dead children, he says, was an experience *about* history." Note here the casual yet telling criterion of the illusion's *affect* (it doesn't leave you "cold") as an element of the "presence effect." Hayden White quoted in Erlend Rogne, "The Aim of Interpretation Is to Create Perplexity in the Face of the Real: Hayden White in Conversation with Erlend Rogne," *History and Theory* 48 (February 2009): 73.

7. See Roland Barthes, *Camera Lucida: Reflections on Photography*, trans. Richard Howard (New York: Hill and Wang, 1981), 42-59. Barthes writes: "However lightning-like it may be, the *punctum* has, more or less potentially, the power of expansion. This power is often metonymic" (45).

8. Eelco Runia, "Spots of Time," *History and Theory* 45 (October 2006): 309. Metonymy is of central importance to the discourse of "presence," particularly as developed by Runia ("Presence") to

counter what he argues are the *metaphoric substitutions* effected by realist historical narrative to achieve "meaning." That is, realist historical narrative substitutes *as a whole* for the past and proceeds on an underlying claim of *analogy* or *similitude* to it (i.e., this is the same as and/or equal to that by virtue of a metaphysical idea of resemblance). The relational logic of metonymy, however, insofar as it is based on *partiality* (i.e., this is related to that by virtue of existential contiguity, association, or shared attribute rather than resemblance), preserves *difference*: the container is not of the same "stuff" as the contained; the part is not of the same "stuff" as the whole. To further the link between metonymy and "presence," it is also worth emphasizing (as Runia doesn't) the difference between *metonymy* and *synecdoche*. Both are often confused because the relational logic of each is based on partiality. Metonymy differs from synecdoche, however, in that its relation of part to whole is not based, as is synecdoche, on the *abstraction* of the part from an *organic ensemble* or whole (i.e., the acorn for the oak). Rather, metonymy (to quote Paul Ricoeur) "brings together two objects each of which constitutes '*an absolutely separate whole*'" (i.e., the crown for the king). See Paul Ricoeur, *The Rule of Metaphor: Multidisciplinary Studies of the Creation of Meaning in Language*, trans. Robert Czerny, Kathleen McLaughlin, and John Costello (Toronto: University of Toronto Press, 1977), 56; for discussion of distinctions among metaphor, metonymy, and synecdoche, see 56–58.

9. Runia, "Spots of Time," 313.

10. Giuliana Bruno, *Atlas of Emotion: Journeys in Art, Architecture, and Film* (London: Verso, 2002).

11. Runia, "Spots of Time," 309.

12. An example of what I mean here is an essay I published in 1999 (and written earlier) on a then relatively *new form* of media—QuickTime "movies" made on and for the computer—constituted and constrained by limited computer memory. In the piece, if ironically, I regard both the form and the constraints of these little QuickTime artifacts as *already relegated to the past* insofar as the present was then fixed on achieving the computer memory and speed to allow for "streaming." I was prescient insofar as few (if any) of the works made in this mode remain. See Vivian Sobchack, "Nostalgia for a Digital Object: Regrets on the Quickening of QuickTime," *Millennium Film Journal* 34 (Fall 1999): 4–23, later abridged under the same title in *Future Cinema: The Cinematic Imaginary after Film*, ed. Jeffrey Shaw and Peter Weibel (Cambridge, MA: MIT Press, 2003), 66–73.

13. See Walter Benjamin, "The Work of Art in the Age of Mechanical Reproduction," in *Illuminations*, ed. Hannah Arendt, trans. Harry Zohn (New York: Schocken Books, 1968), 217–51. Of particular relevance to media archaeology and its historical objects (which here can be substituted for "the work of art" in the following quote), Benjamin writes: "The uniqueness of a work of art is inseparable from its being embedded in the fabric of tradition. Tis tradition itself is thoroughly alive and extremely changeable" (223).

14. Samuel Weber, "Mass Mediauras, or: Art, Aura and Media in the Work of Walter Benjamin," in *Mass Mediauras: Form, Technics, Media*, ed. Alan Cholodenko (Stanford: Stanford University Press, 1996), 104–5, second instance of emphasis mine.

15. Runia, "Presence," 5, emphasis mine.

16. Runia, "Spots of Time," 315, emphasis mine.

17. Gumbrecht, *Production of Presence*, xv.

18. Hayden White productively distinguishes between "narrativization" and "narrating": "When you impose a narrativized vision of the world on the world, I call it narrativization. . . . Narration is the act of speaking. Any time you speak in the first person about a thing in the world as a thirdperson mode of existence, you're narrating." Quoted in Rogne, "Aim of Interpretation," 68.

19. The other major academic contributions to the emergence of these new approaches to historiography can be attributed to both cultural studies and the "new historicism." Nonetheless, insofar

as both these approaches tend to regard the "world as a text" (i.e., a coherent if complex *symbolic system*) that can be "read" and interpreted, they become precisely what the discourse of "presence" challenges, both epistemologically and for "equal time." Just as important to the emergence of this new discourse has been our increasing relations with the "virtual" and, hence, an increased longing for the "real."

20. Hayden White, *Metahistory: The Historical Imagination in Nineteenth-Century Europe* (Baltimore: Johns Hopkins University Press, 1973). See, particularly, "Introduction: The Poetics of History," 1-31. Although White is dealing with nineteenth-century European historians, he makes the case that the taxonomic method he employs for the "deep structural analysis of the historical imagination" might well be relevant to other periods; furthermore, he limits his taxonomy's relevance to historical narratives only, pointing out that these are particularly constrained—not only by the external constraints dictated by their object of study (past historical events) but also by their purportedly realist representation of these objects (these events happened and in this specific way). See 8 n.

21. Ibid., 9.
22. Ibid., 13.
23. Ibid., 13-14.
24. Ibid., 21.
25. Ibid., 26,24.
26. Ibid., 29. Given my gloss on the affinities of media archaeology, it is apt in this context that White uses, as a major example in his book, the "inconsonance" of Jules Michelet, "who tried to combine a Romantic emplotment and a Formist argument with an ideology that is explicitly Liberal" (29).

索 引

Adas, Michael 迈克·亚达斯 64
Addams, Chas 查斯·亚当斯 40
Adorno, Theodor W. 西奥多·W. 阿多诺 4
Akiyama, Kuniharu 秋山邦晴 219
Alexander, Christopher 克里斯托夫·亚历山大 278
Allen, George 乔治·艾伦 184
Alt, Casey 凯西·阿尔特 202,269
Althusser, Louis 路易·阿尔都塞 100
"Amy and Klara," (Böhlen) "艾米和克拉拉"(波伦) 292,310,311,314
Anderson, Benedict 本尼迪克特·安德森 66
Anderson, Joseph 约瑟夫·安德森 156
Andujar, Daniel García 丹尼尔·加西亚·安杜哈尔 33
A Pattern Language (Alexander) 《建筑语言模式》(亚历山大) 278
Arcades Project (Passagen-Werk) (Benjamin) 《拱廊计划》(本雅明) 6,7
Archaeology of Knowledge (Foucault) 《知识考古学》(福柯) 17,66,67,198,242-244,246
Archaeology of the Cinema (Ceram) 《电影考古学》(西拉姆) 3,16,19,232
Archive Fever (Derrida) 《档案发烧》(德里达) 105,114,198
Arnold, Thomas 托马斯·阿诺德 294

ARPA 美国国防部高级研究计划署 273
Astaire, Fred 弗雷德·阿斯泰尔 132
"As We May Think"(Bush) 《诚如我思》(布什) 184,185,198
Atari 雅达利 151,167,177
Atlas of Emotion: Journeys in Art, Architecture, and Film (Bruno) 《情感地图集:艺术,建筑和电影之旅》(布鲁诺) 9,18,324
Attali, Jacques 贾克·阿达利 249
Audiovisions: Cinema and Television as Entr'actes in History (Audiovisionen: Kino und Fernsehen als Zwischenspiele in der Gechichte) (Zielinski) 《视听:电影、电视交互的历史》(齐林斯基) 10
Auerbach, Erich 埃里希·奥尔巴赫 321
Auerbach, Jonathan 乔纳森·奥尔巴赫 147
Aufschreibesysteme 1800/1900 (Discourse Networks 1800/1900) (Kittler) 《话语网络 1800/1900》(基特勒) 8,17,77,110
Babbage, Charles 查尔斯·巴贝奇 190,269
Bachelor machines (machines célibataires) 《单身机器》 59
Bach, Johann Sebastian 约翰·塞巴斯蒂安·巴赫 227
Baer, Ralph 拉夫尔·贝尔 167
Baeumer, Max L 马克斯·L. 鲍默 41

Baird, John Logie 约翰·洛奇·贝尔德 239

Bal, Mieke 米克·巴尔 3

Baltrusaitis, Jurgis 45

Balzac, Honoré de 奥诺雷·德·巴尔扎克 29

Barbarella（Forest, Vadim）《太空英雌芭芭丽娜》（佛赫斯特,瓦迪姆） 59,60

Barbay, Dr. 巴贝博士 256

Barnes, John and William 约翰·巴恩斯和威廉·巴恩斯 4

Barrett, William 威廉·巴雷特 73,85

Barthes, Roland 罗兰·巴特 238,316

Batchen, Geoffrey 杰弗里·巴奇 36

Baudrillard, Jean 让·鲍德里亚 69,87

Baudry, Jean-Louis 让-路易·鲍德利 10

Beard, George 乔治·比尔德 78

Bell, Clive 克莱夫·贝尔 294

Bellour, Robert 罗伯特·贝洛 67

Bell, Vanessa 凡妮莎·贝尔 294

Beloff, Zoe 佐伊·贝洛夫 14,57

Benford, Gregory 格雷戈里·本福德 245

Benjamin, Walter 瓦尔特·本雅明 2,6,95,236,317

Benn, Gottfried 戈特弗里德·贝恩 95

Bense, Max 马克斯·本泽 244

benshi 弁士 138

Berge, Claude 克劳德·贝尔热 301

Bergson, Henri 亨利·柏格森 28,243,283

Berliner, Émile 爱米尔·贝利纳 137

Berners-Lee, Tim 蒂姆·伯纳斯-李 311

"Über spontane Stromschwankungen in verschiedene elektrizitätsleitern"（Schottky）"关于不同电导体的自发电流波动"（肖特基） 251

Bertalanffy, Karl Ludwig von 卡尔·路德维希·冯·贝塔朗菲 271

Bertolucci, Bernardo 贝纳尔多·贝托鲁奇 156

Böhlen, Marc 马克·波伦 292,310

Bildwissenschaft（en） 图像学 7,13,23,30,33,240

Birkhoff, George David 乔治·戴维·伯克霍夫 244

Blegvad, Peter 彼得·布雷瓦 53,56

Body Shots: Early Cinema's Incarnations（Auerbach）《身体拍摄:早期电影的化身》（奥尔巴赫） 147,158

Boethius 波伊提乌 29

Bolter, Jay David 杰伊·戴维·博尔特 5

Boltzmann, Ludwig 路德维希·玻尔兹曼 233,254

Brahe, Tycho 第谷·布拉赫 56

Brand, Stewart 斯图尔特·布兰德 271,273

Braudel, Fernand 费尔南德·布罗代尔 319

Brüche, Ernst 恩斯特·布鲁奇 79,103

Bredekamp, Horst 霍斯特·布雷德坎普 7

Breuer, Joseph 约瑟夫·布鲁尔 79

Brin, Sergey 谢尔盖·布林 181

British Gramophone Company 英国留声机公司 137

Bromwich, Thomas John 托马斯·约翰·布罗姆维奇 169,170

Brookhaven National Laboratory 布鲁克海文国家实验室 165

Brown, Les 莱斯·布朗 40

Bruno, Giuliana 朱莉亚娜·布鲁诺 9,317

Buck-Morss, Susan 苏珊·巴克-莫斯 17

Burke, Peter 彼得·柏克 26,35

Burnham, Jack 杰克·伯纳姆 272

Bushnell, Nolan 诺兰·布什内尔 169

Bush, Vannevar 范内瓦·布什 184
Cage, John 约翰·凯奇 248, 272, 312
4′33″(Cage) 《4分33秒》(凯奇) 248
Caillois, Roger 罗杰·卡约 149
Cameron, James 詹姆斯·卡梅隆 240
Campbell-Kelly, Martin 马丁·坎贝尔-凯利 293
Capone, Al 阿尔·卡彭 303
Carels, Edwin 埃德温·柯尔斯 58
Carlyle, Thomas 托马斯·卡莱尔 11
Carrouges, Michel 米歇尔·卡鲁日 59
Cartwright, Lisa 丽莎·卡特赖特 20
Caruso, Enrico 恩里科·卡鲁索 238
Cassirer, Ernst 恩斯特·卡西尔 236
Castle, Terry 特里·卡斯尔 15
Cazzamali, Ferdinand 卡萨玛尼·费迪南多 82
Centerwall, Brandon 布兰登·森特沃尔 70
Cent mille milliards de poèmes (One Hundred Tousand Billion Poems) (Queneau) 《百万亿首诗》(格诺) 301–303
Ceram, C. W. (Kurt Wilhelm Marek) C. W. 西拉姆(库尔特·威廉·马雷克) 3, 232
Champion, Jean-Loup 让-卢·尚皮翁 40
Chaplin, Charlie 查理·卓别林 121, 132
Chappe, Claude 克劳德·沙普 257
Chomsky, Noam 诺姆·乔姆斯基 174
Chun, Wendy Hui Kyong 温迪·秦 118, 179
Cincera, Radusz 154
Cinema 1：The Movement-Image (Deleuze) 《电影1:运动-影像》(德勒兹) 270, 283
Cinema 2：The Time-Image (Deleuze) 《电影2:时间-影像》(德勒兹) 270
City Lights (Chaplin) 《城市之光》(卓别林) 132

Clark, Judith 朱迪思·克拉克 21
Claudian 克劳狄安 29
Clausewitz, Carl von 冯·卡尔·克劳塞维茨 163
Clausius, Rudolf 鲁道夫·克劳修斯 253
Clinton, George 乔治·克林顿 64
Cohen, Judith 朱迪斯·柯恩 225
Cohen, Scott 斯科特·科恩 177
Cohl, Émile 埃米尔·科尔 34
Coleridge, Samuel T. 塞缪尔·T. 柯勒律治 95
"combinatorial literature," (see Oulipo) "组合文学"(参见"乌力波"词条) 301
Comolli, Jean-Louis 让-路易·科莫利 10
Conan Doyle, Arthur 阿瑟·柯南·道尔 40
Cook, Olive 奥利夫·库克 4
Copernicus, Nicolaus 尼古拉·哥白尼 56, 57, 292
Corbett, Sherry Lee 雪莉·李·科贝特 69
Cosic, Vuk 瓦克·寇司克 206
Counterblast (McLuhan) 《逆风》(麦克卢汉) 5
Crary, Jonathan 乔纳森·克拉里 11, 146, 326
Crawford, Chris 克里斯·克劳福德 303
écriture magnétique 磁性写入 237
Cros, Charles 查尔斯·克罗斯 214
Cummins, Rebecca 丽贝卡·康明斯 14
Cunningham, Merce 默斯·坎宁汉 272
Curtius, Ernst Robert 恩斯特·罗伯特·库尔提乌斯 2, 14, 23, 26, 27
Cybernetic Serendipity 赛伯格珍奇展 206
Cybernetics (Wiener) 控制论(维纳) 100, 169, 174, 175, 188, 233, 240, 242, 244, 251, 253–255, 261–263, 271, 272

Dada 达达主义 123,216-218

"Daedaleum"（Horner） 魔王之轮（霍纳） 125

Daguerre, Louis-Jacques-Mandé 路易-雅克-曼德·达盖尔 12,35

Dahl, Ole-Johan 奥利-约翰·达尔 273

Dartmouth Project 达特茅斯项目 174

Darwin, Charles 查尔斯·达尔文 34

Dawkins, Richard 理查德·道金斯 40

Dead Media Project（Sterling） 《死亡媒体项目》（斯特林） 38

De Balie 百利会场 48

de Certeau, Michel 米歇尔·德塞图 75

Deep Time of the Media: Toward an Archaeology of Hearing and Seeing by Technical Means（Archäologie der Medien: Zur Tiefenzeit des technischen Hörens und Sehens）(Zielinski) 《媒介考古学：探索视听技术的深层时间》（齐林斯基） 11,50,51,55

de Florez, Louis 路易斯·德弗洛兹 164

de Laclos, Choderlos 肖代洛·德·拉克洛 256

Deleuze, Gilles 吉尔·德勒兹 75,100,108,118,202,270

DeMarinis, Paul 保罗·迪马里尼斯 14,201,204,249

"Der Erzähler"（Benjamin） "讲故事的人"（本雅明） 236

DeRose, Steven J. 史蒂芬·J.德洛斯 311

Derrida, Jacques 雅克·德里达 96,100,104

Design Patterns: Elements of Reusable Object-Oriented Software（Gamma, Helm, Johnson, Vlissides） 《设计模式：可复用面向对象软件的基础》（伽玛，黑尔姆，约翰逊，威利斯迪斯） 278

d'Esperance, Elizabeth 伊丽莎白·埃斯佩兰斯 58

Deutsch, Helene 海伦娜·朵伊契 84

Dialectic of Enlightenment（Adorno and Horkheimer） 《启蒙辩证法》（阿多诺和霍克海默） 4

Dick, Philip K. 菲利普·K.迪克 61

Dijkstra, Edsger 艾兹格·迪科斯彻 189

Doane, Mary Ann 玛丽·安·多恩 100,106,109

Domanska, Ewa 埃娃·多曼斯卡 322

Douglass, Jeremy 杰里米·道格拉斯 298

Douglas, Susan J. 苏珊·J.道格拉斯 258

Dracula（Stoker） 《德古拉》（斯托克） 110,111

Dreams That Money Can Buy（Richter） 《用钱能买到的梦想》 154

Druckrey, Timothy 蒂莫西·德鲁克里 49

Duchamp, Marcel 马塞尔·杜尚 59,60

Dulac, Nicolas 尼古拉斯·杜拉克 118,146

Durand, David 戴维·杜兰德 311

"Dynabook"（Kay） "儿童使用的可携带电脑"（凯） 276

Edison, Thomas Alva 托马斯·阿尔瓦·爱迪生 57,105,106,122,153,201,205,207,213,214,223,224,227,234,239

Eiffel Tower 埃菲尔铁塔 260

Einstein, Albert 阿尔伯特·爱因斯坦 217

Elektronenkartograph 电子映射器 240

Elgin marbles 埃尔金大理石 303

Eliot, Thomas Stearns 托马斯·斯特尔那斯·艾略特 112

Elsaesser, Thomas 托马斯·埃尔塞瑟 12,24,94

Eminent Victorians（Strachey） 《维多利亚时代名人传》（斯特雷奇） 294,309

Empedocles 恩培多克勒 11

Emrich, Berthold 伯索尔德·埃姆里希 28

Engelbart, Douglas C. 道格拉斯·C.恩格尔巴特 311

Ensley, Tonda 汤达·阿什莉 69

Entr'acte（Clair）《幕间休息》（克莱尔）154

Ernst, Wolfgang 沃尔夫冈·恩斯特 8,13,192,202,231,249

Europäische Literatur und lateinisches Mittelalter（European Literature and the Latin Middle Ages）(Curtius)《欧洲文学与拉丁中世纪》（库尔提乌斯）14,27,29,31

Eva C（medium）灵媒 C. Eva 57,58,73

Evans and Sutherland "埃文斯和萨瑟兰"公司 273

Evans, David 戴维·埃文斯 273,274

Evans Jr., Arthur R. 亚瑟·R.埃文斯·Jr. 41

Ewing, James Alfred 詹姆士·阿尔弗雷德·尤因 122

Export, Valie 瓦莉·艾克斯波特 11,154

Facebook 脸书 38,181,184,288

Faraday, Michael 迈克尔·法拉第 232

Fard, Mohammed 穆罕默德·法德 64

Farocki, Harun 哈伦·法罗基 102

Faulkner, William 威廉·福克纳 296

Ferenczi, Sándor 桑多尔·费伦齐 85

Fido Film 电影《僵尸人 FIDO》40

Fiore, Quentin 昆汀·菲奥雷 5

Flammarion, Camille 卡米尔·弗拉马利翁 156

Flechsig, Paul, Professor 保罗·傅莱契教授 76

Fluxus（in Japan）激浪派 219

Foerster, Heinz von 海因茨·冯·福斯特 254

Fonda, Jane 简·方达 59

Forbes, B. C. B. C.福布斯 57

Forbes Magazine 《福布斯》杂志 57

Ford Motor Company 福特汽车公司 271

Forest, Jean-Claude 尚-格·佛赫斯特 59

Forrester, Jay 杰伊·弗雷斯特 164

Forrester, John 约翰·福里斯特 84

Foucault, Michel 米歇尔·福柯 2,7,49-51,100,231

Fourier analysis 傅里叶分析 237,244

Fournier d'Albe, E. E. 福尼尔·爱普 217

Fox sisters 福克斯姐妹 212

Fox Talbot, William Henry（see also Pencil of Nature）威廉·亨利·福克斯·塔尔博特（参见"自然之笔"词条）12,233

Freud, Sigmund 西格蒙德·弗洛伊德 24,75,84,112

Friedberg, Anne 安妮·弗莱伯格 13

Fukuchi, Genichiro 福地源一郎 122

Fuller, Buckminster 巴克敏斯特·富勒 272

Gaisberg, Fred 弗雷德·盖斯伯格 137

Gallwey, W. Timothy 提摩西·加尔韦 168

Gamma, Erich 埃里希·伽马 278

Gaudreault, André 安德烈·戈德罗 12,118,146

Gödel, Kurt 库尔特·哥德尔 251

Geertz, Clifford 克利福德·格尔茨 9,161

Geheimnisse einer Seele（Pabst）电影《灵魂秘密》(Secrets of a Soul, 帕布斯特) 104

Gelley, Alexander 亚历山大·盖利 41,43

Gestaltmass 244

Gibbs, Josiah Willard 约西亚·威拉德·吉布斯 233

Gibson, William 威廉·吉普森 181

Giedion, Siegfried 希格弗莱德·吉迪恩 2,5

Giquel, Pierre 彼埃尔·吉奎尔 40

Gitelman, Lisa 丽莎·吉特尔曼 20

Godard, Jean-Luc 让-吕克·戈达尔 154

Godfather (game)《教父》(游戏) 145

Goldberg, Adele 阿黛尔·戈德堡 276

Gombrich, E[rnst] H. 恩斯特·汉斯·贡布里希 7

Gordon, Charles George (General) 查理·乔治·戈登(将军) 294

Go Stop (play)《Go Stop》(戏剧) 133,142

Gould, Stephen J. 史蒂芬·杰伊·古尔德 50,55

Gramophone, Film, Typewriter (Kittler) 《留声机、电影、打字机》(基特勒) 8, 110,249

Groos, Karl 卡尔·格鲁斯 161

Grosse, Ernst Ulrich 恩斯特·乌利希·格罗塞 31

Group Ongaku Ongaku 乐队 214,218, 234

Grundrisse (Marx)《大纲》(即《政治经济学批判大纲》) 256

Grusin, Richard 理查德·格鲁辛 5

Guattari, Felix 费利克斯·瓜塔里 100, 270

Gumbrecht, Hans Ulrich 汉斯·乌尔里希·古姆布莱希特 318,319

Gunning, Tom 汤姆·冈宁 12,108,152

Haacke, Hans 汉斯·哈克 272

Haikara 137

Hakuhinkan 博品馆 123

Halsbury, Lord 霍尔斯伯里勋爵 295

Hanayashiki (amusement park) 花屋敷(游乐场) 132,135

Hansen, Miriam 米里亚姆·汉森 153

Hartley, R. V. L. R. V. L. 哈特利 251

Harunobu 铃木春信 122

Haskell, Francis 弗朗西斯·哈斯克尔 30

Haunted Media: Electronic Presence from Telegraphy to Television (Sconce)《幽灵媒体：从电报到电视的电子存在》(斯科斯) 9

Hausmann, Raoul (see optophone) 拉奥·豪斯曼(参见"光声机"词条) 201, 207,216

Hawking, Stephen 斯蒂芬·霍金 209

Hayabusa, Hideto 英人早房 143

Hayles, N. Katherine N. 凯瑟琳·海勒 255

Hayman, Steve 史蒂夫·海曼 163

Hegarty, Paul 保罗·赫加蒂 249

Heidegger, Martin 马丁·海德格尔 231,233

Helm, Richard 理查德·黑尔姆 278

Hertz, Heinrich 海因里希·赫兹 232

Hibbert, Christopher 克里斯托弗·希贝尔 41

Higinbotham, William 威廉·希宾伯坦 165

Hijikata, Yoshi 土方与志 142

Hilbert, David 戴维·希尔伯特 244, 251

Hillis, Danny 丹尼·希利斯 62,194

Hilton, Paris 帕丽斯·希尔顿 88

Hodges, Andrew 安德鲁·霍奇斯 295

Hoggart, Richard 理查·霍加特 4

Hokusai 葛饰北斋 142

Hollós, István 伊斯特万·霍洛斯 85

Homer 荷马 234,235,237,238,321

Horkheimer, Max 马克斯·霍克海默 4

Horner, William George 威廉·乔治·霍纳 125

Huhtamo, Erkki 埃尔基·胡塔莫 1, 14,23,25,49,118,146,327

Huizinga, Johan 约翰·赫伊津哈 161

Huyssen, Andreas　安德烈亚斯·胡伊森　48

Ichiyanagi, Toshi　东枝一柳　219

I Love You（exhibition, virus）"我爱你"（展览,病毒）　262, 263

Ingalls, Dan　丹·英格尔斯　276, 277, 287

Internet Wayback Machine（IWM）互联网档案馆　194, 195, 264

Irie Collection　入江博物展　127

Ive, Jonathan　乔纳森·伊夫　37

Iwai, Toshio　岩井俊雄　14

Jacobi, Jolande　约兰德·雅各比　28

Jacobs, Ken　根·雅各布斯　14

Jacobson, Roman　罗曼·雅各布森　105

Janet, Pierre　皮埃尔·让内　111

Jay, Martin　杰伊·马丁　114

Jehn, Peter　彼得·耶恩　41

Johnson, Ralph　拉尔夫·约翰逊　278

Johnston, John　约翰·庄士敦　254

Jones, Ernest　欧内斯特·琼斯　83

Jung, Carl Gustav　卡尔·古斯塔夫·荣格　28

Kafka, Franz　弗朗茨·卡夫卡　59

Kahn, David　戴维·卡恩　257

Kahn, Douglas　道格拉斯·卡恩　249

Kant, Immanuel　伊曼努尔·康德　160, 162, 174, 175

Kapp, Ernst　恩斯特·卡普　172

Kaprow, Allan　阿伦·卡普罗　272

Kay, Alan　艾伦·凯　202, 274, 289

Kessler, Frank　弗兰克·凯斯勒　158

Keynes, John Maynard　约翰·梅纳德·凯恩斯　294

Kinephone（see Gramophone Cinema）Kinephone（参见"留声机影院"词条）　126

King, B. B.　B. B. 金　227

Kino-Automat（Cincera）《自动电影》　154

KinoGlaz（Vertov）《电影眼睛》（维尔托夫）　240

Kircher, Athanasius　阿塔纳斯·珂雪　11, 56, 243

Kittler, Friedrich　弗里德里希·基特勒　5, 7, 10, 49, 75, 77, 100, 110, 118, 201, 248, 326

Kleist, Heinrich von　海因里希·冯·克莱斯特　162

Kluitenberg, Eric　埃里克·克塔滕贝格　24, 47

Künzel, Werner　20

Kosugi, Takehisa　小杉武久　218, 219

Kracauer, Siegfried　齐格弗里德·科拉考尔　95

Kuntzel, Thierry　蒂埃里·金策尔　96

Kusahara, Machiko　草原真知子　117, 120, 128, 131

Kusch, Martin　马丁·库什　244

Lacan, Jacques　雅克·拉康　75, 100

La fin du monde（The End of the World）（Flammarion）《世界末日》（弗拉马利翁）　156

La macchina ammazzacattivi（The Machine That Kills Bad People, Rossellini）电影《秘密炸弹》（罗西里尼）　34

Lang, Fritz　弗里兹·朗　59

Laocoon（Lessing）《拉奥孔》（莱辛）　243

Lara Croft　《古墓丽影》　145

Larcher, David　大卫·拉克尔　11

Lat, David　大卫·拉特　193

Lears, T. Jackson　T. 杰克逊·李尔斯　79

Le Bon, Gustave　古斯塔夫·勒庞　85

Le grand art de la lumière et de l'ombre: Archéologie du cinéma（The Great Art of Light and Shadow）（Mannoni）《光影的伟大艺术》（马诺立）　4, 16, 139

Leibniz, Gottfried Wilhelm　戈特弗里德·威廉·莱布尼茨　244, 269

/ 索 引 /

Le Lionnais, Francois 弗朗索瓦·勒利奥奈 301

Le piano flou (Robert) 《弹钢琴》(罗伯特) 224,230

Leroi-Gourhan, André 安德烈·拉洛伊葛汉 151

Les Carabiniers (The Riflemen, Godard) 《火枪手》 154

Les liaisons dangereuses (Laclos) 《危险关系》(拉克洛) 256

Les montagnes brusques (Robert) 《突如其来的山》(罗伯特) 224,225

Lessing, Gotthold Ephraim 戈特霍尔德·埃夫莱姆·莱辛 243

Levin, Golan 葛兰·列维 21,197

Licklider, Joseph C. R. 约瑟夫·C.R.利克莱德 172

Lieberman, Zachary 扎卡里·利伯曼(新媒体艺术家) 21

Lightning Flashes and Electric Dashes: A Volume of Choice Telegraphic Literature, Humor, Fun, Wit and Wisdom 《闪光和电画线：一本精选电报文学、幽默、趣味、俏皮和智慧的书》 260

Link, David 戴维·林克 297,306

Little Computer People (Activision) 游戏《计算机小人儿》(开发商:动视) 25

Locke, John 约翰·洛克 227

Lombroso, Cesare 切萨雷·龙勃罗梭 11

Londe, Albert 阿尔伯特·隆德 58

Lord, Albert 艾伯特勋爵 235

Love letter generator (Strachey) 情书生成器(斯特雷奇) 202,292,293,295,297 – 300,302 – 304,306 – 310

Lovink, Geert 吉尔特·洛文克 2

Lubell, Bernie 伯尼·卢贝尔 14

Luckhurst, Roger 罗杰·卢克赫斯特 72

Lumière, Auguste and Louis 卢米埃兄弟,哥哥奥古斯塔·卢米埃尔和弟弟路易斯·卢米埃尔 147

Lunenfeld, Peter 彼得·伦恩费尔德 181

Lupton, Ellen 埃朗·拉普顿 20,44

Lévi-Strauss, Claude 克洛德·列维-斯特劳斯 37

Machines célibataires (bachelor machines) 《单身机器》 68

MacKay, Donald 唐纳德·麦凯 255

Mad Libs (Price and Stern) 《疯狂填词游戏》(普莱斯和斯特恩) 306,314

Magic lantern 魔术幻灯 58,121,122,150,157,317

Magnetophone 磁带录音机 225,235

Maines, Rachel P. 雷切尔·P.梅恩斯 15

Maire, Julien 朱利安·玛丽 14

Malraux, André 安德烈·马尔罗 7,31

Malvo, Lee Boyd 李·博伊德·马尔沃(连环杀手) 86

Manchester Mark I (computer) 曼彻斯特马克一号(计算机) 292 – 294

Manifesto for Auto-Destructive Art (Metzger) 《自毁艺术宣言》(梅茨格) 262

Manning, Henry Edward (Cardinal) 亨利·爱德华·曼宁(红衣主教) 294

Mannoni, Laurent 罗宏·马诺立 4

Manovich, Lev 列夫·曼诺维奇 13,102,145,181

Man Ray 曼·雷 154

Marclay, Christian 克里斯蒂安·马克雷 214,225

Marconi, Guglielmo 古列尔莫·马可尼 75,111,257,258

Marek, Kurt Wilhelm (C. W. Ceram) 库尔特·威廉·马雷克(C.W.西拉姆) 3

Marey, Étienne-Jules 艾蒂安-朱尔·马雷 100,106,107

333

Marks, Sema 改装车展 40
Marvin, Carolyn 卡罗琳·马文 47,82,259
Marx, Karl 卡尔·马克思 256
"Mathematical Theory of Communication" (Shannon) "数字通信理论"(香农) 264,265
Mathews, Harry 哈利·马修斯 301
"Matrix defence," "母体辩护" 70
Mattelart, Armand 阿芒·马特拉 265
MAVO (Japanese dada group) 142
Maxwell, James Clerk 詹姆斯·克拉克·麦克斯韦 232
May, Joseph 乔瑟芬·梅 217
McCarthy, John 约翰·麦卡锡 166
McCulloch, Warren 沃伦·麦卡洛克 188
McLaren, Norman 诺曼·麦克拉伦 220
McLuhan, Marshall 马歇尔·麦克卢汉 2,4,202,238,240,272,326
McNamara, Robert S. 罗伯特·S.麦克纳马拉 271
Mead, George Herbert 乔治·赫伯特·米德 161
Mechanization Takes Command (Giedion) 《机械化的决定作用》(吉迪恩) 5
Memex 麦克斯存储器 184-188
Mendel, Gregor 格雷戈尔·孟德尔 186-188
Mendenhall, Thomas Corwin 托马斯·科温·门登霍尔 122
Metropolis (Lang) 电影《大都会》(朗) 59
Metz, Christian 克里斯蒂安·麦茨 10
Metzger, Gustav 古斯塔夫·梅茨格 262
Michaud, Philippe-Alain 菲利普-阿兰·米肖 145
Michelet, Jules 儒勒·米什莱 320
Mieseges, Vadim 瓦迪姆·米赛格斯 69
Miller, Frank 弗兰克·米勒 145
Minority Report (Spielberg) 《少数派报告》(斯皮尔伯格) 61,155
Mizuno, Shuko 水野修孝 218
Mémoires de l'ombre et du son: Une archéologie de l'audio-visuel (Perriault) 《影子和声音的记忆:视听考古学》(佩罗特) 3
Mnemosyne Atlas (Warburg) 《记忆女神图集》瓦尔堡 31
Molecular Music (Tone) 《分子音乐》(刀根康尚) 219,220
Morse, Samuel Finley Breese 塞缪尔·莫尔斯 207,208,210-212,257
Moviefun (optical toy) 电影之趣(光学玩具) 126
Muhammad, John Allen 约翰·艾伦·穆罕默德 86
Mumford, Lewis 刘易斯·芒福德 5,56
Murnau, F[riedrich] W[ilhelm] F. W. 茂瑙 110
Musée imaginaire (Museum without Walls) (Malraux) 《无墙博物馆》(马尔罗) 7,31
Musica Iconologos (Tone) 216,220,221,229
Musser, Charles 查尔斯·马瑟 12,152
Muuss, Michael John 迈克尔·约翰·穆斯 163
Muybridge, Eadweard 埃德沃德·迈布里奇 106
MySpace 288
Nataljia A. (patient) (see Tausk) A.纳塔利娅(患者)(参见"托斯克"词条) 80
Nechvatal, Joseph 约瑟夫·尼克维多 262
Nelson, Theodor Holm 西奥多·霍尔姆·尼尔森 184,311
Neumann, John von 约翰·冯·诺伊曼 188,189,191

Neuromancer（Gibson）《神经漫游者》（吉普森） 181,184

Nietzsche, Friedrich 弗里德里希·尼采 244

Nightingale, Florence 佛罗伦萨·南丁格尔 294

Nitto Records 日东唱片公司 135,136

Nitto Times 《日东时代》 135

Norakuro（Japanese comic strip） 133,141,142

Nordeau, Max 马克斯·诺尔道 75

Nori, Franziska（see I Love You） 弗兰齐斯卡·诺丽（参见"我爱你"词条） 262

Nosferatu（Murnau） 电影《诺斯费拉图》（茂瑙） 110

Nygaard, Kristen 克利斯登·奈加特 273

Nyquist, Harry 哈里·奈奎斯特 251

Nyquist/Shannon sampling theorem，奈奎斯特/香农采样定理 237

Ochiai, Yoshiiku 落合芳几 142

Odyssey（Homer）《奥德赛》（荷马） 235,237

Oedipus complex 俄狄浦斯情结（恋母情结） 95,97,100

Oersted, Hans Christian 汉斯·克里斯蒂安·奥斯忒 238

Olsen, Bjørnar 比约纳尔·奥尔森 315

On Heroes and Hero Worship and the Heroic in History（Carlyle）《论历史上的英雄、英雄崇拜和英雄业绩》（卡莱尔） 11

"oNLine System（NLS）" "oNLine 系统（NLS）"（恩格尔巴特） 275

On the Beach（film）《在海滨》（电影） 212

Optophone（Hausmann） 光声机 207,216-218,222,226,227

Origin of Species（Darwin）《物种起源》（达尔文） 34

Otis, Laura 劳拉·奥蒂斯 259

Oulipo（Ouvroir de Littérature Potentielle） 乌力波（潜在文学工场） 301,302

Owen, Alex 亚历克斯·欧文 72

Pabst, Georg Wilhelm 格奥尔格·威廉·帕布斯特 104

Page, Larry 拉里·佩奇 181

Paik, Nam June 白南准 11

Panofsky, Erwin 欧文·潘诺夫斯基 7,13,30

Panorama of the Nineteenth Century（Panorama oder Ansichten vom 19 Jahrhundert）（Sternberger）《全景，或十九世纪的景象》（斯滕贝尔格） 6

Papert, Seymour 西蒙·派珀特 275

Parikka, Jussi 尤西·帕里卡 1,13,201,202,248,327

Parry, Milman 米尔曼·帕里 235,236,238

Pathé Baby 巴比·佩斯 140

Pathosformel（Warburg） 激情程式（瓦尔堡） 30

Pavese, Cesare 切萨雷·帕韦泽 278

Pencil of Nature（Fox Talbot）《自然之笔》（福克斯·塔尔伯特） 233

Perriault, Jacques 贾可·佩罗特 3

Phenakistoscope（phenakistiscope） 费纳奇镜 118,125,126,146,148

Phonautograph（Leon Scott de Martinville） 声波记振仪（里昂.史考特） 216,222

Phonograph（Edison） 留声机（爱迪生） 12,26,33,77,105,110,117,120-130,132,134-136,147,202,205,207,213-216,218,222-224,227,234,235,238,239,248,249,316

Phonovision（Baird） 电话电视（贝尔德） 239

Pias, Claus 克劳斯·皮亚斯 13,118,160

Picabia, Francis 弗朗西斯·毕卡比

亚　59

Pickering, F. P.　F. P. 皮克林　41

Ping Body (Stelarc)　174

Ping of Death　死亡之 Ping　169,170

Pitts, Walter　沃尔特·皮茨　188

Plateau, Joseph　约瑟夫·普拉托　125

Polonius (character)　波洛涅斯（人物）306,307

Pong (game)　Pong（游戏）118,161,165,167-169,171,173,174,177

Powell, Barry　巴里·鲍威尔　235

Price, Roger (see Mad Libs)　罗杰·普莱斯（参见"疯狂填字游戏"词条）　306

Prinz Friedrich von Homburg (Kleist)　《弗里德里希·冯·霍姆堡王子》（克莱斯特）　162

Pythagoras　毕达哥拉斯　244

Queneau, Raymond　雷蒙德·格诺　301

Quintilian　昆体良　27

Rabinbach, Anson　安松·拉宾巴克　114

Ramsay, Stephen　史蒂芬·拉姆齐　302

Rashid, Karim　凯瑞姆·瑞席　33

Rathenau, Walter　瓦尔特·拉特瑙　95

Rauschenberg, Robert　罗伯特·劳申伯格　272

"Recent Contributions to the Mathematical Theory of Communication" (Weaver)　"最近对通信数字理论的贡献"（韦弗）　265

Record without a Cover (Marclay)　《没有封面的专辑》（马克雷）　214,225

Rentsch, Tim　蒂姆·伦茨　274

Reynaud, Émile (see also Praxinoscope)　埃米尔·雷诺（参见"Praxinoscope"词条）126,145,148

Rheingold, Howard　霍华德·莱因戈德　180,278

Richard, Charles Antony　查尔斯·安东尼·理查德　273

Richet, Charles　夏尔·里歇特　58

Richter, Heinz　海因茨·里希特　240

Ricoeur, Paul　保罗·利科　113,324

Robert (Robertson), Étienne-Gaspard　阿提恩-加斯帕德·阿伯特（罗贝尔松）　58

Robida, Albert　阿尔伯特·罗比达　156

Rodriquez, Robert　罗伯特·罗德里格斯　145

Rogers, Ginger　金格尔·罗杰斯　132

Roget's Tesaurus　《罗热辞典》　299

Rogne, Erlend　艾林·罗伊　323

Ronson MovieScope (optical toy)　朗森电影视界（光学玩具）　126

Ropohl, Günter　京特·罗泊尔　10

Rossellini, Roberto　罗伯托·罗西里尼　34

Rossheim, Robert J.　罗伯特·J. 罗斯海姆　272

Rousseau, Jean-Jacques　让-雅克·卢梭　161

Roussel, Raymond　雷蒙·卢塞尔　59

Rube and Mandy at Coney Island (Porter/Edison)　《来自科尼岛的鲁布和曼迪》（波特/爱迪生）　153

Runia, Eelco　艾尔克·鲁尼亚　315,317

Russolo, Luigi　路易吉·鲁索洛　261

Sagan, Carl　卡尔·萨根　227

SAGE　半自动地面防空系统　164-166,172,177

Salon. com　310,311

Samson, Peter　彼得·萨姆森　166

Sanders Associates　桑德斯联合公司　168

Sapp, Jann　雅恩·萨普　187

Saxl, Fritz　弗兰斯·扎克斯尔　30

Schaeffer, Murray　穆雷·谢弗尔　214

Schaftesbury, Edmund　爱德蒙·沙夫茨伯里　82

Schechner, Richard　理查德·谢克纳　161

Scherzo (McLaren)　《诙谐曲》（麦克拉伦）　220

Schiller, Friedrich　弗雷德里希·席勒　160,161,176
Schmit, Susan　苏珊·施密特　40
Schnapp, Jeffrey T.　T. 杰弗里·施纳普　15
Schneider, Kurt　库尔特·施耐特　70
Schottky, Walter H.　华特·H. 肖忒基　251
Schreber, Daniel　丹尼尔·史瑞伯　75
Schrenk-Notzing, Baron von　房·席兰克-诺金　58
Schwartzman, Arnold　阿诺德·施瓦茨曼　40
Scienza Nuova（Vico）　《新科学》（维柯）　242
Sconce, Jeffrey　杰弗里·斯科斯　9,24,69,259
Scott [de Martinville], Leon　里昂·史考特　216
Screech, Timon　泰门·斯克里奇　121
Second Life　《第二人生》游戏　288
Seinfeld（TV series）　《宋飞正传》（电视剧）　320
Sengmüller, Gebhard　格布哈尔德·森穆勒　14,63
Shannon, Claude　克劳德·香农　244,248
Shaw, Jeffrey　杰弗里·肖　324
Sherlock Jr.（Keaton）　《福尔摩斯二世》（基顿）　155
Shochiku Kageki Dan（SKD）　松竹歌剧团　131
Siegert, Bernhard　伯恩哈德·西格特　13,326
Simmel, Georg　格奥尔格·齐美尔　75,95
Sin City（Miller）　《罪恶之城》（米勒）　145
Sketchpad（Sutherland）　图形应用程序 Sketchpad（萨瑟兰）　273,290
Smalltalk（Kay）　程序语言 Smalltalk（凯）　270,272,275
Smith, Willoughby　威洛比·史密斯　217
Sobchack, Vivian　维维安·索布切克　315
Solo for Wounded（Tone）　221,230
Sorin, Pierrick　皮耶里克·索朗　26,35
Soundscape（art form）　声景（艺术形式）　20,203,214,264
"Spacewar: Fanatic Life and Symbolic Death among the Computer Bums"（Brand）《太空大战：电脑迷的狂热生活与象征性死亡》（布兰德）　273
Spacewar!（game）　《太空大战》（游戏）　167,273,274
Spiegel, Laurie　劳里·斯皮格尔　227
Spieker, Sven　斯温·斯皮克尔　248
Spielberg, Steven　史蒂文·斯皮尔伯格　61
Spitzer, Leo　莱奥·施皮策　31
Stampfer, Simon　西蒙·施坦普费尔　125
Standage, Tom　汤姆·斯丹迪奇　259
Star Trek（TV series）　《星际迷航》（电视剧）　57,59,60
State of the Union（Robert）　《国情咨文》　225,226
Steedman, Carolyn　卡罗琳·斯底德曼　323
Stelarc　施蒂拉　174
Stephenson, Neal　尼尔·史蒂芬森　181
Sterling, Bruce　布鲁斯·斯特林　38,55,62
Sternberger, Dolf　道尔夫·斯滕贝尔格　2,6
Sterne, Jonathan　乔纳森·斯特恩　249
Stern, Leonard（see Mad Libs）伦纳德·斯特恩（参见"疯狂填字游戏"词条）　306
Stocker　史托克　206,224
Stoker, Bram　布兰姆·斯托克　110,111
Strachey, Christopher　克里斯托弗·斯特

雷奇　202,292,293,309

Strachey, Giles Lytton　贾尔斯·利顿·斯特雷奇　294

Strachey, Oliver　奥利弗·斯特雷奇　293

Straub, Jean Marie and Huillet, Danielle　让·玛丽·斯特劳布和丹尼尔·鲁耶　106

Strauven, Wanda　旺达·施特劳芬　118,145

Stroud, John　约翰·斯特劳德　169,255

Sudnow, David　大卫·沙德诺　151

Sun Ra　桑拉　64

SuperCollider　编程语言 SuperCollider　271,275,277,287

Suso, Heinrich　海因里希·苏索　56

Suspensions of Perception（Crary）《知觉的悬置》（克拉里）　147

Sutherland, Ivan　伊万·萨瑟兰　167,273

Sutton-Smith, Brian　莱恩·萨顿·史密斯　69,161

Tagawa, Suiho　田河水泡　133

Takarazuka Revue　宝冢歌剧团　131,141

Tanaka, Atsuko　田中敦子　35

Tapp und Tast Kino（Tap and Touch Cinema）(Export)《可敲打和触摸的电影》（艾克斯波特）　154

Tausk, Victor　维克托·托斯克　24

Taylor, Bob　鲍勃·泰勒　276

Technics and Civilization（Mumford）《技术与文明》（芒福德）　5

Techniques of the Observer（Crary）《观察者的技术》（克拉里）　146

Telegraph（Morse）　电报机　210,211,213

Tennis for Two（game）《双人网球》　166

Tesla, Nicola　尼古拉·特斯拉　260

Thaumatrope　西洋镜　35,36,117,118,120-122,125-127,129,130,134,135,146,148,149,152

The Bride Stripped Bare by Her Bachelors, Even（The Large Glass）(Duchamp)《新娘被单身汉剥光了衣服》/《大玻璃》（杜尚）　60,65

The Dreamers（Bertolucci）《戏梦巴黎》（贝托鲁奇）　156

"The Early History of Smalltalk"（Kay）"Smalltalk 的早期历史"（凯）　274

"The Great Wall of China"（Kafa）《万里长城建造时》（卡夫卡）　213

The Gutenberg Galaxy（McLuhan）《古登堡星汉璀璨》（麦克卢汉）　4

The Language of New Media（Manovich）《新媒体语言》（列夫·曼诺维奇）　13

The Man with the Movie Camera（Vertov）《持摄影机的人》（维尔托夫）　240

The Matrix（Wachowski）　电影《黑客帝国》（沃卓斯基兄弟,安迪·沃卓斯基,拉娜·沃卓斯基）　69,70,86,87,153,188

The Mechanical Bride（McLuhan）《机器新娘》（麦克卢汉）　4

The Medium Is the Massage（McLuhan）《媒介即按摩》（麦克卢汉）　5

"The New Film History as Media Archaeology"（Elsaesser）《作为媒介考古学的电影史》（埃尔塞瑟）　12,20

The New Yorker（magazine）　杂志《纽约客》　25,193

The Piano（Campion）《钢琴》　156

"There Must Be an Angel"（Link）《天使一定存在》（林克）　297

The Rocky Horror Picture Show《洛基恐怖秀》　154

The Sims《模拟人生》　34,174

The Sound of Music《音乐之声》　154

The Virtual Window：From Alberti to Microsoft（Friedberg）《虚拟之窗：从阿尔伯蒂到微软》（弗莱伯格）　20

Thrift, Nigel　奈杰尔·斯里夫特　278

"Time Machines in the Gallery: An Archeological Approach in Media Art"（Huhtamo）《画廊中的时间机器：媒介

艺术的考古学方法》(胡塔莫) 14

Time Shards (Benford) 《时间碎片》(本福德) 245

Titanic (ship) 泰坦尼克号(轮船) 240,258

Téléphonoscope (Robida) 电话屏(罗比达) 156

"Tokyo Ondo" (song) 143

Tompson, E[dward] P[almer] 爱德华·帕尔默·汤普森(E. P. 汤普森) 320

Tompson, Emily 艾米莉·汤普森 249

Tone, Yasunao 刀根康尚 201,206,212,215,216,218–223,227

Toposforschung 主题研究 25–27,29–32,39

Toynbee, Arnold 阿诺德·汤因比 41

Turing, Alan 艾伦·图灵 294,309

Turing machine 图灵机 244

Turner, Fred 弗雷德·特纳 271

Uncle Josh at the Moving Picture Show (Porter) 《埃德温·波特的叔叔乔希看电影》(波特) 153,154

Understanding Media: The Extensions of Man (McLuhan) 《理解媒介：论人的延伸》(麦克卢汉) 5

Uricchio, William 威廉·乌里基奥 145

Uses of Literacy (Hoggart) 《识字的用途》(霍加特) 4

Utsushi-e (Japanese magic lantern show) 剪影画 122

Vadim, Roger 罗杰·瓦迪姆 59

Vail, Alfred 艾尔弗雷德·韦尔 210

Valéry, Paul 保尔·瓦雷里 95

van Dam, Andries 范达姆·安德里斯 311

van Tijen, Tjebbe 21

Vasulka, Steina and Woody 斯蒂娜和伍迪·瓦苏尔卡 11

Veeser, H. Aram H. 阿兰穆·威瑟 9

Vertov, Dziga 吉加·维尔托夫 240

Vico, Giambattista 詹巴迪斯塔·维柯 242

Victor Talking Machine Company (ad) 维克多公司(广告公司) 33

Videodrome (Cronenberg) 《录影带谋杀案》 155

Viehweg, Theodor 特奥多尔·菲韦格 32

Virilio, Paul 保罗·维利里奥 102,181,240

Vlissides, John 约翰·威利斯迪斯 278

Volksempfänger "人民接收机" 232

Volmar, Axel 119

Vuojala, Petri 43

Wachowski, Andy and Larry 安迪·沃卓斯基和拉里·沃卓斯基(沃卓斯基兄弟) 87

War and Peace in the Global Village (McLuhan) 《地球村——战争与和平》(麦克卢汉) 5

Warburg, Aby 阿比·瓦尔堡 2,7,26,29

Wardrip-Fruin, Noah 诺厄·沃德里普-弗鲁因 202,292

Wark, McKenzie 麦肯基·沃克 181,182

Weaver, Warren 瓦伦·韦弗 248,252

Weber, Samuel 塞缪尔·韦伯 318

Weibel, Peter 彼得·魏博尔 11

Wells, H[erbert] G[eorge] H. G. 威尔斯(赫伯特·乔治·威尔斯) 61

Wetzel, Michael 迈克尔·威泽尔 8

Weynants, Thomas 托马斯·威南特 38

Whirlwind (computer) 旋风(计算机) 164–166,174

White, Hayden 海登·怀特 232,318,319

Wiener, Norbert 诺伯特·维纳 233,253,272

Willenborg, Walter J. 沃尔特·J. 维伦伯

格 258
Williams, Raymond 雷蒙·威廉斯 10
Williams tube 威廉姆斯管 190,192,193,209
Window Shopping: Cinema and the Postmodern (Friedberg) 《橱窗购物:电影与后现代》(弗莱伯格) 15,20
Winke Winke (Stocker) 224,230
Winnicott, Donald W. 唐纳德·W. 温尼科特 161
Winston, Brian 布赖恩·温斯顿 266
Winthrop-Young, Geoffrey 杰弗里·温斯罗普-扬 249,261
WIRED 《连线》杂志 14
Witte's MovieScope (optical toy) 维特电影视界 126
Wittgenstein, Ludwig 路德维格·维特根斯坦 205,218,222
Wölfin, Heinrich 海因里希·沃尔夫林 29
Wodehouse, P. G. P. G. 伍德豪斯 296
Wolf, Matt 马特·沃尔夫 34
Woodfield, Richard 理查德·伍德菲尔德 30
Woodger, Mike 迈克·伍德格 294

Woods, James 詹姆斯·伍兹 155
Woolf, Leonard 伦纳德·伍尔夫 294
Woolf, Virginia 弗吉尼亚·伍尔夫 294
Woolley, Benjamin 本杰明·伍利 177
"Work of Art in the Age of Mechanical Reproduction" (Benjamin) 《机械复制时代的艺术作品》(本雅明) 7
World of Warcraf (game) 《魔兽世界》(游戏) 288
Wunderblock (mystical writing pad) 魔法石板(神秘书写板) 94,96,98,102,104
Wutz, Michael 米迦勒·乌茨 249
Xerox's Palo Alto Research Center (PARC) 施乐公司帕洛阿尔托研究中心(PARC) 276,277
Yamamoto, Shogetsu 143
Yates, Frances, A. 弗朗西斯·A. 耶茨 191
Zielinski, Siegfried 西格弗里德·齐林斯基 10,24,54,240,326
Zuckerberg, Mark 马克·扎克伯格 181
Zur Geschichte des Videorecorders (Zielinski) 《录像机的历史》(齐林斯基) 10
Zweig, Ellen 艾伦·茨威格 14

译后记

翻译此书似属意外,却又有着必然。早几年给研究生上新闻理论专题课,我将重心转至媒介领域,试图将媒介理论和媒介史相互打通。所涉除了媒介学者哈罗德·伊尼斯、马歇尔·麦克卢汉、雷吉斯·德布雷、马克·波斯特、贝尔纳·斯蒂格勒、弗里德里希·基特勒等人著作外,媒介考古学开始进入我的视线。只是,当时所能接触到的明确冠以"媒介考古学"或"媒体考古学"的译著只有西格弗里德·齐林斯基的作品。国内对媒介考古学还相当隔膜,齐氏作品也少人问津。带着这一问题,我挖掘了不少有关媒介考古学的著作和文章,发现媒介考古学研究已经蔓延至欧洲大陆、英美、加拿大、日本等地,似乎形成了某种全球性的影响。这不得不令人惊叹:哦,原来这里有一片如此广阔的天地!

媒介考古学引发我的兴趣,不仅仅是其具有独特的研究对象,更重要的是它背后的史观、方法论和它的价值追求可以为当下中国的传播研究带来一股清新之风。正如本书原编者所言,目前媒介考古学并非一种严格意义上的学科,没有既定的规范和标准,媒介考古学的精髓也就在于在规范化、主流化的论述之外寻找到一种新的进入方式,它试图在主流历史之外寻获一种非线性的、去目的性的历史叙事,并与当下进行对话,甚至抱持批判,由此给未来一种新的可能性。这一点于我而言,尤有吸引力。

媒介考古学在欧美国家的媒介研究中日益占据重要的位置。近人追寻和发掘早期先行者(如本雅明、福柯)的资源,将这一脉络进一步彰显,在全球获得发展,并出现了各具特色和取向的研究成果。如突出媒介物质性的弗里德里希·基特勒、强调媒介变体学的西格弗里德·齐林斯基、关注视觉主体性的乔纳森·克拉里、将媒介作为文化技术的伯恩哈德·西格特,等等。这些研究者为此新兴领域提供了多样化且颇具范式意义的研究成果,极大地丰富了媒介考古学的内涵,提升了研究的价值和张力。

选择本书译介，一方面在于此书一头一尾两部分将欧美媒介考古学的近期发展进行了较为全面的勾勒和总结，读者借此可以对媒介考古学有一个概览；另一方面，论文集提供了十三篇媒介考古学研究案例（当然，其中也有争议），对象涉及非常广泛，从虚拟媒介到噪音，从儿童玩具到情书生成器，每一对象都能被扩展成为媒介史上值得一书的故事，对媒介史研究和新媒体研究均具有方法上的参考价值。此点正如肖恩·库比特教授所称："本书汇编的论文不仅提供了创新性的历史案例研究，而且作为物质性和历史性分析，为未来的媒介研究提供了一种方法论，此书注定会成为新一代媒介学者的一本重要手册。"相信每一位关注（新）媒介的读者均能从中获益良多。

也因为上述原因，本书所涉知识极为广博，且颇为专业，对于译者而言无疑是莫大挑战。本书译介前后费时两年有余，期间得益于参与课堂讨论的诸多研究生的努力，尤其要感谢对本书进行试译的王逸芸、肖楠和高明月三位同学，她们为此付出了巨大努力。同时要感谢华中科技大学计算机学院邹德清教授，在书稿定稿时，针对书中有关计算机专业部分的术语，他一一进行了审核，确保了这一领域用语的规范和专业。

同时，要感谢本书的两位编者，埃尔基·胡塔莫教授和尤西·帕里卡教授，他们专门为中译本作序。相信通过他们的序言，读者将对本书以及媒介考古学的学术潜力有更深的理解。

最后要感谢复旦大学出版社责编刘畅的精心编辑和校对，以及"媒介与文明"译丛字幕组伙伴们的支持与鼓励。由于水平有限，译介如有任何问题，当由本人负责，敬请读者不吝赐教。

唐海江

2018 年 12 月于东湖之滨

图书在版编目(CIP)数据

媒介考古学:方法、路径与意涵/(美)埃尔基·胡塔莫(Erkki Huhtamo),(芬)尤西·帕里卡(Jussi Parikka)编;唐海江主译. —上海:复旦大学出版社,2018.12(2024.12 重印)
(媒介与文明译丛)
书名原文:Media Archaeology:Approches,Applications,and Implications
ISBN 978-7-309-14123-8

Ⅰ.①媒... Ⅱ.①埃...②尤...③唐... Ⅲ.①传播媒介-考古学 Ⅳ.①G206.2

中国版本图书馆 CIP 数据核字(2018)第 299926 号

Media Archaeology: Approaches, Applications, and Implications
ISBN 9780520262744

Copyright © 2011 The Regents of the University of California.
Published by arrangement with University of California Press.
All rights reserved. This edition is translated by Fudan University Press Co., Ltd. from the original English language version.

本书原版由加州大学出版社出版。版权所有,盗印必究。中文简体字翻译版由加州大学出版社有限公司授权复旦大学出版社有限公司独家出版发行。未经出版者预先书面许可,不得以任何方式复制或发行本书的任何部分显示书名。

上海市版权局著作权合同登记号　图字 09 - 2019 - 087

媒介考古学:方法、路径与意涵
[美]埃尔基·胡塔莫(Erkki Huhtamo)
[芬]尤西·帕里卡(Jussi Parikka)　编
唐海江　主译
责任编辑/刘　畅　章永宏

复旦大学出版社有限公司出版发行
上海市国权路 579 号　邮编:200433
网址:fupnet@fudanpress.com　http://www.fudanpress.com
门市零售:86-21-65102580　团体订购:86-21-65104505
出版部电话:86-21-65642845
上海盛通时代印刷有限公司

开本 787 毫米×960 毫米　1/16　印张 22.25　字数 379 千字
2024 年 12 月第 1 版第 4 次印刷

ISBN 978-7-309-14123-8/G·1940
定价:60.00 元

如有印装质量问题,请向复旦大学出版社有限公司出版部调换。
版权所有　侵权必究